모세의 고별설교

신명기의 구조와 신학연구

모세의 고별설교

Moses' Valediction Preaching

신명기의 구조와 신학연구

성기문 지음

솔로몬

모세의 고별설교

신명기의 구조와 신학연구

2009년 6월 8일 초판 1쇄 발행
20014년 9월 25일 초판 2쇄 발행

지은이 성기문
펴낸이 박영호
펴낸곳 도서출판 솔로몬

등록번호 제 16-24호
등록일 1990년 7월 31일

주소 : 서울시 동작구 사당3동 207-3 신주빌딩 1층
TEL : 599-1482 FAX : 592-2104
직영서점 : 596-5225

ISBN : 978-89-8255-430-8 (03230)

*정가는 뒷표지에 있습니다.
*잘못되거나 파손된 책은 구입하신 서점에서 교환하여 드립니다.

이 책을 사랑하는 아내 윤정희 님에게 드립니다

서문

본서는 그동안 필자가 여러 곳에 발표한 신명기와 관련된 소논문과 강연과 강의와 강해작업을 통해서 행한 연구 결과를 최근의 내러티브 이론의 틀(narratological frame)에 맞춰 확대 재구성한 것이다. 그 원리상 본 연구는 이전의 필자의 책과 연구의 연장선상에 있지만, 신명기의 포괄적인 이해와 본문해석에 있어서 지금까지 행한 연구의 결과들을 세부적으로 적용하였다는 점에서 차이가 있다. 필자는 복음주의적 입장에서 신명기에 대한 체계적이며 정밀한 해석을 요구하는 독자들을 위해 집필하였기 때문에 신명기의 자세한 배경이나 특정한 사상이나 본문과 관련된 복잡한 주제들과 논의들은 생략하였다. 이와 관련된 전문적이며 본문해석의 심도 깊은 논의를 원하는 독자들은 각주나 인용된 참고문헌목록 등에 제시된, 다른 여러 가지 개론서들이나 주석서 등을 참조하기를 바란다.

본서를 저술하는데 도움을 준 많은 분들에게 감사를 표하고자 한다. 지난 수년간, 비록 모든 면에서 동의할 수는 없었지만, 국내외 수많은 신명기 전문가들(영국의 G. J. 맥컨빌[McConville], J. G. 웨남[Wenham], 케네스 키친[Kitchen], 앨런 밀러드[Allan Millard], 덴마크의 카스텐 방[Carsten Vang] 교수, 그리고 국내의 송제근, 전정진, 왕대일 교수님 등)의 도움에 감사를 드린다. 또한 필자가 2003년부터 2007년 사이에 신명기를 강의할 수 있도록 기회를 주신 해서신학교 최영백 학장님, 국제신학대학원대학교 이승구, 장세훈 교수님, 천안대학교 기독교전문대학원 류호준 원장님, 2004년 전국 CCC 나사렛 형제들 여름수련회 때 주강사로서 신명기를 강의할 있게 해주신 김진철 목사님과 황정수 간사님, 2005년 10월부터 2006년 3월까지 북방선교방송(TWR)에서 신명기 강해를 진행할 수 있게 해주신 성훈경 실장님, 장명경 PD, 녹음을 함께 해준 권오은 형제와 박은혜 자매님, 그리고 마지막으로 2007년 가을학기에 신명기를 강의할 수 있도록 도움을 주신 전북 개혁국제신학원의 김호근 학장님과 신영복 총무처장님께도 감사를 드린다. 그리고 최근까지 신명기와 관련된 필자의 여러 수업과 강의에 참여해 준 수많은 참여자들과 학생들(특별히 한재민 목사님, 유한기, 정철민, 그리고 전은덕 전도사님)의 노고와 본서의 초기원고를 전부 읽고 수많은 조언을 아끼지 않았던 박유미 박사님, 이영상, 안재홍, 서경여, 그리고 이진호 전도사님의 수고에 감사를 드린다. 그리고 본서를 저술하는데 귀중한 많은 자료를 이용할 수 있도록 도움을 주신 민영진 전 총무님과 박진희 국장님을 비롯한 대한성서공회 성서학문헌정보자료실 관련자들에게 깊은 감사를 드린다.

마지막으로 본서의 출판을 허락해 주신 도서출판 솔로몬의 박영호 사장님과 출판의 마지막 과정까지 큰 수고를 아끼지 않으신 윤상문 목사님께 깊이 감사드린다.

오늘까지 수차례 행해진 세부적인 개정과 교정작업에도 불구하고 본서에 남아있을지도 모르는 오류와 미비점의 책임은 전적으로 필자에게 있다.

2009. 3. 10

경부고속도로가 내려다보이는 서재에서

저자 성기문

약어표

AB	Anchor Bible Commentaries
ABD	*Anchor Bible Dictionary*
AnBib	Analecta Biblica
ANET	*Ancient Near Eastern Texts*
AOAT	Alter Orient und Altes Testament
BA	*The Biblical Archaeologist*
BASOR	*Bulletin of the American Schools of Oriental Research*
BHS	Biblica Hebraica Stuttgartensia
Bib	*Biblica*
BibOr	Biblica et Orientalia
BibSac	*Bibliotheca Sacra*
BIS	Biblical Interpretation Series
BN	*Biblische Notizen*
BWAT	Beiträge zur Wissenschaft vom Alten Testament
BWANT	Beiträge zur Wissenschaft vom Alten und Neuen Testament
BZ	*Biblische Zeitschrift*
BZAW	Beihefte zur *Zeitschrift für die alttestamentliche Wissenschaft*
CBQ	*Catholic Biblical Quarterly*
CTJ	*Calvin Theological Journal*
DH	Deuteromistic History

EgT	*Église et théologie*
ETL	*Ephemerides Theologicae Lovanienses*
FOTL	Forms of Old Testament Literature
HAR	*Hebrew Annual Review*
HSM	Harvard Semitic Monographs
HTR	*Harvard Theological Review*
HUCA	*Hebrew Union College Annual*
Int	*Interpretation*
JBL	*Journal of Biblical Literature*
JJS	*Journal of Jewish Studies*
JNES	*Journal of Near Eastern Studies*
JNSL	*Journal North Semitic Language*
JPS	Jewish Publication Society
JSNTSS	Journal for the Study of the New Testament Supplement Series
JSOT	*Journal for the Study of the Old Testament*
JSOTSS	Journal for the Study of the Old Testament Supplement Series
LXX	Septuagint
MT	Massoretic Text
OBO	Orbis biblicus et orientalis
OTL	Old Testament Library

OTS	Oudtestamentische Studiën
RB	*Revue Biblique*
TDOT	*Theological Dictionary of Old Testament*
TynBul	*Tyndale Bulletin*
SBLDS	Society of Biblical Literature Dissertation Series
SBLMS	Society of Biblical Literature Monograph Series
SVT	Suppliments to *VT*
VT	*Vetus Testamentum*
VTE	Vassal Treaty of Essarhadon
UF	*Ugarit-Forschungen*
WBC	Word Biblical Commentary
ZAW	*Zeitschrift für die alttestamentliche Wissenschaft*
ZThK	*Zeitschrift für Theologie und Kirche*

일러두기

1. 신명기의 우리말 성경과 MT(괄호안의 장절)의 장절구분은 다음의 경우에 다르다. 12:32(13:1), 13:1(13:2), 13:18(13:19), 22:30(23:1), 23:1(23:2), 23:25(23:26), 29:1(28:69), 29:2(29:1), 29:29(29:28).
2. 본문에서 인용된 서적은 저자이름, 발행년도, 해당쪽수 순서로 제시되었다(예, 성기문 2003:203)

목차

03 법도와 규례의 교훈적 설교, 그리고 세겜에서의 제의의식(II)

04 언약갱신 의식과 이스라엘의 미래를 위한 교훈적 설교

프롤로그:
모세가 전한 복음

프롤로그 : 모세가 전한 복음

이 단락의 제목은 신명기 전문가 로핑크(Lohfink)의 제자인 오스트리아 출신 브라울릭(Braulik)에게서 취했다(1994:151-164, 1984, 1982. 비교. Perlitt 1990). 그는 (1984:5) 신명기의 토라, 즉 죄인을 향한 하나님의 말씀은 "요구가 아니라 위로였으며, 율법이 아니라, 복음"이라고 정의한다. 즉 신명기는 이스라엘이 자신들에 대한 하나님의 은혜와 사랑과 자비에 반응하면서 어떻게 하나님의 백성으로서 살 것인가에 대한 토라의 책이라는 것이다(e.g., 4:29, 6:4, 32-40, 11:1). 우리는 먼저 신명기가 어떻게 읽혀져 왔는가를 살펴보고, 필자가 제시한 신명기의 해석방법론의 타당성을 개괄적 논의하고자 한다.

신명기, 어떻게 읽혀졌는가?

신명기의 영어 이름 Deuteronomy라는 말은 17:18의 "이 토라의 복사본"(미슈네 하토라 하조트 משנה התורה הזאת)이라는 표현을 LXX가 "이 두 번째 율법"(토 듀테로노미온 투토 τὸ δευτερονόμιον τοῦτο)이라고 오역한데서 비롯되었다. 사실 신명기가 가나안 땅을 목전에 두고 모압 광야에서 모세가 시내 산 언약을 갱신하면서 장차 요단강을 건너가야 할 이스라엘에게 행한 역사적 회고와 훈계

그리고 교훈적 규례들과 노래들의 선집이라는 점은 명확하지만, 지금까지 신명기의 장르에 대한 학자들의 확실한 의견일치는 없었다. 그동안 신명기는 "언약, 설교, 법전, 규약, 신앙고백" 등으로 여겨져 왔지만, 신명기 자체가 언약(멘덴홀, 매카시 등), 율법(LXX-노모스), 설교(폰라트), 규약(맥브라이드), 혹은 신앙고백(올슨)이라는 그 어떤 한가지 장르 속에서 적절하게 이해될 수 없다는 점이다. 우선 이 문제부터 다루어 보자.

신명기-고대근동의 법전이나 국제조약

이러한 입장은 신명기의 역사적 문학적 신학적 배경이 고대근동의 국제조약적 배경(배열순서)과 유사하다는 점이나 신명기 전체 혹은 대부분을 이 토라, 이 말씀, 혹은 명령들(계명들), 증언들, 그리고 "규례들과 법도들"이라고 부른다는 점에서도 지지를 받는다. 특별히 1-30장까지의 구성요소들이 (주로 주전 2000년대의 히타이트에서 행해졌던) 국제조약문헌과 긴밀한 관계가 있다는 점에서 현재까지도 많은 지지를 받아왔다.

고대근동의 법률문서	신명기 내의 언약형태	고대근동의 조약문서
1. 서문(prologue)	1. 역사적 서문(1:6-3:29)	1. 서언(preamble) 2. 역사적 서문
2. 율법들	2. 제재조항들 (a) 기본적인 사항들 (4:1-40, 5:1-11:32) (b) 세부적인 사항들 (12:1-26:19)	3. 제재조항들 (a) 기본적인 사항들 (b) 세부적인 사항들
3. 요약/문서조항	3. 문서조항(27:1-26)	4. 문서조항
4. 축복	4. 축복(28:1-14)	5. 신들의 목록
5. 저주	5. 저주(28:15-68)	6. 저주와 축복
	6. 요약(29:1-30:20)	

그런데 문제는 신명기가 고대 근동의 법 혹은 조약문헌들과의 유사한 요소들이 많이 등장한다는 점에 있는 것이 아니라, 그것이 실제로 신명기의 구조, 장르 혹은 의도에 얼마나 잘 들어맞느냐 하는데 있다. 게다가 신명기 전체는 포괄적인 측면에서 토라다. 일반적으로 율법이라고 번역되는 "토라"라는 개념(참조. Mayes 1979:116-117, Lindars 1968:117-136)은 포괄적인 성격을 갖고 있기에 율법이나 교훈과 같은 협의적 의미로 번역하기 어렵다. 우리가 신명기를 "율법"이라고 번역한다면 율법주의적 오해를 불러일으킬 수 있다. 오히려 신명기 내에 율법이 존재한다. 이와 비슷하게 신명기를 "언약"이라고 부른다고 해서 신명기에 대한 오해가 완벽하게 해소되는 것은 아니다. 비록 우리가 율법과 언약을 상반적인 개념으로 보지는 않지만, 신명기가 규례와 법도를 세부규정으로 포함하고 있는 언약(갱신)적인 측면에서 언약적 요소들을 포함한다고 해서 신명기 자체를 언약문서와 동일시 할 수는 없다.

신명기-이스라엘을 위한 정치체계

맥브라이드(McBride 1987:237-238)는 신명기를 공공질서와 경제적 복리와 인권의 유지를 위한 신앙공동체를 위한 정치체계(political polity) 즉 신정정치적 실체로 규정한다. 필자가 볼 때, 이러한 견해는 (비록 분리해서 생각하기 어렵지만) 신명기에서 묘사된 십계명과 12-26장의 법규들에만 국한될 수 있다. 그러나 신명기내에서 모세의 역사회고적 설교뿐만 아니라, 12-26장에 나타난 세부적인 법조항에 첨가되어 있는 동기절들과 다른 교훈적 요소들(참조. Doron 1978)을 통해서도 이스라엘을 위한 모세의 설교적 교훈의 특징이 더 잘 부각된다는 점에서 신명기 자체를 국가적 구조에 대한 명확한 청사진(blueprint)이라고 단정하기 어렵다.

신명기-이스라엘을 위한 신앙고백과 교육교본

올슨(1994:10ff.)은 신명기가 모세를 통하여 행해진, 야웨 신앙의 핵심적 전통에 관한 교육의 절차로써 다음 세대를 위한 교훈과 지도를 목적으로 하는 신앙고백적 영역(catechetical dimension)을 내포한다고 주장한 것은 옳다.[1] 즉 올슨의 이와 같은 발견은 신명기가 야웨와 이스라엘이 맺은 언약적 토대 하에서 언약백성으로서 십계명이나 세부적으로 언급된 규례들을 "어떻게 그리고 어째서 복종해야 하는가?"를 효율적으로 설명한다는 점에서 신명기의 신앙고백적-교훈적 특징을 부각시키게 만든다(45). 이러한 면에서 신명기의 목적은 "하나님의 백성의 모든 새 세대에게 신앙의 패러다임이나 모델을 제공"하기 위한 것이라고 볼 수 있다(11). 그러나 올슨의 전통적인 표제(headings, 1:1, 4:44, 6:1, 29:1, 33:1)에 따른 분석은 내러티브적 체계 하에서 신명기를 체계적이며 철저하게 분석하는데 한계가 있다.

신명기-모세의 설교집

폰라트(1966)는 신명기 자체를 모세가 실제로 모압평야에서 행한 연설이 아니라, 나중에 사제에 의해서 행해진 세겜의 언약갱신의 제의적 측면에서의 설교라고 본다. 그런데 문제는 우리가 그러한 제의적인 설교의 배경을 실제로 신명기 내에서 발견할 수 있느냐에 달려있다. 우리는 이점에 동의하지 않는다. 그러나 앞서 언급했듯이 신명기의 유일신론적 신앙고백 혹은 설교의

1) Olson(1994:11-14)은 신명기의 저작목적을 모세의 죽음을 신명기의 중심(반복)주제로 삼아 설명한다. 즉 신명기의 저자는 이스라엘이라는 공동체에게 야웨와 이스라엘과의 관계성을 중심으로 모세의 죽음이라는 모티프를 이스라엘 백성의 죽음과 포로와 연관시켜서 이스라엘의 한계와 실패 그리고 희망과 축복이라는 패러다임을 제시한다. 이것은 당시뿐만 아니라, 모든 세대에게도 지속적으로 차용 가능한 과정을 예시하며 신명기의 요소들의 형태상 다양한 양식들(말씀, 내러티브, 명령, 규례와 법도, 연설, 언약, 노래, 축복 등)을 포용하여 궁극적으로 사회적 변혁을 목표로 한다.

특징은 쉽게 발견할 수 있고 신명기 전체에 분포되어 있다. 신명기의 설교적 측면은 다음과 같다(Miller 1990:12). 즉 "이 날" 혹은 "오늘"에 대한 빈번한 언급들, 신앙고백(26:5-10), 다른 여러 곳에서의 "우리"의 사용, 2인칭대명사들(너, 너희)의 빈번한 강조적인 사용, "들어라"라는 반복적인 소환(환기), 수많은 호격의 사용(예, 이스라엘아!), 과거 사건을 현실 속에 역동적으로 재현하는 방법으로 기억에 대한 호소("…했던 것을 기억하라!"), 청중들이 반응하도록 동기부여하기 위한 위협과 약속의 요소를 사용함, 마음과 지성에 대한 호소, 그리고 예화의 사용(비교, 19:5, 출 21:12-14) 등이다.

이와 같이 신명기를 설교나 교훈으로 보는 입장은 신명기의 역사적 측면뿐만 아니라, 언약-법률적 특성도 간과하기 쉽다는 문제가 있다. 앞서 언급했듯이 신명기가 모세의 규례들에 근거한 교훈적 설교들(혹은 설교적 규례들)과 모세의 마지막 행위들이 내러티브적 뼈대 내에서 존재한다는 점은 신명기를 단순히 설교나 훈계의 장르에 넣기를 주저하게 만든다. 그러므로 우리는 신명기내에서의 모세의 연설들의 배열과 구조에 주목해야 한다. 이 독특한 배열은 과거의 사건들에 대한 지식과 이해를 근거로 하여 신명기의 신학적 해석과 의도를 명확하게 제시하려는 의도를 보여준다.

신명기-모세가 전한 복음

신명기는 앞서서 논의한 대로 다양하게 이해될 수 있다는 점에서 한가지 목적을 가진 것으로 규정하기가 매우 어렵다. 그 가운데서도 "한 하나님, 한 성소, 한 백성, 한 땅, 한 언약"이라는 유일성(uniqueness)의 측면에서 신명기의 신학을 규정하는 것도 흥미롭다(Lenchak 1993:237-241). 우리는 앞서 간단히 논의하였고 이제 본문 연구 가운데서도 자세히 살펴보게 될 하나님의 은총의 승리라는 요소를 신명기의 저술목적에 첨가해야 한다. 사실 모세의 역사회고와 미래적 조망(1-11, 29-34장)에 야웨의 말씀에 대한 경청과 순종에 대한 교훈뿐만 아니라, 이스라엘의 불순종과 완악함에 대한 하나님의 주도적인 은총의 승리도 나타난다. 게다가 규례와 법도들의 부분(12-26장)도 단순히 법률적 형태보다는 이스라엘에 대한 야웨의 말씀을 복종하라는 요청과 교훈이 첨가된 일종의 규례적 설교 형태로 제시된다는 점에 주목해야 한다.

신명기의 독서전략

이제 우리 나름대로의 신명기를 읽는 방법을 좀 더 자세하게 살펴볼 필요가 있다. 성경에 대한 접근은 크게 보아서 공시적 접근(우리에게 주어진 본문에 대한 연구)과 통시적 접근(우리에게 주어진 본문이 형성되는 과정과 배후에 대한 연구)이 있다. 본서는 신명기에 대한 공시적 연구의 하나로서 "화술과 대화에 큰 관심을 갖는" 내러톨로지적 접근(narratology, '실제저자[real author]-내재저자[implied author]-화자[narrator]-화술[narration]-피화자[narratee]-내재독자[implied reader]-실제독자[real reader]' 라는 도식)[2]에 근거하여 본문의 의미와 전달의 방법론을 더 효율적으로 살펴보려고 한다. 앞서 언급한 대로 신명기의 내러톨로지적 이해는 신명기를 하나의 일관된 스토리를 구성하는 결집력 있는 요소들로서 이해하게 만들며 그러한 이해는 우리가 세부적이고 밀접한 방식으로 신명기를 읽도록 만들어 준다. 우선 신명기를 한권의 책으로(혹은 통일적으로) 읽을 수 있는 근거를 다루어 보고자 한다.

신명기, 한권으로 읽기

그동안 통시적 입장에서 신명기 내부 자료들의 이질성뿐만 아니라, 배열과 의도와 관련해서 많은 연구가 있었다. 즉 신명기내에서 많은 자료들, 전승

2) 성경본문에 대한 내러톨로지적 접근에 대한 개괄적인 이해는 성기문(2003a)과 Tolmie(1999)를 보라.

들, 그리고 편집층들을 발견하려는 노력들이 있었다(예. Mittmann, Perlitt, Mayes, Cazelles, Rose 등). 사실 우리가 가진 것은 신명기의 본문 배후에 존재하는 그 어떤 삶의 정황(Sitz im Leben)이 아니라 텍스트(혹은 책)의 정황(참조. Conrad[1985])뿐이므로 지금까지 시도되어왔던 역사적 "독자"(혹은 저자)의 재구성(즉 요시아 혹은 바벨론 포로/포로귀환시대)은 가설에 불과할 뿐이다. 지면의 제약 때문에 우리는 여기서 신명기의 앞부분과 뒷부분의 신명기 몸체와의 이질성에 대한 논의만을 간단히 다루어 보고자 한다.

신명기 1-4장의 문제

마르틴 노트(Martin Noth) 이후에 학자들은 현재의 단락(1-4장)을 원(原)신명기(그는 원 신명기의 서문이 5-11장이었다고 주장한다)에 첨가되어 여호수아서에서 열왕기까지의 신명기주의적 역사(DH)의 서문의 역할을 수행한다고 보았다. 그러나 본 단락은 DH와의 문학적 통일성보다는 신명기 나머지 부분과의 (내러티브적 측면에서와 주제적인 측면에서의) 유기적 연관성을 더 많이 갖고 있다고 보는 것이 더 합당하다. 이점에 대해서 슬레이터(Slater 1991:15-19)는 다음과 같은 증거들을 제시한다(즉 DH[내러티브]와는 다른 장르의 1-3장[연설], 1-3장은 신명기 나머지 부분과 상당히 많은 유기적 연관성[내러티브적 뼈대-시공간과 정황], 1-3장과 31장 사이의 화자의 역할전환을 보여주는 불연속성, 1-3장의 도입 기능의 존재). 슬레이터의 4가지 주장들 중에서 첫 번째 두가지의 경우에 필자는 신명기 자체의 내러티브적 뼈대 하에서 역사적 회고→신학적 설교→언약체결→마지막 노래들→모세의 죽음이라는 플롯(plot)상의 전환이라는 점에서도 DH의 내러티브와도 다르고 신명기의 내러티브의 연속성이 발견될 수 있다는 반론을 제시할 수 있다.

신명기 31-34장의 문제

화자의 목소리가 거의 들리지 않는 내러티브적 뼈대 속에 자리 잡은 모세의 역사적 회고와 설교들(1-4, 5-11장), 법규정들(12-25/26장), 그리고 언약갱신 의식들(27-30장)과는 달리, 31-34장은 화자의 목소리가 더 큰 비중을 차지하는 내러티브적 전개방식을 취한다. 이러한 전환은 일부 학자들로 하여금 31-34장을 이 신명기의 다른 부분들과의 이질성에 따른 "부록"이라고 부르며, 이 부분은 원래 "여호수아서의 서문"이었다고 주장하게 만들었다. 물론 본 단락의 외피(外皮)를 구성하는 31-34장은 가나안 땅으로의 이동을 재개하는 여호수아서의 첫 장과 직접적으로 연결되는 것은 사실이다. 그러나 다음과 같은 이유로 해서 본 단락에 내포된 신명기 전체의 문맥 속에서의 연속성과 통일성은 유지될 수 있다. 즉 본 단락의 주제와 1-11장과의 여러 가지 개념들의 연속성, 이전 단락들과 현재의 내러티브적 뼈대의 공통점들의 존재, 1-26장, 29-30장과의 동일한 시공간적 배경의 연속성 속에서의 화자와 모세 그리고 야웨의 말씀의 지속 등을 보면 확연히 알 수 있다.

신명기의 내러티브적 특징들

신명기의 내러티브의 특징은 한마디로 "(최소한의) 전지적 화술(omniscient narration)과 (최대한의) 극적 제시(dramatic presentation)의 혼합"이라고 요약할 수 있다(Sonnet 1997:16). 즉 신명기에서 화자의 언급은 극도로 제한되며 사건들과 연설(혹은 대화)들이 가장 극적으로 제시(배열)되어 있다는 말이다. 또한 신명기의 대부분(비록 모세의 마지막 행위들도 포함되어 있지만)은 모세의 설교들의 직접인용이 특징적이다. "효과적 전달과 반응의 초청"이라는 점에서 수사학적 연구(보라. Lenchak 1993)가 중요한 방법론일 수 있겠지만, 우리의 방법론은 신명기가 내러티브적 뼈대 속에 포함된 스토리, 모세의 설교들, 규례들과 법도들, 그리고 노래들이라는 중요한 요소들로 이루어졌다는 점에서 더욱 정당화될 수 있다. 모세의 설교들의 수사학적-신학적인 접근과 더불어 내러티브적 접근이 신명기 이해에 있어서도 유효한 도구로서 작용할 수 있다. 여기서 우리는 신명기의 독서전략의 중요한 요소들인, 모세의 설교들의 배열과 의도, 캐릭터 묘사의 특징을 주로 다루어 보고자 한다.

우선 모세의 연설들의 배열의 의미와 중요성을 살펴보자. 배열은 신명기의 메시지를 이해하는데 있어서 매우 중요한 역할을 하며, 신명기 내에서의 모세의 연설들의 배열과 그 내부의 언급은 주로 비연대기적으로 배열되어 있다(anachronies). 첫째로, 연설들의 배치에 관해서, 소네트(1997:19-20)는 신명기에 처음으로 나타난 모세의 연설과 모세의 유언("모세가 죽기 전에 … 모세의… 축복이다" [33:1])이 모세가 행한 (실제적인) 첫 번째와 마지막 연설이 아닐 수도 있다고 말한다. 즉 신명기의 기록이 "원래의 모세의 발화순서에 따라" 배치되었다고 확언하기가 어렵다는 말이다. 둘째로, 신명기의 각각의 연설 내에서도 과거의 사건을 현재의 시점에서 언급하는 회고(analepses)가 많이 사용되었으며 과거의 사건들이 언급될 때도 원래 발생순서에 따라 배열되지 않았다는 점도 주목할 필요가 있다. 게다가 호렙 산에서의 사건들(언약을 세운 일, 모세가 중재자가 된 일, 황금송아지 사건 등)과 그 모티프들은 나중에 4-11장의 중심축을 형성하면서 과거, 현재, 미래의 시간축이 교훈적인 설교의 수단으로 사용된다.

이와 같은 설교의 배치와 내러티브적 뼈대는 신명기에서 일종의 플롯의 역할을 수행한다. 신명기는 "모세의 선포된 말씀에서 기록된 말씀으로의 전환"을 보여준다(이러한 전환은 특별히 선지서들에서 전형적으로 제시된다). 신명기 내의 모세의 연설들은 신명기라는 "토라-두루마리"에 기록된 내러티브의 뼈대와 플롯의 문맥 내에서, 모세의 연설이 가졌던 원래의 청중을 위한 "구두적-청각적 요소들"과 함께 신명기라는 기록된 매체에 담겨진, 미래의 독자를 위한 "기록성과 가독성"(literacy and readability)의 특징도 제시한다(비교. Sonnet 1997:2-3, 7-9). 또한 신명기에는 이중적 뼈대가 존재한다. 즉 신명기의 내러티브적 외적 뼈대 내부에 모세의 구두적 연설(낭독)을 기반으로 한 기록(두루마리)이 존재하는 또 다른 내적 뼈대가 존재한다. 그러므로 신명기는 모세의 토라의 기록의 기원(origin)을 설명해 주지만, 신명기 자체의 구성(composition)에 대해서는 침묵한다(Sonnet 1997:3). 후자에 대한 분석과 해석은 전적으로 우리의 몫이다.

인물 묘사(characterization)

신명기에 등장하는 중요한 인물은 화자, 모세, 야웨, 그리고 기타(여호수아, 장로들, 그리고 레위인들을 포함한 온 이스라엘)로 분류할 수 있다. 다른 성경들과 마찬가지로 신명기의 경우도 인물들과 사건들과 플롯을 통해서 특징화된다. 그 중에서도 우리는 특히 직접화법[3]을 중심으로 한 중요 인물(화자, 모세, 야웨)와 부수적 인물(온 이스라엘과 여호수아 등)의 등장인물 묘사를 살펴볼 것이다.

화자

폴진(Polzin 1980:29-36)에 따르면, 신명기에서 화자는 평가와 부연설명의 역할을 하며 56절정도 언급된다(1:1-5, 2:10-12, 20-23, 3:9, 11, 13b-14, 4:41-5:1a, 10:6-9[4], 27:1a, 9a, 11, 28:68, 29:1a, 31:1, 7a, 9-10a, 14a, 14c-16a, 22-23a, 24-25, 30, 32:44-45, 48, 33:1, 34:1-4a, 5-12). 신명기에 나타난 화자는 엄격한 유일신론자로서 독자에게 "모세만이 신명기의 대부분을 구성하는 하나님의 직접적인 말씀들을 정확하고 권위적으로 전달하는 신뢰할만한 형태의 권위를 갖고 있었다"는 점을 주지시킨다(Polzin 1980:27). 그는 시공간적 내러티브적 뼈대를 제공할 뿐만 아니라, 모세의 탁월한 위치(지도자이면서 입법자)를 규정하며 신명기의 신학적 메시지를 구성하는 중요한 역할을 수행한다. 또한 신명기의 화자는 모세의 발언내용의 인용(부차적으로 그의 행동의 묘사)을 통하여 인물을 묘사하는 방법(showing)을 주로 구사한다. 화자의 명시적 설명[5]은 신명기 전반부에 나타나는 서문과 몇가지 첨언들, 그리고 31장 이하, 특별히 34장의 모세에 대한 평가에서만 언급

3) 직접화법의 인용을 통한 암시적 인물화에 대해서 Savran 1988:79-94, Watts 1992 등을 참조하라.
4) Polzin(1980:29, 33, 35)은 6-7, 9절만 화자의 목소리라고 본다.

될 뿐이다. 이외에도 화자는 소네트(1997:262)가 지적하였듯이 자기은닉(화자 혹은 저자가 자신의 저작물 내에 자신에 대한 정보를 남기기를 회피하는 기법), 그리고 뼈대와 삽입물들 사이의 메아리 효과 등을 주로 사용한다.

모세

신명기에서 모세의 말은 900개의 절(959절 가운데서)[6]에서 인용된다. 모세는 자신의 임박한 죽음을 앞둔 지도자로서 약속의 땅에 곧 들어가게 될 이스라엘 사람들 앞에서 마지막으로 행한 여러 가지 교훈적 연설을 통하여 자신의 정체성을 드러낸다(보라. Watts 1998:417, Olson 1994). 신명기에서 모세는 성공적 중재자와 비극적 영도자, 그리고 야웨의 말씀 선포자(막기드 מגיד)와 교사(메람메드 מלמד) 등으로도 묘사된다.

우선 야웨와 이스라엘 사이의 성공적 중재자로서의 모세를 살펴보자. 모세는 출애굽이전에 그리고 시내산에서 야웨(4:14, 5:28-31, 18:15-18, 비교. 출 19:9)와 백성(5:23-27, 비교. 출 20:18-20)으로부터 양자들 위한 중재자로 부름을 받았다. 지금까지 모세는 야웨의 말씀을 이스라엘에게 전달하고 이스라엘을 위해서 야웨께 중보하는 차원에서 이 임무를 성공적으로 수행하였다. 모세는 이와 유사한 역할을 수행하는 자로서 선지자라고도 불린다(18:15, 18, 34:10-12).

다음으로는 비극적 영도자로서의 모세(예, 9:7-29, 10:10-11 등)를 살펴보자. 모세는 가나안에 들어갔던 정탐꾼 사건(불신과 불복종)과 므리바 사건(불순종과 하나님의 영광을 드러내지 못함)을 통하여 이스라엘을 광야에서 멸망당하지 않게 하는 중보자로서의 역할을 성공적으로 수행하였지만, 결국 이스라엘을 가나안 땅으로 인도해야 하는 임무를 성공적으로 수행할 수 없게 되었다. 그래서 모세는 가나안으로 들어갈 수 없는 지도자가 되었다. 그런 까닭에 그는 가나안 땅

5) 이 부분은 Marguerat 와 Bourkhain 1999:102-120을 보라.

6) 명확하게 모세의 직접화법을 포함하고 있지 않는 신명기 구절은 총 59개의 절이다(즉 1:1-5, 2:10-12, 23, 3:9, 11, 14, 4:41-49, 10:6, 7, 27:11, 28:69, 31:1, 9, 14-25, 30, 32:44, 48-52, 33:1, 34:1-12).

에 들어가게 될 이스라엘을 훈계하고 인도하는 일을 대신할 후속지도자(들)를 세워야 했다. 그러한 면에서 모세는 자신이 약속의 땅을 바라볼 수는 있을 뿐, 정작 들어갈 수는 없는 임박한 죽음을 직면해야 한다는 점에서 비극적인 영웅으로서 수차례 묘사된다(1:37, 3:26, 4:21. 비교. 32:49-52).

마지막으로 야웨의 말씀의 선포자와 해석자(교사)로서의 모세를 살펴보자(1:5, 4:5, 14, 5:31, 6:1, 27:8, 31:12). 신명기에서는 기록자보다는 해석자로서의 모세의 역할전환이 두드러지게 나타난다. 이전에 모세는 야웨의 말씀을 충실하게 전달하는 점에서 "야웨의 입"이었다. 하지만 모세는 야웨의 유일한 "야웨의 입"은 아니었다. 이미 출애굽기 초반부에서 모세와 아론의 상호보완적 역할이 언급되었듯이, 출애굽기의 후반부와 레위기 전반(全般)의 규정들은 모세뿐만 아니라, 아론의 탁월성도 강조한다. 아론은 제의법의 중재자와 말씀의 교육자(레 10:8, 11:1)로 등장하였지만[7] 신명기에서는 모세의 유일한 역할만이 강조된다.

신명기 이전의 책들에서 모세는 야웨의 말씀을 축자적으로 전달하는 역할을 수행한다는 인상을 주지만, 이제 신명기에서 모세는 자신의 입으로 야웨의 말씀을 전달한다. 출애굽기의 언약기록과 레위기-민수기가 하나님이 모세를 통하여 백성에게 주는 말씀이었다면(즉 야웨의 말씀이 두드러지며 모세가 배경적인 역할을 수행하지만), 신명기는 이전의 야웨의 말씀을 충실하게 전하던 모세의 말(해석)이 전면(前面)에 등장한다(야웨의 말씀이 이전의 모세의 역할을 수행한다). 즉 모세는 창세기에서부터 민수기까지의 이전의 내러티브들에 기록된 사건들을 회고하고 해석하는 역할을 이제 신명기에서 자신의 설교를 통하여 수행한다(Kissling 1996:13).

7) 레위기의 경우에 하나님의 말씀의 매개자(혹은 전달자)가 수시로 변하는 것을 알 수 있다. 예를 들어, 하나님의 말씀이 모세를 통하여 아론과 그의 자손에게, 혹은 백성에게 전하도록 하는 경우도 있고, 모세와 아론이, 혹은 아론이 하나님의 말씀의 전달자로 등장하기도 한다. Watts(1999:73-84)는 신명기와 비신명기의 율법들 사이의 차이점들을 4가지로 설명한다(고정된 기록된 율법, 플롯의 발전, 재강조, 그리고 혼합된 청중들).

이스라엘의 유일한 중재자 모세의 임박한 죽음과 이스라엘이 약속의 땅이라고 하는 새로운 환경 속에서 놓이는 이러한 중차대한 전환은 신명기의 존재 이유와 방식에 대한 더 명확한 설명을 제공해 준다. 신명기는 "오늘"의 이스라엘 사람들을 위하여 모세가 준비한, 이전에 이스라엘에게 행하신 야웨의 말씀들과 사건들에 대한 주석과 재해석이며 이스라엘의 약속의 땅에서의 언약의 삶에 대한 준비를 목적으로 한다. 야웨의 토라는 곧 모세의 토라였다. 이전에 출애굽-민수기 속에서 야웨께서 행하셨던 바로 그 역할을 따라 모세는 이전의 법들을 수정하고 지금의 상황에 맞게 보완한다. 그러므로 신명기와 신명기 이전의 책들의 규례와 사건들의 묘사에서 발견되는 차이(혹은 "모순")점들[8]은 (앞서 언급한 대로) 야웨와 모세 사이의 기능적 유비를 통해서도 손쉽게 이해될 수 있다. 신명기에서는 모압에서 가나안으로 들어갈 예정인 새로운 세대에게 이전의 율법과 종교적 전통들을 재해석하고 재적용하는 모세의 역할이 강조된다(Watts 1998:424). 즉 "모세가 이 토라를 설명하여(베에르 באר) 다음과 같이 말하였다" (1:5). 이와 같이 신명기에 나타난 토라에 대한 수정과 치용의 원칙은 야웨와 모세(이상적인 서기관, 교사, 그리고 해석자)에게만 적용될 수 있다(비교. 12:32).

8) Polzin(1980:26)은 이러한 것이 신명기를 "독자에게 다면적인 효과(an effect… that is multidimensional)를 주기 위해서 함께 작용하는 다양한 관점들의 보고(repository)로 만들어" 신명기 내에서 화자와 야웨와 모세 사이의 관점상의 균열이 등장한다고 주장한다. 물론 그와는 다르게, 신명기와 출애굽기-민수기 사이에서 발견되는 규례들과 사건들의 묘사 사이의 "충돌" 현상(비교. Levenson 1993:3-17, 43-52)은 "줄거리 발전, 심리적 묘사, 혹은 인물의 동기들" 등으로도 설명될 수 있지만, 규정들의 단락들의 경우에 그런 식으로 설명될만한 내러티브적 근거가 거의 제공되지 않는다는 문제가 있다(Watts 1995:548-57). 이점에 대해서 Watts(1996:12)는 신률(神律)에서 나타나는 "모순"은 신적인 법적 인물 묘사(legal characterization)의 영향력의 문제와 관련하여 이해하는 것이 더 낫다고 주장한다. 그러면서 Watts(1998:425)는 이러한 관계성이 일반적으로 신명기내에서 청중에게 효과적인 하나님-모세의 권위의 수사학(unifying rhetoric of authority)을 보여준다고 말한다. 그러므로 이러한 신명기의 수사학을 통해서 오경 자체가 하나님의 저작이며 동시에 모세(야웨의 말씀의 충실한 기록자, 교사, 그리고 해석자로서의 모세)의 저작이라는 점을 내재적으로 강조한다고 볼 수 있다(비교. Watts 1998:426, 1996:14, Tigay 1996:26).

야웨[9]

야웨의 말씀은 화자를 통하여 13개의 절(31:14, 16-21, 23, 32:49-52, 34:4)에서 인용되며, 나머지는 자신의 공식적인 중재자인 모세의 연설 속에서 인용된다(1:6b-7, 35-36, 37b-40, 42b, 2:3-7, 9b-13[첨가], 18-25, 31b, 3:2b, 26b-28, 5:6-21, 28b-31, 9:12, 13-14, 23b, 10:1-2).[10] 모세의 연설이 압도적인 구조 속에서 야웨 자신에 대한 직접적인 묘사는 단편적이며 오히려 모세를 통하여 제시되는 야웨에 대한 묘사가 더 크게 나타난다. 야웨는 세상의 창조자이시며 이스라엘을 애굽에서 구원하신 하나님이다. 또한 야웨는 시내 산에서 계시하사 언약을 맺으신 분이시며 아브라함 등의 족장들에게 약속하신대로 가나안 땅을 주시는 분이다. 그러기에 야웨 하나님은 이스라엘에게 온전하며 독점적인 예배와 순종을 요구하신다. 이스라엘의 죄에 대하여 징벌하시고 순종에 대하여 사랑으로 응답하시는 분이시다. 그러므로 하나님은 언약의 상대방인 이스라엘이 타락하여 언약에 따른 준엄한 징계를 받더라도 결코 그들을 버리시거나 파괴하시거나 언약을 잊지도 않으시는 분이며 이스라엘과의 관계를 기억하시고 회복하시고 다시 축복하실 수 있는 분이시다. 이와 같은 야웨의 이스라엘과의 관계성은 가나안 땅에 들어갈 수 없는 모세에게 베푸신 호의를 통해서도 미리 예증될 수 있다. 이와 같은 면에서 모세는 야웨와의 친밀성(선지자, 중재자, 그리고 해석자로서)을 드러내며 그것은 나중에 나타나는 화자의 묘사 속에서도 확증된다(34:10-12).

기타(온 이스라엘과 여호수아 등)

온 이스라엘과 여호수아는 신명기의 내러티브 세계 속에서 모세와 함께 출애굽과 광야생활을 하였을 뿐만 아니라, 모압에서 행해진 모세의 설교를

9) 야웨의 말씀에 대한 더 자세한 분석은 Labuschagne(1993)을 참조하라. 그에 따르면 신 1-3장에 10개 구절, 4-26장에 10개 구절, 27-34장에 10개 구절이 존재한다. 야웨(하나님)의 말씀의 인물 묘사에 대해서는 Watts(1996)를 보라.

10) 야웨의 말씀의 수는 학자들의 입장에 따라 조금 더 늘 수도 있다. 이에 대한 자세한 논의는 해당 구절을 참조하라.

직접 듣는 일차 청중(혹은 내재청중)으로 "우리" 혹은 "너희/너"로 불리기도 한다. 이와 같은 내재독자 혹은 "온 이스라엘"이라는 또 하나의 사람들로서의 개별성과 집단성은 신앙 공동체 내의 개인(너)과 공동체 자체(너희, 우리)라는 칭호를 통해서 잘 드러난다. 여호수아와 장로들과 레위인들을 포함하는 온 이스라엘은 신명기 내내 단편적(flat)인 인물로 등장한다. 이스라엘은 계속해서 야웨의 말씀을 들어야 하며 여호수아는 모세를 이어서 이스라엘을 인도해야 했다. 이와 같이 모세의 연설의 직접적인 청중(40년의 광야생활을 종결지을 즈음에 모압 평지에서 연설을 행하는 모세의 시점에서의 현재)과 신명기의 내재청중(모세의 시점에서의 가나안 땅에서의 생활을 영위하게 될 미래)은 명확히 다르다. 이제 마지막으로 필자는 신명기를 모세오경의 문맥 속에서 읽어야 함을 강조하고자 한다.

신명기와 모세오경

사실 신명기를 제외한 사경(창세기-민수기)은 익명(匿名)의 책이다. 그러나 신명기 이후의 저작들은 사경과 신명기를 빈번히 이스라엘이 미땅히 듣고 행하고 지켜야 할 모세의 토라라고 부른다.[11] 토라라는 말은 "규례와 법도"보다 더 광범위한 뜻으로 "교훈"을 의미하므로 신약시대를 포함한 구약이후 시대에 창세기의 내러티브까지도 모세의 저작으로 여기는 입장은 자연스럽다.[12] 사실 모세의 규례와 법도가 오경이라고 하는 거대 내러티브(macro-narrative)내에 완벽하게 자리 잡고 있기 때문에 그 배경을 이루는 내러티브와 구분은 될지언정 이전의 학자들이 했던 것처럼 아무런 손상없이 그것들을

11) 구약에서 신명기외에서 신명기 혹은 오경의 규례들을 언급하는 '야웨의 토라의 책' 혹은 '모세의 토라의 책' (또한 '모세가 네게 명령한 그 토라' 나 '야웨가 모세를 통하여…' 라는 표현을 포함)이라는 표현들은 수 1:8, 8:14, 31, 32, 34, 35, 23:6, 왕하 14:6, 22:8, 11, 대하 17:9, 34:14, 15, 느 8:1, 3, 8, 18, 9:3에서 등장한다. 그 예외구절은 '여호수아가 이 모든 말씀을 하나님의 토라 책에 기록하였다' 라는 언급(수 24:26)인데, 이것은 아마도 여호수아가 기존 모세의 토라에 다른 말씀을 추가하는 행동으로 이해할 수 있을 것이다.

12) 그러나 전통적인 입장에서도 모세 사후의 개정과 증보의 가능성을 인정하는 바이다. 예를 들어, Kidner(1967:15-16)는 12:6(비교. 13:7), 14:14(비교. 삿 18:29), 36:31ff.가 그 증거라고 말한다.

오경의 문맥에서 도려낼 수는 없다. 그러므로 오경내의 규례와 법도들은 내러티브와 훈계와 밀접한 관계성 속에서 존재한다.

이와 같이 거대 내러티브(오경)로서의 모세의 토라(Moses' Torah as Pentateuch)[13]와 오경 내의 모세의 토라(Moses' Torah within the Pentateuch)와의 상관관계도 이와 유사하게 이해되어야 할 것이다. 더 적은 규모로는 모세의 토라로서의 신명기(Moses' Torah as Deuteronomy)와 신명기 내의 모세의 토라(Moses' Torah within Deuteronomy)도 이와 유사한 이해를 요구한다(보라. Sonnet 1997). 이러한 전통은 오경자체 뿐만 아니라, 유대교와 초대기독교의 해석적 전통이기도 하다. 그렇다면 어떻게 내러티브의 부분을 이스라엘이 지켜야 할 규범으로 이해할 것인가가 중요한 문제로 대두된다.

또 하나 고려되어야 할 점은 소위 오경 내에서 존재하는 "모세의 규례 이전의 규례들"(pre-Mosaic laws)과 "모세의 규례들"(Mosaic laws) 사이의 긴장관계이다. 즉 이것은 시내산 언약이전에 언급되거나 암시되는 여러 규례들(창세기, 특별히 아브라함 내러티브[Bruckner 2001]와 출 15:25-26, 16:28 등)의 이야기에 관한 내용과 실제적으로 야웨의 "말씀과 명령과 계명과 율례와 법도의 준수"가 직접적으로 명령되고 언급되는 상황을 어떻게 이해할 것인가의 문제다. 이 문제를 해결하려는 방법은 다양했다. 우선 앞서 논의한대로 다양한 입장에서의 오경내에 존재하는 다양한 자료나 편집, 혹은 전승상의 갈등이나 차이로 혹은 바벨론에서 귀한한 포로들이 처한 여러 가지 상황적 갈등의 반영으로 이해할 수 있다. 혹은 매우 근본주의적이며 분파적인 입장에서 은혜시대(아브라함)와 율법시대(모세)라는 단절적 대립적 구도의 세대주의적 해석을 따라 해결하려는 시도도 있었고 어떤 특정한 규례들(안식일, 십일조, 제사규례 등)은 모세 이전시대와 모세시대 사이의 연속성을 강조하는 차원에서 강조되기도 하였

13) 이에 대한 초기적 시도는 Sailhammer(1992:66-79)에서 찾아볼 수 있으며 최근의 오경연구와 관해서 행해진 한권의 책으로서의 오경읽기에 대한 개괄적인 논의는 Eskenazi(1995)를 보라. 14) 이에 대한 초보적인 논의는 Fewell(1992)을 참조하라.

다. 물론 오경내에 여러 곳에서 등장하는 규례들은 상호단절보다는 연속성의 측면에서 이해되어야 하지만, 하나의 일관된 입장과 태도를 가진 하나의 저술로서 혹은 상호본문성(inter-textuality)[14]의 측면에서도 접근해야 할 필요가 있다.

마지막으로 우리가 고려해야 할 사항은 모세의 규례들 내에서 존재하는 내용적 신학적 정황적 긴장관계이다. 사실 출애굽기의 언약규례부터 레위기의 제의, 성결규례, 그리고 민수기와 신명기에 이르기까지 40여년의 세월 동안에 야웨의 규례와 명령은 상황적으로 신학적인 측면에서 변화를 거듭해 왔다. 아마 이것을 부인할 사람은 없을 것이다. 이에 대한 비판적인 입장은 JEDP라는 문서설이다.

이러한 긴장관계들은 앞서서도 잠시 언급하였듯이 오경의 문학적 틀 내에서도 설명될 수 있는 문제다. 마찬가지로 구약이 어떻게 신약에서 이해되었는가, 그리고 모세의 규례가 어떻게 구약전반에서 이해되고 실천되고 변화되었는가를 이해한다면, 모세오경 내에서의 규례들의 수정과 발전과 전환의 현상들에 대한 건전한 해석의 틀을 제공해 줄 수 있다. 그러므로 이와 같이 내러티브 토라와 규범적 토라의 상관관계는 모세이전의 규례와 모세의 규례, 그리고 모세의 규례들 내부에서 발전된 현상들의 상관관계를 설명할 수 있는 중요한 핵심적 열쇠의 역할을 할 수 있다고 본다. 전술하였듯이, 필자는 현재의 신명기가 이전의 세 개의 책들(출애굽기, 레위기, 민수기)과 이전의 출애굽에서 광야까지의 역사와 야웨의 교훈의 말씀을 공유하지만, 그 정황과 저작 목적의 차이로 인해서 다른 형태와 신학적 의도를 갖게 되었다고 생각한다. 이러한 차이점들에도 불구하고, 신명기가 과거사와 과거에 전달되었던 하나님의 말씀을 해석학적으로 반복한다는 점은 오경 전체에서의 "주제적 통일성, 강조, 그리고 기억의 효과를 제공한다"는 점에서 중요하다(Watts 1999:70).

14) 이에 대한 초보적인 논의는 Fewell(1992)을 참조하라.

신명기의 중요한 신학적 주제들

의, 정의, 그리고 실행

구약성경의 경우처럼 신명기는 "미슈파트"(משפט)와 "츠다카"(צדקה)라는 두 개의 단어들을 사용하여 하나의 총체적인 의미인 "의"를 설명한다. 몇가지 예외적인 경우들을 제외하고는 구약에서 "의와 정의"는 같은 의미적 범주 내에서 교차적으로 사용된다(이사일의, hendiadys). 그러므로 구약에서의 "(정)의"의 개념은 우리가 생각하듯이 "구원론적 의"와 "사회정의적 의"라는 이분법적으로 볼 것이 아니라, 하나님의 측면에서 섭리(하나님의 속성에 대한 선언이며 그에 대한 신뢰[창 18:25, 욥 34:12, 시 9:7이하. 참조, 시 96:10, 13]), 구속적 의미(악인에 대한 징벌과 의인에 대한 구속[시 35:24, 71:2, 15]) 그리고 사회윤리적 의미(세상에서의 정의의 실현[사 41:2, 45:13, 암 9:7, 단 4:27])로 그 문맥에 따라 여러 가지 요소들을 내포하는 것으로 보아야 한다.

사실 창세기 15:6과 신명기의 의(츠다카)의 개념은 신약의 로마서에 언급된 바울의 칭의론(믿음으로만 하나님 앞에서 의롭다고 인정받는다는 의미)의 양쪽 기둥의 역할을 한다. 그러나 아브라함의 의의 개념은 아브라함 내러티브와 신약의 바울(약속을 믿을 때에)과 야고보의 서신(말씀에 순종하여 행했을 때)에서도 잘 드러나듯이 신앙과 행위적 측면을 모두 포함한다. 상호모순되는 것이 아니라, 조화롭고 총체적인 면을 드러내는 이러한 이중적 이해는 아브라함의 소명과 신앙과 행위를 한 사건의 단면에서 파악하는 것이 아니라, 아브라함의 인생 전반에서 의와 관련된 신학적 의미를 파악할 수 있었기 때문에 가능했던 것이다. 이러한 양면성은 창세기 자체에서도 잘 드러난다. 우리의 논의는 아브라함이 하나님으로부터 열방에 대한 축복의 근원이 되기 위해서(창 12:1-3) 그리고 세상에서 의와 정의를 수행하기 위해서 선택되었다는 점(창 18:18-19)에서 시작되어야 한다. 물론 창세기 15:6에서 아브라함이 자신에 대한 하나님의 약속을 의심치 않고 믿었기 때문에 하나님은 아브라함의 믿음을 자손과 땅에 대한 약속과 관련된 "적합한 행위"의 반응이라고 여기셨던 것이다(사실 하나님의 약속에 대한 반응으로서 아브라함의 "적절한" 행위의 시작은 그가 소명에 반응하였을 때부터였다[창 12:4]). 이와 같이 아브라함의 믿음의 고백 혹은 이삭을 제물로 바치라는 야웨의 명령에 대한 순종적인 믿음은 하나님의 약속의 말씀 혹은 순종의 요구와 관련된 것이다.

신명기에서 이스라엘의 의는 크게 두 가지로 사용된다. 첫 번째의 경우는 그것이 오래전 족장들에게 약속되었던 땅 가나안을 차지하는 조건이 아니라 하나님의 약속의 선물의 실현이라는 점에서 사용되며(9:4-6) 두 번째의 경우는 그것이 야웨 앞에서 야웨의 명령을 준행하는 것을 규정하는데 사용된다(6:25과 24:13). 앞서 언급한 대로 츠다카의 개념이 두 가지 국면들 속에서 사용되고 있음을 발견할 수 있다. 이와 같은 측면에서 볼 때 아브라함과 약속의 땅의 문제는 신명기에서 의에 포함된다. 아브라함의 의의 경우처럼 땅에 대한 약속은 이미 오래전에 하나님으로부터 선물[15]로서 약속된 비의 실현이므로, 그것은 이스라엘의 의로움의 대가(혹은 보상)는 아닌 것이다. 하나님이 선물로 주신 약속의 땅에 들어가서 살게 되는 것은 하나님의 축복 속에 살고 있는 은총의 영역을 구성한다. 이와 같은 은총의 신학은 야웨(의 선물)를 통한 "이스라엘의 칭의"라고 말할 수 있다. 즉 행위로서의 의는 포괄적인 구원의 개념으로 보아야지 구원의 전제조건으로 볼 수는 없다. 인간은 제사행위와 규례와 법도에 대한 순종으로 의롭게 된다. 신자들은 "야웨 앞에서" 그들의 행위로 의롭게 된다(6:24-25, 24:12-13, 참조. 시 15:1-5, 24:5-6). 그러나 이것은 구원의 조건이 아니라 구원의 당연한 결과이어야 한다. 약속의 땅을 받은(혹은 받을)

15) 신명기는 족장들에게 약속된 가나안 땅을 "선물"로 묘사하며(1:21, 25, 36, 2:24, 29, 31, 3:1, 18, 20, 4:1, 21, 38, 5:16, 9:22, 11:29, 31, 12:10, 15:4, 7, 17:14, 18:9, 19:1-3, 10, 14, 21:1, 23, 24:4, 25:15, 19, 26:1, 2, 26:9, 27:1, 3, 28:8, 32:52), 그 개념을 분깃(3:18, 4:21, 38, 5:31, 11:8, 12:9-10, 15:4, 19:2-3, 10, 14, 21:1, 23, 24:4, 25:19, 26:1)이나 맹세한 바(1:35, 6:10, 18, 23, 7:13, 8:1, 10:11, 11:21, 19:8, 26:3, 15, 30:20, 31:7, 20, 21, 23, 34:4)로도 묘사한다.

자들에게는 야웨 앞에서 "의로워야" 한다. 그와 같이 "약속의 땅"은 하나님이 주신 계명들과 법도들과 규례들을 실천해야 하는 장소이며(5:31, 6:1, 12:1) 그렇게 되면 그 땅은 이스라엘 사람들에게 번영과 장수를 제공할 것이다(11:17, 15:4, 23:20, 25:15, 28:11, 30:16, 32:47). 무엇보다 성실한 준수가 그 땅에 계속적으로 거하게 하는 조건이 된다(특정한 법들[4:26, 16:20], 일반적인 의미로서의 법[4:40, 11:8, 28:63, 30:18], 언약[29:24-25]). 그러므로 신명기에서 강조되는 의(義)의 개념은 신명기의 복음적 성격을 드러낸다. 하나님은 신자들에게 규례와 법도들을 실천하도록 명령하신다. 그러나 그것의 준수가 자신을 의롭게 할 수는 없다. 규례와 법도들을 통하여 하나님은 신자들에게 의와 용서를 제공하신다. 이에 대하여 신자는 자발적이며 즐거운 복종으로 응답해야 한다.

마지막으로 정의의 집행에 관한 내용을 살펴보자. 신명기적 관점에서 보면, 특정한 지도자들(여호수아와 장로들[주로 살인과 도피성19:1-13, 땅의 정결문제21:1-9, 반역하는 아들21:18-21, 부정한 신부22:13-21, 그리고 형사취수제25:5-10 등] 그리고 재판장들과 사제들, 그리고 왕)뿐만 아니라, 삶의 구석구석에서 의와 긍휼을 실천해야 한다는 점에서 일반 백성 이스라엘에게도 정의의 집행의 의무가 부여되긴 하였지만, 신명기는 일반적인 측면에서 기존의 장로 중심적 지역 공동체 체제[16]의 존속을 염두에 두고 있는 것처럼 보인다.[17] 또 하나 우리가 발견할 수 있는 신명기의 재판제도의 특징은 사제와 재판장(폭행사건의 난해한 경우[17장]) 재판장과 장로들(범인을 알 수 없는 살인사건의 경우[21장]), 혹은 사제와 장로들(거짓증거의 경우[19장])이 함께 협력하여 공정한 수사와 정확한 판결을 추구하여 이스라엘 사회에서 정의를 세우는 일을 한다는 점이다. 결국 이스라엘에서의 정의의 집행은 이스라엘이라는 신앙공동체 전반적 차원(개인과 사회와 국가)에서 이해되어야 한다.

16) 이와 관련된 이스라엘의 정치체제에 관한 논의는 성기문(2003c:47-49)을 보라.
17) 더 자세한 논의는 Willis(2001)를 참조하라.

회개와 회복

이와 관련해서 신명기는 의(정의)와 은총과 회개와 회복의 문제를 심각하게 다룬다. 의롭게 살면서 하나님의 명령을 순종해야 할 이스라엘은 하나님을 거스르고 반역하는 성향을 소유하고 있어서 하나님의 징벌을 받을 수밖에 없었다. 그들에게 있어서 의의 행위에 대한 요구와 마찬가지로 회개가 회복의 조건으로 제시되지만 이것도 하나님의 섭리 내에서 궁극적으로 하나님의 선물로서 제시된다. 그러므로 회개와 회복의 문제도 신명기의 "복음적 성격"을 드러낸다. 이러한 특성은 앞서 언급한 대로 신약시대에 바울이 기독론적으로 차용하여 신자의 구원에 적용하였다.

유일신론과 세상 통치

야웨 하나님은 유일한 참 신이시며 이스라엘을 구원하신 지로 묘사된다(4:35, 39, 5:7, 6:4, 7:9, 10:17, 32:26, 39 등).[18] 게다가 그는 창조자이며 우주적 통치자로도 묘사된다. 그는 이스라엘을 포함한 각 민족에게 땅을 나누어 주사 그들이 소유하게 하셨다. 이러한 개념은 창세기와 민수기에서도 발견되는 구약의 오래된 신학적 개념이다. 특히 에서의 자손(에돔)과 롯의 자손들(모압과 암몬족속)의 경우(심지어 블레셋 사람들의 경우[암 9:7에서는 블레셋 족속[出갑돌]과 함께 아람족속[出기르]의 경우도 언급된다])는 야웨께서 주신 땅으로 이주하여 점령하게 하셨던 것과 마찬가지로 이스라엘이 이집트를 탈출하여 조만간 약속의 땅을 얻을 것에 대한 확신과 아울러 언급되었다(2:4-5, 9-12, 19-24, 31-37, 3:1-22). 모세의 노래에서도 이스라엘과의 독특한 관계를 설명하면서 이방족속들과 민족들의 경

18) 신명기의 유일신론에 대한 더 자세한 논의는 McDonald(2003)를 참조하라. 그는 신명기의 "유일신론"을 다른 신들의 존재를 부정하는 입장이 아니라, 야웨의 이스라엘에 대한 독점적 관계성 즉 구원과 보호(예배와 섬김)라는 독특성의 측면에서 이해한다.

계를 정하셨던 일을 상기시킨다(32:8-9). 그와 같이 하나님은 세상 모든 국가들을 다스리고 섭리하시며 이스라엘의 하나님이자 우주와 세계의 하나님이시다. 더욱이 하나님은 천상회의의 주재자로도 묘사된다.[19] 신명기는 하나님이 창조하신 피조세계의 하나인 일월성신이 다른 민족들에게서 신적인 존재로 섬김을 받고 있다는 점을 말해주지만, 이스라엘은 하늘의 존재들을 신적인 존재로 섬길 수 없다는 점을 명확히 해준다.

사회적 정의(혹은 복지)에 대한 관심

신명기에는 사법적인 정의뿐만 아니라 인도주의적(혹은 사회복지적) 관심이 매우 강하게 나타난다. 즉 고대근동지역에서 사회적 약자로 여겨지던 과부, 객, 고아(10:18f., 14:22-29, 16:9-12, 13-15, 24:17-18, 19-22, 26:12-15, 27:19), 그리고 가난한 자들에 대한 관심과 채무에 의한 피고용인과 종(24:14-15, 15:12ff.)의 대우에 대한 규례들이 그 예이다. 여기서 레위인을 포함하여 언급되는 과부와 객과 고아의 공통점은 "가난한 자"라기보다는 이스라엘 공동체 속에서 그들을 보호하고 지원해 줄 후견인(과부와 고아의 경우에는 가까운 남자친척)이 없어서 그들의 권리를 침해받는 자들을 특별히 지칭한다. 특별히 이들은 십일조 음식을 먹을 때(14:22-29, 26:12-15), 중요한 제의적 순례를 행할 때(16:9-12, 13-15), 법적 보호가 필요할 때(24:17-18), 그리고 추수를 할 때(24:19-22) 이스라엘 가운데서 고려되고 배려되어야 할 존재들이었다. 신명기에서 특히 법정에서 그들이 가난하기 때문이라기보다는 그들이 정당한 대우를 받아야 한다는 점이 강조되었다. 그와는 달리 가난한 자들은 쉽게 종이 되거나 체불된 임금 때문에 곤경에 빠질 수 있으며 그들에게 필요한 것이 동등한 대우와 적절한 임금이라는 점은 신명기가 그들과 레위인-과부-객-고아를 동일한 부류에 넣지 않는 이유였다. 신명기에서 가난한 사람과 채무에 의해서 종이 된 히브리 종에 대한 정의와

19) 이에 대한 자세한 논의는 Miller(2000:593-602)을 보라.

관심과 배려는 가난한 자에 대한 이자의 금지, 안식년에 행해지는 빚 면제, 그리고 빚 때문에 종이 된 사람의 해방과 팔리운 토지의 원 소유주에게로의 귀속과 같은 구체적인 규정들로 제시된다.

그와 같은 다양한 부류의 사람들에 대한 신명기의 제의적-신학적, 일상사의 측면의 관심을 도표화하면 다음과 같다.

신명기	절기	종	레위인	객	고아	과부
5:14	안식일	X		X		
12:7	희생제물	("집" 이라는 개념에 포함)				
12:12	희생제물	X	X			
12:18	십일조 음식(매년)	X	X			
14:26f.	십일조 음식(매년)	("집" 이라는 개념에 포함)	X			
14:29	십일조 음식(매3년)		X	X	X	X
15:20	초태생	("집" 이라는 개념에 포함)				
16:11	칠칠절	X	X	X	X	X
16:14	초막절	X	X	X	X	X
24:19	추수			X	X	X
24:20	추수			X	X	X
24:21	추수			X	X	X
26:11	초태생	("집" 이라는 개념에 포함)	X	X		
26:12f.	십일조 음식(매3년)		X	X	X	X

물질적인 풍요와 저주

신명기는 복종하면 축복과 생명을 초래하지만 불복종 하면 저주와 죽음을 초래한다는 "단순하고 대조적인 개념"을 발전시키고 있다(11:26-28, 30:15-20). 한국교회가 문자적이지만 비문맥적으로 애용(愛用)하는 28장의 복과 저주의 목록은 신명기의 수사학적 체계 내에서만 바르게 이해될 수 있다. 즉 이에 대한 바른 이해는 단순히 물질적인 축복과 저주의 배열의 기계적 이해와 적용보다는 야웨에 대한 사랑과 충성, 축복과 저주와의 상관관계 속에서 발견될 수 있다는 것이다(6-11장의 교훈[6:10-15, 7:12-16, 8:2-10, 11-16]과 12-26장의 규례와 법도들, 그리고 28장, 30장).

28장의 목록들의 의도는 축복과 저주라는 결과의 강조를 통하여 그 의도와 원인을 깨우치는 방식으로 이스라엘에게 야웨의 말씀에 대한 순종을 강조하는 것이다. 축복과 저주는 순종과 불순종의 결과이지, 목적이나 지향점이 될 수 없다. 야웨로부터 임하는 복은 야웨의 말씀에 대한 순종과 기억에 의존하며 저주는 불순종과 망각에 의존한다. 게다가 복과 저주는 상호적이며 상대적이라서 복을 받더라도 야웨의 뜻을 순종하지 않거나 복의 근원이 누구인지를 잊어버린다면 그것은 저주가 될 것이다. 따라서 우리가 여기서 주목해야 할 것은 문학적 수사학적 효과와 그 목적하는 바, 그리고 의도에 있다.

마찬가지로 결과적으로 이스라엘의 불순종에 대한 하나님의 은총의 승리를 말해주는 것은 30장에서 명확하게 드러나고 있다. 여기서 언급된 모든 복과 저주가 이스라엘에게 임한 후에도 이스라엘이 회개하고 돌아와 하나님을 찾고 그의 말씀에 귀를 기울이고 순종하면 하나님이 이스라엘에게 복과 생명을 주실 것이라고 약속하면서 하나님을 사랑하고 그의 말씀에 순종할 것을 선택하라("보라 내가 오늘 생명과 복과 사망과 화를 네 앞에 두었다"[15절])고 권면한다는 점이다. 그러나 "현상적(現象的)" 풍요가 "하나님의 규례들과 법도들을 잘 지킨 결과이고 저주가 그 반대의 결과"라는 주장은 반드시 옳은 것이라고 말할 수는 없다.

신명기의 신약적 적용

신약은 비록 모세의 토라와 예수의 토라를 대조하여 모세에 대한 예수(의 말씀)의 우월성을 강조하지만, 예수를 제2의 모세로, "나와 같은 선지자"로 묘사한다는 점과 그가 예수의 도래와 사역을 준비한다는 점에서 양자를 연장선상에 둔다. 물론 그러한 차이점을 간과해서는 안된다. 모세의 출애굽과 광야 세대와 앗수르와 바벨론의 포로의 귀환의 세대는 회개와 말씀에 대한 순종을 통하여 조상들에게 약속한 그 땅에 다시 들어가도록 인도되었으나 예수와 복음은 회개와 예수 그리스도의 말씀의 순종을 통하여 그 나라가 임하기를 기도하고 땅을 차지하고 그 나라의 통치와 확장을 모색한다. 신명기의 입장에서 볼 때, 40년전에 시내 산에서 야웨는 모세를 통하여 이스라엘과 언약을 맺었다. 이스라엘은 모세의 중재를 통하여 야웨로부터 언약백성의 표로서의 율법을 받았으며 40년간 광야의 여정을 통하여 하나님의 시험과 교훈을 받았으며 이제 약속의 땅으로 들어가기 직전에 모세가 율법과 광야의 여행과 하나님의 은혜와 선물로서 제시된 약속의 땅의 교훈을 통하여 하나님을 사랑하고 이웃을 사랑하라는 교훈을 받았다. 이 교훈 속에서 발견된 하나님의 은혜와 의로운 삶으로의 부르심은 예레미야와 에스겔 속에서 새로운 언약으로 확장되고 마지막 때에 이 세상에 성육신하신 예수 그리스도를 통하여 새로운 언약과 토라와 복음의 충만한 계시로 드러났다. 이제 우리는 모세와 신명기를 통하여 예수 그리스도와 복음을 바라본다.[20]

20) 로마서에 인용된 신명기에 대한 개괄적인 연구는 성기문(2007)을 참조하라.

1

모세의 역사적-교훈적 설교

모세의 역사적-교훈적 설교

신명기의 주제적 관심과 신학적 전망과 시공간적 배경과 동기부여를 제공해주는 1-4장은 신명기 전반의 도입부 역할을 할 뿐만 아니라 1-11장의 서론의 역할도 수행한다. 게다가 신명기 자체의 거대구조적 측면에서 볼 때, 시작 부분인 1-4장의 주제들(특히 모세의 배제와 여호수아의 승계, 시혼과 옥에 대한 승리 등)은 마지막 부분인 31-34장에서 한번 더 혹은 여러 번 반복된다는 점에서 우리는 신명기 전체의 통일성과 일관성을 발견할 수 있다. 게다가 이 부분은 출애굽 후의 이스라엘의 여정과 사건들의 요약과 신학적 의미를 제공해 준다는 점(물론 이것은 신명기 전체의 역할이기도 하다)에서 오경의 논리적 역사적 신학적 결론의 역할을 성공적으로 수행한다.

구조

일반적으로 1:1-4:43을 모세의 첫 연설의 단락으로 간주한다. 하지만 최근 신명기를 연구한 룬드봄(Lundbom 1996:302ff.)은 본 단락의 외피들에 해당하는 1:1-5과 4:44-49에 서로 유사한 핵심어들이 병치되어 있음을 주장하였다. 그래서 1장에서 4장 끝까지를 하나의 문학적 단위로 읽도록 한다.

1:1-5	4:44-49
요단 강 너머에서	이것/토라
모세가 이스라엘에게 말했던	모세가 이스라엘에게 말했던
아라바	요단 강 너머에서
모세가 싸워 이긴	헤스본에 살았던
헤스본에 살았던	아모리 족속의 왕 시혼
아모리 족속의 왕 시혼	모세가 싸워 이긴
바산 왕 옥	바산 왕 옥
요단 강 너머	요단 강 너머
토라/이것	아라바

또한 1-3장과 4장의 구조와 상관관계를 화자중심적으로 비교해보면 다음과 같다.

1-3장(회고적), 직접담화		4장(현재적, 미래적), 간접담화	
A 화자	모세의 마지막 설교의 시간과 장소에 대한 언급(1:1-5)	B′모세	바알-브올에서의 배도사건과 호렙 산에서의 신적 계시사건에 근거한 현재적, 미래적 교훈(4:1-40)
B 모세	시내 산에서 모압까지의 여정(旅程)과 관련된 몇가지 회고(1:6-2:37)	C′화자	요단 동편지역의 세 개의 도피성들에 대한 언급(4:41-43)
C 모세	요단 동편지역의 분배와 관련된 사건들에 대한 회고(3:1-29)	A′화자	모세의 마지막 설교의 시간과 장소에 대한 언급(4:44-49)

도입: 모세가 전한 말씀(1:1-5)

화자는 신명기 전체의 도입부에서 모세가 "온" 이스라엘 백성에게 전한 말씀의 지리적 배경, 시간적 배경, 그리고 지리적 배경의 구조를 제공한다. 즉 1-3장이 호렙과 가데스-바네아, 헤스본의 통치자 시혼과 아스다롯의 통치자 옥을 에드레이에서 패전시킨 일, 그리고 모압 땅의 순서로 전개됨을 의미한다.

이 부분에서 이집트에서 가나안 땅까지가 단지 11일의 여행거리라는 점을 언급한 것은 나중에 이스라엘이 광야에서 40년간 방황했던 것과 대조를 이룬다. 이러한 지리적 여정에 대한 세차례의 지리적 "방향제시"는 신명기 전체의 신학적 방향제시도 한다. 또한 이것들은 신명기 전체에서 중보자, 교사, 그리고 토라의 해석자라는 모세의 역할에 대하여 간결하지만 충분한 설명을 제시한다. 신명기는 모세의 "그 말씀들"(행위들)[21]과 야웨께서 "명령하신 바"와 "이 토라"에 대한 설명(베에르 באר)으로 이루어져 있다.

말씀에 대한 정보	시간과 장소에 대한 정보	부연설명
이것들이 모세가 이스라엘 무리에게 선포한 말씀들이다	요단동편 숩 맞은편 아라바 광야, 즉 바란, 도벨, 라반, 하세롯, 디사합 사이[22](1절)	호렙 산에서 세일 산을 지나 가데스 바네아까지 11일이 걸리는 거리다(2절)
모세가 야웨께서 자기에게 주신 명령을 이스라엘 자손에게 모두 말하였다(이것은 "모세의 연설들의 신적 기원"에 대한 정보다).	출애굽 40년 11월 1일(3절)	모세가 헤스본에 거하는 아모리 왕 시혼을 쳐 죽이고 아스다롯과 에드레이[23]에 거하는 바산 왕 옥을 쳐 죽인 후(4절)
모세가 이 토라를 설명하기 시작했다	요단동편 모압 땅에서(5절)	

21) 신명기는 "말씀"(다바르, 4:2, 13:1[12:32], 15:15, 24:18, 22, 30:14)과 "말씀들"(드바림, 1:18, 4:10, 13, 36, 5:5, 22, 6:6, 9:10, 10:2, 4, 11:18, 12:28)로 구분한다.

22) 이 지역들의 위치와 역할에 대한 논란은 Kallai(1995)를 보라. 그에 따르면, 아마도 이 다양한 장소들이 (비록 다른 문헌들에서는 거의 언급된 적이 없지만) 가장 먼 지역에서 가장 가까운 지역의 순서로 나열된 에돔 지경과 가데스-바네아 사이의 이스라엘이 방황하던 장소들, 즉 (신명기에 기록된) 모세의 설교들이 행해진 장소들인 것 같다. 지리적으로는 호렙산에서 세일 산으로 가는 길에 가데스 바네아가 있다.

23) KJV 등은 "에드레이의 아스다롯"으로 번역하지만, Tigay(1996:418)은 이 두 지역을 바산 왕의 수도들로 여긴다.

모세의 역사적 회고(1:6-3:29)

구조

이 단락의 구조(왕대일[1998:98]의 수정)는 옛 시대의 불신앙과 새 시대의 신앙과 순종을 대조시킨다. 여기서 중요한 것은 조상들에게 약속하신대로 이제 이스라엘의 새 세대에게 가나안 땅을 주시고 정복케 하시는 하나님의 신실함이다.

A 옛 세대는 남고 새 세대의 대표인 정탐꾼들(갈렙과 여호수아를 포함)이 가나안 땅에 들어갔다

B 아모리 족속과의 전투(실패)

C 에돔, 모압, 암몬 족속과의 전투의 금지: 땅을 주사 정복하게 하시는 하나님

B′ 아모리 족속과의 전투(성공)

A′ 분깃을 받은 새 세대의 일부와 옛 세대의 대표인 모세가 남고 새 세대(갈렙과 여호수아 포함)가 가나안 땅에 들어간다.

간단하게 말하자면 이 단락에서 모세는 이스라엘이 광야에서 지나온 여러 지역(호렙 산 지역, 가데스-바네아, 세일 산, 모압과 암몬, 헤스본, 바산, 그리고 요단 동편지역)에서 생긴 사건들과 "가나안 땅에 들어가지 못하게 된" 자신의 상황을 간단하게 언급한다.

그들이 겪은 7가지 중요한 사건들은 다음과 같다. 즉 ① 모세가 다른 지도자들을 세운 일, ② 첩자들을 가나안 땅에 보낸 사건, ③ 이스라엘이 에돔, 모압, 암몬 땅을 통과할 때 생긴 일들, ④ 헤스본에 거주하던 아모리 족속의 왕 시혼에 대한 이스라엘의 승리, ⑤ 바산 왕 옥에 대한 이스라엘의 승리(3:1-22, 비교. 민 21:33-35), ⑥ 요단동편의 부족 영토들의 분배(3:12-22, 비교. 민 32장), ⑦ 모

세의 가나안 진입의 요청에 대한 하나님의 거부(3:23-29, 비교. 민 20:17, 27:12-14).

여기서 중요한 점은 모세의 역사회고(설교를 포함하여)가 과거사에 대한 기계적인 반복적 나열이 아니라, 과거사에 대한 나름대로의 신학적 해석학적 측면이 강조된다는 점이다. 이러한 모세의 "능력"은 이미 출애굽기나 민수기 등에서 발견되는 다양한 사건들을 회고하면서 하나의 지속적이며 상호연관적인 부분들로 통합하고 신학화하는 면에서 잘 드러난다.

야웨의 말씀(1:6-8)

모세의 역사적 회고는 호렙 산에서 이스라엘에게 하신 야웨의 말씀의 인용으로부터 시작된다.

> "너희는 이 산[호렙 산]에 너무 오래 머물러 있었다. 이제 야영지를 정리하고 아모리 족속의 산지[요단 서편지역]로 진행하라. 가라, 아라바[갈릴리 호수에서 사해 남쪽까지의 요단 계곡]와 산지[가나안 지역의 중앙산지]와 서부구릉지대[지중해로 이르는 경사지역]와 네게브[중앙산지 남쪽에서 시내 반도 북쪽까지]와 해변[지중해 해안지역]을 따라 거주하는 모든 족속들에게, 가나안 족속의 땅과 레바논[팔레스타인 북부지역]까지, 멀리 큰 강, 즉 유프라테스까지."

이러한 명령은 이전에 야웨께서 아브람에게 하셨던 말씀들을 상기시킨다(창 15:13-21). 이 말씀은 출애굽 2년 1월 1일에 행해졌다. 이와 같은 가나안으로의 여정의 재개의 명령은 2:3에서 반복된다. 이 두개의 야웨의 진군 명령들의 간격은 대략 40년이다. 이 기간은 불신앙에 의한 진군의 중단(전자)과 신앙에 의한 진군의 재개(후자) 사이의 차이를 보여준다.

야웨의 명령에 대한 후렴구처럼 "보라(르에 ראה), 내가 너희 앞에 그 땅을 두었다. 야웨께서 너희의 조상들, 즉 아브라함과 이삭과 야곱에게 그들과 그들의 후손들에게 주신다고 맹세하셨던 그 땅에 들어가 소유하라"는 모세의 말이 추가되어있다(8절). 그러나 역설적으로 모세는 멀리서 바라만 볼 수 있을 뿐 야웨의 맹세의 땅을 들어가 소유함으로 '직접' 볼 수 있는 기회는 얻지 못한다.

이와 같이 신명기 전반에 있어서 여정을 설명함으로써 내러티브의 큰 뼈대를 구성하는 일은 화자가 하지만, 모세의 첫 번째 연설 속에서 그러한 역할은 야웨의 말씀을 통하여 시작된다. 이때부터 4장까지 나머지 모세의 연설 속에서 이스라엘이 광야에서 보낸 여정에 대한 언급을 통해 모세 연설내의 내러티브의 뼈대가 구성된다. 이와 같이 화자, 야웨(1:6-8, 40, 2:3, 13a, 2:24), 그리고 모세가 함께 이스라엘의 광야 여정과 관련된 뼈대를 구성한다. 이제 신명기, 아니 모세오경의 핵심적인 주제인 야웨의 약속대로 이스라엘 백성은 약속의 땅을 얻을 것에 대한 언급이 있다. 하나님의 약속이 바로 눈앞에 있다. 사실 지금까지 인용된 여행경로에 대한 야웨의 말씀을 통해서 볼 때, 이스라엘이 이미 야웨의 말씀의 일부를 성취하였다. 이와 같이 가나안 땅의 소유에 대한 약속과 성취는 신명기 신학에서 중요한 위치를 차지한다.

이제 본격적으로 시작되는 모세의 설교(1:9-3:29)에서는 7개 지역(호렙, 가데스-바네아, 세일 산, 모압과 암몬, 헤스본, 바산, 요단동편)과 관련된 사건들과 자신의 상황(가나안 땅에 들어가지 못하는 연유)을 언급한다.

리더십의 보완과 교체(1:9-18)

과거사 회고부분에서 모세가 이스라엘의 지도자들을 뽑았던 일을 가장 먼저 언급한다는 것은 매우 중요하다. 여기서 "그때에"라는 표현은 신명기내에서 모세의 과거와 현재를 구분하게 해주는 중요한 표지의 역할을 수행한다(1:9, 16, 18, 2:34, 3:4, 8, 12, 18, 21, 23, 4:14, 5:5, 9:20, 10:1, 8). 이스라엘의 지도자들을 세운 일은 나중에 자신의 마지막 때를 향하면서 모세의 후계자인 여호수아를 세운 일과 상응한다. 이는 야웨와 백성 사이의 의사소통과 야웨의 명령에 순종했던 모세의 모범을 따른다. 우리가 다루고 있는 모세의 회고는 연대기적 배열보다는 주제적 배열의 성격이 강하므로 이 부분만을 가지고 이스라엘 광야사(廣野史)를 연대기적으로 정확하게 재구성할 수는 없다.

여기서 모세는 지도자 선출과 관련하여 시내산 이전의 경우(출 18:13ff.)와 시내산 이후의 경우(민 11:14-17)를 혼합한다. 즉 권력의 분산과 관련해서 이드로의 충고(출애굽기)와 야웨의 명령(민수기)은 상응하는 부분이 있다. 전자는 모세에게 부과된 수많은 송사로 비롯된 선출이었으며 후자는 백성들의 불평과 불순종에 따르는 리더십의 피로감에서 비롯된 것이었다. 그에 대한 야웨의 응답은 70명의 대표자들을 세워 야웨의 영을 그들에게도 임하게 하시는 것이었다(민 11:17). 그러나 출애굽기의 경우와 마찬가지로 민수기와 신명기의 묘사도 명백한 차이가 있다. 신명기에서는 출애굽기처럼 이드로나 야웨가 아니라, 모세가 명령의 주체이며 대상이 백성("너희")이다. 그러나 신명기의 모세의 리더십 분배와 이양에 대한 동기(이스라엘이 번성하여 그 수가 많아짐)는 민수기의 경우(백성들의 불신앙과 불평)와는 달리 더 일반적이나. 이것은 오히려 족장들에 대한 "후손의 증가" 약속의 결과로 보아야 한다. 물론 모세가 자신의 죽음을 앞두고 자신의 권한을 백성과 지도자들에게 이양하는 것은 자연스럽고 필요한 일이었을 것이다. 게다가 여기에서 모세의 지도자 선출의 명백한 의도는 "백성에 대한 축복"에 있었던 것 같다(12절). 그리고 신명기의 모세의 죽음의 측면에서 볼 때, 이러한 지도력의 분배는 일련의 지도자들과 함께 여호수아의 승계를 염두에 둔 것으로 보아야 한다.

모세는 백성들에게 그들 중에서 지혜와 지식이 있는 탁월한 자들을 천거한다면 자신이 그들을 각지파의 리더들로 세울 것을 제안한다. 이러한 모세의 제안을 백성들은 기꺼이 받아들였다. 또한 "너희의 문젯거리와 너희의 무거운 짐과 너희의 송사(訟事)"를 언급한 모세의 말을 증거 삼아서 지도자 선출이 반드시 부정적이거나 불신앙적인 측면에서 행해진 것으로만 볼 이유는 없다. 게다가 이 사건의 목적은 모세가 그들과 나누고자 하는 위임한 군사적 지도자들, 행정관, 그리고 재판장들[24]을 세우는데 있었다. 전쟁과 마찬가지로 재판은 하나님께 속한 것이기 때문에, 사법적 지도자들의 불편부당한 공정성은 두려움 없이 빈부귀천을 무론하고, 심지어 이스라엘에게 속한 "이주(移住)한 이방인"(1:16, 5:14, 10:18f., 14:21, 29, 16:11, 14, 23:7, 24:17, 19-21, 26:11-13, 27:19, 28:43, 29:11, 31:12)에게도 적용되어야 하며 너무 중대하고 어려운 사건의 경우에는 모세의 판단을 요청해야 한다.

결국 본문에서 언급된 해결책은 지도자의 선출에 대한 백성의 "역할"을 제외하고는 출애굽기 18장의 설명에 가깝다. 그럼에도 불구하고, 이와 같은 지도자들의 선출은 이후에 언급되는 약속의 땅을 정탐하기 위해서 파송되었던 12명의 부족지도자들의 선출과 파송과 대조된다. 이들 중에는 그 땅의 정탐과 관련하여 불신앙으로 인해서 이스라엘을 40년간 고통 속에서 광야의 방랑을 하게 했던 10명도 포함된다.

이스라엘의 여정과 관련된 야웨의 전쟁들(1:19-3:12)

여기서 우리는 이스라엘이 야웨 앞에서 믿음으로 순종한 결과들과 불순종의 결과들이 어떻게 극명하게 대조되는지를 배우게 된다. 1:19-3:28의 주제는 약속의 땅 가나안 지역을 점령을 앞둔 야웨의 전쟁이다. 그 땅은 야웨께서 선조들과 출애굽 1세대에게 "약속된 땅"이며, 야웨께서 그들에게 "선물(신적인 하사물)로 주어진 땅"이며, 이스라엘이 "정복해야 할 땅"이다. 이러한 3중적인 관계는 "주다"(나탄 נתן)라는 표현과 "차지하다"(야라쉬 ירש)라는 표현의 병렬적 위치로 지지될 수 있다(2:31, 33, 3:3, 12, 18, 7:1-3, 9:1-3, 또한 3:8, 5:31, 12:1, 15:4, 19:2, 14, 25:19, 비교. 1:39, 4:1, 17:14, 26:2, 보라, 7:1-2). 이러한 대조는 모순이 아니라, 선물과

24) Miller(1990:29)는 이러한 직분의 배열이 "군사, 사법, 행정," "군사-사법, 행정"이라는 3, 혹은 2가지의 지도자들을 말하는지 아니면 "군사-사법-행정"이라는 하나의 지도자에게 부여된 세 가지 복합적인 직무들을 언급하는 것인지는 명확치 않다고 본다.

조건으로서의 땅의 개념들의 긴장관계를 보여준다. 게다가 신명기의 약속의 땅에 대한 관점은 야웨의 규례들과 법도들을 지켜야 약속의 땅으로 들어갈 수 있으며 그 땅에서 오래 살려면 그것들을 지켜야 한다는 이중적인 개념들을 포함한다. 만약 지키지 못하면 그 땅에서 쫓겨나게 될 것이라는 것이 신명기의 "약속의 땅"에 대한 신학의 전모이다.

정탐꾼의 파송과 백성의 불신 그리고 그 결과(1:19-2:1)

이곳에서 "너희" 단락과 병치되는 "우리" 단락[25]이 시작된다(1:19, 2:1, 3:1, 29:14-15, 18, 28, 30:12-13). 모세의 첫 번째 설교의 두 번째 하위단락은 야웨의 이스라엘의 여정에 대한 명령을 부분적으로 반복하여 시공간적 배경("호렙산→크고 두려운 광야→아모리 족속의 산지길→가데스 바네아")을 제시함으로 시작하여 다른 시공간적 배경("가데스 바네아→세일 산")으로 옮겨가기까지의 일들을 언급한다. 여기에서의 모세의 언급은 본질상 민수기 13-14장의 정탐꾼을 보내는 일과 가나안 땅에 들어가지 못하게 된 사건에 대한 설명에 있어서 대동소이하다

민수기에 따르면, 모세가 아모리 족속의 산지("에스골 골짜기까지"[민 13:22-24])에 파송하였던 각 지파의 지도자들로 구성된 12명의 정탐꾼들(삼무아, 사밧, 갈렙, 이갈, 호세아[여호수아], 발디, 갓디엘, 갓디, 암미엘, 스둘, 나비, 그우엘) 중에서 열명의 보고를 듣고 이스라엘 백성들이 갖게 된 불신앙으로 인해서 불평하고 원망하였기 때문에 하나님은 이들 모두를 약속의 땅 가나안에 들어갈 수 없게 하신다. 그러나 가나안 땅의 정복을 신앙으로 바라본 갈렙과 여호수아는 약속의 땅에 들어갈 수 있게 하신다. 민수기 14:20-24, 29-30은 모세와 아론을 특정하게 언급하지 않고 "여분네의 아들 갈렙과 눈의 아들 여호수아 외에는" "너희 중에 이십세 이상으로 계수된 자 즉 나를 원망한 자 전부"가 약속의 땅에 들어갈 수 없는 자들이라고 말한다. 민수기적 문맥에서 이스라엘의 불신앙에

25) 이 첫 번째 "우리" 단락에 대한 세부적인 구조연구는 Christensen(2001:29f.)를 보라.

도 불구하고 모세의 중재로 인해서 이스라엘이 당장에 멸망하는 것은 막을 수 있었지만, 결국 이 불신앙의 세대가 광야에서 모두 소멸될 것이라는 하나님의 말씀으로 볼 때, 모세의 중재는 실패로 끝나는 것처럼 보인다.

신명기에서는 모세가 이스라엘 백성에게 아모리 족속의 산지에 이르러 "보라. 너희 하나님 야웨께서 너희 앞에 그 땅을 두셨다. 너희 조상들의 하나님 야웨께서 너희에게 말씀하신 것처럼 올라가 취하라". "두려워 말라. 주저하지 말라"고 명령하였다. 모세는 이에 대한 근거로 야웨 하나님이 약속의 땅을 "너희" 앞에 두시고(21절), 야웨께서 "너희"보다 앞서 가셔서 "너희"를 위하여 싸우실 것을 말한다(30절). 이에 대하여 이스라엘 백성은 우선적으로 정탐꾼을 파송하여 상황을 알아보자고 제안한다. 그들의 말을 좋게 여긴 모세는 각 지파에서 한명씩 뽑아 12명을 미리 보내게 한다. 그들이 산지로 올라가 에스골 골짜기에 이르러 정탐하고 그 땅의 소산을 갖고 돌아온 후에 일부가 "야웨께서 주시는 땅이 좋다"[26]고 말하였다. 그러나 그곳에 크고 강한 백성과 성읍과 성곽이 있다고 주장한 대다수의 정탐꾼들("우리 형제들")의 주장을 들은 이스라엘은 "장막 가운데서"[27] 행한 자신들의 불신앙("원망")으로 자신들이 하나님의 미움을 받아서 출애굽하여 아모리 족속에게 멸망당하게 되었다고 하나님을 원망하였다. 그러자 모세는 이스라엘에게 대적들을 무서워하거나 두려워하지 말라고 격려한다. 모세는 이스라엘보다도 먼저 약속의 땅에 가시는 야웨께서 출애굽 할 때처럼 가나안을 점령할 때도 앞서 싸우실 것이며 그들을 아버지가 그의 아들을 데리고 가듯이 여기까지 데리고 오셨던 것을 상기시키면서 이들의 불신앙을 꾸짖는다.[28] 모세는 이들이 지금까지 인도하시고 이제 약속

26) 낙원("좋은 땅")이라는 표현은 1:25, 35, 3:25, 4:21, 22, 6:18, 8:7, 10, 9:6, 11:17에서 등장하며 이와 유사하게 "젖과 꿀이 흐르는 땅"이라는 표현은 6:3, 11:9, 26:9, 15, 27:30, 31:20에서 나타나며 주전 1920년의 시누헤(Sinuhe) 문서에서도 가나안 땅의 풍요를 젖과 꿀과 관련하여 언급한다(*ANET*, pp. 19-20).

27) 백성의 원망이 한밤중에 장막 안에서 행해졌다(민 14:1).

28) 이러한 묘사는 민 11:12("양육하는 아버지[nursing father]가 젖먹이를 데리고 가듯이 그들을 가슴에 품고…")을 상기시킨다.

의 땅으로 인도하실 야웨 하나님을 불신한다고 말한다. 그러나 하나님은 이스라엘보다 앞서 행하시며 장막을 칠 곳을 찾으시며 밤에는 불기둥으로 낮에는 구름기둥으로 이스라엘의 갈 길을 지시하시는 분이시다(33절).

모세는 불신앙의 세대들 대신에 당시에 아직 어려서 전쟁의 희생양이 될 수도 있고 아직 윤리적-신앙적 판단을 할 수 없는 상태("선악을 분변하지 못하는")의 자녀들만이 이제 약속의 땅에 들어갈 수 있다는 말씀을 받는다. 여기서 수많은 이스라엘 백성의 짐을 감당하지 못한 모세와 수많은 이스라엘 백성들을 홀로 감당하시고 돌보시기 위해 싸우신 야웨가 대조된다. 이러한 야웨의 돌보심은 32:10-12에서는 독수리와 관련된 보호의 모티프가 사용된다.

그 후에 모세가 인용한 3개의 야웨의 말씀들(1:35-36, 37b-40, 42b)이 등장한다. 첫 번째 야웨의 말씀(1:35-36)은 약속의 땅에 대한 이스라엘의 불신앙과 불평에 야웨께서 갈렙과 여호수아 외에는 악한 세대의 사람들 모두가 낙원에 들어갈 수 없다고 맹세하신 것이다. 이것은 간접적으로 모세마저도 일종의 옛 세대의 일원으로서 약속의 땅에 들어가는 것이 거부되있다는 점을 암시하는 것처럼 보인다. 게다가 모세가 직접적으로 "너희로 인해서 야웨께서 내게 진노하셔서" 약속의 땅에 들어갈 수 없게 되었다는 점을 밝힌다(37절, 비교. 신 3:26-28).[29] 이처럼 시작된 야웨의 두 번째 말씀에서 야웨는 모세에게 그를 대신하여 조수로 있는 여호수아가 가나안 땅에 들어가서 이스라엘에게 분깃으로 나눌 수 있도록[30] 그를 격려하라고 명령하신다(38절). 이것은 공적인 승계의 행사 속에서의 공식적인 격려사를 행하라는 명령일 수도 있다(비교. 삼하 10:12). 여기서 정탐꾼들과 모세의 말(즉 하나님의 역사에 대한 긍정적인 진술들[25b, 30-31, 33절])과 백성들의 말(즉 그들을 다루시는 하나님의 태도에 대한 부정적인 진술[27b절])이 서로 대조된다.

민수기 13-14장과의 중요한 차이점은 모세가 야웨의 명령(혹은 재가)에 앞서

29) Tigay(1996:19)는 이 점에 대해서 모세가 정탐꾼을 파송하자는 제안에 동의했기 때문이라고 주장한다.
30) Lohfink(1994:241)는 이 표현에 단순히 가나안 땅 정복보다는 분배 개념이 더 강하다고 주장한다.

서 백성의 요구가 있었다는 점을 부연설명하지만, 백성들의 원망과 관련된 모세의 중보의 기도와 관련된 일들(민 14:11-25)은 생략한다는데 있다. 이와 같은 차이점에도 불구하고 신명기가 민수기의 진술에 전적으로 의존한다는 점은 명확하다.

민수기	신명기
13:1-14:38	1:19-33
14:39-45	1:41-46
14:31-33(불신앙의 내용)	9:2(불신앙의 내용)

결국 신명기적 문맥에서 "실제 보고도 그 땅을 얻지 못했던" 구세대의 대표자들의 운명과, 보지도 못하고 얻지도 못한 구세대와 "간접적으로 보았지만 그 땅을 얻지 못하는" 구세대의 대표자 모세의 운명은 역설적으로 대조된다.

이스라엘의 불신앙으로 인해서 그들이 더 이상 가나안 땅으로 나아가지 못하고 다시 광야로 돌아가라는 하나님의 말씀에 이스라엘이 다시 한번 거역하는 장면이 등장한다. 그들은 지금까지의 야웨에 대한 불신앙의 죄를 고백한다. 그러나 그들은 여전히 야웨의 명령을 불순종하고 이제라도 아모리 족속과의 전투를 재개할 것을 계획한다. 이들의 전쟁계획에 대해서 이전과는 반대로 "내가 너희 중에 있지 않을 것이니, 너희는 올라가지도 말고 싸우지도 말라. 그렇지 않으면 너희가 대적에게 패할 것이다"라는 세 번째 야웨의 말씀(42절)[31]을 모세가 전했지만, 이스라엘은 청종치 않고, 승리와 전술에 대한 야웨의 신탁도 없이 "모세와 언약궤는 진영 가운데 남아 있는 채로" 산지로 올라와 아모리 사람들과의 무리한 전쟁을 시작하였다. 그 결과로 이스라엘은 그들에게 패하여 "벌떼가 사람들을 쫓듯이" 가데스 바네아의 북동쪽 도시 호르마까지 쫓기게 되었다. 결국 그 일과 관련하여 이스라엘이 군대를

31) 이와 관련해서 민 14:42-44은 야웨의 말씀의 직접인용이 모세의 말로 간접적으로 표현되었으며, 이스라엘의 군영(軍營) 중에 야웨의 언약궤와 모세가 함께 하지 않았다는 점이 명시된다.

돌려(回軍) 야웨 앞에서 통곡하였지만, 야웨께서는 그들의 두 번째의 회개의 소리에 청종치 않으신다(45절).

구약의 다른 경우들처럼 여기에서의 45절에서의 "돌이키다/회개하다" 라는 의미의 슈브(שוב) 동사의 활용은 46절의 "거하다" (야샤브 ישב)라는 동사의 활용형들(테슈브… 예샤브템 ישבתם …תשבו)과 상응한다. 이러한 인간의 회개와 하나님의 청종치 않음의 대조적 짝(pair)은 "끝 날에" 이스라엘이 돌아와(샤브타 שבת) 야웨의 말씀을 청종하게 될 것이라는 개념(4:30)의 "인간의 회개/신적 청종" 의 의미적 짝과 대조된다.

이러한 하나님의 거부는 2-3장에서처럼 순종하고 신뢰하는 이스라엘과 함께 하나님께서 직접 전쟁을 지휘하시고 이스라엘과 함께 하사 그들에게 승리를 주시는 하나님으로 나타난다는 점에서 대조된다. 이로 인해서 이스라엘 사람들은 가데스에서 "여러 날을" 머물게 된다. 결국 이와 같은 불신앙을 통한 가나안 정복전쟁에서 첫 번째 실패는 당사자들이 죽을 때까지 길고 지루한 광야에서의 방황으로 이어진다. 그러나 이스라엘은 나중에 재개된 진군명령 속에서 야웨의 명령에 순종하는데, 처음에는 전쟁을 피하라는 명령을 받는다. 이것은 야웨께서 이스라엘이 에돔, 모압, 암몬 족속과의 전쟁 없는 진행을 통해 과거에 그들에게도 땅을 주셨던 것처럼 가까운 미래에 이스라엘에게도 그 땅을 주실 것이라는 확실성에 대한 간접적인 교훈이다. 그 후에야 비로소 이스라엘은 아모리 족속과의 실제적인 전쟁을 통하여 요단동편의 땅을 소유하게 됨으로써 결국 이스라엘이 약속의 땅을 얻을 수 있다는 확신을 얻게 된다.

에돔, 모압, 암몬과의 전쟁금지(2:1-19)

하나님은 이스라엘이 여러 날을 머문 후에 다시 부르셔서 약속의 땅으로 진군하게 하셨다. 이제 정탐꾼들이 따랐던 것처럼 헤브론을 통한 남쪽으로부터의 직접적인 가나안 진입은 이스라엘의 불신앙으로 인해서 무효화되었다. 그리고 이제 에돔, 모압, 암몬 등을 통한 요단동편으로 간접적인 진입을 위한 여정이 펼쳐진다. 이제 하나님은 이스라엘이 새롭게 출정하여 처음 만나게 되는 에돔, 모압, 암몬 족속들과의 전투를 금지시킨다. 그 이유는 세 민족이 이미 하나님을 통하여 영토를 분배받았으며 이 지역이 이스라엘에게 주어진 것이 아니기 때문이었다. 이제부터 등장하는 전쟁과 관련된 여정들은 비록 민수기와 원칙상 동일한 내용을 다루지만 민수기와는 달리 다음과 같이 정형화되고 반복적인 구조를 갖는다(Miller 1990:37).

	여행단계의 표지	하나님의 명령	성취여부의 보고
에돔/에서	2:1	2:3-7	2:8a
모압	2:8b	2:9-13a	13b
암몬	2:18	2:18-20	
시혼	2:24	2:24-31	2:32-37
옥	3:1	3:2	3:3-11

전쟁을 수행하지 않는 이 단락은 헤스본 왕 시혼과 바산 왕 옥과의 전투와 함께 읽도록 한다(특히 2, 6절의 "헤스본… 시혼에게 행한 것과 같이"라는 표현). 시혼과 옥에 대한 언급은 민수기 21:21-25에 있고 신명기의 첫 번째 부분(시혼[1:4, 2:24, 26, 30, 31, 3:2, 6, 4:46], 옥[1:4, 3:1, 3, 4, 10, 11, 13, 4:47])에 수차례 등장하며(1-4장의 통일성), 심지어 신명기의 후반부(29:7, 31:4)에도 등장한다(1-4장과 29-31장과의 연관성). 이 표현의 잦은 등장은 신명기에 기록된 모세의 말씀들의 지리적 위치와 시기를 증거 할 뿐만 아니라, 구조적인 구분의 기능도 수행한다.

이 부분에서의 주제어는 "통과하다/지나다"(아바르 עבר)이다. 이 표현은 2장의 전반에서 나타난다(4, 8, 13[X2], 14, 18, 24, 27, 28, 29, 30절). 서두에 광야에서의 진로(가데스→세일산)를 말씀하시는 야웨의 말씀이 인용된다. 이 말씀은 그들이 가데스와 세일 산 사이에서 거의 40여년의 세월을 보낸 후에 그들에게 임한 것이다("오랫동안"[1:46, 2:1]). 이러한 표현의 의미는 이러한 상황을 상기시키는

"가데스 바네아에서 떠나 세렛 시내를 건너기까지"의 38년의 방황의 세월이 흘렀다는 것이다. 이 때에는 그 세대의 모든 군인들이 야웨께서 그들에게 맹세하신 것처럼 진 가운데서 다 죽었다. 야웨의 손이 그들이 진중에서 완전히 없어질 때까지 그들을 대항하셨다. 결국 모든 군인이 죽어 백성 가운데서 사라진 후에"(14-16절)라는 설명에서 명확하게 나타난다. 이것은 제1세대에서 제2세대로의 지도력과 전투력의 완전한 교체를 의미한다. 그러나 역설적으로 야웨의 군대는 전쟁터가 아닌 40년에 가까운 세월동안 방황하던 야영지에서 죽었다!

새롭게 출정하여 이스라엘이 처음 만나게 되는 에돔(민 20:14-21), 모압(민 21:4-20, 이스라엘과 모압 사이에서 벌어진 일들에 대한 더 자세한 이야기는 모압 왕 발람과 선지자 발람 이야기에서 더 부연된다), 암몬 족들과의 전투를 금하는("전쟁하지 않도록 매우 조심하라") 야웨의 짧은 말씀이 인용된다(3-7, 9, 18-19절). 물론 여기서 모세가 에돔에게 사절들을 보내어 평화로운 통과를 모색했지만(6절, 비교. 28절), 그들이 제안을 거부했던 일의 세부적인 언급(민 20:14-21)과, 모압 족속들과의 갈등은 생략되지만(민 22-24장), 암몬 족과의 관계(민 21:24)는 새로 언급하고 부연한다. 야웨는 "우리의 형제" 에돔, 모압, 그리고 암몬 족속에 대한 야웨의 영토분여(領土分與)에 대한 언급을 통하여 그들과의 전쟁의 금지의 이유를 설명한다. 그렇기 때문에 전쟁은 피해야 하며 그들의 땅은 이스라엘에게 약속하신 땅에 포함되지 않는다. 여기서 발람과 발락에 대한 이야기(민 22-24장)는 생략되어있다.

광야에서 지금까지 야웨의 기적으로 만나, 메추라기 그리고 반석의 물을 먹을 수 있었던 이스라엘은 이제 이들에게 돈(銀)을 주고 음식과 물을 사먹으라는 명령을 받는다. 물론 이것은 하나님의 초자연적인 인도가 중지되었다는 것보다는 전쟁을 통한 강제적인 탈취가 아닌 평화적 교류를 통한 물과 식량의 조달의 필요성을 강조하기 위함이다. 그럼에도 불구하고, 이 국가들은 이후의 이스라엘의 역사 속에 지속적인 원수들로 등장한다(비교. 민 24:17-19, 삼하 9장, 10장, 왕상 11장, 왕하 3, 14장, 암 1:11-2:3).

2:10-12[13][32], 20-23에 나타난 화자의 부연설명[33]

이 단락(과거에 하나님께서 이미 타민족들에게 땅을 주사 소유하셨던 적이 있었다)은 가까운 미래에 이스라엘에게 야웨께서 주시는 땅을 소유할 수 있다는 예증과 확증을 하게 하는 측면에서 중요한 전환점의 역할을 한다. 즉 이것은 각각의 부족들의 땅의 소유에 대한 부연설명이다.

11절에서는 모압 사람들이 에밈이라고 불렀던 엠 족속이 르바임 족속이라고 불렀던 이유를 말한다. 그러나 우리가 여기서 주목할 것은 야웨께서 이스라엘의 형제들 혹은 이방족속들에게 이전 거주민들을 몰아내고 땅을 주셨다는 언급이 반복된다는 점이다. 이러한 지역할당의 개념은 32:8-9에서도 발견된다.

12절	21-23절
"이스라엘이 야웨께서 주신 기업의 땅에서 행했던 것과 같았다."	"야웨께서 암몬 족속 앞에서 그들을 멸하셨으므로," "에서 자손 앞에 호리 사람을 멸하신 것과 같았다" (갑돌 지파[34]의 경우도)

우리는 모세가 이스라엘에게 전한 "이미 땅을 차지하고 있는 형제들과 전쟁하지 말라"는 야웨의 말씀들과 아울러서 화자가 그들이 그 땅을 차지하게

32) Labuschagne(1993:378)은 9-13절 모두를 하나님의 직접화법으로 취급하지만, Craigie(1976:110)는 모세의 말이 13(혹은 13b)절부터 시작한다고 여긴다.

33) 그 동안 등한히 여겨졌던 이 부분의 역할에 대한 논의가 필요하다(Slater 1991:177ff.). 학자들은 3:9, 11, 13b-14, 10:6-9와 더불어 이 단락을 "과거사에 대한 세세한 관심의 고지들"(antiquarian notices[Driver 1902]), "단절의 뼈대"(breaking frame[Polzin 1980:32, 비교. Goffman 1974]), "민족지학적 단락들"(ethnographic sections[Labuschagne 1985:113]), 혹은 "뼈대의 단락들"(frame-breaks [Sonnet 1997:238f.])라고 부른다. 그동안 이 부분들이 야웨의 말씀들(9-13, 18-25절) 가운데서 존재하지만, 앞뒤 인접단락과는 그 주제와 문법에 있어서 다르다는 점에서 다른 부연설명을 하기 위하여 갑자기 등장하는 "후대의 삽입"으로만 여겨졌으나, 최근에는 그것들 나름대로 독특한 문학적 기능과 신학적 의미도 회복되어 신명기 전체를 아무런 손상 없이 읽는 것이 가능하게 되었다. 예를 들어, Polzin(1980:32)은 독자에게 모세시대와 자신들의 시대적 거리감의 극복과 신학적 미니 주석의 역할을 수행한다고 주장한다.

34) 본문은 갑돌 지파가 아위 사람들을 몰아내고 거하는 것이 "오늘까지"라고 말한다. "오늘까지"라는 표현은 2:22, 3:14, 10:8, 11:4, 29:4, 34:6에서 사용되며 화자의 시간적 위치를 제공해 준다.

된 연유를 설명한다는 점에 주목할 필요가 있다. 이러한 화자의 부연설명은 이전에 살았던 자들도 크고 두려운 백성들이었으나, "두려움 없이" 이스라엘의 친척들에 의해서 점령되었다는 점을 강조하고 싶었던 것이다. 특히 르바임 족속에 대한 언급에서 "아낙 족속"과 같다고 했다. 이전에 이스라엘이 12명의 정탐꾼을 약속의 땅으로 보낼 때, 이스라엘 백성이 크게 두려워했던 약속의 땅의 거주민들이 "아낙 자손 아히만과 세새와 달매" 였다(민 13:22, 비교. 33절). 그러나 이들도 야웨께서 이미 섬멸시키신 자들이다. 본문은 이스라엘의 친척들이나 전혀 무관한 자들에 대한 야웨의 은총과 인도하심을 상기시킨다. 그러므로 이스라엘 앞에 있는 아모리 인들은 두려움의 대상일 수 없다. 요단서편에 위치한 7개의 도시국가들(헷, 아모리, 가나안, 브리스, 히위, 여부스, 기르가스)의 경우도 마찬가지다. 화자는 몇가지 선례들을 통하여 야웨의 말씀에 순종하는 한 임박한 시혼과 옥과의 전쟁들에서의 승리의 확실성을 미리 암시하고 있는 것이다. 이러한 확신은 미래에도 약속의 땅을 정복하고 나누는 일에도 동일하게 적용될 것이라는 점을 밝혀준다.

아모리 땅에서 전쟁을 통해 얻은 승리들(2:24-3:11)

전쟁 없이 에돔과 모압과 암몬 족속을 지난 후에 야웨는 이스라엘에게 아르논 골짜기를 건너 아모리 족속과 전쟁하라고 명령하신다. 그때에 야웨는 친히 그들에게 땅을 수여하신(그들이 전쟁을 통해서 얻게 하신) 에돔과 모압의 암몬의 경우처럼 헤스본의 시혼(요단동편 남부[남쪽으로는 아르논 골짜기까지, 북쪽으로는 길르앗의 옥의 왕국의 국경선까지, 동쪽으로는 얍복 강가까지])과 바산의 옥(요단동편 북부[아르곱 온 지방과 바산 지역의 살르가와 에드레이까지])의 경우에 이스라엘이 그들과의 전쟁을 치러 승리를 얻게 하신다. 야웨께서 함께하사 이스라엘에게 주신 승리는 이제부터 열방들에게 이스라엘의 명성으로 인해서 떨며 이스라엘로 인해서 근심하게 하는 것이 될 것이다.

시혼에 대한 승리(2:26-37, 비교. 민 21:21-32)

2:31-33에서는 실제 정복전쟁을 묘사하고 34-37절에서는 전쟁의 범위에 대한 요약이 제공된다. 여기서 인용된 야웨의 말씀(3:2, 2:24-25)은 시혼에 대한 승리의 확신에 관한 것이다. 모세는 시혼에게도 평화의 메시지를 먼저 보냈다(28절, 비교. 6절). 그러나 이들은 그것을 거부하였고 야웨는 시혼의 마음을 완악하게 하셨다(비교. 출애굽기의 "바로의 완악해진 마음"). 이러한 표현은 야웨의 주권적 역사뿐만 아니라 시혼의 정복에 대한 정당성을 제기하는 측면에서 사용되었다. 이스라엘은 야하스에서 시혼의 군대들과 싸웠고 그들은 "가축 떼와 탈취물들"을 제외한 시혼의 옥과 그의 아들들과 군대들과 백성들과 마을들을 완전히 파괴하였다(헤렘). 그러한 방식으로 이전에 야웨께서 이스라엘의 형제나라들(에돔, 모압, 암몬)에게 그들의 땅을 주셨듯이 이제 이스라엘에게 시혼의 왕국을 주셨으니, 시혼에 속한 그 어떤 성읍도 "우리에게" 성벽이 높아(사그바 שׂגבה) 점령할 수 없었던 곳은 없었다(36절, 비교. 3:6-7).

여기서 사용된 헤렘(진멸)의 원칙은 20:10-18의 이스라엘의 먼 나라들과의 전쟁법칙(여성들, 유아들, 육축과 다른 탈취물들은 예외)보다는 더 엄격하고, 신명기의 가나안 여섯 족속들(헷, 아모리, 가나안, 브리스, 히위, 여부스)에 대한 전쟁의 원리처럼 "예외 없는 완전한 진멸"을 요구했던 아간(수 7장)과 사울의 경우(삼상 15장)보다는 덜 엄격하게 적용되었다. 이와 같이 구약시대에는 세 종류의 헤렘의 원칙이 있었던 것 같다. 이스라엘은 이러한 야웨의 전쟁의 원칙에 순종하였다. 그러나 우리는 여기서 구약에서 하나님의 진멸(헤렘)의 원칙이 상당히 제한적으로 사용되었음을 기억해야 한다.

2장에서는 모세가 야웨께서 에돔, 모압, 암몬 족속에게 땅을 주었다고 말하나 3장의 시혼과 옥의 땅에 대해서는 모세("내가")가 르우벤과 갓과 므낫세 반지파에게 주었다고 묘사된다. 이 차이는 실제 전투에서의 역할을 강조하는 것으로 볼 수 있다. 시혼에 대한 승리의 언급의 끝부분에는 암몬 족의 영토에는 야웨의 명령에 따라 들어가지 않았다는 점이 다시 한번 강조된다. 이것은 이스라엘이 이번 전쟁에서 야웨의 명령을 철저히 순종하였다는 점을 확인시켜 주는 역할도 수행한다.

옥에 대한 승리(3:1-7, 비교. 민 21:33-35)

이스라엘은 시혼의 왕국을 점령한 후에 북쪽으로 올라가 옥과의 전투를 에드레이(왕국의 남동쪽 야르묵 강가의 도시)에서 수행하였다. 시혼에 관한 확신의 말씀과 마찬가지로 야웨께서 이스라엘에게 그들의 옥과의 전쟁에서도 승리의 확신을 주신다. 야웨께서 그들을 이스라엘의 손에 붙이셨으니, 그들이 60개의 성벽이 높은 성읍과 그 외에 성벽이 없는 마을들도 모두 정복하였고(민 32:33, 수 9:10, 시 135:10-11, 136:18-22) 거주민들과 도시들이 진멸에 처해졌고 가축들과 탈취물들은 이스라엘이 소유하였다. 야웨께서 주신 승리의 결과, 33b-36a절 사이의 "우리"의 사용, 이스라엘이 실제로 참여하는 헤렘의 수행, 그리고 심리적인 측면("우리에게 너무 높아 [정복하기 어려운] 요새는 없다")과 같은 이스라엘의 시혼과 옥과의 전투에 나타난 병행적 요소들에도 불구하고 "선행적인 평화의 제의의 언급(1-6절), 승리의 확신의 수용, 그리고 요새화된 도시들의 언급의 부재" 등의 몇가지 특징들이 이 단락에서만 등장한다.

시혼과 옥에 대한 승리의 결과(3:8-11)

이스라엘이 시혼과 옥과의 전투에서 얻은 땅들은 아르논 골짜기에서 헤르몬까지의 평지의 모든 성읍들과 길르앗의 온 땅, 바산의 땅(살르가와 에드레이)까지였다. 이제 화자의 부연설명(3:9, 11)이 등장한다. 2:11의 경우처럼 9절에서 시돈 사람들과 아모리 족속이 헤르몬 지역을 각각 "시룐"과 "스닐"이라고 불렀다고 한 언급은 아마도 두 종족 사이의 헤르몬 지역의 점령을 위한 첨예한 갈등이 있었다는 것을 반증하는 것처럼 보인다. 그것은 지명의 전환의 행위는 소유와 정복의 결과를 의미하기 때문이다. (아마도 당시에 이스라엘에게 우호적이었던) 암몬 족속의 랍바에 남아있었던 르바임 족속의 생존자 바산의 옥의 철침대[35]의 거대한 크기에 대한 언급은 그의 위대성을 반증하는 것이다. 이 단락은 헤스본의 시혼과 바산의 옥을 제거함으로써 크고 두려운 존재인 아모리 족속을 완전히 섬멸시키고 그들의 땅을 차지한 자들이 바로 야웨의 영도하에 있었던 이스라엘 백성이었다는 점도 보여준다(2:11, 20-23, 3:11, 13).

요단동편의 부족영토들의 분배(3:12-20, 비교. 민 32장)

이스라엘의 형제국가들이 각자의 영토를 얻었을 때처럼 시혼과 옥과의 전쟁을 통해 요단동쪽 지역의 영토("르바임"의 땅)를 얻은 이스라엘 지파들 중에서 므낫세의 반(半)지파가 요단동편 북부(바산의 옥의 영토, 길르앗의 남은 땅[북부지역][36]과 아르곱 즉 온 바산 지역)를, 르우벤과 갓 지파가 요단동편 남부(시혼의 영토, 아르논 골짜기 곁의 아로엘로부터 길르앗 산지 절반과 그곳의 성읍들)를 모세의 지도하에 나눠 갖게 되었다.

화자의 부연설명(3:13b-14)

화자는 므낫세 지파에게 속한 땅들을 상술한다. 므낫세 지파의 야일이 그술(갈릴리 호수 동쪽지역)과 마아갓 족속(그술의 북쪽과 메롬 지역의 동쪽지역)의 경계까지의 아르곱 온 지방, 즉 바산을 취하여 "하봇-야일"이라고 불렀다는 설명(특히 "오늘까지 그렇게 불렀다"[37])과 민수기 32:41("므낫세 지파의 야일이 길르앗의 촌락들을 취하고 '하봇-야일'이라고 불렀다")과 상이하다는 주장이 있다. 그러나 그것은 야일 지파가 각각의 두개의 지역들에 대하여 동일한 이름을 부여했을 수도 있다.

다시 모세는 자신이 마길에게 길르앗(의 나머지 부분)을 주었다는 점을 상기

35) 또 다른 학자들(von Rad 1966, Phillips 1973, Craigie 1976, Christensen 2001)은 이것을 철로 만든 관(棺)이라고 본다.

36) 13절에서 므낫세 지파가 받은 "길르앗의 나머지"는 르우벤과 갓 지파가 받은 지역 이외의 북부지역을 말하며 15-16절에서의 "길르앗"은 전체지역의 북부지역을 의미하는 것으로 보아야 한다. 다른 곳에서는 "길르앗"이라는 명칭이 북부지역, 중앙지역, 혹은 이 지역들을 모두 포괄하는 더 넓은 지역을 지칭하는 지명으로 사용되었다(Kalland 1992:37).

시킨다(3:15-17). 또한 모세는 르우벤 지파와 갓 자손에게 주어졌던 지역을 다시 설명하고 두 지파 사이의 경계("그 골짜기의 가운데")와 정복지역을 상술한다. 즉 온 지경이 얍복 강과 아라바와 요단과 긴네렛(갈릴리 호수)과 아라바 바다와 염해(사해)와 비스가 산록(혹은 "느보산의 특정한 경사면")까지가 동쪽 국경이 되었다. 이 단락은 우선적으로 르우벤과 갓 지파의 영토와 므낫세 지파의 영토가 약술되고 이후에 세부적으로 므낫세 지파의 영토에 대한 화자의 부연과 모세의 언급이 있고 르우벤과 갓 지파의 영토에 대한 상술이 따라온다.

진격의 명령(3:18-20)

이제 모세는 이스라엘, 특히 요단동편을 차지한 부족들("너희 군인들"[베네이-하일 בני־חיל])에게 다른 백성에 앞서서 가나안 정복전쟁을 앞서 행하라는 명령을 내린다(18절). 불신앙의 세대는 가고 신앙의 세대들이 가나안 정복전쟁을 치루기도 전에 요단동쪽 지역의 국가들과의 전쟁에서 승리하여 미리 전쟁의 승리의 확신을 가질 수 있게 되었다는 점에서 뜻 깊다. 하지만 이스라엘에게 주어진 전쟁은 아직 끝나지 않았다. 르우벤, 갓, 그리고 므낫세 반지파는 약속의 땅(요단서편)에 들어가 차지하지 않는다는 점에서 모세와 출애굽 1세대와 동일한 처지이지만, 그들은 이미 요단동편에서 아모리 족속과의 전쟁을 통하여 요단동편의 땅을 유업으로 받았다. 이것은 이스라엘이 이제 곧 방황과 고통의 과정들을 끝내고 약속의 땅인 낙원에 들어가 안식(누아흐 נוח)을 얻게 될 것이라는 의미다. 그러나 이들에게는 야웨께서 자신들에게 땅을 주셔

37) 여기의 "오늘"을 삿 10:3-4의 "길르앗 사람 야일이 길르앗 지역을 통치하는 사사로 있었고 그 지역을 하봇-야일이라고 오늘까지 불렀다"와 연관시키는 경향이 있다. 그러나 이 지명은 사람들이 길르앗 지역의 30개의 성읍을 야일 사사의 이름을 따라 (그의 통치영역의 한계라는 의미로) 그렇게 불렀다는 말이지, 여기서 언급한 므낫세 지파의 야일과 동일인을 의미하는 것(여기서는 야일 자신이 특정한 지역을 자신의 이름으로 명명하였다)으로 이해할 필요는 없다. 또한 야일 사사의 이름이 길르앗의 북부지역과 바산(아르곱) 지역의 점령자 므낫세 지파의 야일의 이름을 따라 지어졌을 수도 있다. 또한 여기에서의 그술과 마아갓 족속에 대한 언급("그들의 경계까지만 점령하였다")은 (여전히 "그술과 마아갓 족속의 영토는 점령하지 못했다"는 사실을 지적하는) 수 13:13과의 연관성을 갖게 한다. 다시 말해서 화자의 시대는 적어도(늦어도) 여호수아 시대와 관련이 있다는 말이다.

서 기업을 삼으셨듯이 다른 지파들도 "약속의 땅을 차지하여 기업으로 삼고 안식을 얻을 수 있도록 도우라"는 명령을 받는다(20절). 이들은 요단서편 지파들의 가나안 정복이 끝날 때까지 그들과 함께 요단서편 지역에 머물러 있어야 했다.

가나안 땅의 소유에 대한 격려와 금지(3:21-29)

이 단락은 가나안 땅의 소유에 대한 두 가지 상반된 내용이 등장한다. 즉 여호수아를 향한 격려(3:21-22)와 모세를 향한 금지(부분적인 허용, 3:23-29)가 제시된다. 여기서 언급되는 내용은 34장에서 다시 연결된다.

여호수아에 대한 격려(3:21–22)

모세는 자신의 후계자 여호수아에게 약속의 땅에 들어가 취하게 될 것을 격려한다(참조. 1:38, 3:21-22, 28, 31:3-8, 14, 23, 34:9). 다른 사람들처럼 여호수아는 아모리 족속의 땅을 얻게 하시는 하나님의 모든 일의 증인이다. 즉 "두려워 말라. 이는 야웨께서 이스라엘을 위해 싸우시기 때문이다"(22절). 그동안 오랜 여행을 통하여 이스라엘이 고통을 겪고 쉬지 못했으나, 이제 그들이 약속의 땅을 얻게 된다. "야웨께서 그들을 안식하게 하실 때까지"라는 표현(12:10, 25:19, 수 1:13, 21:44, 22:4, 23:1, 삼하 7:1, 11, 왕상 5:4, 대상 22:9, 18, 23:25, 대하 14:5, 6, 15:15, 20:30)은 여호수아서 1:15에서도 반복되며 여호수아서 22:1-9에서 원리상 완수된다. 이러한 일련의 전쟁들과 관련된 언급들은 과거의 전쟁들이 그러했듯이, 임박한 요단서편 지역의 정복전쟁에서도 야웨의 인도하에 여호수아와 이스라엘이 승리하여 땅을 차지할 것이라는 확신을 (간접적으로) 주는 것이 목적이다(비교. 28절).

모세에 대한 금지와 부분적인 허용(3:23–29, 비교. 민 27:12–14).

이 단락은 모세의 간구(23-25절)와 야웨의 응답(26-28절)으로 구성되어 있다.

모세의 간구(3:23-25)

이 상황 속에서 모세는 야웨의 위대함과 권능에 대한 찬양으로 시작한다. "주 야웨여, 당신은 당신의 종에게 당신의 위대하심과 당신의 강한 손(능력)을 보여주시기 시작하셨습니다. 하늘과 땅 사이에 있는 그 어떤 신도 당신이 행하신 일들과 권능의 일들과 같은 것들을 행할 수는 없습니다." 이러한 모세의 표현은 야웨의 탁월성과 독특성을 강조하는(비교. 출 18:11) 4장을 예견하게 만든다. 모세는 야웨께 "그러므로 제가 요단강 서편지역에 있는 낙원, 아름다운 산지와 레바논을 볼 수 있도록 건너가게 해주소서(에브라 אעברה)"라고 간청하였다(25절). 사실 모세는 이것이 이미 정탐꾼 사건과 관련된 불신앙의 세대들(모세와 아론이 포함된)뿐만 아니라, 모세와 아론이 직접적으로 연관된 마라 사건과 연관되어 가나안 땅에 들어가지 못한다고 천명하신 하나님의 입장에서 자신의 요구가 용납될 수 없는 일이라는 것을 알고 있었다. 아마도 이 경우에 하나님은 가나안 땅으로 들어갈 "신" 세대를 위해서 모세가 들어가게 해달라는 "간청"을 거부하시는 것 같다. 그러기 때문에 중보자 모세는 자신을 위하여 하나님께 끈덕지게 아뢰는 것이었다. 여기서 흥미로운 사실은 모세가 이스라엘을 가나안으로 이끌 영도력을 회복시켜 달라거나 자신도 약속의 땅을 소유하게 해달라고 기도한 것이 아니라, 요단 강을 건너가서 약속의 땅을 볼 수 있도록 해달라고 기도한 것뿐이다.

야웨의 응답(3:26-28)

그러나 하나님은 "너희 때문에(비교. 1:37, 4:21, 31:2, 32:48-52, 34:1-4)" 약속의 땅에 직접 들어가서 그 땅을 살펴보게 해달라는 모세의 끈덕진 요청을 거부하시고(이트아바르 יתעבר[38]) 들어주지 않으셨다("그것이 네게 충분하다.[39] 이 일에 대해서

38) "거부하다"(혹은 "진노하다")로 번역된 이 단어는 25절의 모세의 "건너가게 해 주시기를" 간청할 때 사용된 단어와 동일한 어근(עבר)을 사용하고 있어서 일종의 언어유희 기능을 한다. 이 문맥에서는 "야웨께서 나의 요구를 건너가셨다(즉 거부하셨다)" 정도로 번역할 수 있다.

더 이상 내게 말하지 말라"). 하지만 하나님은 모세의 요청을 완전히 거부하지는 않으시고 요단강을 건너가는 것을 제외한 상태로 모세의 요청에 대한 거부와 부분적인 수정(너는 비스가 산 꼭대기에 올라가서 눈을 들어 동서남북 사방을 눈으로 바라보라. 이는 네가 이 요단강을 건너가지 못할 것이기 때문이다[27절])으로 반응하셨다. 이 수정된 약속은 모세의 마지막 때에 실행된다(34:1-4).

모세의 요청에 대한 절대적인 거부

우선 모세가 가나안 땅에 들어가지 못한 이유를 다루어보자. 물론 모세의 요구와 하나님의 반응 사이에는 밀접한 연관이 있다. 일부 학자들은 신명기의 문맥에서 모세가 이전에 행한 자신의 오류(민 27:12-14, 신 32:42-52)를 생략하고 자신의 죽음의 원인이 백성들에게 있다고 말하는 것은 잘못이라고 주장한다(1:37, 3:26, 4:21).

그렇다면 이와 같은 차이를 어떻게 이해해야 할까? 이에 대한 입장차이는 "모세의 이스라엘에 대한 대속적인 역할"(신학적 입장, 비교. Nelson 2002:56)이나 "자료나 전승상의 차이 혹은 갈등(통시적 입장)" 혹은 "화자, 야웨, 그리고 모세"라는 등장 인물들의 권위들과 관련된 내부적인 충돌(폴진)로 이해되었다. 이와 같은 해석보다는 우선 이와 같은 모세의 말을 민수기와 문맥과 연관지어서 이해할 필요가 있다.

39) 이 표현은 긍정적인 측면에서 신 1:6, 2:3에서도 사용되었지만 여기에서는 부정적인 의미로 사용되었다.

모세	하나님
야웨께서 너희(이스라엘)로 인해서(비그랄레켐 בִּגְלַלְכֶם) 내게 진노하셔서 말씀하셨다: "너도 그곳에 들어가지 못할 것이다"(1:37).	아론은 그 조상들에게로 돌아가고 (아론은) 내가 이스라엘 자손에게 준 땅에는 들어가지 못하리니 이는 너희가 므리바 샘물가에서 내 말을 거역하였기 때문이다(민 20:22-29).
야웨께서 너희(이스라엘)로 인해서(레마안켐 לְמַעַנְכֶם) 내게 진노하셔서 나의 요청을 듣지 아니하시고 내게 말씀하셨다: "그만해도 족하니 이 일로 다시 내게 말하지 말라"(3:26).	신 광야에서 회중이 분쟁할 때에 너희(모세와 아론)가 내 명령을 거역하고 그 샘물가-이 샘물은 신 광야 가데스의 므리바 샘물이다-에서 나의 거룩함을 그들의 목전에 나타내지 않았기 때문에…(민 27:12-14).
야웨께서 너희(이스라엘)의 행동(말)으로 인해서(알-디브레이켐 עַל־דִּבְרֵיכֶם) 내게 진노하셔서 내가 요단을 건너 네 하나님 야웨께서 네게 기업으로 주신 그 아름다운 땅에 들어가지 못하게 하리라고 맹세하셨다(4:21).	너희(모세와 아론)가 신 광야 가데스의 므리바 샘물가에서 이스라엘 자손 가운데서 내게 범죄하여 나의 거룩함을 이스라엘 자손 가운데서 나타내지 않았기 때문에…(32:49-52).

이와 같이 동일한 사건에 대한 다양하지만 반복적인 언급은 사도 바울이 자신이 다메섹 도상에서 예수의 현현을 접했을 때의 상황과 신학적 의미에 대한 세차례 언급(행 9:1-25, 22:1-21, 26:1-23)의 경우와 유사하다. 즉 모세가 자신이 요단강을 건너지 못한데 대한 이스라엘의 책임을 묻는 모세의 세 개의 말을 살펴보면 그 뼈대는 같지만, 세부적인 면에서 다른 것이 이상한 현상은 아니라는 말이다. 각각의 문단마다 신학적인 의도가 조금씩 다르다고 할 수 있다. 게다가 이러한 두 가지 "다른" 묘사에 대해서 후대의 구약 내에서도 종합 혹은 조화하려는 시도까지도 나타난다. 즉 시편 106:32-33은 "그들이 또 므리바 샘물들에서 야웨를 노하게 하였기 때문에 그들로 인하여 얼이 모세에게 미쳤나니 이것은 그들이 그의 심령을 거역함을 인하여 모세가 자기 입술로 망령되게 말하였다"고 말한다.

우리는 여기서 모세의 말과 야웨의 부분적인 수용에 주목해야 한다. 모세는 "야웨께서 너희 때문에 진노하사 내 말을 듣지 않으셨다" 고 말한다(26절). 모세는 자신의 요구가 이스라엘 백성에 대한 하나님의 진노로 인해서 거부되었다고 주장한다. 모세는 약속의 땅에 들어가 그 땅을 보고 싶다는 요구가 이스라엘 때문에 진노하심으로 거부되었다고 주장한다. 1:37은 불신앙의 세대에 모세도 포함되며 오직 갈렙과 여호수아만이 제외되어 여호수아가 이스라엘을 인도할 것이라고 말하며 4:21은 모세가 이스라엘에게 일종의 불신앙의 세대의 표본(標本)으로서 약속의 땅에 들어갈 수 없는 존재가 되었음을 강조하고 있으며 32:49-52은 민수기의 문맥을 따르고 있다. 모세가 약속의 땅에 이스라엘을 인도하지 못하게 된 것은 모세와 아론의 불순종으로 인해서 야웨의 영광을 드러내지 못한 탓도 있지만, 이들은 이미 정탐꾼 사건과 관련해서 "갈렙과 여호수아 외에는" 20세 이상으로 계수된 자들 중에서는 그 누구도 약속의 땅에 들어갈 수 없다고 말씀하셨다는 점을 잊지 말아야 한다(1:34-38, 민 14장).

모세의 요구에 대한 하나님의 수정된 수용

이제 가나안에 들어가서 약속의 땅을 살펴보게 해달라는 모세의 요청에 대한 하나님의 부분적인 수용의 문제를 살펴보자. 하나님은 모세가 들어가서 보게 해달라는 요청을 거부하셨지만 그럼에도 불구하고 모세에게 "비스가(혹은 "느보 산의 정상지역", 3:17, 27, 4:49, 34:1)의 정상에서 눈을들어 동서남북을 바라보라. 네 눈으로 그 땅을 살펴보라" 고 말씀하신다. 사실 모세는 이스라엘 백성의 유일한 중보자로서 자신의 기도가 야웨께 받아들여지지 않은 경우가 없을 정도로 탁월한 중재자였지만, 이번 경우처럼 자신의 개인적인 필요를 위한 중보기도는 실패하였다. 여기서 우리는 4장 이후에서 묘사되는 모세의 "탁월한" 중보자직을 염두에 두어야 3장 마지막에서의 모세의 중보의 실패가 주는 충격의 정도를 잘 이해할 수 있다.

이제 모세가 약속의 땅에 들어가서 직접 그 땅을 보는 것이 금지되었지만, 산에 올라가서 약속의 땅을 살펴 보도록 허용되는 역설적인 상황을 우리는 어떻게 이해할 것인가? 이에 대해서는 크게 두 가지 입장이 있다.

첫째로는 긍정적인 입장이다. 즉 다우베(Daube)의 입장을 따라서 필립스(1973:30)는 이와 같은 야웨의 모세에 대한 배려는 구매자가 구매한 땅을 살펴볼 때에야 비로소 법적으로 그 소유권이 인정되었던 고대근동의 관습(창 13:14-17)과 관련지어서 이해할 수 있다고 주장한다. 즉 "야웨께서 '너는 눈을 들어 네가 있는 곳에서 동서남북을 바라보라. 내가 네게 보여주는 그 땅을 내가 너와 네 자손에게 영원히 줄 것이다. 내가 네 자손을 땅의 티끌처럼 (많게) 할 것이며, 사람이 땅의 티끌을 셀 수 없는 것처럼, 네 자손도 셀 수 없을 것이다. 내가 네게 그것을 주리니, 너는 일어나 그 땅을 종과 횡으로 행하라' 라고 아브람에게 말씀하셨다."

둘째로는 부정적인 입장이다. 즉 브루그만(2001:45)은 이 단락이 여호수아에게 행한 확신의 격려와 함께 구세대와 신세대의 넘을 수 없는 간격(요단강)을 보여주려는 의도가 있다고 본다. 이와 같은 측면에서 모세가 약속의 땅을 먼 발치에서 살펴보았지만, 약속의 땅에 직접 들어가 취하여 나누어 자신의 분깃으로 받지 못했다는 점과 5장부터 강조되는 성공적인 중재자직의 소유자 모세의 (마지막) 실패를 역설적으로 가장 먼저 상기시킨다는 점도 고려되어야 한다. 예전에 이스라엘 백성들이 회개하였지만 야웨께서 받아들이지 않으셨듯이(1:45), 여기에서는 중재자 모세가 요청하였지만, 야웨께서는 받아들이지 않으셨다는 점이 언급된다. 이와 같이 긍정적이고 부정적인 면이 있다는 점에서 중간적인 입장을 취할 수 있다. 비록 모세가 완수하지는 못하지만, 야웨와 여호수아와 이스라엘 백성들이 실제로 야웨께서 선조들에게 맹세하신 바를 성취할 것을 가시적으로 확인시켜주는 행동으로 볼 수도 있다(Mayes 1979:412와 Brueggemann 2001:288). 마찬가지로 이와 같은 예외적인 상황은 마지막 구세대인 갈렙과 여호수아가 약속의 세대에 포함되는 것과 마찬가지로 모세에 대한 하나님의 예외적인 은총이라고 볼 수 있다.

이제 모세는 가나안 땅 이전까지의 지도자로서 만족해야 했다. 모세는 위대한 특권에는 책임이 따른다는 사실을 배워야 했다. 이 단락에서 언급되는 모세의 약속의 땅에서의 멸망(배제)과 유비에 대한 교훈은 4:26-27, 8:19-20, 28:20-68과 서로 연관이 있다. 이러한 언급은 34장에서 실행된다. 그러나 야웨의 말씀이 거기에서 끝나는 것이 아니라, 모세의 후계자 여호수아를 세워 모세가 본 땅을 그가 인도하여 들어가서 차지할 것이라는 점을 확신시키신다(여호수아의 승계의 주제는 1:37-38, 31:2-6, 7-8, 14-15, 23, 수 1:2-9에서도 나타난다.). 요단강을 직접 건너가 약속의 땅을 보기를 원했던 모세의 소원은 요단강을 "건너가는" 여호수아로 인해서 간접적으로 성취될 것이다. 역설적으로 모세가 여호수아에게 격려했듯이 모세의 남은 역할은 "건너 갈" 여호수아를 격려하는 일이다. 또한 이러한 상황들은 백성들에게는 임박한 가나안 점령전쟁을 대비해야 했고 모세에게는 임박한 죽음을 대비해야 했다(마찬가지로 모세의 은퇴와 여호수아의 승계라는 측면에서는 31장과의 연관성을 보여준다). 이것이 신명기 전체의 목적이다. 그러한 목적은 이제부터 시작하는 본격적인 교훈들(즉 그가 자신은 약속의 땅에 들어가지 못하지만, 이제 곧 약속의 땅에 들어갈 이스라엘 백성들에게 약속의 땅에 들어가서 지키고 명심해야 할 야웨의 규례들과 법도들을 설명하고자 한다)의 도입부 역할에 적합하다. 지금까지의 내러티브상의 전개를 보면 많은 학자들이 인정하듯이 1-3장의 연대기적 전개는 모세의 죽음과 여호수아의 승계 등과 같은 주제의 전개 측면에서도 31-34장으로 이어진다. 29절은 모세의 일련의 연설 장소("벳-브올 맞은편 골짜기")를 다시 한번 상기시켜준다.

역사적 회고에 따른 유일신론적 설교(4:1-40)

4장은 최근의 바알-브올의 배교 사건(민 25장)과 오래전의 호렙산 신현 사건

(언약체결과 율법수여)을 근거로 하여, "이제 그리고 오늘" 모세는 가나안 종교의 해악과 야웨 신앙의 준수가 가지는 중요성을 본격적으로 그리고 미래적인 예증을 포함하여 백성에게 설득적으로 교훈한다(1절).

우선 모세의 설교배경을 이루는 가장 가까운 과거에 벌어졌던 사건에 대한 언급부터 살펴보도록 하겠다. 모세를 포함하여 이스라엘 민족이 지금 야영하고 있는 벳-브올(원래의 이름은 브올의 바알[主]의 집을 의미하는 "벳-바알-브올"이었을 것이다.)의 맞은편 골짜기는 모세가 이스라엘과 언약갱신을 수행했던 곳이며 모세가 죽은 장소와도 관련이 있으며 나중에 르우벤 지파에게 할당된 곳이었다. "벳-브올"이라는 지명(地名)은 4장 전반부의 모티프가 되는 "브올의 바알"이라는 신명(神名)과 연관성이 있다. 바알-브올 사건과 황금 송아지 사건이 1-11장의 핵심적인 사건들로 등장하는 것은 이 두 사건들이 갖는 공통점 때문이다. 브올의 바알을 통하여 이스라엘 백성은 가나안 종교(즉 바알 신앙)와 첫 대면을 하게 되고(Mayes 1979:148) 거기서 큰 배도(背道)와 전염병을 통한 하나님의 심판 사건을 체험하였으며 호렙 산에서의 황금송아지 사건은 언약체결의 초기에 발생한 큰 배도와 살육이 발생했던 이스라엘 신앙의 최대 위기 사건이었다.

구조

4장의 기본적인 뼈대는 올슨(Olson 1994:31)의 구조분석을 따랐으나, 세부적인 면에서는 그의 견해를 조금 달리하였다.

A) 도입(4:1-4): '야웨께서 네게 주시는 그 땅에 들어가 취하여 살기 위하여 규례와 법규를 들어라.'

B) 이스라엘의 지혜의 유일한 위대성과 하나님의 근접성(4:5-8)

C) 십계명의 1계명에 대한 언급과 2계명에 대한 부연설명(4:9-31)[40]

(1) 호렙 산에서의 언약체결과 십계명의 두 돌판들(4:9-14)

(2) 우상숭배의 금지와 그 위험성들(4:15-31)

(a) 과거와 현재를 중심으로 한 우상숭배의 금지(4:15-22)

(b) 미래적인 위험과 미래적인 약속(4:23-31)

B′) 천지의 하나님, 이스라엘의 하나님의 유일한 위대성(4:32-39)

A′) 결론(4:40): '야웨께서 네게 영원히 주시는 그 땅에서 오래 있기 위해서 그의 규례들과 명령들을 지켜라.'

본문을 세부적으로 살펴보기에 앞서서 우선 4:1-40의 의도를 살펴보자. 이에 대해서는 두 가지 제안이 있었다.

첫 번째 제안("야웨 예배와 우상숭배")은 모세가 청중으로 하여금 야웨의 법들을 순종하고 세부적으로 우상숭배의 금지의 규정을 준수하도록 교훈한다는 가정이다. 이 주제와 관련하여 여기서 발견되는 저주들과 축복들의 모티프는 신명기 전반에서도 발견된다(4:25ff, 6:10ff, 8:19ff, 11:13ff, 28:1-44, 28:45ff, 30:1). 야웨의 규례들에 대한 개론으로서, 이 단락은 축복과 저주의 대조뿐만 아니라, 이와 연관지어 야웨의 우주적 통치라는 보편주의와 이스라엘에 대한 통치라는 측면에서 배타주의, 그리고 이스라엘에 대한 "가까이함"의 내재주의와 "간격"의 초월주의가 역설적인 측면에서 등장한다. 특별히 4장에서는 32-40절에 나타난 다른 신들에 대한 이스라엘의 야웨의 존재의 비교불가능성(탁월성)과 1-8절에 나타난 열방에 대한 야웨의 이스라엘의 존재의 비교불가능성(배타주의) 사이의 대조를 통하여 그 적법성과 필요성이 부여된다.

두 번째 제안("회개와 회복")은 이스라엘이 하나님과 모세의 경고에도 불구하

40) Christensen(2001:73)은 신 4:9-31에 나타난 (문법적 수의 변화의 분석에 따른) 구조적 상응성을 다음과 같이 세부적으로 제시한다. ① 10-14/25-28절: 10-14절은 시내 산 언약체결에 관한 내용을 다루고 25-28절에서는 시내 산 언약의 파기 이후에 대한 내용을 다룬다. ② 15-19/22-24절: 첫 번째 단락의 첫부분의 "너희는 깊이 삼가라"와 두 번째 단락의 중간부분의 "너희는 스스로 삼가라"의 상응성, 새긴 형상의 제작금지(16-18절)와 여하한 형태로 "너희 자신을 위하여" 새긴 형상의 제작금지의 명령의 상응성 등, ③ 20/21절: 이스라엘이 자기 "기업"의 백성이며(20절) 이스라엘에게 약속의 땅을 그들의 "기업"으로 주신 것(21절) 등이다.

고 지속적인 배도와 반역을 할 가능성을 전제로 한다. 이것은 과거에 이스라엘이 광야생활 속에서 행했던 다양한 불평과 반역과 불순종의 상황들을 생각해본다면 쉽게 예측이 가능한 것이다. 이와 같은 이스라엘의 불순종에 대한 하나님의 심판이 임한 후에 이스라엘이 포로로 잡혀가더라도 회개와 회복의 가능성이 여전히 남아 있다는 점이 강조된다. 물론 회개와 회복이 연대기적 측면에서 어떠한 선후관계 혹은 인과관계를 갖는가는 본문과 문맥에 따라 논란의 여지는 있다. 그러나 여기에서 이러한 희망의 가능성은 이스라엘 자신에게보다는 이스라엘이 하나님께 기도할 때마다 하나님이 그들에게 가까이 하시며(7절) 그들을 사랑하셔서 인도하셨고(37절) 족장들과 맺은 이전의 언약을 기억하시는 분(31절)이시기 때문에 가능한 것이다.

결과적으로 4장의 의도에 대한 이 두 가지 제안이 모두 설득적이라는 점에서 우리는 이 모두를 수용해야 한다. 게다가 이 두 주제들은 4장뿐만 아니라 신명기 전체의 큰 주제들이기도 하다는 점에서도 그렇다.

4장과 다른 부분들과의 상관성

4:1-40에서의 유일신론적인 야웨의 말씀에 대한 순종 주제는 5장 이후의 중요한 주제들(특히 십계명의 제 2계명)과 밀접한 관계가 있다. 즉 4장(5장을 포함하여)은 9-10장과, 그리고 28, 30장과의 밀접한 연관성이 있다.

1) 4장과 5-11장의 관계성

이 장은 우선적으로 1-4장의 결론부분이면서 동시에 6-11장으로 이어주는 문학적 경첩 역할을 성공적으로 수행한다. 우선 4장의 5-11장과의 연관성은 이 장들 사이에는 중간에 다른 역사적 경험들에 대한 설명이 삽입되어 있기는 하지만, 주로 호렙 산에서의 신현(10계명)과 그에 대한 백성의 반응과 황금송아지 사건, 그리고 그에 대한 후속적인 사건들과 함께 불순종의 가능성과 순종에의 요구로 구성되어 있다. 그 순서를 대조해보면, 출애굽기는 출애굽 초기에 발생한 시내 산에서의 계시와 언약체결에 얽힌 여러 가지 사건들을 연대기적으로 배치하고 있는데 반하여, 신명기는 이집트에서 행해진 야웨의 "열" 재앙사건들로부터 야웨의 "열" 말씀들을 포함한 가나안 땅에 진입하기 직전까지의 여러 가지 사건들(이집트에서의 기적들, 출애굽시의 경험과 기적들, 광야에서의 만나의 기적, 호렙 산[십계명과 황금 송아지], 다베라, 맛사, 기브롯-핫다와, 가데스-바네아 사건들, 아낙 자손에 대한 경험, 다단과 아비람 사건, 아론의 죽음, 바알-브올에서의 배도)을 의도적으로 비(非)연대기적으로 배열하여 설명한다. 그중에서도 특히 5장과의 구조적 연관성은 현저하다.

<table>
<tr><th></th><th>4장</th><th>5장</th></tr>
<tr><td rowspan="3">도입부의 키워드</td><td>불 가운데서 말씀하시는 하나님</td><td>불 가운데서 말씀하시는 하나님</td></tr>
<tr><td>열개의 말씀의 돌판들</td><td>우리와 맺은 언약</td></tr>
<tr><td>모세라는 중재자를 통한 야웨의 말씀("내게 명하사")</td><td>직접적인 말씀에 대한 두려움으로 인한 모세라는 중재자를 통한 야웨의 말씀("내가 가운데 서서…")</td></tr>
<tr><td>내용</td><td>열개의 말씀들(중에서 제1, 2번째)</td><td>열개의 말씀들</td></tr>
<tr><td rowspan="4">본론의 키워드</td><td>불 가운데서 말씀하시는 하나님</td><td>불 가운데서 말씀하시는 하나님</td></tr>
<tr><td>이스라엘을 선택하고 약속의 땅으로 인도하시는, 하나님의 유일성의 인정</td><td>하나님의 말씀을 듣고도 생존한 이스라엘의 유일성의 인정</td></tr>
<tr><td>선택과 약속의 땅</td><td>선택과 약속의 땅</td></tr>
<tr><td>야웨의 규례들과 명령들의 준수</td><td>모든 명령들과 규례들과 법도들을 준수(결과-복과 장수의 축복)</td></tr>
</table>

결론적으로 4장이 야웨에 대한 배타적 예배 의무의 이유들을 설명하고 5장은 유일신론적 의무의 원리들을 제공한다. 또한 6-11장은 과거, 현재, 미래적 관점에서 그 의무 준수의 필요성을 교훈한다고 볼 수 있다.

2) 4장과 28-30장과의 관계성

이 장들의 관계성은 양자 사이에는 신학적, 언어적, 구조적으로 밀접한 연관성이 존재한다. 특히 "축복 이후에 저주가 임하는 순서(4:25-30, 30:1-10), 포로됨의 선언(4:25-28, 29:21-27), 회복(4:29-30, 30:1-10), 하나님의 가까움(4:7-8, 30:11-14)"과 같은 주제들, 그리고 "나무와 돌로 만든 우상들(4:28, 29:16), 시험과 징조와 이적들(4:34, 29:2)"과 같은 어휘들의 상관성"과 관련하여 4장과 29-30장 사이의 통일성의 측면에서 논의가 있었다. 특히 최근에 문체적 방법론(예, 교차대구법과 역전된 구조)을 통한 4, 30장 사이의 구조적 주제적 통일성이 성공적으로 입증되었다.[41]

예를 들어, 바인펠트(Weinfeld 1991:215)는 다음과 같은 몇가지의 이유들을 제시한다. (1) 4장과 30장이 실제적인 모세의 긴 작별 연설의 "시작과 끝"이라는 측면에서의 종두병행적 구조, (2) 4, 30장 사이에 "회개, 귀환, 그리고 경고"라는 주제들의 교차대구적 배열(4:27-31, 30:1-10), (3) 하나님의 이스라엘에 대한 근접성(4:7, 30:11-14), 그리고 (4) 하늘과 땅을 증인으로 삼는 것(4:25-26, 30:17-18)과 "멸망에 대한 경고"의 교차대구적 구조 등. 두 연설들의 즉각적인 목적과 주제들과 장르상 유사하다(예를 들어, 4-11, 28-30장의 훈계를 위한 연설들), (4) 야웨께서 재앙을 이스라엘에게 보내서 심지어 그들이 포로가 되었더라도 여전히 그들과 함께 계실 것이라는 4장의 "가까움"(nearness)의 신학적 주제는 30장에서도 발견된다. 30장에서도, 그들에게 재앙이 임하여 포로가 되더라도, 그들과 항상 함께 있을 것이라는 점이 강조된다(비교. 신 4:31), (5) 4장과 30장 모두가 이스라엘이 하나님의 심판이 임하기 전이 아니라, 심판이 임하여 포로가 된 이후에 그들이 행할 회개 후에, 하나님의 말씀을 듣게 될 것을 말한다.

이와 같은 측면에서 비록 내러티브적 접근이 아니더라도 두 단락 사이에

41) 이와 같은 연구는 1871년의 Klostermann에게서 비롯되었다. 최근의 Craigie 1976:363, Levenson 1978:212-216, Weinfeld 1991:193ff., Millar 1994:82-3의 논의를 보라.

나타나는 밀접한 상호연관성, 혹은 통일성의 측면에서 연구하는 것은 어려운 일이 아니다. 흥미롭게도 두 단락 사이에 다음과 같은 중요한 표현들의 역전적인 배치도를 통해서도 상호 밀접한 관계를 발견할 수 있게 한다.

4장	30장
모세 사후의 우상숭배에 대한 경고(21-22절)와 그에 따른 포로의 재앙(25-28절)	복과 저주가 임한 이후에 있을 이스라엘의 회개와 그에 따른 구속(귀환)(1-10절)
포로라는 재앙에서의 구속, 즉 이스라엘의 -하나님께로의 귀환(29-31절)	우상숭배에 대한 경고와 그에 따른 포로생-활(15절ff.).

게다가 4장과 28-30장이 신명기의 규례들과 법도들을 사이에 두고 병행하는 문학적 현상[42]은 맥카티(McCarthy 1981:204f.)의 주장처럼 신명기의 궁극적인 의도가 독자들에게 이스라엘의 죄와 반역에 대한 처벌과 그에 따르는 절망이 아니라, 종말적 상황 속에서도 임하는 "희망"을 제시하려는 목적이 있다는 점을 적절하게 보여준다. 이러한 구조에 대한 논의는, 앞서 제시하였듯이, 모세가 이스라엘에게 전한 "구약에서의 복음"이라는 신명기의 신학을 이해하기 위한 중요한 실마리가 된다.

A. 야웨의 규례와 법도를 지켜야 한다(4:1-4)

4장의 서두는 "이제 들으라, 이스라엘아!" 이다(1절, 비교. 5:1, 6:4, 9:1, 20:3). 특히 3장에 나타나는 "그때에"(3:4, 12, 18, 21, 23절)와는 대조적으로 "이제" 모세는 이스라엘에게 자신이 가르치려고 하는 규례들과 법도들을 듣고 준행하라고 명령한다. 그렇게 한다면, 이스라엘도 살고 약속의 땅에 들어가 그것을 얻

42) "약속의 땅에서의 축복에도 불구하고 임한 이스라엘의 배교와, 그에 따른 저주에도 불구하고 임할 수 있는 회복의 희망"이 구조적으로 이스라엘이 약속의 땅에서 마땅히 행할 바들과 저주들의 내용(5-28장)을 에워싸고 있다.

게 될 것이라고 말한다(1절). 이와 같이 "이것들을 듣고 행하라"는 모세의 명령은 이스라엘이 살아서 약속의 땅을 소유하기 위한 조건이며 하나님의 명령은 이스라엘이 그것을 그 땅에서 행하게 하려 함이다(5, 14절). 1, 5, 8절에서의 "규례들과 법도들"은 서로 다른 특정한 법규들을 의미하기보다는 본질상 동일한 의미를 전달하는 일종의 단어짝(word-pair)으로써 12-26장의 법규들을 총칭하는 것으로 보아야 한다.

이에 대하여 모세는 야웨의 계명들(미쪼트 아도나이 מצות יהוה)을 철저히 지키기 위해서 "추가나 생략하지 말고" 모세가 가르치는 규례들과 법도들을 듣고 행하라고 명령한다(2절). 이와 같은 기존규례에 대한 임의적인 추가나 생략에 대한 엄격한 금지는 일종의 "정경공식"으로, 고대근동의 문헌들(예, 주전 19세기의 리핏-이쉬타르Lipit-Ishtar의 바벨론 법조문)과 구약의 다른 곳들(12:32[13:1], 비교. 렘 26:2, 잠 30:6, 전 3:14)에서도 발견된다.

전술하였듯이, 4장에 있는 모세의 교훈적 설교는 바알-브올의 배도사건으로 시작한다. 그 사건의 심각성은 하나님이 바알-브올의 추종자들을 모두 진멸하셨다(3절). 이러한 배도의 사건은 나중에 지속적인 죄악의 사건으로 기억된다(시 106:28, 호 9:10). 바알-브올을 따랐던 모든 사람들(이만사천명)을 야웨 하나님이 이스라엘 가운데서 전염병으로 죽이셨지만, 야웨를 따른 자들은 "오늘"까지 살아있다고 모세는 증언한다.

B. 이스라엘의 독특성: 이스라엘의 지혜의 유일한 위대성과 하나님의 근접성(4:5-8)

브루그만(2001:52)의 견해처럼, 이제 이스라엘은 다신교적인 가나안적 토양 속에서 야웨 신앙에 근거한 "대조적 공동체"와 "대안적 공동체"를 구성해야 할 절대적인 필요성을 부여받는다. 이들은 지혜롭고 분별력이 있어 야웨 하나님의 규례와 법도를 잘 지켜 수행해야 한다. 하나님은 세상과 이스라엘의 창조의 신이었지만, 이스라엘은 그 어떤 형상의 창조자도 될 수 없다. 게다가 하나님은 이스라엘과 함께 계시고 그들에 대한 독점적인 소유를 주장하시며 스스로도 거룩하시며, 이스라엘에게도 성결함을 요구하신다. 그와 같은 명령적 요구들("내가 너희에게 명령하는 말을 너희는 가감하지 말고 내가 너희에게 명령하는 너희 하나님 야웨의 명령을 지켜라"[2절], "너희는 지켜 행하라"[6a절])에는 그 동기와 이유가 제시된다(바알-브올을 따르던 백성의 죽음과 하나님 야웨를 따르던 백성의 생존[3-4절], 야웨의 명령은 열국 앞에서의 지혜와 지식이며 하나님만이 이스라엘에게 가까이 하시는 신이며 규례와 법도가 공의로운 토라를 소유한 이스라엘[6b-8절]).

이스라엘이 야웨의 규례들과 법도들(12-25/26장)을 약속의 땅에서 지켜 행함은 열방 앞에서 "너희 지혜와 너희 지식"이 될 것이다(6절). 그와 같이 지켜 행하는 것은 이스라엘의 본래적인 지혜와 지식을 드러낸다는 말이 아니라 순종의 삶이 이스라엘에게 지혜와 지식이 된다는 의미이다. 이와 같이 이스라엘에게 신이 가까이 한 나라도 없으며(이것은 신 30:11-14에서 모세의 명령의 "가까움"과 연관된다) 모세가 오늘 이스라엘에게 가르친 토라처럼 정의로운 규례들과 법도들을 소유한 나라도 없다고 모세는 말한다. 그러한 측면에서 야웨로부터 이스라엘에게 주어진 규정은 고대근동에서도 전례를 찾아보기 힘든 탁월한 것이었다(4:6-8). 여기서 중요한 마지막 특징은 8절에서 언급되는, 모세가 선포하는 규례들과 법도들은 정의롭다는 것이며 이 공의로운 토라를 선포하는 시제(時制)가 "오늘"이라는 것이다. 이 표현은 4:8, 26, 38, 39, 40, 5:1, 3, 6:6, 7:11, 8:1, 11, 18, 19, 9:1, 3, 10:13, 11:2, 4(?), 8, 13, 26, 27, 28, 32, 12:8(?), 13:19, 15:5, 15, 19:9, 26:16, 17, 18, 27:1, 4, 9, 10, 28:1, 13, 14, 15, 29:9, 11, 12, 14, 17, 30:2, 8, 11, 15, 16, 18, 19, 32:46에서도 등장한다. 이제 과거의 "그때"는 "이제"가 되었고 다시 현재의 "오늘"이 되었다.

C. 십계명의 1계명에 대한 언급과 2계명에 대한 부연설명(4:9-31)

이 단락은 호렙 산에서의 언약체결과 십계명의 두돌판, 우상숭배의 금지와 위험성을 다룬다.

(1) 호렙 산에서의 언약체결과 십계명의 두 돌판들(4:9-14)

9절에서는 "스스로 삼가며 마음을 힘써 지키라"는 명령과 그 이유들("눈으로 본 바를 잊으며 그것이 마음에서 떠날지 모르기 때문에")이 설명된다. 9절은 이스라엘이 주의하고 마음에 대하여 힘써 "불침번"을 서야 하는 이유는 직접 눈으로 본 일들을 잊을 수 있기 때문이라고 말한다. 그 일은 현재의 이스라엘(목격자)이 살아있을 때 뿐만 아니라, 미래의 자자손손에까지 적용되어야 한다. 여기서 마음(네페쉬 נפש)은 "의도적인 기억"의 좌소(座所)이다. 이스라엘의 망각은 결국 약속의 땅에서 쫓겨나 멸망당하게 만들 것이기 때문이다.

10절에는 이스라엘이 "네 눈들이(직접적으로) 보았던 일들"에 대한 예증이 전개된다. 모세는 당시에 "화염이 하늘까지 가득하고 흑암을 방불케 하는 짙은 구름에 덮혀 있었던" 시내 산에서의 야웨의 신현 상징을 언급한다(11절). 하나님의 계시 말씀은 "화염 중에서" 드러난다(12, 15, 33, 36절. 비교. 11, 24, 5:4-5, 22, 24, 26, 9:10, 10:4). 우상숭배는 일종의 질투하는, 삼켜버리는 불의 형태(비교. 사 29:6, 30:27, 30)로 나타나는 야웨의 진노를 촉발시킨다(비교. 왕상 14:9,15, 16:33, 22:53). 이와 같은 하나님의 불에 대한 심상은 "하나님의 현존을 드러내고 그가 허용치 않는 것을 불태워버리는" 이중적인 의미를 갖고 있다.

우리가 이제부터 듣게 될 모세의 토라는 시내 산에서 주어진 언약적 제도의 규정들과 제도들에 대한 모세의 "일련의 개인화된, 그리고 내부화된 해석들"이라는 신명기의 특징적 문체를 드러낸다. 이제 모세의 관심사는 과거와 현재, 그리고 미래의 이스라엘에게로 확장되며 전환된다. 바알-브올의 사건은 잊지 말아야 하지만, 이스라엘이 보았던 호렙 산에서의 사건들은 잊지 말고 기억해야 한다. 야웨께서 이스라엘을 호렙 산으로 부르신 목적은 이스라엘이 야웨를 경외하고 또 그들의 자손에게 그러한 경외를 가르칠 수 있도록 하기 위함이었다. 모세와 이스라엘은 호렙 산에서 야웨와 언약을 맺었으며 불 가운데 말씀하시는 야웨의 음성을 들었으며 십계명을 받았다. 고대근동의 관습처럼 야웨와 이스라엘 두 당사자들을 위하여 같은 내용이 기록된 복사본(두 돌판)을 만들었지만, 고대근동의 경우와는 달리 두개가 모두 야웨의 임재를 상징하는 언약궤에 보관된다. 야웨께서는 이스라엘이 약속의 땅에서 행할 규례들과 법도들을 모세로 하여금 이스라엘에게 가르치게 하셨다(람메드 למד[14절], 메람메드 מלמד[1절]).

(2) 우상숭배 금지와 그 위험성들(4:15-31)

"불, 무형상, 말씀"이라는 12절의 주제들을 반복하면서 시작되는 4:15-31에서는 주로 다음 장에서 언급되는 십계명 중 제2계명에 대한 부연설명의 역할을 수행한다. 그중에서 15, 23절은 각각 우상숭배의 금지에 대한 명령이 제기된다. 또한 24절의 하나님의 질투("이는 네 하나님 야웨께서 태워 없애는 불이며 질투하는 하나님이시기 때문이다")와 31절의 하나님의 자애("이는 네 하나님 야웨께서 자비로우신 하나님이시기 때문이다")가 두 번째의 하위단락의 결론적인 역할을 수행한다.

a. 과거와 현재를 중심으로 한 우상숭배 금지(4:15-22)

호렙 산에서 모세가 야웨와 백성 사이에서 중재하던 때에 백성이 들은 것은 불 가운데서 행하신 야웨의 말씀뿐이었다. 출애굽기는 보고 듣는 것을 강조하는데 반하여 신명기는 듣는 것을 강조한다. 출애굽기에서는 일부 사람들이 "야웨를 보고도 생존한 것"을 말해준다(24:11). 신명기에서는 야웨의 말씀을 듣고도 산 것에 대해서 말한다(24, 26절). 그러나 "야웨의 말씀을 듣는다"는 표현은 4:33, 5:24, 25, 26, 18:16에서도 나타난다. 그러나 신명기는 하나님의 형상 대신에 신현의 상징인 불을 보았다고 말한다(18:16). 이 말은 "기꺼해야" 이스라엘이 하나님의 형상을 보지 못했다는 말이다(보라, Wilson 1995:89-104). 모세에 따르면, 이와 같은 야웨의 형상을 보지 못했던 경험은 인위적이거나 자연적인 것으로 하나님의 형상을 만들 수 없음으로 옮겨간다. 즉 남자나 여자나 땅위에 있는 짐승이나 하늘을 나는 날개달린 새나 땅 위에 기는 어떤 곤충이나 땅 아래 물 속에 있는 어족이든지, 그리고 마지막으로는 하늘에 있는 모든 천제들까지도 하나님으로서 섬기는 것이 금지된다. 우상숭배의 대상들에 대한 나열(*남과 여〉땅의 짐승들〉새〉땅의 곤충〉어류〉일월성신*)은 창세기 1장에서 언급된 창조된 피조물의 순서(일월성신〉어류〉새〉육축과 땅의 곤충과 땅의 짐승들〉남과 여)가 대략적으로 역전된 순서로 제시되고 있는 것처럼 보인다. 여기서 우리는 숭배금지 목록 마지막에 언급되고 부연 설명되고 있는 천체숭배의 금지에 대해서 조금 더 살펴보자.

신명기에서만 독특하게 등장하는 표현으로서 19절의 "네가 네 하나님 야웨께서 천하만민에게[43] 분여(分與)하신 일월성신(日月星辰), 즉 하늘위에 있는 무리(heavenly host)"라는 표현[44]의 의미가 무엇일까? 즉 "천하만민을 위하여 분정하신 것"이라는 표현이 "열방의 천체숭배의 신적 허용과 이스라엘의 예외적인 배제냐?", 혹은 "원래 목적과는 다르게 열방이 천체숭배를 하고 있는 것에 대한 조롱과 경계를 의미하느냐?"[45]에 관한 것이다. 이 문맥 자체는 이스라엘에게 천하만물([사람, 짐승, 새, 곤충, 물고기, 그리고 천체]이 우상의 형상이 될 수 있다고 가정한다, 이수만 1999). 여기와 다른 곳에서 사용되고 있는 "기업/분깃/몫"(나할라 נחלה [4:20, 32:8-9])과 "분여하다"(할라크 חלק [4:19, 29:26[25]])의 문맥상 의미가 이 문장의 해석상 중요한 단서가 될 수 있다. 이제 앞서 언급한 두 가지 가

43) 아마도 이러한 혼동을 피하기 위하여 LXX는 MT와 달리 '네 하나님 야웨께서 "그들에게 **빛을 비추도록**" 다른 민족들에게 분정하신' 이라는 독법을 취한 것 같다.

44) "하늘의 무리들" 이라는 표현의 용례는 천체숭배를 의미하는 경우(4:19?, 17:3, 왕하 17:16, 21:3, 5[=대하 33:3, 5], 23:4, 5, 렘 8:2, 19:13, 단 8:10, 습 1:5), 천체와 관한 언급(사 34:4, 렘 33:22, 느 9:6), 그리고 심지어 야웨와 직접 관련이 있는 경우(왕상 22:19[=대하 18:18])처럼 다양하게 쓰였다.

45) 이와 같은 논증은 나중에 바울이 롬 1:18-23에서 다시 사용하였다.

능성들에 대해서 간단하게 검토해 보자.

첫 번째 입장은 "이스라엘에 대한 우상 금지에 대한 비타협적인 강제와 다른 국가들에 의한 우상숭배에 대한 허용 사이에 주목할만한 대조가 존재한다"고 폰라트(1966:50)가 주장하듯이, 신명기만의 독특한 개념을 반영하는 것일 수 있다. 각각의 민족에게 일월성신을 분여(分與)하였다는 표현은 "다른 민족들이 야웨를 섬기지 않는" 이유가 야웨의 이스라엘에 대한 배타적인 선택을 강조하려는 목적에 있다는 드라이버(Driver 1902:71)의 주장은 옳다. 두 번째 입장은 19절이 천체를 신으로 섬기는 열방과는 달리 야웨에 의한 "이스라엘의 선호적 위상(位相)에 대한 대조적인 묘사에 대한 길"(20일)을 준비하게 하는 이방인들의 관습들에 대한 역사적인 묘사로 읽혀질 수 있다. 이러한 관점이 "다른 민족들처럼" 여하한의 부적절한 대상들(하나님의 피조물)을 자신들의 신들로 예배하지 말도록 백성에게 경고하는 문맥 속에서 이러한 설명이 존재한다는 것을 적절히 설명한다(참조. 4:19-20//32:8-9).

본문 그 자체로는 하나님의 피조물인 일월성신이 이방민족들 사이에서 숭배의 대상이 되도록 하나님이 허용하셨다고 이해할 수도 있겠으나, 문맥상 천체숭배가 이스라엘에게는 악한 행습이지만, 신적인 "허용" 혹은 "분여"를 받은 열방에게는 아무런 책임이 없다고 여길 근거는 없다. 하여튼 이 구절은 이스라엘에게만 부여된 야웨의 배타적인 독특성을 강조한다는 점에서 십계명 가운데 우상숭배를 금지하는 두 번째 계명에 대한 긴 주석 정도로 여길 수 있다. 또 하나 여기서 중요한 점은 우상숭배를 금지하는 19절과 이스라엘에 대한 야웨의 구속사적 독특성을 강조하는 20절이 대조된다는 점이다. 게다가 이 문맥 속에서 모세는 (미래의 배도[背道]의 때에) 이스라엘에 의한 일월성신과 하늘의 군중들의 형상화의 가능성, 그리고 그 때 이스라엘을 심판하시는 하나님의 재판정에서 천체를 포함한 하나님의 피조물을 증인으로 채택할 것("내가 오늘 하늘들과 땅을 불러 증인[證人]으로 삼는다", 비교. 26절, 30:19)을 경고한다.

이제 20-22절에서 모세는 야웨께서 이스라엘을 "쇠를 녹이는 풀무" 같이 극심한 노역(勞役)속에서 괴롭힘을 받게 했던 이집트로부터(비교. 왕상 8:51, 렘 11:4) 인도하셨고, 그들을 야웨의 기업으로 삼으셨으며, 이제 곧 그들에게 약속의 땅을 기업으로 주신다는 점을 강조한다. 그러나 모세는 야웨께서 이스라엘로 인해서("너희의 행동들로 인해서") 자신에게 진노하셔서 자신이 이 땅에서 죽고 야웨께서 이스라엘에게 기업으로 주신 낙원(아름다운 땅)으로 가는 요단강을 건너지 못하게 하실 것을 맹세하였음을 세 번째로 상기시킨다(1:37, 3:26-27). 여기서도 약속의 땅으로 들어가게 되는 이스라엘의 긍정적인 미래와 약속의 땅으로 들어갈 수 없는 모세의 부정적인 미래가 대조된다.

천체숭배의 금지의 기원

일부 학자들(예, Mayes 1979:154)은 이와 같이 천체숭배의 철저한 배격이라는 신명기의 유일신론적 신앙이 분열왕조 말기(특히 아하스 시대이후)에 활약한 후대의 선지자들의 유일신론적 신앙과 유사하다는 점에서 이 개념이 선지자들의 영향을 받은 것이라고 주장한다. 이에 대해 필자는 다음과 같은 몇가지 이유로 인해 그와 같은 후대설을 거부한다.

첫째로 그 표현 자체는 신명기에서만 발견될 뿐, 후대의 성경문헌에서는 그 병행구들을 발견할 수 없는 매우 특수한 개념이라는 점이다. 둘째로 폰라트(1966:50)의 말처럼 천체숭배에 대한 반대는 "이스라엘의 후기뿐만 아니라 전기에도 특징적"이라는 점이다. 게다가 이스라엘이 형성되기 오래전의 관습일 가능성이 더 높다. 즉 "천체 숭배는 사실상 셈족의 일반적인 전통의 일부로서 수리아-팔레스타인 지역에서 주전 2000년대까지로 거슬러 올라갈 수 있다"(보라. McKay 1973:45-59, Cogan 1974:84-88, Cogan & Tadmor 1988:266). 셋째로 이 개념은 고대의 메소포타미아 지역에서의 신들과 민족의 "지역적 제한"이라는 개념의 뼈대 내에서 이러한 개념을 적절히 이해할 수 있으며 하나님은 그 지역적 한계를 넘어서신다(보라, Block 2000). 넷째로 이 유사성이 반드시 어떤 한 일방의 종속성을 입증해주는 것으로 여길 수는 없다는 이치다. 예를 들어,

힛타이트 국제조약들의 저주 목록(주전 1300년경)에서도 예레미야 시대에 숭배되었던 "하늘의 여왕"(렘 7:18)이라는 이방신의 이름이 발견된다고 해서 그 문헌들이 예레미야 시대의 저작이라고 볼 수 없다는 점과 동일한 논리다.[46] 그러므로 본 문맥의 후대적 기원에 대한 주장은 기껏해야 "침묵의 논증" 일뿐이다. 결국 이 유사성은 이 신명기의 유일신론적 개념의 고대성을 지지할뿐,[47] 이스라엘 왕조말기에 비롯되었다고 주장할 만한 근거가 되지 못한다(Driver 1902:xxviiif., von Rad 1966:50).

b. 미래적인 위험과 미래적인 약속(4:23-31)

위와 같은 예들을 통하여 모세는 이스라엘이 야웨와의 언약을 잊어 우상을 만들고 하나님으로 하여금 파멸시키거나 질투하게 하지 말도록 권면한다. 본 단락에서의 미래적인 배교의 위험(25-28절)은 미래적인 회복의 약속(29-30절)과 대조된다. 즉 "만일 스스로 부패하여… 조각하여… 그의 진노를 초래한다면"(25절)과 "만일 … 그를 찾는다면"(29절). 모세는 이스라엘이 미래에 가나안에서 자녀들을 낳고 오랫동안 살아갈 때, 스스로 부패하여 그 어떤 형상의 우상을 만든다면 그들이 약속의 땅에서 "신속히" 멸망당할 것을 언급한다. 이 부분은 28장에서 축복과 저주 그리고 포로됨의 주제에 대한 부연설명과 함께 확장된다.

46) 다음은 '하늘의 여왕(Queen of Heaven)' 이라는 신의 이름을 포함하는 국제조약들의 목록이다. 즉 Suppiluliuma I와 하야사의 Huqqana 사이의 조약(주전 1350년경), Suppiluliuma I와 미타니의 Shattiwaza 사이의 조약(주전 1350년경), Suppiluliuma I 와 미타니의 Shattiwaza(주전 1350년경), Suppiluliuma I와 누하쉬시의 Tette 주전 1350년경), Mursili II와 아무르의 Tuppi-Teshshup(주전 1350년경), Mursili II 와 우가릿의 Niqmepa(주전 1350년경), Muwattalli II와 윌루사의 Alaksandu(주전 1300년경), Hattusili III와 타르훈탓사의 Ulmi-Teshshup(주전 1300년경), 그리고 Hattusili III와 타르훈탓사의 Ulmi-Teshshup(주전 1300년경). 보라, Beckman의 힛타이트의 외교문서들의 선집 (1996).

47) 비교. Albright(1967:272)는 모세의 유일신론이란 '유일신의 존재' 에 대한 신앙이었다고 주장하며 심지어 de Moor (1990:222)는 "야웨 신앙이 모세시대보다 훨씬 이전부터 존재했어야 한다"고 주장한다.

앞 단락에서 일월성신의 신격화는 이스라엘의 부패와 멸망 원인이 된다는 점에서 형상화의 위험 대상이었지만 이제 하늘들과 땅은 일종의 의인화를 통하여 이스라엘을 경계하고 고발하는 증인이 될 것이다. 이러한 "상징적인 증인"의 도입은 고대근동의 조약문헌에서도 일반적(*심지어 "신적인 증인들"*)으로 등장한다. 모세의 이스라엘에 대한 심각성은 "속히 멸망할 것"(4:26, 9:3, 11:17, 28:20)이라는 강조로 잘 예시된다. 비록 이스라엘이 우상을 섬겨 하나님의 진노를 사고 약속의 땅에서 오래 살지 못하는 것뿐만 아니라, 열국의 포로가 되어 흩어지게 될 때, 남은 자의 수가 적게 될 것이다.[48] 물론 이러한 포로됨에 대한 "극적인" 위협은 이스라엘의 문서들뿐만 아니라, 고대근동의 조약문서들에서 일반적인 요소들이다. 그런데 여기에서 포로의 위협 내용은 확장된다. 그들이 포로의 땅에 끌려간 이후에도 "사람 손으로 만든, 보지도 듣지도 먹지도 냄새 맡지도 못하는 목석의 신들"인 우상을 섬기게 될 것이다. 모세는 이스라엘에게 국가적인 재앙이 있은 후에도(이스라엘의 우상숭배의 지속가능성이 "이스라엘의 완악함의 증거"이거나 "하나님의 심판의 결과"이거나 간에)이스라엘의 우상숭배가 포로로 잡혀간 땅에서도 지속될 것이라고 말한다.[49]

일부 사람들은 여기에서 다루어지는 우상숭배 문제를 이사야서의 우상숭배 반론(사 40:19-20, 44:19-20, 46:6-7)과 연관시켜 이 구절의 연대를 바벨론 포로시대로 삼는다. 그러나 양자의 개념과 표현 공유가 반드시 동일한 기원을 말해주는 것은 아니며 양자의 관심과 강조점은 확실히 다르다. 이사야서가 야웨의 창조적인 탁월성과 인간에 의해 만들어진 우상들의 무기력함을 논증하고 있지만, 신명기는 신적 저주의 결과로서 심지어 포로의 장소에서도 이스라엘이 그곳의 이방인들이 만든 무기력한 우상들을 숭배할 것을 언급한다. 또한

48) 즉 "원래의 상태로의 복귀"를 의미한다. 수적으로 소수였을 때의 신적 선택에 관한 언급을 보라(7:7).

49) 예외적으로 Craigie(1976:140)는 27절의 "열국"(고임, גּוֹיִם)을 하나님의 심판(즉 포로)후에 정복국가들이 아니라, 약속의 땅의 정복후의 가나안 사람들로 여긴다. 그러므로 그는 이와 같은 문제가 (약속의 땅 외부가 아니라) 그 땅 안에서 발생할 수 있는 우상숭배의 가능성을 언급하는 것으로 이해한다. 그러나 이러한 견해는 현시점에서 부적절해 보인다.

신명기 저자는 당시에 포로로 잡혀갔던 이스라엘 사람들이 실제로 이방인들 사이에서 하나님 예배가 불가능했다는 역사적 사실을 말하고 있는 것이 아니다(*contra* Tigay 1996:52-53). 사실 고고학적인 측면에서 우리는 앗수르, 바벨론 문헌들이나 심지어 포로시대의 구약문헌들도 열강제국들의 피정복민들에 대한 "포괄적인" 종교적 강제와 억압의 증거를 발견할 수 없다는 점에서 이 단락의 묘사를 실제의 역사적 반영으로 보기는 어렵다. 게다가 적어도 실제의 앗수르나 바벨론 포로시대에 국가적 종교(들) 말고도 제한적인 측면에서 피정복민들에게 종교(들)에 대한 신앙의 자유가 있었으며(비교. Smith 1989:26ff.). 더군다나 그들은 정치-경제-사회-문화적으로도 더 독립적이고 더 윤택한 삶을 영위하는 단계에까지 이른 것처럼 보인다(보라, Oded 1995:212).

그곳으로부터(밋샴 משם)
네가 네 하나님 야웨(의 응답[혹은 뜻])를 찾으면(우빅캬슈템 ובקשתם),
네가 전심과 전력으로 그(의 응답/뜻)를 추구하면(티드레셴누 תדרשנו)
그(의 응답/뜻)를 발견할 것이다(우마짜타 ומצאת[29절]).
이 모든 말씀들이 너를 발견하면/이루어지면(우메짜우카 ומצ אוך),
네가 환난을 당하다가, 그러한 일들이 있은 후에(베아하리트 하야밈 באחרית הימים)
네가 네 하나님 야웨께 돌아와서(베샵타 ושבת)
그의 말씀을 청종할 것이다(베샤마타 ושמעת)" (30절, 비교. 28:65).

그러나 이것이 하나님의 징벌을 받은 자들의 끝이 아니다. 포로의 땅 그곳에서 이스라엘이 우상을 섬기게 되더라도, 그들이 하나님을 구하고 "온 맘과 온 정신으로" 찾으면 하나님을 만나게 될 것이며 결국 회개하고 하나님의 말씀을 청종하게 될 것이다(참조. 30:6). 본문의 수사학은 이스라엘이 하나님에 대한 반역과 언약 위반의 결과로서 타국에 포로로 잡혀간 후에도, 심지어 (하나님의 처벌 이후에도 혹은 또 다른 하나님의 처벌의 일환으로서) 포로의 땅에서 그들이 끈

질긴 우상숭배를 하더라도, 하나님은 그들에게 신실하신 관심을 가지고 계신다는 점을 강조한다. 이것은 약속의 땅에서 이스라엘이 우상숭배를 할 때도 그들과 함께 계시듯이 하나님은 이스라엘이 포로로 잡혀가더라도 그들과 함께 하실 것이라는 의미다. 다른 본문들(비교. 시 32:6, 사 55:6, 65:1, 대상 28:9b, 대하 15:2-4, 렘 29:18)과 마찬가지로 우리의 본문은 심지어 이스라엘의 배도로 인해서 그들에게 신적 심판이 임하여 약속의 땅에서 이스라엘이 추방되어 포로로 잡혀 온 자리에서도 하나님은 거기 계시고 침묵치 않으실 것이며 그들이 하나님을 찾을 것이며 회개하고 하나님의 말씀을 준수하게 될 것이라고 말한다. 즉 폰라트(1966:50)의 주장처럼 이것은 "심판 중에도 회개할 길이 항상 열려져 있다"는 의미다. 그러나 여기서 언급된 "야웨를 찾는 일"은 문맥 자체로는 그의 의미가 모호하지만, 신비주의적인 추구의 방법을 의미하는 것은 아니다. 즉 이스라엘이 하나님의 영이 잘 감응되는 혹은 기도가 잘 통하게 되는 장소와 시간과 사람을 찾아다녀야 한다는 의미는 아니다. 오히려 이것은 이스라엘이 그들의 악한 일과 길을 떠나서("돌이켜") 하나님의 뜻과 계명을 추구해야 한다는 것이다(비교. 렘 29:13, 사 55:6). 이러한 논의는 이스라엘이 기도할 때 가까이 하시는 하나님에 대한 언급(4:7)에서 유추될 수 있다.

"하나님을 찾으라"는 말은 "하나님을 사랑하라"는 명령과 마찬가지로 감정의 문제가 아니다. 하나님을 사랑하거나 찾는 일은 회개하고 하나님의 뜻을 행하므로 그를 기쁘시게 하는 것이다. 이와 같은 인간의 회개와 하나님의 회복 은총은 매우 밀접하게 관련되어 등장한다. 즉 브라우릭(1984:12)의 주장처럼 "신적 돌이킴과 인간의 회개가 서로 그와 같이 엄격한 상응성 속에서 결합되어 존재하는 경우는 없다"는 점에서 본 단락은 독특할 뿐만 아니라, 이와 같은 회개와 용서의 개념의 양립성과 상호연관성이 고대근동의 법적, 국제조약문서들에서 아주 희귀하다는 점에서도 더욱 그렇다(보라, Block 2000). 이 문맥에서 하나님의 심판 후에 있는 이스라엘의 회개(29-30절)가 "저주와 축복 사이를 중재하는 완벽히 새로운 요소"라는 발처(Baltzer 1971:34)의 주장은 옳다. 더욱이 브라우릭(1984:12)의 관점에서 볼 때, 죄악된 백성에게 행한 회개 메시지는 하나님의 자비를 드러내는 복음과도 같은 기능을 한다.

30장과 비교해볼 때, 4:29-30에 포로로부터의 귀국(Heimkehr)의 개념이 명확하게 등장하지 않는 것은 문제가 될 수 있다. 그러나 이러한 차이점에 대해서 필자는 다음과 같이 생각한다. 즉 모세가 족장들과 맺은 언약의 기억을 언급하는 4:31은 레위기 26장에서처럼 족장들과 맺은 언약 자체가 비록 암시적일지라도 고토로의 회복 개념을 수용한다고 볼 수 있다. 이 문맥에서는, 이스라엘이 고토로 회복되기 전에 그들의 회개가 있을 것 같은 암시를 발견할 수 있지만, 그것은 확실한 것은 아니다. 이 단락의 끝부분에서 하나님 자신의 회복의 근거는 "백성의 특징이나 활동이 아니라, 하나님의 특징과 활동에 근거한 것이며" 이것은 과거에 하나님이 이스라엘의 조상들과 맺은 자신의 언약을 기억하신데 따른 것이다(4:31). 그와 같이 그들의 아비들과 맺은 언약을 잊는 것은 하나님이 아니라(31절), 이스라엘이다(23절). 여기에서 나타난 하나님의 자비는 삼중적이다. 즉 "그는 너를 버리지도 너를 멸하지도 않으실 것이며 네 열조와 맺은 언약도 잊지 않을 것이다"(31절, 비교. 레 26:44-45). 즉 마지막 때에 임할 이스라엘의 회개는 하나님의 기억하심과 맞물려 작용하게 된다. 이러한 하나님의 기억하심은 이스라엘에게 야웨와의 언약을 잊지 말라는 모세의 교훈(23절)과 대조된다.

결론적으로 야웨 하나님은 이스라엘의 우상숭배와 관련하여 질투와 진노의 하나님이시지만, 언약을 위반한 이스라엘을 버리거나 멸망시키지 아니하시고 열조와의 언약을 잊지 아니하시는 자비의 하나님이시기도 하다. 그러한 측면에서 24절(불태우시는 불과 질투의 하나님)과 31절(이스라엘을 버리거나 멸하지 않고 언약을 잊지 않으시는 자비하신 하나님)의 하나님에 대한 속성과 이스라엘의 상태는 상호보완적인 것이지 신학적으로 화합할 수 없는 것은 아니다.

B′ 율법과 역사의 하나님(4:32-39)

모세는 이스라엘이 야웨의 말씀에 순종해야 할 근거로써 이스라엘 역사상 두 개의 위대한 구원사건들 (즉 출애굽 사건과 호렙 산에서의 계시)을 언급한다. 그리고 이스라엘의 하나님의 구속사적 계시사적 독특성을 반복적으로 공표한다 (McDonald 2003:190).

창조	"네가 있기 전 하나님이 사람을 창조하신 때부터…"(32절)	
호렙	"어떤 국민이 불 가운데에서 말씀하시는 하나님의 음성을 너처럼 듣고서도 살아남았느냐?"(33절)	"야웨께서 너를 교훈하시려고 하늘로부터 그의 음성을 네게 듣게 하시며 땅에서는 그의 큰 불을 네게 보이시고 네가 불 가운데서 나오는 그의 말씀을 듣게 하셨다"(36절)
이집트	"어떤 신이 와서 시험과 이적과 기사와 전쟁과 강한 손과 편 팔과 크게 두려운 일로 한 민족을 다른 민족에게서 인도하여 낸 일이 있느냐? 이는 다 너희의 하나님 야웨께서 이집트에서 너희를 위하여 너희의 목전에서 행하신 일이다"(34절)	"야웨께서 네 조상들을 사랑하셨기 때문에 그들의 후손인 너를 택하시고 큰 권능으로 친히 인도하여 애굽에서 나오게 하시며"(37절)
가나안		"너보다 더 강력한 열방을 네 앞에서 쫓아내시고 너를 그들의 땅으로 인도하여 들어가게 하사 그것을 너의 분깃으로 주신 것이 오늘과 같다"(38절)
인정	"이것을 네게 나타내심은 야웨가 하나님이시라는 것과 그 외에는 다른 신이 없다는 것을 네가 알게 하신 것이다"(35절)	"그러므로 너는 상천하지(上天下地)에 야웨가 하나님이시라는 것과 다른 신이 없다는 것을 오늘 알고 명심하라"(39절)

이 부분에서는 "하나님의 이스라엘의 탁월성"(1-8절)과 함께 이스라엘의 하나님의 탁월성이 대조를 이룬다. 33절이 우리에게 과거 출애굽사건들에서도 하나님의 현존 하에서 이스라엘의 생존하였다는 점을 상기시켜 주지만(비교. 20절), 그러한 구속의 유비는 하나님의 현존을 통하여 그들이 미래의 심판(포로)이라는 커다란 시련에도 불구하고 살아남으리라는 것을 암시하는 것처럼 보인다. 그것은 과거 이집트의 속박으로부터, 그리고 미래 하나님의 심판(포로)으로부터 이스라엘의 구속을 통하여 입증될 수 있는 하나님의 탁월성이며 그의 백성인 이스라엘의 독특성을 보여주는 하나님의 큰 일(magnalia Dei)인 것이다(39절). 그러므로 백성을 흩으신 분이 하나님이시라면, 그 백성을 다시 모으실 분도 하나님뿐이다.

창조("하나님이 땅에 사람을 창조하셨을 때")이후로 불 속에서 나오신 하나님의 말씀을 듣고 생존한 자는 이스라엘 외에는 없었다. "시험과 이적과 기사와 전쟁과 권능(강한 손과 편 팔)과 크게 두려운 일로 인도함을 받은 백성도 이스라엘 외에는 없었다." 이 모든 일들의 목적은 하늘과 땅 사이에 "야웨만이 하나님이시며 다른 신은 아니라"는 교훈을 통해 야웨의 유일성을 드러내려는 것이다. 불 가운데서 음성을 내신 것은 그것을 교훈하려 하심이었다.

A′ 결론(4:40)

모세의 첫 번째 연설의 내용은 "그러므로 야웨만이 참 하나님이라는 점을 깨달아 잘못된 개념들이나 행위들을 고쳐라. 내가 가르치는 야웨의 규례들과 법도들을 지켜 너와 네 후손이 야웨께서 주시는 땅에서 행복하게 오래 살도록 하라"는 교훈으로 끝난다. 여기서 과거와 현재(너), 그리고 후손들을 연결시켜줌으로써 "그의 규례들과 그의 법도들"의 준수의 영속성을 강조한다.

결어: 도피성과 모세의 토라의 역사적 지리적 배경(4:41-49)

이 단락은 요단강 동쪽에 위치한 도피성들에 대한 언급(41-43절)과 모세가 전한 토라의 역사적 지리적 배경(44-49절)으로 구성되어 있다.

많은 사람들이 신명기의 첫 번째 단락을 1:1-4:43로 잡고 나머지 44-49절을 모세의 두 번째 연설의 도입부로 이해하는 경향이 있으나, 필자가 볼 때, 앞서 언급했듯이, 모세의 첫 번째 연설은 구조적으로 44절("이것이 토라다"라는 표현은 1:5절의 "이 토라"의 역전된 형태로 나타난다)에 끝난다. 비록 5장 이후에도 계속해서 모세의 토라가 이어지는 것도 사실이지만, 이 문맥에서 4:44의 "토라"는 1:5에서 언급한 "토라"와 직접적으로 연관된다는 의미다. 게다가 45-49절도 모세의 토라의 배경(4-7절)과 상응한다는 점에서 모세의 토라의 완벽한 종결부의 역할을 한다. 그런 의미에서 44절과 45-49절은 종두병행적 장치로 보아야 한다.

"이스라엘 자손이 출애굽한 후에 '신적인 증거들(히 에도트 העדת)[50]과 규례들과 법도들'을 모세가 선포하였다"는 말(45절)은 결론적인 기능과 함께 모세가 선포한 토라에 대한 부연설명일 뿐만 아니라 5장(십계명=신적인 증거들), 12-26장(규례들과 법도들)에서 현대화시킨 원래의 하나님의 말씀들(물론 이전에도 "모세의 중재"로서 이스라엘 백성에게 야웨의 말씀이 전달된 것이다)이 언급된다는 점에서 이후의 장들과 밀접하게 연관되는 일종의 문학적 경첩의 역할도 수행한다. 이 본문은 29:2("야웨께서 이집트 땅에서 너희의 눈 앞에서 바로와 그의 모든 신하와 그의 온 땅에 행하신 모든 일을 너희가 보았다")과도 연관된다. 사실 이 단락에서 우상금지에 대한 규정과 야웨의 유일신론(4:15-40)에 대한 언급 외에는 이렇다 할 규정이 나타나지 않는다. 그러나 이러한 두 가지 중대한 계명들에 대한 언급은 5장의 십계명에 대한 서곡의 역할을 수행한다. 그러므로 1-4장, 5-11장은 십계명과 신명

50) 이 용어는 4:45, 6:17, 20에서 세 차례 등장하는데 모두 십계명을 가리킨다. 더 자세한 논의는 Lohfink (1963)을 보라.

기 법들의 준수 필요성을 역사적 회고와 설교의 측면에서 다룬다.

요단강 동쪽에 위치한 도피성들에 대한 언급(4:41-43)

요단 동편 도피성들에 대한 언급은 앞서 언급한 르우벤, 갓, 그리고 므낫세 반지파들의 요단동편 점령과 구조적 상관성 뿐만 아니라, 이후에 언급될 도피성에 대한 규정과 관련성을 갖게 한다(19:1-13). 세부적으로 보면, 요단동편에는 르우벤 지파를 위한 광야 평원의 베셀(사해의 북동부에서 동쪽으로 20마일 정도에 위치함), 갓 지파를 위한 길르앗 라못(갈릴리 호수의 남동부에서 30마일 정도에 위치함), 그리고 므낫세 지파를 위한 바산 골란(갈릴리 호수의 동쪽부분의 중앙부에서 동쪽으로 20마일 정도에 위치함)이라는 3개의 도피성들이 마련되었다. 베셀은 요단동부의 남쪽지역을, 길르앗 라못은 중심부를, 그리고 바산 골란은 북쪽지역을 담당하게 되었다. 그후에 (수 20:7-8에 따르면) 요단서편에서는 갈릴리의 게데스, 에브라임의 세겜, 유다의 헤브론에 도피성이 건축되었다.

모세가 전한 토라의 역사적 지리적 배경(4:44-49)

이 단락을 레위기 6:9, 14, 20, 25, 7:1, 11 등과 비교해 볼 때, 5-26장의 서두로만 볼 필요는 없다. 레위기 26:46과 27:34의 예들과 마찬가지로 앞에서도 논의하였듯이, 1:1-5과 4:44-49이 종두병행적 기교로 연결된 것으로 볼 때, 이 단락은 1-4장까지의 결론뿐만 아니라, 5장의 서론의 역할도 하는 전환적인 기능을 수행하는 것으로 보아야 한다(Kline 1972:136, n. 17).

신명기에 인용된 모세의 어록들은 "이스라엘 자손이 출애굽한 후에 모세가 진술한 증거들, 규례들, 그리고 법도들이며 요단 동편 벳-브올[51] 맞은편에

51) 벳-브올에 대한 언급은 4:3을 상기시킨다.

서 행해진 것" 이다(45-46절). 여기에 언급된 장소들은 요단 동편지역의 맹주(猛主) 아모리 왕 시혼과 옥과의 이스라엘의 전승(戰勝)의 장소였다(비교. 2:24-3:11). 이들의 영토는 "아르논 골짜기 근처의 아로엘(모압의 북쪽경계와 아모리 족속의 남쪽경계)로부터 (정복된 지역의 북쪽경계인) 시온 산(하르 시온 הַר שִׂיאֹן, 우리가 알고 있는 예루살렘의 시온 산은 히브리어로는 찌온[צִיּוֹן]이다.), 즉 헤르몬 산까지와 요단동편의 온 아라바, 즉 비스가 산기슭 아래 아라바의 바다까지" 였다. 이 표현은 1장의 서론과 야웨의 첫 명령을 상기시킨다. 그러한 점에서 이 부분은 모세가 이스라엘에게 전한 첫 번째 연설의 결론부로도 적합하다.

2

십계명, 교훈적 설교, 그리고 세겜에서의 제의의식(I)

십계명, 교훈적 설교, 그리고 세겜에서의 제의의식(I)

구조

5:1-29:1의 거대구조는 크게 십계명의 1, 2계명과 관련된 훈계적 설교와 제의적 명령(5-11장), 신명기 법도들과 규례들과 제의적 명령(12:1-26:16)으로 병행한다. 후자의 규례들(12-26장)은 조만간 들어갈 가나안 땅에서 이스라엘이 언약백성으로 지켜야 할 규례들과 법도들을 언급한 것이다. 전자의 설교(5-11장)는 유일신론적 입장에서 이스라엘의 과거와 현재와 미래를 조망하면서 이스라엘이 어떻게 하나님을 사랑하고 그의 계명을 지켜야 하는가를 말해준다.

권고의 시작과 끝(5:1-11:32)	규례들과 법도들의 시작과 끝(12:1-26:19)
"오늘 내가 너희 귀에 말하는 그 규례들과 그 법도들을 배우며 지켜라" (5:1)	"이것들은 너희가 …에 있는 한 …에서 지켜야 할 그 규례들과 그 법도들이다" (12:1)
"오늘 내가 너희 앞에 베푸는 모든 규례들과 법도들을 지켜라" (11:32)	"네 하나님 야웨께서 오늘 네가 이 규례들과 법도들을 행하라고 명령하신다" (26:16)

게다가 5장-11장 사이에 존재하는 하나의 문학적 단위의 표식들이 다음과 같이 발견된다는 점에서(Braulik 1993:314, Lundbom 1996:304ff., 비교. Peckham

1983:217-240) 우리는 이 단락들 속에서 구조적 통일성을 발견할 수 있다.

너희는 오늘 내가 너희의 귀에 말하는 규례들과 법도들을 듣고 그것을 듣고 지켜 행하라(5:1)	너희는 오늘 내가 너희 앞에 베푸는 모든 규례들과 법도들을 지켜 행하라(11:32)
오늘 내가 네게 명하는 이 말씀들을 너의 마음에 새기라. 너는 네가 집에 앉았을 때에든지 네가 길을 갈 때에든지 네가 누워 있을 때에든지 네가 일어날 때에든지 네 자녀에게 그것들을 부지런히 가르치며 강론하라. 너는 그것들을 네 손목에 매어 표식을 삼으며 네 이마에 고정하여 이마 장식들로 삼으라. 너는 네 집 문설주들과 성문들에 그것들을 기록하라(6:6-9)	너희는 나의 이 말씀들을 너희의 마음과 뜻에 두어라. 너희는 그것들을 너희의 손목에 매어 표식을 삼고 너희 이마에 고정하여 이마 장식들을 삼으라. 너희는 네가 집에 앉아 있을 때에든지, 네가 길을 갈 때에든지, 네가 누워 있을 때에든지, 네가 일어날 때에든지 그것들을 너희의 자녀에게 가르치며 강론하라. 너는 네 집 문설주들과 네 성문들에 그것들을 기록하라(11:18-20)
이스라엘아, 듣고 준수하면, 네가 잘될 것이며 네 조상들의 하나님 야웨께서 네게 약속하셨듯이 젖과 꿀이 흐르는 그 땅에서 너희가 크게 번성할 것이다(6:3)	너희가 내가 너희에게 명하는 이 모든 명령들을 잘 지켜 행하여 너희의 하나님 야웨를 사랑하고 그의 모든 도들을 행하여 그를 의지하면(11:22)

이러한 구조적 통일성 하에서 단락구분을 살펴보자. 로핑크(1963)는 5장의 "십계명"이 신명기의 핵심요소이며 6-11장이 첫1-2계명의 설교적 확장본이라고 주장했다. 그에 따르면, 앞의 단락이 1-3장(광야 40년 역사의 회고와 그에 따른 교훈들), 4장(최근 과거사의 회고와 유일신론적 설교)의 형태를 취하듯이 5장은 십계명의 재연(再演)으로, 6-11장은 그와 관련된 "훈계적 설교들"이라고 규정할 수 있다.[52] 시내(혹은 호렙) 산에서 받은 십계명과 관련된 하나님의 말씀에 대한 직접적인 인용과 함께 이 단락에서는 모세의 설교들 중에서 하나님의 말씀이 19번 정도 직접 인용된다(5:6-21, 28-31, 9:12, 13-14, 23, 10:1-2, 11, 17:16, 18:17-20).

52) 이러한 전제에 따라서 Lohfink(1963)는 5-11장을 대위명령(das Hauptgebot)을 다루는 단락으로, 12-26장을 그와 관련된 세부사항들(die Einzelgebote)을 다루는 것으로 본다.

십계명과 모세의 중보자직(5장)

구조

많은 사람들이 동의하듯이, 이 부분은 신명기에서 중요한 위치를 차지한다. 예를 들어, 바인펠트(1972:61-65)는 5:6-6:9을 또 하나의 조약문헌(의 형식을 갖춘 부분)이라고까지 주장한다. 즉 서문(5:6a, 7, 9b-11), 역사적 서언(5:6b), 제재조항들(5:17-21), 충성의 맹세(5:23-25, 27-28), 증인들(6:4-5), 언약문헌과 관련된 조항들(6:6-9)이 나오기 때문이다. 또한 올슨(1994:15, 40ff.)은 5장이 신명기 전체의 "축소모델"이라고까지 주장한다. 그는 5:1-5를 신명기의 포괄적인 주제("우리, 즉 오늘 여기 살아있는 우리, 우리 모두를 위한" 언약의 실제화)로 규정하고 5:6-33에서는 신명기 전체의 구조와 대조시켰다(5:6[=1-4장], 5:7-21[5-28장], 5:22-31[29-32장], 5:32-33[33-34장]). 이 부분은 십계명의 배경설명(1-5절), 십계명의 재진술(6-21절), 모세의 중재자직(22-33절[모세가 백성들에게 한 말=24-27절, 야웨께서 모세에게 하신 말씀=28-31절])으로 나눌 수 있다.

십계명, 호렙산 그리고 중재자직

본 단락의 배경과 시점은 요단 강 도하 직전의 현재의 상태(4:41-49)에서 4:10-14의 경우처럼 다시 이스라엘의 이전 출발지인 호렙 산으로 이동한다. 5장에서 이스라엘이 복종하도록 명령된 규례들과 법도들은 이미 4장에서 수차례 언급된 바 있다(5, 8, 14, 45절[비교. 규례와 명령]). 특히 호렙 산에서의 십계명은 4:13-14에서 이미 언급된 바 있으며 이제는 그 내용이 재진술된다. 위에서도 말한 바대로 "야웨께서 호렙 산의 불 가운데서 말씀하신 것"은 4, 5장의 공통 주제들(4:10-12, 15, 33, 36, 5:4, 5, 22, 23, 24, 26)이다. 불 가운데서 강림하셔서 이스라엘과 직접 대면하여 말씀하시는 야웨와 관련된 백성들의 "죽을지 모른다는 두려움"의 요청의 결과도 모세의 중재자로 전해진 말씀들이라는 공통된 구조를 갖는다(나중에 동일한 주제인 호렙 산에서의 사건[9:6-10:11]에서는 "40일 밤낮"의 모세의 중재자직과 야웨의 말씀이 중심주제다). 그러나 다음과 같이 4, 5장의 호렙 언약에 대한 중대한 표현상의 차이도 보인다.

4장	5장
"너희"와 함께 맺은 호렙 언약(23)	"우리"와 함께 맺은 호렙 언약(2)
"네" 조상들과 함께 맺은 족장들과의 언약(31)	"우리" 조상들과 함께 맺은 족장들과의 언약(3)
이스라엘은 하나님(의 형상)을 보지 못하고 그의 소리만 들었다.	하나님이 이스라엘과 대면하여 말씀하셨다.
우상은 정당한 중재자가 되지 못한다.	모세만이 공인 된 중재자다(3장에서는 모세의 기도가 실패로 끝난다).

물론 호렙 언약은 결과적으로 "너희와 우리"를 위해서 주어진 것이며 원래부터 분리되어 별도로 전달된 것이 아니었지만, 이 표현은 모세가 모압 평야에서 제 2의 출애굽 세대를 위하여 재진술하여 설명하는 과정 중에 과거에 맺은 호렙 언약의 "현재성"을 수사학적으로 제시하는 것으로 보아야 한다. 그런 측면에서 위의 도표에서와 같은 양자의 차이점들은 4장과 5장의 호렙 언약의 측면 혹은 태도상의 대조 때문에 발생한 수사학적 표현상의 차이가 아닌가 한다. 마찬가지로 29장에서의 "모압 언약"에 대한 언급도 언약의 내용상으로는 이미 1-28장에서 언급된 바 있기 때문에 29장 자체는 단순히 일종의 언약갱신 의식으로 보아야 한다.

규례들과 법도들에 복종하기를 요청함(5:1-5)

이 단락은 "들으라, 이스라엘아"(쉐마 이스라엘 שמע ישראל)라는 요청으로 시작한다(참조. 4:1, 6:3, 4, 9:1, 20:3, 27:9). 2-4절에서는 야웨와의 언약을 설명하고 야웨의 선언을 소개한다. 비록 호렙 산에서의 언약이 이전 세대들과 맺은 것이긴 하지만, 그것은 우리를 위한 것이었다("우리 하나님 야웨께서 호렙 산에서 우리와 언약을 맺으셨으니, 이 언약은 야웨께서 우리 조상들과 세우신 것이 아니라 오늘 여기 살아 있는 우리와 함께, 이 사람들, 즉 여기 오늘 살아있는 우리 모두와 세우신 것이다." [2-3절]). 모세는 하나님이 호렙 산 불 가운데서 "새 세대(우리)"와 대면(對面)하사 말씀하셨다고 말한다(출 33:11, 민 12:6, 비교. 민 14:14, 신 34:10). 그러나 이스라엘 백성들은 하나님으로부터 나오는 화염이 자신들을 삼키울 것을 두려워한 나머지 자신이 야웨의 말씀의 중재자로서 그들과 야웨 사이에 "서서" 자신의 역할을 수행하였다(4-5절).

이것은 현재의 청중이 옛 세대(출애굽세대)와는 별도로 호렙 산에서 야웨와 직면하여 언약을 맺었고 야웨의 말씀을 받았다는 의미는 아니다. 이미 이스라엘의 "온 세대"가 모세라는 중재자를 세워 야웨와 언약을 맺었지만, 그것은 단지 이전 세대만의 언약이 아니라, 현 세대와 맺은 언약의 역할을 유지한다는 말이다. 신명기의 십계명은 출애굽기 20장의 십계명에 대한 재진술, 즉 현재화이다. 물론 이러한 재진술과 현재화는 십계명 뿐만 아니라, 신명기 전반에서도 다양하게 나타난다. 사실 십계명은 "열개의 말씀들"이라고 불린다(출 34:28, 신 4:13, 10:4). 또한 신현과 야웨의 열개의 말씀들의 대조는 이 단락(서론)뿐만 아니라 십계명 단락의 결론부분에서도 동일하게 나타난다. 모세가 "인용"한 야웨의 십계명은 말 그대로 모세의 중재 역할("내가 야웨와 너희의 중간에 서서")을 상기시킨다.

이 십계명은 클라인(1963:19)의 주장과 같이 동일한 내용을 두 개 복사하던 고대근동의 조약관행의 경우처럼 한 가지 내용을 두 개의 석판(石板)에 각각 새긴 형태로 모세와 백성에게 제시되었다. 십계명은 그 내용상 헌법(출 31:18, 32:15, 34:29), 언약(4:13, 9:9), 계명들(출 24:12)이라고 불린다. 그러나 본문 자체가 십계명의 세부구분을 명확하게 하고 있지 않다는 점에서 실제 열개의 말씀들이 어떻게 분류되었는지는 알 수 없다. 여러 종교(파)간에 제기된 다양한 견해들은 다음과 같다.

계명	유대교	루터파/로마 카톨릭 (비교. 올슨[1994:44])	개신교
1	나는 너희 하나님 야웨다	다른 신을 섬기지 말라	다른 신을 섬기지 말라
2	다른 신을 섬기지 말라	신명의 남용금지	형상의 금지
3	신명의 남용금지	안식일을 기억함	신명의 남용금지
4	안식일을 기억함	부모공경	안식일을 기억함
5	부모공경	살인금지	부모공경
6	살인금지	간음금지	살인금지
7	간음금지	도둑질금지	간음금지
8	도둑질금지	거짓증거금지	도둑질금지
9	거짓증거금지	이웃의 집의 탐심금지	거짓증거금지
10	탐심금지	이웃의 아내 등의 탐심금지	탐심금지

야웨의 열 가지 말씀들(5:6-21[출 20:1-17])

명백하게 십계명은 신명기 메시지의 핵심이며 신명기 규례와 법도 단락의 뼈대를 구성한다.[53] 그 근거는 이스라엘을 이집트 땅, 즉 종의 집에서 인도하셨던 야웨(하나님)에게서 비롯된다(5:5c-21, 20:1-17).

서론: 이스라엘의 출애굽의 하나님(5:6)

이스라엘을 출애굽 시키셨던 하나님의 과거 "구속적 행동들"을 강조하는 자서전적인 언급은 십계명의 서문("나는 너를 이집트 땅에서, 종의 집에서 인도하여 낸 너희 하나님 야웨다", 신 5:6[출 20:2])과 시내 산 언약의 규정들("내가 이집트 사람들에게 무엇을 행했는지, 내가 어떻게 독수리 날개로 너희를 업어 내게로 인도하였는가를 너희가 보았다",

53) 이와 관련된 12-26장의 십계명적 구조분석에 대한 필자의 자세한 논의(2005)를 보라.

출 19:4, "내가 하늘로부터 너희와 말하는 것을 너희가 직접 보았다", 출 20:22)의 서문에서도 등장한다. 이것은 단순히 과거사건을 통한 현재까지 이르는 오래된 이스라엘과 야웨와의 친밀한 관계성을 말해줄 뿐만 아니라, 신적 계명의 현재적 구속력(拘束力)을 강화시키는 역할도 수행한다. 다른 곳에서도 언급되었듯이 야웨의 출애굽에 대한 언급은 "조상들과 맺은 언약"에 대한 하나님의 신실성과 이집트에서 바로에게 당했던 이스라엘 백성의 고통과 부르짖음에 응답하신 하나님의 긍휼을 강조한다고 볼 수 있다.

여기에서는 비록 야웨를 왕으로 묘사하는 부분이 극도로 제한되기는 하지만(출 15:18, 민 23:21, 신 33:5), 다른 고대근동의 법들과 마찬가지로, '왕'으로서의 야웨의 규정의 관심사는 정의의 수행(즉 바름과 공평)이다. 심지어 야웨의 법규정은 이스라엘 공동체 내에 거주하는 이방인들에게도 적용되는 모든 사람들을 위한 공평한 정의를 포함한다(출 22:21, 23:9, 레 19:33-34, 24:22, 민 9:14, 15:14-16, 29-30, 35:15). 이것을 통하여 하나님은 모세의 규정들 속에서 고대근동의 이상적인 왕이면서 정의롭고 자애로운 최고의 신으로 묘사된다(비교. Watts 1996:4-6).

열 가지 말씀들의 세부내용들(5:7-21)

야웨께서 모세를 통하여 호렙 산에서 이스라엘에게 전하신 열 가지 말씀의 내용은 다음과 같다(그 순서는 개신교의 계수법을 따른다).

첫 번째 말씀: 야웨만을 섬겨라(5:7[출 20:3])

"다른 신들을 내 앞[혹은 옆]에 있게 말라"는 명령은 이스라엘에게 야웨에 대한 독점적이고 배타적인 충성을 요구하는 것이다. 이 표현 자체는 그 어떠한 종류의 다신론적 예배(즉 다른 신들을 병행하여 섬기거나 추가하여 섬기는 것)에 대한 실제적인 금지를 의미한다고 볼 수도 있다. "다른 신들"이라는 표현은 이 본문 자체가 다른 신들의 실제적인 존재와 권위를 인정하는 것이 아니라 당시의 다신론적 문화 속에서 행해진 "유일신론의 관용적(慣用的) 표현"으로 보아야 한다(3:24, 7:4, 25, 10:17, 21:23). 두 번째 말씀이 야웨예배의 방식을 논한다면, 첫 번째 말씀은 야웨를 제외한 다른 대상의 예배의 금지를 다룬다.

두 번째 말씀: 우상을 제작하거나 섬기지 말아라(5:8-10[출 20:4-6])

하나님 야웨는 우상, 즉 피조세계의 그 어떤 것들이나 인간의 상상력의 산물로 만든 형상("위의 하늘, 아래의 땅, 땅 아래의 물에 있는 그 어떤 것"[8절])으로도 가시화하거나 동일시 될 수 없다. 이러한 형상의 금지에는 심지어 야웨의 형상도 포함된다. 이미 이스라엘 백성은 시내 산에서 "형상이 없이 목소리로만" 말씀하시는 하나님을 만났다(4:12, 15-19). 또한 호렙 산에서 발생한 황금송아지 사건에서의 교훈처럼 야웨는 질투[54]의 신(엘 칸나 אֵל קַנָּא)이라서 다른 신들 뿐만 아니라, 야웨의 형상이라도 자신의 곁에 두는 것을 용납지 않으신다(비교. 신 4:15-24). 그러나 이것이 야웨 혹은 우상숭배와 관련이 없는 한 그 어떤 미술과 조각 혹은 상상(想像)이라는 매체를 통한 인간의 예술적, 혹은 문학적 욕구와 창작물의 제작 모두를 금지하고 있는 것으로 볼 수는 없다.

야웨를 미워하는 자(즉 "다른 신을 사랑하는 자")의 죄를 "3, 4대 후손에게"까지 묻겠다는 표현(9절)은 3대에 걸친 "가계의 저주"라는 식의 현대적 이해가 아니라, 야웨의 말씀을 위반한 자에게 즉각적으로 임할 하나님의 징벌(Tigay) 혹은 가족 구성원의 멸절(비교. Phillips)의 심각성을 의미하는 것으로 보아야 한다(당시에는 보통 12-16세에 결혼을 해서 30-35세 정도면 손자를 볼 수 있었으므로 한 남자는 자신의 생애 속에서 최대한도 3, 4대의 자손들을 볼 수 있었다). 물론 여기서 강조되는 것은 한 개인(한 가족)에게 임하는 신적 저주의 극대화가 아니라, "그 어떤 우상도 만들지 말라"는 명령을 지키는 이스라엘 백성에게 나타날 하나님의 무한한("수천 대의 후손에게까지" 임하는) 사랑이다. 이러한 저주의 경고와 은혜의 약속을 통하

54) 여기서 언급된 질투(嫉妬)라는 표현은 "한 개인이 감정적으로 극대화 되어 얼굴이 매우 붉어진 상태"를 말하는 것이지만, 구약에서 "칸나"라는 표현은 하나님에게만 사용된 것으로 이스라엘과의 언약 속에서 이스라엘의 불순종이나 용납될 수 없는 예배의 형태에 대한 야웨의 반응으로 강력하고 강렬하며 징벌적인 특징을 반영한다(Sarna 1991:110).

여 신앙 공동체는 말 그대로 개별적인 책임 뿐만 아니라, 공동체적 상호책임의 상호성도 강조된다(비교. 신 24:16).

세 번째 말씀: 야웨 하나님의 이름을 남용하지 말아라(5:11[출 20:7])

야웨는 자신의 이름을 헛되이 사용하는 것(텃사 שׁוא)을 죄로 여기시기 때문에 그 행위가 금지된다. 이 말씀은 특별히 야웨의 이름을 저주하는 일부터, 남을 저주하거나, 혹은 그렇게 간구할 때, 야웨로부터 파송되거나 환상을 받지도 않았는데 거짓되게 야웨의 이름으로 말씀을 전할 때 혹은 법정에서의 맹세할 때 벌어질 수 있는 하나님의 이름의 오남용의 문제까지를 포함한다.

네 번째 말씀: 안식의 날에는 일하지 말아라(5:12-15[출 20:8-11])

신명기의 안식일의 규정은 하나님의 6일간의 창조사역과 7일째의 완수(창 2:1-3)와 출애굽의 이스라엘의 노예해방이라는 두 사건들에 근거하여 제시된다. 이것은 이스라엘과 맺어진 언약 규정으로서 두 국면들, 즉 이스라엘의 창조자며 구속자이신 야웨 하나님과 특수한 관계성을 반영한다. 출애굽기의 안식일은 온 가족("너나 네 아들이나 네 남종이나 네 여종이나 네 가축이나 너의 성문들 안에 머무는 나그네라도")이 일하러 나가지 않고 단순히 "집에 머물러야" 있어야 하는 것을 의미했지만, 신명기의 경우에 장소적인 개념이 약간 모호하지만, 모든 사람들("너나 네 아들이나 네 딸이나 네 남종이나 네 여종이나 **네 소나 네 나귀나** 네 모든 가축이나 너의 성읍들에 거하는 나그네도")이 생계를 위한 모든 노동(집안 내에서의 기본적인 일은 금지규정에서 제외된다)으로부터의 해방을 의미하는 것처럼 보인다. 게다가 이 안식일 규정에는 "네 하나님 야웨께서 네게 명령하신 대로"와 "너는 (출애굽 정신을) 기억하라"라는 표현(5:15, 8:18, 9:7, 15:15, 16:3, 24:9, 18, 22)이 첨가되어 있다. 게다가 신명기의 안식일 계명도 "이스라엘의 출애굽의 하나님"에 대한 선언으로 시작한다는 점(6절)에서 그 근거가 출애굽기의 안식일 계명과 전혀 다르다고 말할 수는 없다. 이와 같은 부연되고 교훈적인 측면을 가진 신명기의 안식일의 엄수 규정이 (출애굽기의 십계명과 마찬가지로) 종합적으로 그 특성상 휴경과 빚의 면제와 노예해방과 땅의 복귀라는 안식년과 희년과 밀접한 관계가 있다는 점에서 구약의 안식개념은 총체적 안식의 준수를 요구한다(참조. 성기문 2004a).

다섯 번째 말씀: 부모에게 영광을 돌려라(5:16[출 20:12])

"너는 네 하나님 야웨께서 명령하신 대로"라는 도입부의 표현은 출애굽기에는 없고 신명기의 십계명 가운데 안식일 계명(12절)에서만 발견된다는 점에서, 신명기의 교훈적 특징을 반영한다. 또한 4, 5계명만 긍정형이고 나머지 모든 계명은 부정형을 취한다. 제 5계명이 우리말로는 "공경(恭敬)하라" 정도로 번역되었지만, 그 의미는 엄격하게 볼 때 "영광을 돌려라"(카베트, כבד)로 이해되어야 한다. 카베드는 "무겁게 하다"(피엘형)의 어원을 갖고 있다. 즉 이 표현은 부모의 권위에 대한 복종을 의미하는 것으로 하나님께 영광을 돌리듯이 부모에게도 행하라는 의미를 갖고 있다(삼상 2:30, 시 50:23, 잠 3:9, 사 29:13, 43:20, 23, 비교. 출 24:17). 물론 이 말은 부모를 예배의 대상으로 삼으라는 말은 아니다. 탈무드를 포함하여 일부 학자들(Tigay 1996:70, Christensen 2001:127)에 따르면, 그 내용에는 부모에 대한 순종뿐만 아니라(삼상 15:30, 시 86:9) 노년기의 부모에 대한 돌봄도 포함된다. "저주하다"는 말의 어원(칼랄, קלל)에 '가볍게 하다' 라는 의미가 있으므로, 공경과 저주라는 표현의 대조는 일종의 말장난(wordplay)으로 그 의미를 명확하게 강조한다.

이 말씀의 중요성은 바울의 말처럼 장수와 복에 대한 "약속이 있는 첫계명"이라는 점이다(엡 6:2). 약속의 땅에서의 이스라엘의 장수와 행복에 대한 언급은 "네 하나님 야웨께서 네게 주시는 그 땅에서 영원히 오래 살기 위해서는 너와 네 후손의 행복을 위하여 오늘 내가 네게 명령하는 야웨의 규례들과 명령들을 지켜라"라는 4:40을 상기시킨다. 그러한 측면에서 이 말씀은 어린 자녀들보다는 성인자녀들이 주요대상인 것으로 보아야 한다(Miller 1990:84). 게다가 자식의 입장에서 부모의 신앙을 준수(遵守)하는 것과 관련이 있는 듯

하다(Phillips 1973:48). 즉 야웨의 신앙에 대한 부모의 명령과 교훈을 준수한다면 그 후손들은 약속의 땅에서 행복하고 장수할 것이라고 말한다.

여섯 번째 말씀: 살인하지 말아라(5:17[출 20:13])[55]

"살인하지 말라"는 말씀은 지금까지 전쟁이나 사형이 아니라 개인적인 분노나 탐욕에 의한 의도적인(즉 "악한 의도의") 살인행위만을 다루는 금령으로 여겨졌다. 그러한 측면에서 볼 때, 이 말씀은 개인의, 가족의 보복의 연속으로 말미암는 공동체의 혼란과 해체를 방지하기 위한 규정이라고 여겨진다. 그래서 폰라트(1966:58)는 이것을 "반(反)공동체적인 살인"이라고 부른다. 그런데 최근에 여기서 금지된 "라차흐"(רצח)[56]라는 단어가 "규정하기 모호한 경우, 비의도적인 살인, 합법적인 보응행위(도피성 문맥에서), 합법적인 사형, 불법적인 살인, 사회적 약자층에 대한 불의한 억압행위 등" 매우 광범위하게 사용된다는 점 때문에, 이 계명을 단순히 "개인의 비의도적인 살인의 금지"로 이해할 수 없다는 것이 밝혀졌다(Bailey 2005). 그러한 점에서 이 계명은 일반적인 의미의 살인 금지로 번역되어야 한다.

일곱 번째 말씀: 간음하지 말아라(5:18[출 20:14])

"간음하지 말라"는 말씀은 혼외정사에 대한 금지다. 이 표현은 근친 성관계의 금지와 함께 신앙인의 성생활을 규정짓는 중요한 표현이다. 이외의 결혼과 관련된 사례들을 다루는 규정들은 22-25장에서 언급된다. 우리말 성경에서 "약혼(정혼)자"라고 언급된 여인들은 양가부모간의 합의와 결혼대금을 지불한 후에 법적으로 한 남자와 이미 결혼한 상태이기 때문에 유부녀로 보

55) LXX에서는 MT의 살인-〉간음-〉도둑질의 순서를 따르지 않는다. 즉 신명기(LXX)에서는 간음-〉살인-〉도둑질의 순서를, 출애굽기(LXX)에서는 간음-〉도둑질-〉살인의 순서를 따른다. 눅 18:20과 롬 13:9은 LXX(신명기)의 순서를 따른다.

56) 이와 유사한 혹은 확장된 의미(전쟁의 문맥의 용례)를 뜻하는 단어들은 나카(נכה), 하라그(הרג), 무트(מות) 등이 있다. 이에 대한 더 자세한 논의는 *TDOT*의 해당항목들을 참조하라.

아야하며 그와 관련된 법적용을 받는다(22:23-24). 구약에서 부부간의 정절과 인격적 관계성에 대한 존중은 야웨와 이스라엘 사이의 언약관계에 대한 중요한 은유로도 사용되었다는 점에서 가장 강조되었다고 볼 수 있다.

여덟 번째 말씀: 도둑질(유괴?)하지 말아라(5:19[출 20:15])

비록 이 말씀이 그 대상을 명시적으로 언급하지는 않았지만, 대부분의 학자들은 사람, 동물, 그리고 물건 모두를 비밀리에 유괴 혹은 훔치는 행위에 대한 금지 전부를 말한다고 본다. 즉 사람의 유괴의 경우에는 사형에 해당하고(24:7, 출 21:16), 물건과 동물의 경우에는 적절한 비율로 보상을 해야 한다. 게다가 기독교 전통내에서는 이 계명과 관련하여, 부정한 도량형, 이웃의 지계표를 이동시키는 것, 그리고 가난한 형제들에게 이자를 받는 것(23:19-20, 출 22:25, 레 25:36-37) 등을 "간접적인" 절도행위로 여기기도 한다.[57]

아홉 번째 말씀: 법정에서 위증(僞證)하지 말아라(5:20[출 20:16])

이 말씀은 단순한 "거짓말"의 금지를 말하는 것이 아니므로, 악의 없는 거짓말(white lie) 등의 문제와는 직접적으로 상관이 없다. 즉 이 말씀은 자신의 유익을 구하거나 상대방에게 해를 끼치려는 목적으로 법정에서 행하는 악의적인 위증을 금한다(참조. 19:15-21). 사실 위증은 이스라엘에게서 정의집행의 심각한 장애요소다. 두 가지 십계명판본을 비교해 볼 때, 신명기는 "헛된"을 의미하는 샤베(שָׁוְא)라는 단어를 사용하며(비교. 제3계명의 야웨의 이름의 오용의 금지) 출애굽기는 "거짓, 속임수"를 의미하는 샤케르(שֶׁקֶר)라는 단어를 사용하는 차이가 있다. 물론 같은 내용에 대해서 미묘한 의미적 차이를 보이는 다른 용어를 사용하고 있지만, 출애굽기와 신명기의 계명 모두가 법정에서의 위증의

57) 이 규정을 맹세의 불이행과도 연관시키는 사람도 있다((참조. 신 23:22-24). 우리가 잘 알듯이 칼빈은 이 계명을 과도하게 "확대 적용하여" 십계명의 도둑질의 범주에 가난한 자의 압제의 금지, 노예해방, 사회복지, 고리대금업의 금지, 뇌물의 금지(10:17, 16:19, 27:25), 도량형의 일치, 건물 등의 관리 태만의 금지 등의 규정을 포함시킨다.

금지를 통하여 사법적 정의를 보존하고 불의와 부당함을 제거할 수 있다는 점을 말해준다.

열 번째 말씀: 이웃에 대한 탐심을 금하라(5:21[출 20:17])

지금까지 논의한 1-9까지의 말씀들(금령)이 특정한 행위적인 것에 국한되었다면, 이 마지막 말씀은 이웃의 아내와 소유(집, 밭, 남녀종, 소와 나귀 등)[58]에 대한 "내면적인 문제"를 다룬다. 여기서 사용된 "네 이웃"이라는 표현은 19:14, 23:25, 26, 24:10-11에서도 사용되었다. 출애굽기의 10번째 말씀과 비교해 볼 때 여기서 사용된 "집(베이트 בית)"이라는 표현은 집의 구성원들인 "식솔(食率)"을 의미하는 것으로(창 7:1, 12:17, 18:19, 출 2:1, 민 16:32, 신 6:22, 삼상 27:3, 삼하 2:3) "재산"으로서의 건물이라는 물질적 차원에서만 이해될 수 있는 것이 아니다. 그러므로 출애굽기의 제 10계명이 아내를 재산으로 여기고 신명기의 제 10계명이 아내와 재산을 분리시킨다는 주장은 받아들일 수 없다.

이 말씀이 이 문맥만으로는 내면적인 문제(자신의 것이 아닌 것을 소유하려는 강한 욕구)만의 금지인지, 아니면 그 탐욕에 수반하는 행동(물리적 약탈행위)에 대한 포괄적인 금지인지에 대한 논의는 아직 명확한 결론이 내려지지 않고 있다. 사실 탐심은 그 자체와 관련된 특정한 행동을 자연스럽게 유발한다는 점에서(7:25, 수 6:18, 7:21, 미 2:2, 잠 6:25) 이 금지의 말씀을 동기나 동기에 따르는 결과적인 행동의 가능성 중에 하나만을 가리킨다고 단정할 필요는 없을 것이다. 게다가 10번째 말씀은 이웃의 이익을 고려치 않은 자기욕심 위주의 문제를 다루는 제6-9계명의 요약의 역할을 한다는 점도 잊지 말아야 한다. 결국 두 본문은 이웃을 "노예화하거나 생명을 빼앗는" 등의 행위의 금지를 의미한다.

58) 출 20:17에서는 "네 이웃의 집을 탐내지 말라. 네 이웃의 아내나 그의 남종이나 그의 여종이나 그의 소나 그의 나귀나 네 이웃의 모든 소유를 탐내지 말라"고 말한다. Rofé(1990:51-52)는 이와 같이 "탐내다"라는 말이 사마리아오경, 4QDeut 등에서 두 차례 모두 같은 동사를 사용한다는 점에서 비록 신명기가 "탐내다"라는 의미에 대하여 두 개의 다른 동사들을 사용하고 있더라도 그 두 가지가 동의적으로 사용된다고 주장한다.

신약에서 예수께서도 십계명을 두 가지로 잘 요약하셨듯이, 구약의 십계명은 신앙공동체로 하여금 하나님에 대한 사랑과 이웃에 대한 신앙공동체 구성원들에 대한 책임을 상기시켜 주는 역할을 수행한다고 볼 수 있다(Craigie 1976:150).

열 가지 말씀들에 대한 설명의 종결(5:22)

이 종결사는 5:4-5(4장을 포함)뿐만 아니라, 23절로부터 시작되는 다음 단락과의 연결고리의 역할을 수행한다. 이전에는 계시자 야웨의 형상제작과 관련된 우상숭배 문제가 심각하게 다루어졌지만, 이제는 야웨의 계시 말씀 즉 십계명 자체를 다루게 된다. 모세는 야웨께서 호렙 산에서 불과 구름과 짙은 어둠 가운데서 큰 음성으로 말씀하셨다고 전한다. 모세는 십계명의 신적 기원과 완전성을 "…에게 말씀하신 후에, 그가 더하지 않았다"라는 표현으로 지적한다. 모세가 야웨께 야웨의 영광을 보여주시길 간청하였고 그대로 되었을 때, 이스라엘 지파들의 두령들과 장로들은 모세의 중재직을 요청하였다.

모세, 야웨와 이스라엘의 유일한 중재자(5:23-31)

이 단락은 모세가 야웨와 이스라엘 사이의 유일한 중재자가 된 이유를 설명한다. 즉 모세는 이스라엘 백성의 요구(5:23-27)와 야웨의 승인(5:28-31)을 통해서 유일무이한 중재자직을 받았다. 모세의 독특한 중재자직은 3장에 나타난 모세의 자신을 위한 중재자직의 실패와 대조된다. 이스라엘 백성들은 하나님의 목소리를 듣고 죽을까 두려워하였기에 모세가 야웨의 말씀을 대신 전해주길 원했으며 그러한 일을 야웨께서 승인하신다.

열 가지 말씀들에 대한 백성들의 반응(5:23-27, 비교. 출 20:18-21)

모세는 시내 산에서 야웨께서 주신 첫 "십계명의 돌판들"을 받은 후에 각지파의 두령들과 장로들이 한 말들을 인용한다(24-27절). 특히 24절의 장로들의 말("살아계신 하나님의 목소리를 우리는 불 가운데서 들었다")은 22절의 모세의 말과 대조된다("야웨께서 이 모든 말씀들을 산 위 불 가운데, 구름 가운데, 흑암 가운데서 큰 목소리로 너희 총회에 말씀하신 후에"). 이와 같이 이 단락에서는 신현 가운데 말씀하신 야웨에 대한 이스라엘의 두려움이 반복되어 언급되고 있다. 이번처럼 백성들이 과거에 종종 대표자들을 파송하여 모세에게 하나님과의 중재를 요청하기도 했고 때로는 모세가 주도적으로 하나님과의 중재의 역할을 수행하기도 했다. 여기에서 4장의 경우처럼 불 가운데 임하시는 야웨의 신현이 강조되었다. 이와 같은 하나님의 현존 앞에서 이들이 비록 당시에 살기는 하였지만, 백성이 이후에 죽을까 염려하여 모세가 자신들을 위하여 야웨의 말씀을 대신 듣고 그들에게 전해주기를 요청하였고 모세가 자신들에게 전해준 야웨의 말씀을 순종하기로 약속하였다. 결국 그들은 이 모든 제재조항들과 아울러 그 언약을 받아들인다(27절, 출 20:19, 24:3). 이제부터 모세는 언약의 중재자 역할을 수행하게 된다.

야웨의 승인(5:28-31)

야웨 하나님은 이스라엘 백성들의 염려와 두려움 섞인 요청에 대한 반응으로 백성의 유한함을 인정하시고 모세를 통하여 말씀하실 것을 약속하신다. 야웨의 말씀은 모세에게 이스라엘 백성들이 그 모든 명령들과 규례들과 법도들을 지켜야할 필요성과 유익을 말씀하시는 부분(28b-31절)에서 한번 더 인용된다. 이제 이스라엘 백성들은 돌려보낸 채 모세는 여전히 야웨 앞에 남아서 "모든 명령들과 규례들과 법도들"을 받을 준비를 하게 된다(31절). 여기서 강조되는 것은 백성뿐만 아니라, 백성들이 만들고 섬길 수 있는 형상들(우상들)과 대조되는 야웨의 탁월성이다. 지금까지 언급되던 호렙 산에서의 신적 계시에 대한 언급은 9:8-10:11에서 다시 이어진다.

모세의 교훈적 결론(5:32-33)

모세는 야웨의 말씀을 언급한 후에 "그러므로 너희 하나님 야웨께서 너희에게 명령하신 것처럼 너희는 준수하고 행하라. 너희는 그것으로부터 좌로나 우로나 치우치지 말라. 너희는 너희 하나님 야웨께서 너희에게 명하신 모든 길들로 걸으라. 그리하면 너희는 살 것이며 너희가 복을 받을 것이며 너희가 소유할 그 땅에서 너희의 날이 길 것"이라는 이 단락의 결론적인 교훈을 제시한다(32-33절).

모세의 순종과 불순종에 대한 강론들(6:1–11:25)

구조

이제 우리가 살펴보게 될 여러 개의 모세의 긴 강론들(6:1-11:25)은 앞서 언급된 야웨의 십계명 가운데 1, 2계명, 야웨의 규례들과 법도들,[59] 그리고 (아직은 아니지만) 장차 얻게 될 약속의 땅과 관련된 모세의 훈계적 설교의 확장판이다. 올슨(1994:50)은 6:1-11:32을 시작과 끝부분에 등장하는 대위명령(大衛誡命)을 사이에 두고 하나님을 섬길 것과 자신을 섬기지 말 것이라는 내용상 대조로 보고 다음과 같이 구분하였다.

대위계명	사랑과 섬김과 명령의 준행(6:1-9)
이스라엘의 존재의 탁월성	야웨를 잊지 말고 경외하며 섬기라(6:10-25)
치명적인 세가지 우상들	군사주의, 물질주의, 그리고 윤리주의(7-10장)
대위계명	사랑과 섬김과 명령의 준행(11:1-25)

59) 여기에서 모세가 이스라엘에게 준수하도록 명령하는 법도들은 (당연히 십계명을 포함하겠지만) 신 12-26장에서 언급되는 규례들과 법도들을 미리 언급하는 것으로 보아야 한다.

또한 이 단락의 통일성은 6-9장과 10-11장 사이의 주제적인 상응성에 의해서 지지될 수 있다(Miller 1990:124).

주제	6-9장	10-11장
야웨에 대한 헌신요구	6:4-5, 13, 7:9	10:12-13, 20, 11:8, 13
사랑에 의한 선택	7:1-11	10:14-15
광야에서의 연단과 섭리	8:1-6, 15-16	11:1-7
다음세대에 대한 교육의 중요성	6:4-9, 20-25	11:1-7, 18-21
광야에서의 반역	9:1-10:11	11:6
비옥하고 기름진 땅의 하사(下賜)	6:10-11, 8:7-10, 12-13	11:8-17
다른 신들을 부인함	6:14-15, 7:4-5, 16, 25-26, 8:19	11:11, 28b
야웨의 강한 능력 아래에서 모든 대적을 제압하는 이스라엘의 능력	7:17-26	11:24-25

대위명령과 이스라엘의 존재의 탁월성으로 구성된 6장은 다음과 같이 세 부분으로도 나눌 수 있다.

6장	내용	장르
1-9(현재)	"자녀가 기억하게 하라"	호소
10-19(가까운 미래[10-15], 가까운 과거[16-19])	"잊지 말라"	경고
20-25(먼 과거)	"자녀가 기억하게 하라"	호소

대위명령: 하나님의 명령을 지키며 하나님을 사랑하라(6:1-9)

이 단락에서(1-3, 4-9절) 모세는 이스라엘 백성(현 세대와 그들의 후손들)이 야웨께서 주신 땅에서 명령들과 규례들과 법도들을 지켜야 할 목적을 각각 언급한다. 그것은 "너와 네 아들과 네 손자가 평생 네 하나님 야웨를 경외하며 내가 너희에게 명령한 그 모든 규례들과 명령들을 지키게 하기 위한 것이며 또한 네 날이 길게 하려는 것이다." 그 후에 "들으라, 이스라엘아!"라는 유사한 명령구가 등장한다(3, 4절. 비교. 5:1).[60] 1-2절과는 대조적으로 3, 4절에서는 야웨의 명령을 지킨 결과(혹은 조건)에 대한 부연설명이 나타난다.

① 3절의 첫 번째의 "들으라"는 명령은 신명기의 다른 곳들[61]에서와 마찬가지로 약속의 땅 이스라엘에서 번성할 수 있는 조건으로 묘사되며, 이와 함께 선조들과 맺은 언약과 호렙 산에서 맺은 언약을 종합하는 기능을 수행한다(6:3, 10-15, 23-24, 7:6-11, 12-13, 8:1, 10:11-13, 15-17, 11:8-9, 20-21, 12:1, 13:17-18, 26:14-15). 야웨의 말씀에 대한 순종은 조상들에 대한 약속의 (완전한) 성취의 조건이 된다. 그러나 결국 이스라엘의 지속적인 불순종에도 불구하고 하나님은 조상에 대한 약속을 지키실 것이다. 이와 같이 이스라엘의 불순종과 야웨의 신실함은 대조된다.

② 두 번째의 "들으라"는 명령에 따르면, 하나님은 한분이시며, 이스라엘이 하나님의 명령을 지키는 것은 하나님을 전인격적으로 그리고 전심으로 사랑하는 것이다(6:1-9). 이 부분의 중요성은 신약시대에 예수께서도 인정하신 바였다(마 22:34-40, 막 12:28-31, 눅 10:25-28). 이것은 일종의 제일 계명의 설교적 확장이라고 볼 수 있다. 4-5절은 가장 유명하며 신명기의 핵심적인 구절로서, 연설양식(들으라, 이스라엘아!), 신앙고백, 그리고 유일신론적 명령(""네 하나님 야웨를 온 마음과 온 정신과 온 힘으로 사랑하라")으로 구성되어 있다. 우선 신명기에서 사용된 "사랑"은 감정적인 측면에서보다는 언약적인 측면을 말한다. 그러기에 절대적인 충성과 일관된 헌신의 개념을 내포한다는 점을 잊지 말아야 한다.

이 구절(아도나이 엘로헤누 아도나이 에하드 יהוה אלהינו יהוה אחד)은 크게 네 가지로

60) Christensen(2001:137)은 "들으라"는 표현들과 관련해서 이스라엘이 청종한 결과(7:12)와 청종하지 않은 결과(8:20)에 대한 언급을 내피(內皮)로, 청종에 대한 요구들(6:3, 4, 9:1)을 외피(外皮)로 형성된 교차대구적 구조를 6-9장에서 발견한다.

61) 6:12-15, 7:8-10, 16b, 19b, 8:11, 15, 19, 9:1, 10:12-13, 11:1, 13, 16, 18-22, 28b, 13:2-5, 6, 10, 13, 18:9, 26:16-17, 29:26, 30:2b, 6, 8, 10, 16-17.

해석될 가능성이 제시되었다. 즉 야웨는 우리 하나님, 야웨는 한 분(Yahweh is our God, Yahweh is one), 야웨는 우리 하나님, 야웨만(Yahweh is our God, Yahweh alone), 우리 하나님 야웨는 한 야웨(Yahweh our God is one Yahweh), 그리고 우리 하나님 야웨, 야웨는 한분(Yahweh our God, Yahweh is one).[62] 이와 같은 모호성에도 불구하고, 특별히 "야웨는 한분"이라는 독법은 야웨의 일치, 단일성, 그리고 포괄성을 강조하는 측면에서 이해될 수 있으며 "야웨뿐"이라는 독법은 야웨에 대한 유일신론적 예배에 대한 모세의 관심을 더 강조하는 것으로 이해할 수 있다. 그러므로 4장에서 시내 산에 나타난 야웨의 불가시성이 이스라엘에게 우상숭배 제작의 불가능을 역설하는 근거가 되었듯이, 이와 같은 야웨 하나님의 단일성은 이스라엘의 전적인 헌신 명령의 근거가 된다.

또한 6:4-5(하나님에 대한 사랑)과 5:6-10(우상숭배의 금지)은 동일한 대상(하나님)에 대한 긍정적 명령과 부정적 명령이 제시된다는 점에서 서로 대조된다. 이와 연관해서 4, 5, 6장에 언급되는 유일신론적 명령은 가운데 언급된 십계명(5장)을 사이에 두고 4장(부정적인 명령[우상의 금지])과 6장(긍정적인 명령[사랑의 명령])이 서로 상응한다. 결과적으로 이 단락에서 모세는 어떻게 이스라엘이 하나님을 사랑해야 할 것인가를 말해준다. 그것은 마음(의지)과 전달의 문제이다. 사실 이와 유사하게, "마음을 다하여 야웨를 사랑하라"는 모세의 요구는 신명기 전체에 흩어져 있다(즉 6:5, 10:12, 11:13, 13:3, 30:6).

첫째로 모세는 개인 각자가 지속적으로 전심전력으로 하나님의 명령들과 규례들을 지킬 것을 명령한다. 이와 같이 "네 마음과 네 정신과 네 힘을 다하여"라는 표현은 "하나님에 대한 신뢰와 순종에 대한 지고지순(至高至純)한 의

62) 이에 대한 다음과 같은 학자들의 견해를 살펴보라. 즉 Christensen(2번째 입장), Driver(3번째 입장), Gordon(Our God is Yahweh, Yahweh the One), Keerankeri (3,4번을 지지한다), McBride(Our God is Yahweh, Yahweh alone), McDonald(기본적인 면에서 필자와 동일한 해석을 하지만, 그는 절대적 의미로서의 유일신론적 입장이 아니라, 예배의 대상으로서 여러 신들 가운데서 야웨만을 독점적으로 선택하여 전심으로 섬기는 일신숭배[monolatry]적 입장을 취하는 것 같다), Nelson(2번째 입장), Tigay(2번째 입장), von Rad(Yahweh is our God, Yahweh alone 혹은 Yahweh, our God, is one Yahweh"), Weinfeld(3번째 입장) 등.

도로 한 개인이 자신을 총체적으로 헌신하는 것"을 의미한다(Kalland 1992:64). 마찬가지로 이스라엘은 모세가 명령하는 이 말씀들을 그들의 마음속에 있게 해야 한다(비교. 신자의 마음속에 있는, 그리고 그 속에 기록된 야웨의 토라[렘 31:31-33]). 야웨를 사랑하라는 모세의 명령들은 모세를 통하여 "오늘" 이스라엘에게 들려진다. 물론 이러한 요구는 야웨에 의한 이스라엘의 마음의 영적 할례를 통하여 완성될 것이다(30:6). 둘째로 모세는 "야웨를 사랑하라"는 명령의 내면화-개인화-총체화가 "오늘"의 문제로만 그칠 것이 아니라, 그들의 자녀들에게로 대대로 그 명령들을 전달해야 할 필요가 있다는 점을 상기시킨다(비교. 4:9). 즉 그 말씀은 개인의 생활의 모든 국면들 속에서, 그리고 개인적으로 항상 접근이 가능한 장소(손과 이마[문자적으로는 "미간[眉間]에"]에 말씀을 묶어두는 일)[63]과 한 집안이 항상 접근이 가능한 장소(문지방), 그리고 공동체와 사회가 항상 접근이 가능한 장소(성문들, 혹은 집의 대문[64])에서 자녀를 위하여 기억되고 묵상되며 논의되어야 한다는 점을 상기시켜 준다. 물론 6:6-9의 이스라엘 존재의 탁월성과 관련된 표현은 11:18-20에도 반복된다.

이스라엘의 존재의 탁월성: 야웨를 잊지 말고 경외하며 섬기라 (6:10-25)

본 단락은 모세가 출애굽 사건과 먼 미래(10-15절), 광야에서 생긴 사건들과 가까운 미래(16-19절), 출애굽 사건, 현재, 그리고 먼 미래(20-25절)라는 시제(時制)의 대조를 통하여 이스라엘의 존재의 탁월성을 부각시키면서 야웨를 잊지

63) 물론 이 말은 원래 상징적인 의미를 내포하며 후대의 유대인들처럼 실제로 손목과 미간에 말씀을 묶어두라는 문자적인 명령이 아니다.

64) Kalland(1992:66)의 견해처럼 쉐아림(שְׁעָרִים)이 성문이 아닌 개인집의 대문을 의미한다면, 문지방과 쉐아림은 동의어적 병렬을 의미할 수 있다. 그러나 그것을 문맥상 개념의 확대로 본다면, 성문이 더 합당한 해석일 수 있다.

말고 그를 경외하며 섬길 것을 교훈한다.

출애굽 사건과 먼 미래(6:10-15)

야웨께서 족장들에게 주신다고 맹세하셨던 땅과 관련된 문제에서 이스라엘은 그 약속의 수동적인 수혜자(受惠者)일뿐만 아니라 의지적이고 적극적인 성취자(成就者)이기도 했다. 약속의 땅은 이스라엘의 순종의 전제이자 보상이기도 했다. 이것은 모순이 아니라, 건전한 신학적 긴장관계일뿐이다. 즉 17-18절은 "약속의 땅으로의 인도"가 복종의 결과라고 말하지만, 10-15절의 경우에 복종은 "약속의 땅에 들어간 후 땅에 내려진 지속적인 복의 향유(享有)"의 전제가 된다. 모세는 이스라엘이 곧 취하게 될 땅이 이미 오래전에 이스라엘의 조상들에게 약속된 땅이었다는 점과 이스라엘이 가까운 미래에 약속의 땅에서 누릴 것들에 대한 묘사를 통하여 약속의 땅에서 얻는 축복이 현재의 이스라엘의 공로나 노력에 의한 것이 아니라는 점을 강조한다(즉, "크고 좋은 도시들", "모든 좋은 것으로 가득 찬 집들", "깎아서 만든 지하수조[地下水槽, cistern]", "포도원과 올리브 나무들").

이와 같이 축복의 땅 낙원에 대한 언급은 가나안 땅으로 들어간 후에 임할 야웨의 늦은 비와 이른 비, 그리고 지속적인 관심에 대한 언급과 대비된다(7:12ff., 11:14-15). 물론 이러한 표현은 하나님의 명령에 따라 야웨의 "정복" 전쟁에 참여한 이스라엘의 순종과 수고의 결과라는 점을 간과한 것은 아니다. 그러나 이 문맥은 이스라엘의 약속의 땅에서의 향유가 이전의 가나안 거주민들의 수고와 노력의 결과로 이루어낸 문명들과 산물들일뿐만 아니라, 야웨의 임재로 인한 이스라엘의 전승(戰勝)의 결과였다는 것도 강조한다. 그러므로 가나안 거주민들에 대한 "진멸"의 명령과 그들의 문명과 소산에 대한 향유의 특권은 서로 모순되지 않는다. 그러나 약속의 땅에서의 "편안함"은 오히려 이스라엘이 "이집트의 집, 즉 노예의 집에서 구출해 내주신" 야웨를 잊는 불상사를 초래할 수 있는 것이다. 그러므로 이스라엘에게 하나님을 섬겨야 하는 긍정적인 면과 이웃나라들의 신들을 섬기지 말아야 하는 부정적인 면이 있다. 긍정적으로는, 모세가 이집트, "노예됨의 집"(베트 아바딤 בית עבדים) 으로부터 탈출한 이스라엘은 야웨를 섬겨야 한다고 교훈한다.[65] 그들은 하나님을 두려워 할 것이며(4:10, 5:29, 6:2) 그분만을 섬길 것을 하나님의 이름으로 맹세해야 했다. 부정적으로는, 모세가 이스라엘에게 이웃국가들이 섬기는 다른 신들[66]을 따르지 말 것을 요청한다. 그것은 야웨의 진노를 초래할 것이며 그 땅에서 이스라엘을 멸망시키실 것이다. 야웨 하나님은 질투의 신이기 때문이다(제 1, 2계명을 상기시킨다[비교. 4:14, 5:7-9]).

광야에서 발생한 사건들과 가까운 미래(6:16-19)

이제 모세는 과거에 광야에서 이스라엘이 야웨의 명령을 불순종하고 야웨를 시험하여 야웨의 진노를 초래했던 사건들 중에서 맛사와 므리바 사건을 예로 든다.

지명	맛사	맛사와 므리바	므리바
의도	야웨의 시험을 강조하기 위해서(6:16)	시적 동의어?(Propp 1984:53)	"므리바"라는 이름과 함께 모세와 아론의 반역을 강조하기 위해서
구절	6:16, 9:22, 33:8(비교. 시 95:8)	33:8(비교. 출 17:7, 시 95:4)	32:51, 33:8(비교. 민 20:24, 27:14, 겔 47:19, 48:28, 시 81:8, 95:8, 106:32)

신명기의 맛사와 므리바 사건에 대한 언급은 야웨의 시험에 대한 강조와 모세와 아론의 반역에 대한 강조로 나눠볼 수 있다. 맛사 혹은 므리바 사건의

65) 12-13절에서의 "노예됨"(아바딤 עבדים)과 "섬기는 것"(타아보드 תעבד)은 같은 동사 עבד에서 파생된 것이다.

66) 이 말은 "우상숭배를 암시하거나 일반적인 측면에서 이방예배를 함축"하는 것으로 이해할 수 있다(Keerankeri 2003:29).

특징은 이스라엘이 모세와 다투면서 "야웨께서 우리 가운데 계시지 않는가?"라는 의심을 하였다는 것이다. 모세에 따르면, 이스라엘은 하나님을 시험하기보다는 야웨의 계명(명령과 규례)에 충성해야 한다. 이스라엘이 야웨의 눈 앞에서 정직하고 선한 일을 행하면, 야웨로부터 복을 받을 것이며 약속의 땅에 들어갈 수 있다. 더 나아가서 모세는 이러한 순종의 삶을 약속의 땅에 들어가서도 지속해야 한다고 교훈한다.

출애굽사건, 현재, 그리고 먼 미래(6:20-25)

위에서 언급한 대로 일상적인 삶에서 자녀에 대한 하나님의 말씀의 교육의 요구(7절)와 상응하여 여기에서 이스라엘이 가나안 땅에 정착한 이후에 미래에 있을지도 모르는, 야웨의 증거, 말씀, 규례, 법도의 의미를 묻는 자녀의 질문에 구속사적인 측면에서 잘 설명할 필요가 있다는 점이 언급된다(20-5절, 비교. 4:9). 6:10-19와는 달리 본 단락의 분위기는 긍정적이다(비교. "우리가 영원히 복을 받게 하시며, 오늘처럼 우리를 생존하게 하시려고"[24절]). 아들의 짧은 질문(20절)과 아버지의 긴 대답(21-25절)이라는 가상적인 문답을 통하여 모세는 야웨께서 "권능의 손으로… 우리의 목전에서 크고 두려운 이적과 기사를 바로와 그의 온 집에 베푸사" 이스라엘을 노예의 땅 이집트에서 출애굽 시키신 목적이 이스라엘의 조상들에 대한 약속의 성취였다는 점을 밝혀준다. 이것은 가상적인 자녀의 질문이 제기하듯이 지속적으로 오고 오는 세대들이 그러한 요소들에 대한 지식을 보존해야 할 필요성을 강조하기 위함이다. 이전에 야웨(의 말씀)께 주의하고 두려워하고 섬겨야 한다고 주장했듯이, 결론적으로 모세는 야웨의 계명을 지키는 것이 "우리를 위한 의가 될 것이다"라고 말한다(25절). 이러한 표현은 "우리의 의"가 이스라엘의 존재론적인 의로움을 의미하거나 우리가 야웨의 계명을 온전히 지킬 수 있다는 것은 아니다. 오히려 그것이 영적인 실체뿐만 아니라, 하나님의 백성의 삶 속에서 발견되는 "언약의 하나님과의 참되고 인격적인 관계성"을 의미한다(Craigie 1976:175). 이 표현은 24:12-13과도 연관된다.

이스라엘의 세 가지 치명적인 우상들(7:1–10:11)

이전 장들이 이스라엘이 약속의 땅을 차지하고 오래 사는 조건인 야웨의 말씀에 대한 순종을 개괄적으로 언급하였다면, 이제는 구체적으로 야웨의 말씀의 순종이 미래(7장)에서나 과거에서 그리고 현재에서 그리고 다시 미래에서 의미하는 바가 무엇인가를 모세가 이스라엘에게 설명해준다.

구조

7:1-10:11은 "군사주의와 군사적 권력에 대한 숭배(7:1-26)", "물질주의와 부에 대한 숭배(8:1-20)", "윤리주의와 자기의(自己義)에 대한 숭배(9:1-10:11)"로 삼분될 수 있다. 이와 같이 이스라엘이 약속의 땅에 들어갈 때에 임할 수 있는 삼박자적인 위험은 구약의 다른 부분들에서도 등장한다(사 47:5-7, 8-9, 10-11, 전 2:1, 3:17, 18, 시 10:3-4, 5-6, 10-13). 이와 같이 이스라엘에게 있을지도 모르는 치명적인 세 가지 우상들에 대한 구분은 세부적으로 다음과 같은 "마음속에서 행해지는 수사학적 질문"의 반복들을 통하여 지지될 수 있다.

군사주의(7:17)	물질주의(8:17)	윤리주의(9:4)
네가 마음속으로 "이 민족들이 나보다 많으니 내가 어찌 그들을 쫓아낼 수 있을까?"라고 말한다면…	너는 마음속으로 "내 능력과 내 손의 힘으로 내가 이 재물을 얻었다"고 말하지 말라.	너는 마음속으로 "내 의가 야웨로 하여금 나를 이 땅으로 인도하여 들여서 차지하게 하였다"고 말하지 말라.

또 다른 측면으로 폰라트(1953:53)의 주장처럼 다음과 같이 이 단락(특별히 7:1-15과 11장 전체)은 구조상 유사하다.

7:1-15	11:1-21	11:22-28
교훈(1-11절)	교훈(1-12절)	교훈(22-25절)
축복의 약속(12-15절)	축복과 저주(13-21절)	축복과 저주(26-28절)

군사주의와 군사적 권력에 대한 숭배의 위험(7:1-26)

신명기에 자주 언급되는 주제들이지만, 약속의 땅 소유에 대한 약속과 성취의 수단에 대한 언급에서 7장은 출애굽기 23:20-33과 34:11-16과 병행하며 이전의 단락들과의 상관성을 갖는다. 지금까지 약속의 땅의 소유와 관련된 이스라엘의 영적인 측면이 강조되었다고 한다면, 이제 인간들이 물리적으로 수행해야 할 수단들(전쟁성책, 비교. 20:1-20)에 대한 설교가 시작된다. 다른 말로 하면, 모세는 이스라엘이 약속의 땅에서 오래 사는 방법들을 교훈한다. 즉 이것은 7장에서 반복적으로 등장하는 "멸망"과 관련된 용어들(즉 아칼, 샤마드, 헤렘 חרם, שמד, אכל)이 사용된 야웨의 전쟁 개념을 근거로 이스라엘이 약속의 땅에서 "진멸할 것이냐, 진멸당할 것이냐, 그것이 문제로다" 로도 표현할 수 있다.

구조

이 단락은 다음과 같은 병행구조를 취한다.

A 가나안과의 전쟁에 임하는 이스라엘의 태도: 진멸, 타협의 금지, 우상타파(7:1-5)

B 이스라엘의 선택의 조건: 이스라엘에 대한 하나님의 사랑과 은혜(7:6-11)

B′ 이스라엘의 번영의 조건: 순종에 따른 하나님의 헷세드와 번영(7:12-16)

A′ 가나안과의 전쟁에 임하는 이스라엘의 태도(7:17-26)

A 가나안 족속에 대한 태도들(7:1-5)

야웨의 능력은 가나안 지역의 국가들의 능력과 대조된다. 야웨께서 그들을 몰아내실 것이며 이스라엘은 새로운 땅을 정복할 것이다. 이스라엘에게 주어진 "진멸"의 명령은 다음과 같다. 즉 이스라엘은 가나안 땅에 이미 정착해 있었던, 그들보다 수적으로 더 우세하고 강력한 7개의 도시국가들(헷 족속[아나톨리아 지방에서의 헤브론 지역(?)으로의 이주민], 기르가스 족속[북부 가나안지역에 거주], 아모리 족속[유다 산지지역], 가나안 족속[지중해 근처], 브리스 족속[가나안의 중앙산지지역], 히위 족속[레바논 산맥 근처의 북부 가나안지역 혹은 유다와 시므온의 영토지역에 거하던 족속(삿 1:4-5)이거나 팔레스타인지역의 중심부(수 17:15)], 여부스 족속[예루살렘 지역])과의 정치적, 혈연적 측면에서의 타협(즉 조약)을 거부해야 하며 이들과 전쟁할 때 자비를 보이지 말고 완전히 제거(멸절)하여야 한다(비교. 출 23:23, 34:11). 이 부분은 이전에 이스라엘이 행한 시혼과 옥의 진멸에 나타난 헤렘 원칙의 부연설명이라고 볼 수 있다. 가나안 족속들에 대한 헤렘의 이유는 이들과 여하한, 법적인 효력을 갖는 조약체결과 같은 타협이 이스라엘에게 치명적인 위협이 될 것이기 때문이다. 여기서의 결혼은 일반적인 개인 대 개인의 결혼 금지라기보다는, 아마도 종족간 결혼을 통한 국제 조약체결의 금지를 말하는 것 같다(물론 예외적으로 전쟁 포로[여성]와의 결혼이 허용된 경우가 있다[21:10-14]). 마찬가지로 이스라엘은 그들의 종교적 물건들(그들의 제단들, 기둥들, 아세라들과 조상[彫像]들)도 쳐서 깨고 산산조각을 내고 잘라 불태움으로써 그것들을 완전히 제거해야 했다. 이러한 종교적인 관습의 총체적인 제거(즉 신봉자들과 종교적 기물들)에 대한 논의는 이후에도 지속적으로 모세를 통하여 경고된다.

B 이스라엘의 선택의 조건(7:6-11)

여기서 모세는 하나님에 의한 이스라엘 선택의 의미를 설명한다. 하나님의 성민 이스라엘 선택은 이전에 족장들과의 맹세와 더불어(8절) 하나님과의 배타적인 관계성과 하나님 자신의 주도권에 의한 것이지(이스라엘에 대한 하나님의 사랑의 결과), 이스라엘 자체의 탁월성(수적인 우세)에 의한 것이 아니다. 이 단락의 "야웨의 선택시의 이스라엘의 적은 수자"는 다음 단락의 "이스라엘이 대적들의 많은 수를 보고 두려워할 필요가 없다"는 언급과 대조된다.

성민이며 "보물 같은 존재의 백성"으로서의 이스라엘이라는 개념은 "온 세상이 다 내게 속하였지만, 너희가 내 말을 잘 듣고 내 언약을 지키면, 너희는 열국 중에서 나의 보물과 같은 존재가 될 것이며 너희는 내게 제사장의 왕국, 즉 거룩한 백성이 될 것이다"라는 출애굽기 19:5-6을 상기시킨다. 이 표현은 14:1-2과 26:16-19에서도 반복된다(비교. 신 4:20). 여기서 중요한 것은 모세가 이스라엘 선택의 자격들이 전적으로 하나님의 은총의 결과라는 점을 지적한다는 것이다(7절). 말씀에 순종하는 길이 약속의 땅을 얻는 방법인데, 하나님이 선택하신 기준이 이스라엘의 수효에 있었던 것이 아니라, 하나님의 사랑에 근거한 것이기 때문이다. 그러므로 이러한 백성은 하나님이 자신들을 선택하여 부르시고 사랑하셨다는 점을 잊지 말아야 하며, 그들이 차지 할 땅은 그들의 조상들에게 약속한 땅으로서 맹세로 말미암은 것임을 알아야 한다.

십계명의 두 번째 계명의 부속조항, 즉 "나를 미워하는 자의 죄를 갚으리니, 아비로부터 아들에게로 삼사대까지 이르게 할 것이나, 나를 사랑하고 내 계명을 지키는 자에게는 천대까지 헷세드를 베풀 것이다"[5:9-10]의 언급과 같이 야웨와의 언약관계 속에 있는 이스라엘 백성은 야웨만이 하나님이시며 신실한 하나님이신 것을 인정해야 한다. 이제 규례준수와 관련된 반복적인 표현으로 "그러므로 너는 오늘 내가 네게 명하는 명령과 규례와 법도를 지켜 행하라"가 한번 더 등장한다(11절).

B′ 이스라엘의 번영의 조건(7:12-16)

앞에서 이야기하였듯이, 모세는 이스라엘이 약속의 땅에서 야웨의 법도를 지킨다면 하나님이 이스라엘에게 헷세드를 베푸실 것이라고 말한다. 이 헷세드는 약속의 땅에 임할 복과 번영이 될 것이다. 인간과 가축과 식물들(즉 곡식, 새 포도주와 올리브기름)이 번성할 것이며 불임과 질병이 없을 것이며, 특히 이집트에서 임했던 모든 악한 재앙들이 없을 것이며 이스라엘의 원수들에게만 임하게 하실 것이다(비교. 28:1-14). 또한 이스라엘 사람들이 가나안 사람들에게 취해야 할 태도, 즉 그들에 대한 냉정한 진멸과 우상의 거부에 대한 말씀이 7:2에 이어서 다시 나온다(16절).

A′ 가나안 족속에 대한 이스라엘 사람들의 태도들(7:17-26)

야웨의 이스라엘의 선택기준과 이스라엘이 가나안 족속들과의 전쟁의 태도는 동일하다. 크기는 문제가 아니다(Size does not matter)! 이스라엘을 이집트에서 구원하신 분이 야웨 하나님이시듯이 가나안 족속들을 멸하실 분도 동일한 분이시다. 이스라엘의 무력(武力)과는 상관없이 하나님은 미리 말벌 혹은 질병의 공포를 보내 그들을 패배케 할 것이다(20절). 이것은 이집트에 임했던 모든 악한 재앙들(혹은 질병들)과 대조된다. 이러한 승리의 전쟁은 야웨의 전쟁인 동시에 이스라엘의 전쟁이므로 그들은 야웨와 이스라엘의 진멸의 대상이다. 이것은 하나님이 이집트를 징벌하셨듯이 가나안 족속들에게도 동일하게 행하실 것이라는 점을 의미한다. 그 모든 것이 가능한 것은 야웨께서 이스라엘과 함께 계시기 때문이다.

A에서는 이스라엘의 측면에서 "즉각적인" 무차별적인 진멸과 그들과의 조약의 금지가 중요한 요소였지만, A′에서는 야웨의 "시험과 이적과 기사와 강한 손과 편 팔"로 민족들을 "천천히" 몰아내실 것이 중요한 요소다. 그 이유는 약속의 땅이 이스라엘에게 위협이 될 수 있는 들짐승들의 땅이 되지 않게 하기 위함이다(22절). 하나님께서 "그들이 멸망할 때까지 큰 혼동으로 그들을 혼동케 하실 것이다"(23절). 결국 이스라엘은 가나안 족속들의 왕들을 전멸시킬 것이며 마찬가지로 가나안 땅의 조상(彫像)들을 제거할 것이다. 위에서도 언급하였듯이, 이스라엘이 멸망하지 않으려거든 우상들을 진멸하여야 한다(25-26절). 이러한 군사적인 일과 종교적인 일의 병치는 앞에서 이방족속들

을 진멸하는 것과 종교적 상징물들을 철저히 제거하라는 명령과 연관된다.

심지어 이스라엘은 유혹거리가 될 수 있는 신상들의 재료인 금은(金銀)도 회피해야 했다. 모세는 이것들을 소유로 삼거나 집에 들이지 말라고 명령한다. 이는 하나님이 그것들을 가증히 여기시며 지극히 꺼리시는 것이며 매우 미워하는 대상이기 때문에, 진멸당하지 않으려거든 진멸해야 한다고 교훈한다. 이와 같이 7:17-26의 미래의 가나안 종족들의 진멸의 정당성은 8:11-20의 미래 이스라엘의 (불순종으로 인한) 멸망의 정당성과 상응한다.

물질주의와 부에 대한 숭배의 위험(8:1-20)

이제 모세의 관점은 미래에서 현재("오늘")로 돌아온다. 모세는 다시 과거의 사건들을 현재와 미래를 위한 교훈거리로 삼아 지속적인 설교를 수행한다. 모세는 이스라엘에게 "오늘" 명령하는 모든 명령을 지켜 행한다면 이스라엘은 하나님이 오래전에 그들의 조상들에게 약속하셨던 땅에 들어가 얻게 될 것이라고 말한다. 이 단락과 다음 단락이 잘 예증하듯이 이스라엘의 과거에 대한 기억은 이스라엘의 미래의 망각과 배교의 위험성을 제거할 수 있는 "좋은 약"이 될 수 있다.

구조

이 단락은 크게 세 부분으로 나뉜다. 즉 "살기 위하여 명령들을 준수하라"는 서론(1절), 본론의 첫째단락(2-10절)은 "기억하라"는 명령(2절)으로 시작하며 과거의 광야에서의 여행(2-5절), 기억의 결과(6절), 미래의 약속의 땅(7-9절)으로 구성되어 있고, 본론의 두번째 단락(11-17절)은 "잊지 말라"는 부정적인 요청(11절)으로 시작하며 미래의 약속의 땅(11-13절), 망각의 결과(14절), 과거의 광야에서의 여행(15-16절), 그리고 망각의 결과(17절)로 구성되어 있다. 여기에서 "망각의 위협/기억의 급박성"과 "광야/약속의 땅"이라는 주제어들이 대조된다.

즉 이 단락에 하나님의 은총과 이스라엘의 복종 vs 하나님의 심판과 이스라엘의 불순종이라는 다음과 같은 상응점들이 존재한다.

첫 번째 긍정적인 요청	두 번째 부정적인 요청
내가 오늘 너희에게 명하는 이 모든 명령을 너희는 지켜 행하라(1절)	내가 오늘 네게 명하는 그의 명령들과 법도들과 규례들을 지키지 않아 네 하나님 야웨를 잊지 않도록 주의하라(11절)
너를 겸손하게 하사 굶주리게 하신 후에, 너도 네 선조들도 알지 못하던 만나를 네게 먹이신 것은 사람이 떡만으로 사는 것이 아니라, 야웨의 입에서 나오는 모든 말씀으로 산다는 것을 너로 알게 하려함이다(3절).	너를 겸손하게 하시며 너를 시험하사 결국에 네게 선을 행하시려고, 네 조상들도 알지 못하던 만나를 광야에서 네게 먹이셨도다(16절).
광야생활에서의 어려움과 만나에 대한 언급에서 약속의 땅에서의 풍요로운 삶에 대한 언급으로의 전환(2-6절), 이스라엘이 야웨께 대한 찬송(10절)	약속의 땅에서의 풍요로운 삶에 대한 언급에서 광야생활에서의 어려움과 만나에 대한 언급으로의 전환(12-16절), 야웨께서 이스라엘을 멸망시키심(19-20절).

서론(8:1)

서문(1절)은 4:1과의 유사성을 보인다. 모세가 이스라엘에게 "오늘" 명령하는 모든 명령을 지켜 행하면 그들이 조상들에게 약속하셨던 땅에 들어가 얻게 될 것이라고 말한다.

첫 번째 명령(8:2-10)

모세는 백성들의 불신앙으로 인한 광야에서의 40년 생활 가운데 나타난 하나님의 은총을 기억하도록 요청한다. 1-3장의 이스라엘의 광야생활의 추억과 여기에서의 광야생활의 추억 속에서 신학적인 목적에 따른 대조가 등장한다. 전자는 "이스라엘의 불순종과 불신앙의 시대에 대한 추억"이지만, 후자는 이스라엘에 대한 하나님의 "연단과 훈계와 가르침의 시대에 관한 추억" 인 것이다. 즉 이와 같은 광야생활에 대한 추억의 요청은 다음과 같이 교차대구적 형태를 이루는 몇가지 이유들이 존재한다.

그동안 야웨 하나님은 의도적으로 그들을 시험하사 그들의 마음의 내용("네 마음에 있는바")과 순종 여부를 알고자 하셨던 것이며(A),

"너"도 알지 못하고(B),

조상들도 알지 못한(B′),

만나를 주신 까닭은 사람이 음식만으로 생존하는 것이 아니라 야웨의 입에서 나오는 모든 것들로 인해서 사는 줄을 알게 하셨던 것이다(A′).

이것은 이스라엘의 생명을 유지하(혹은 살리)게 하는 모든 명령들이 하나님의 입으로부터 나온다는 것을 인정하는 것이다. 그러므로 이와 같은 이스라엘에 대한 하나님의 보존 문제는 하나님이 광야의 뜨거운 열기와 거친 토양에도 불구하고 "40년간 그들의 의복이 해어지거나[67] 발이 부르트지 않도록 하셨다"는 표현에서도 발견된다(비교. 『길가메쉬 서사시』 xi, 244ff., *ANET*, p. 96). 물론 이것은 야웨에 대한 신뢰와 복종에 따르는 하나님의 은총과 돌보심의 예증이며 광야 40년 생활 속에서 보여주신 하나님의 기적을 "극단적으로" 상징화한 표현이다. 이와 같은 겸손한 삶은 이스라엘로 하여금 자기의 의를 버리고 하나님의 은총에 의존하도록 하기 위함이었다.

이러한 기적적인 광야의 삶에 대한 추억은 1:31의 경우처럼 하나님의 이스라엘에 대한 "아버지가 아들에게 행하는 것 같은" 사랑의 징계였으며 이 또한 하나님의 명령과 도를 준행하게 하는 교훈적인 메세지다. 광야에서 이스라엘의 삶이 야웨에 대한 100% 순종의 삶이었다면 약속의 땅에서의 삶도 마찬가지가 될 것이다. 그러한 측면에서 광야에서의 이스라엘의 생활은 풍요

67) 문자적으로는 "네 의복이 닳거나 네게서 해어지지 않았다"로 읽혀진다.

의 땅에 들어가기 위한 필수적인 훈련코스였다. 즉 이러한 시련과 교훈을 거친 후에야 비로소 이스라엘은 야웨의 복의 자리에 임하게 될 것이다(7-10절). 이 단락은 마치 약속의 땅이 제 2의 에덴 정원처럼 묘사된다는 점(Ottoson 1988)에서 "낙원의 노래"라고 불린다. 이와 같이 신명기에서 이스라엘의 가나안 점령과 관련하여 풍부하게 사용되는 소위 복락원(復樂園) 모티프들은 태초에 하나님이 아담과 하와를 에덴에 두시면서 하나님의 규례를 지키게 하셨던 것과 에덴의 지리적 배경들을 상기시켜준다.

7-9절에서 예증된 가나안 땅의 낙원적인 요소들은 다음과 같다(6:10-11의 목록[도시, 집, 지하수조, 포도원과 올리브 나무들]과 비교하라). 즉 물(시내와 분천[噴泉]과 샘물)이 풍부하고 땅의 소산(밀, 보리, 포도, 무화과, 석류, 올리브)이 넘쳐나고 철과 구리(여기에서의 축복의 표현인 철[남부 레바논, 요단서편의 산지들, 사해의 남쪽 아라바 지역, 그리고 갈릴리 호수 동쪽의 화산지대의 현무암층]과 구리[에시온-게벨의 구리 광산들]는 나중에 저주의 상징으로 재등장한다[28:23])가 흔한 낙원과 같은 곳에서 이스라엘 백성은 하나님을 찬양하게 될 것이다(10절).

두 번째 명령(8:11-17)

모세는 이스라엘이 "광야의 기적을 기억함으로써 야웨의 명령을 수행할 수 있었던 약속의 땅에서의 신적 축복에 대한 감사"가 "광야의 기적에서 드러난 축복의 근원에 대한 망각"으로 인한 재앙과 저주로 쉽게 전환될 수 있을 경고한다. 즉 이스라엘은 배부름과 아름다운 집의 건축과 같은 의식주 문제가 해결되고 우양과 은금과 같은 재산이 불어나면 마음이 교만해져서 야웨를 잊게 될 것이다(11, 14a절). 그러나 이스라엘 백성이 야웨를 잊지 말아야 할 이유는 야웨께서 메마른 광야에서 독사[불뱀][68]와 전갈들과 같은 위험한

68) 사라프(שָׂרָף)는 "날아다니는 뱀들"보다는 "맹독성(猛毒性)의 뱀들"로 이해하는 것이 더 낫다(Wiseman 1972). 그리고 "나하쉬 사라프 נחשׁ שׂרף"를 하나의 단어로 보아 "치명적인 독을 가진 뱀들"로 번역하거나 접속사가 생략된 두 개의 뱀의 종류를 언급하는 것으로 보아 "뱀들과 독사들"로 번역할 수 있다.

요소들에도 불구하고, 이스라엘에게 기적적으로 물을 내서 마시게 하셨고 만나를 먹이신 분이시기 때문이다. 모세는 야웨께서 이전에 광야에 있던 이스라엘에게 만나를 주심이 "사람이 떡만으로 사는 것이 아니라, 야웨의 입에서 나오는 모든 말씀으로 산다는 것"을 깨닫게 해주기 위함이라고 언급한 적이 있다(8:4). 그런데 모세는 여기서 하나님이 이스라엘을 광야에서 훈련하신 이유가 하나님께서 그곳에서 이스라엘을 겸손케 하시고 결국 그들에게 어려운 시험을 통하여 선을 행하시려 하신 것이라고 말한다. 그런데 풍요 속의 이스라엘은 교만해져서 "내 힘과 내 손의 힘"으로 재물을 얻었다고 할지도 모른다(17절, 비교. 14절).

결론(8:18-20)

이스라엘이 재물과 땅을 얻은 것은 하나님께서 선조들에게 맹세하신 언약의 성취의 덕분일 뿐이다. 이와 같이 약속의 땅에서 하나님의 축복과 이스라엘의 수고와 땀의 결실은 오히려 그들의 시험과 위협의 선물이 될 수 있다. 이러한 문맥들 속에서 야웨의 신실성은 선조에게 행하신 약속 준수와 밀접한 관계를 갖는다. 그렇기 때문에 야웨의 말씀에 청종치 않으면 앞서 멸망당한 가나안 족속들처럼 (비록 그들이 약속의 땅에 거하고 있을지라도) 이스라엘도 멸망당할 것이다. 이와 같이 광야에서는 이스라엘에게 "불평"의 불신앙이 가장 큰 문제였지만, 약속의 땅에서는 "망각과 배교"의 불신앙이 가장 큰 문제가 될 것이다. 출애굽한 이스라엘의 불신앙의 세대가 약속의 땅에 들어갈 수 없었듯이, 요단강을 건너 땅을 차지한 배교와 망각의 세대는 비록 그들이 당장은 그곳에 머물러 있더라도 약속의 땅에 오래 머물러 있을 수 없다. 그렇기 때문에 모든 세대의 이스라엘에게는 기억과 순종이 중요한 명령이다.

"윤리주의와 자기의(自己義)에 대한 숭배의 위험(9:1-10:11)"

이 단락은 크게 정탐꾼과 관련된 불신앙과 불순종사건의 추억(9:1-6)과 황금 송아지 사건과 모세의 중재와 언약갱신(9:7-10:11)으로 나눌 수 있다. 그런데 후자의 경우에 "사십일 밤낮"이라는 표현의 반복을 통하여 언약체결(9:7-10), 언약파기(11-17절), 언약파기에 대한 속죄(18-21절), 언약갱신(9:25-10:5), 그리고 갱신의 결과(10-11절)로 나눌 수 있다(Mayes 1981:195).

모세는 광야에서 이스라엘이 행한 불순종의 예들(황금송아지 사건, 다베라, 맛사, 기브롯-핫다아와의 반역사건)을 나열하면서 이스라엘이 하나님의 말씀을 순종해야 할 필요성을 논의한다. 이제 이 단락은 이전의 4-6장의 일련의 교훈들과 직접적으로 짝을 이루어 호렙 산에서의 불순종 사건과 다른 곳들에서의 불순종, 그리고 시내 산에서 모세가 십계명을 다시 받았던 사건들을 나열함으로써 이스라엘의 완악함을 주제로 삼는다.

정탐꾼과 관련된 불신앙과 불순종 사건의 추억(9:1-6)

여기 초두에 나오는 "들으라, 이스라엘아"라는 표현은 6:4-5을 상기시킨다. 모세는 이스라엘의 불순종의 예를 신명기 서두(1:19-33)에서 이미 언급한 바 있는 12명의 정탐꾼 사건으로 시작한다.

이스라엘의 완악함의 증거로 정탐꾼 사건이 언급된다. 민수기에서는 10명의 정탐꾼들이 "하늘까지 치솟은" 높은 성곽을 갖고 있는 "아낙 자손이 장대(壯大)함"을 강조하여 정복불가능성을 언급하였지만("누가 아낙 자손을 대적할 수 있을까?"), 갈렙과 여호수아라는 2명의 신실한 정탐꾼들은 약속의 땅을 주신다고 하셨던 "하나님의 신실하심"을 강조했다는 점이 명시된다. 크고 두려운 가나안 사람들(비교. 신 7:1)에 대한 소문과 함께 이스라엘 백성들 앞에 있는 것은 그들이 가져 온 "큰" 석류와 포도의 수확물(아마도 초태생)이었다(민 13:20, 비교. 20:5). 이러한 첫열매의 수확은 이스라엘의 수고도 없이 얻게 된 야웨의 약속의 땅의 "선물"의 의미와 "들어가 취하기도 전에" 그것을 이미 얻은 것과 다름없다는 상징적 의미를 제공해 준다(이스라엘의 보잘 것 없는 수와 하나님의 약속과 속량의 행위의 대조[7장]). 9장에서는 의의 문제에 대한 대조가 백성과 모세 사이의 가상적인 논쟁 형태로 나타나며 다음과 같이 도표화할 수 있다(Miller 1990:120).

화자	의(義)의 논쟁
백성	나의 의로 인해서 야웨께서 우리에게 약속의 땅을 차지하게 하셨다(4절).
모세	열국의 사악함으로 인해서 야웨께서 그들을 네 앞에서 쫓아내신 것이다. 그 땅을 얻음은 너의 의로 인한 것이 아니라, 너의 마음의 정직함으로 인한 것도 아니며 이 민족들의 사악함으로 인한 것이다. 그 땅을 얻음은 네 열조 아브라함과 이삭과 야곱에게 하신 맹세를 이루시기 위함이다(5절). 그 땅을 얻음은 너의 의로 인한 것이 아니라, 오히려 너는 목이 곧은 백성이다(6절)
모세	호렙과 이후의 여정에서의 이스라엘의 불의한 일들에 대한 설명(7-24절)

모세는 이스라엘이 가나안 땅(낙원)을 점령할 수 있었던 것이 그들의 의("나의 의")로 인한 것이 아니라, 원 거주민들의 악함 때문이며(비교. 창 15:16) 조상들에게 하신 하나님의 약속 때문이라는 점을 "오늘 너는 알라"고 주장한다. 이러한 측면에서 이스라엘의 가나안 정복은 신적 심판의 대리전이며 하나님의 은총 행위이기도 하다. 야웨는 이스라엘보다 앞서 요단강을 건너가시는 분이시며 그들을 약속의 땅으로 인도하시는 분이시다. 하나님의 섭리와 능력으로 이스라엘은 그들을 이길 수 있었다. 게다가 야웨의 능력은 "야웨께서 네게 말씀하신 것처럼" 이스라엘 앞에서 "불태우시는 불과 같이 (신속하게) 건너가실 것이며 그들을 멸망시키실 것이며 이스라엘 앞에서 그들을 복종시키실 것"이라는 삼중적 표현에서 명확히 묘사된다. 그러나 야웨의 은총과 주도권에 대한 강조뿐만 아니라, "너는 그들을 쫓아내며 속히 멸망시킬 것"이라는 이스라엘의 직접적인 역할도 언급된다(이것은 1:3이나 2-3장의 주장들을 상기시킨다). 3절에서의 "신속하게"라는 표현은 7:22의 "점차적으로"라는 표현과 모

순되는 것이 아니다. 이것은 수사학적으로 그리고 문맥적으로 그 강조점을 달리하는 것으로 보아야 한다. 물론 후자의 경우도 일차적인 공격은 신속하게 행할 것이나, 후속적인 점령의 문제는 완만하게 행할 것을 의미하는 것일 수도 있다(Craigie 1976:182).

가나안 점령에 대한 야웨와 이스라엘의 상호적인 역할에도 불구하고, 가나안 족속이 멸망당한 후에 (앞 단락에서 언급한 대로) 이스라엘은 이러한 일이 자신들의 "능력"에 의한 것이라거나, 지금의 언급처럼 "이스라엘의 자기의나 마음의 정직"함으로 말미암아 승리하였다고 생각해서는 안된다. 이것들은 당연히 부인(否認)되어야 한다. 이와 같이 하나님의 은총의 선물은 그 수혜자의 부적절성을 통해서 오히려 강조된다. 이스라엘이 가나안 땅을 얻게 된 것은 가나안 족속들의 죄악, 조상들에게 하신 맹세, 그리고 이스라엘 백성의 완악함[9:6] 때문이다(비교. 25-29절).

이스라엘 백성은 과거에 행한 그들의 완악함의 역사를 기억해야 한다("완악함"[6, 13, 27절], 진노의 촉발[7, 8, 18, 22절], "자주 반역함"[7, 23, 24절]). 이러한 역사회고의 형식은 1:6-3:29과 유사하며 호렙 산에서의 사건들의 연속이라는 측면에서는 4장 이후와 연결된다. 본 단락은 이전 장들의 연속으로 이스라엘의 연약함과 가나안의 강성함을 대조시키는 등 이전의 많은 주제들을 혼합한다. 야웨께서 가나안 족속들을 몰아내실 것이라는 표현이 세차례 나오듯이(4, 5, 6절), 가나안 땅을 얻는 자격으로서의 이스라엘의 의가 세차례 부인된다(4, 5, 6절). 사실 이스라엘은 의롭기는커녕 완악(頑惡)한 백성이다. 물론 이것은 이스라엘이 약속의 땅을 점령한 것이나 선민(選民)이 되는 근거가 이스라엘 자신의 의와는 무관하다는 점을 말하는 것이지, 하나님의 백성인 이스라엘이 의로운 삶을 살 필요가 없다거나 살 수 없다는 의미는 아니다. 오히려 하나님의 규례와 법도를 따르는 의로운 삶은 이스라엘의 의무이며 권리였다.

황금 송아지 사건과 모세의 중재(9:7-10:11)

이전 단락이 광야에 들어가서 방황하게 된 배경과 함께 앞서 언급한 대로 광야에서 임한 하나님의 은총을 강조했다면, 이제는 그보다 시간적으로 더 앞선 시내 산에서 행해진 황금 송아지 우상과 관련된 사건들을 다룬다.

구조

황금 송아지 사건(출 32-34장과 신 9-10장의 대조연구는 전정진 교수의 박사학위논문을 참조하라)과 관련된 9장과 10장 사이의 관계성은 다음과 같이 설명될 수 있다(필자의 수정).

신 9장	신 10장
언약 돌판의 파괴(17절)	언약 돌판의 갱신(1-5절)
모세의 아론을 위한 중재(20절) 거짓 야웨의 신상(황금 송아지)의 파괴(21절)	아론의 죽음과 매장(6절) 돌판의 유지, 야웨 하나님에 대한 제사장직의 승계와 레위인들의 제사직분의 시작과 유지("오늘까지"[5, 8절])
광야에서의 반역들(22-24절)	광야에서의 야웨의 섭리(6-7절)

황금송아지 사건(9:7-11)

이제 모세는 다시 과거로 돌아가며 이스라엘의 완악함을 예증하는 호렙 산의 사건들로 되돌아간다. "이집트 땅에서 나오던 때부터 이곳(벳-브올[3:29])에 이르기까지" 광야에서 내내 이스라엘은 하나님 야웨를 격노케 하였다. 특히 언약체결의 장소이기도 한 호렙 산은 "언약파기"의 반역의 장소이기도 했다. 호렙 산에서의 완악함은 이스라엘 종족 자체가 멸족될 뻔 했기 때문에 기억되고 잊지 말아야 한다. 모세가 역설한 기억의 촉구와 망각의 금지의 요구는 한번 더 되풀이 된다. 모세는 호렙 산에서 하나님의 계명을 받기 위하여

40일 밤낮을 금식하고 있었던 와중에 산 아래 이스라엘 회중 사이에 중대한 사건이 하나 발생하였다.

야웨의 진노와 모세의 중재(9:12-21)

모세가 시내산에서 야웨의 손으로 직접 새긴 십계명 돌판들을 받자마자 야웨는 모세에게 속히 이스라엘의 총회가 있는 곳으로 내려가기를 명령하신다. 이와 같이 야웨의 말씀이 세 차례 인용된다(12, 13-14, 23b절). 모세가 하나님의 말씀과 열 가지 말씀들(십계명)을 받기 위해서 올라가 있는 동안 시내 산 아래에 있던 이스라엘 백성은 스스로 부패하여 우상을 부어 만들었으며 하나님이 그들의 이름을 천하에서 없애기로 작정하실 만큼(25:19, 29:19, 비교. 25:6) 그들은 완악했다. 13절의 "보라, 그가 목이 곧은 백성이다"이라는 표현은 바알-브올에서의 유혹을 언급하는 본 단락의 도입부에서 사용된 적이 있다. "왜냐하면 너는 목이 곧은 백성이기 때문이다"(6절).

시내 산 아래에 있던 이스라엘에게로 황급하게 내려간 모세는 그들의 목전에서 야웨의 두 돌판을 깨어버렸다. 이것은 직전에 모세의 중재로 만들어진 야웨와 이스라엘의 언약의 파기를 의미한다. 모세는 황금 송아지를 불에 녹여 가루로 만든 후에 시냇물에 흘려 보냈다. 이제 모세는 또 다른 40일 밤낮을 이스라엘과 아론을 위하여 금식하며 "야웨 앞에 엎드렸다." 가장 겸손한 모습을 묘사하는 이 표현("…의 앞에 엎드린다")은 민수기에서 유사한 단어의 사용을 통하여 중재자 모세의 야웨 앞에서의 태도를 설명한다(민 16:22, 17:10, 20:6). 18절과 25절에 나타나는 유사한 표현("내가 전과 같이 40주야를 야웨 앞에 엎드려서")은 "유사한 사건들의 반복적인 실행"보다는 같은 사건을 설명하는 와중에 부연설명 등을 삽입하고 언급이 "중단된" 그 이전의 사건의 설명으로 돌아가기 위한 일종의 "요약적 반복"으로 보아야 한다. 그렇기 때문에 여기서는 22-24절을 사이에 두고 앞과 뒤의 단락들이 유사한 표현과 주제들을 반복적으로 사용한다.

18-21절	25-29절
"내가 전과 같이 사십주야를 야웨 앞에 엎드려서" "야웨께서 … 너희를 멸하려 하셨다" "아론에게 진노하셔서 그를 멸하려 하셨다"	"그때에 야웨께서 너희를 멸하겠다" "내가 여전히 사십주야를 야웨 앞에 엎드리고" "당신의 백성, 즉 당신의 기업을 멸하지 마소서"

또 다른 불순종의 사건들에 의한 야웨의 격노(9:22-24)

이 단락은 샌드위치기법(이것은 내러티브의 전개상 현재 언급되는 다른 사건[들]을 현재의 내용과 동일[혹은 유사한] 주제들을 삽입하여 현재의 사건들의 의미를 강조하거나 부연 설명하는 기법이다)으로 구성되어 있다. 즉 황금송아지 사건의 최고조에 이르기 직전에 일종의 긴장을 형성하며 불순종의 사건에 대한 (비록 순차적인 순서[엄밀하게 말하자면 역치易置][69]는 아니지만) 그외에 여러 곳에서 발생한 여러가지 불순종 사건들을 나열하여 이 단락의 중심주제인 "황금 송아지 사건"의 심각성을 더 부각시키고 있다. 이스라엘은 "백성들의 악한 말의 불평에 대하여 이스라엘 백성 가운데에 야웨의 불이 임했던" 다베라 사건(민 11:1-3), "물이 없어 이스라엘이 불평하였던" 맛사 사건(출 17:1-7, 신 6:16), "메추라기 고기의 기적 후에 욕심을 낸 이스라엘 백성들을 매우 큰 재앙으로 하나님이 징계하셨던" 기브롯-핫다아와 사건(민 11:4-34)뿐만 아니라, 이스라엘이 가데스-바네아에서 떠날 때, 12명의 정탐꾼의 파송사건에 대한 이스라엘의 불신앙과 관련해서(민 13-14장, 비교. 신 1:19-40) 야웨의 격노를 촉발시켰던 경우들이 있었다. 그러므로 황금 송아지 사건은 이스라엘의 불순종과 관련된 매우 "예외적인" 사건이라고 변명할 수 없다. 이러한 해석은 24절의 "내가 너희를 알던 날 이후로 너희가 항상 야웨를 거역하였다"는 표현이 7b절이 "네가 이집트 땅에서 나오던 날부터 네가 이곳에 이르기까지 너는 항상("꾸준히") 야웨를 거역하였다"는 표현의 반

69) 이 기교에 대해서는 Martin(1969)을 보라.

복이라는 점에서도 지지될 수 있다.

모세의 중재(9:25-29, 비교. 출 32:11-13, 민 14:13-19)

백성들의 불순종에 대한 다른 예들을 언급함으로 중지되었던 시내 산에서의 모세의 중재행위(9:19-21)와 중재의 내용(9:25-29)의 연결은 25절("내가 여전히 사십 주 사십 야를 야웨 앞에 엎드리고")이 18절의 표현의 일부("내가 전과 같이 사십 주 사십 야를 야웨 앞에 엎드리고…")를 반복함으로 상기되고 연결된다. 여기서처럼 호렙 산에서의 모세의 중재자직은 이미 앞에서 강조된 바 있다(4, 5장).

야웨께서 이스라엘 백성을 멸망시키겠다고 하심으로 모세가 다시 40일 밤낮을 야웨 앞에서 이스라엘을 위하여 중재하였다는 점이 언급된다. 모세는 하나님 자신(출애굽의 구원사역)을 생각하시고, 조상들(아브라함, 이삭과 야곱)을 기억하시고 백성의 허물("이 백성의 완악함도, 악함도, 죄도 보지 마소서")을 보지 마시고 이들을 용서해 달라고 기도한다. 그는 이스라엘 백성이 멸망한다면, 이집트 백성들이 "야웨께서 그들에게 허락하신 땅으로 그들을 인도하여 들일만한 능력도 없고 그들을 미워하기도 하사 광야에서 죽이려고 인도하여 내셨다고 생각할 것이라고 가정하고 야웨께 "그들은 당신의 큰 능력과 펴신 팔로 인도하여 내신 당신의 백성 곧 당신의 기업" 이라는 점을 기억하시도록 상기시킨다(25-29절). 모세의 기도는 "당신의 큰 능력과 강한 손으로… 당신의 백성, 즉 당신의 기업" 이라는 표현으로 종두병행적 구조를 가진다(26b, 29절). 선조들과의 약속의 야웨의 기억은 4:30에서는 이스라엘의 회복의 근거로도 제시된 바 있다.

다시 받는 열 개의 말씀들(십계명)과 레위인들의 직무(10:1-11, 비교. 출 32-34장)

본 단락은 모세의 중재의 결과(A), 사제와 레위인들의 직무(B), 모세의 중재(A')의 구조로 구성되어있다. 이것은 아마도 "중재직" 이라는 주제를 통한 샌드위치적 배열로 보인다. 특히 B의 경우에는 아론의 실패와 레위인들의 열심(熱心)이 대조된다. 모세가 받은 열 가지 말씀들과 그에 대한 백성들의 반응은 이미 5장에서 언급된 바 있다. 1-5절 사이에 "(두개의) 돌판들"이라는 표현이 7번 등장한다. 모세는 연설의 뼈대상 호렙 산에서의 언약과 황금송아지 사건 등을 산발적으로 진술하지만, 그 순서상 연대기적인 것은 아니다. 출애굽기 34장에서 하나님의 현존이나 성소 건축 문제가 더 강조되었다고 한다면, 9장에서 족장들에게 행하셨던 땅의 약속에 대한 야웨의 신실성에 근거한 멸망의 회피와 죄 용서가 더 강조되는 것처럼 보이며 그와 아울러 모세의 중보 역할도 강조되었다.

A. 모세의 중재의 결과로 받은 열 개의 말씀(10:1-5, 비교. 출 34:1-4, 28-29)

1-2절에서 모세는 다시 두 돌판을 갖고 올라오고 그것들을 담을 싯딤 나무로 만든 언약궤를 만들라는 야웨의 말씀을 인용한다("… 네가 깨뜨린 첫 돌판들에 기록되었던 [열개의] 말씀들을 내가 그 돌판들에 쓸 것이다…"). 야웨께서 다시 쓰실 열 개의 말씀들은 이미 총회 날에 (호렙 산에서) 야웨께서 불 가운데서 이스라엘에게 말씀하셨던 것이었다. 그러나 본문 자체는 싯딤 나무의 언약궤를 실제로 누가 만들었나(브사렐)와 언약의 돌판들을 언제 언약궤에 담았는가(하산 직후)에 대해서는 관심이 없다. 나무로 만든 언약궤는 일종의 종교적인 미니 성소 역할을 했던 것 같다. 연대기적인 순서로 볼 때, A(모세가 받은 말씀)는 A′(모세의 중재) 다음에 위치해야 하지만, 여기에서는 A가 야웨의 신실성을 강조하려는 의도에서 전면에 배치된 것 같다.

B. 광야의 여정과 관련된 사제와 레위인들의 직무들(10:6-9[7][70], 비교. 18:1-8)

호렙 산에서의 불순종 사건과 관련된 모세의 중재에 대한 설명은 9:22-24의 경우처럼 다시 한번 중단된다. 이 부분은 이 사건 이후의 진행과정과 아론의 죽음, 그리고 레위인들의 직무에 대한 언급이 등장하기 때문에, 모세의 연설이 아니라, 화자의 부연설명으로 여겨진다(개역성경에서의 괄호는 필사본(筆寫本)의 문제가 아니라 번역자가 문맥의 흐름을 방해한다고 여겨 첨가한 것이다. 그러나 내러티브적 입장에서 보면 이 부분은 방해가 아니라 화자의 중요한 부연설명이다).

여기에서는 이스라엘의 여정(旅程)에 대한 언급들(6a, 7절)과 제의 직무에 대한 언급들(6b, 8-9절)이 서로 병행한다. 물론 이 사건들은 모세의 호렙 산에서의 중재와는 시공간적으로도 상당한 거리가 있다. 게다가 민수기 33장에 따르면, 호렙 산에서 가데스까지의 40년 여정 중에서 여기서 언급된 4곳 이외에 더 많은 중간 기착지들이 있었다. 그러나 여기에서 모세는 여러 장소들 가운데 몇가지 여정만을 선택적으로 언급한 것 같다. 즉 (비록 순차적인 순서[71]는 아니지만) 이스라엘 자손이 브에롯 브네야아간에서 떠나 모세라(호르 산을 포함하는 더 광범위한 지역[민 20:22-29])에 이르러 아론이 죽고[72] 엘르아살이 그 뒤를 이었다. 아론은 모압 평야의 남쪽국경에서 죽었고 모세는 모압 땅의 북쪽국경에서 죽게된다. 이 두명의 지도자들은 약속의 땅에 들어가지 못하는 마지막 구세대의 상징적 존재들이라고 볼 수 있다. 엘르아살의 승계는 모세의 경우처럼 아론의 후계자인 또 다른 아론을 대신해서 사제가 야웨께서 맹세하신 그 땅에 들어갈 수 있었음을 확인시켜준다. 그후에 굿고다를 경유하여 욧바다에 도착하였다(비교. 민 33:31-33). 여기에 나타난 "욧바다에 풍부한 물이 있었다"는 언급은 이곳에서 야웨의 은총이 존재했음을 상징적으로 표현한 것이다.

비록 출애굽기의 황금송아지 사건에서는 명확하게 언급되지 않았지만, 그와 관련된 아론의 배도행위에 대한 모세의 중재가 성공했다는 점은 아론이

70) Craigie(1976:200)는 5, 10절 모두에서 일인칭단수가 주어로 사용되고 있다는 점에서 여전히 모세의 연설임을 확신하며, 심지어 8-9절도 10:1("그때에")을 회고한다는 점에서 화자의 부연설명이 아니라 "모세의 연설의 일부"라고 주장한다.

71) 민 33장을 근거로 신 10장에서의 언급과 유사한 장소들은 다음과 같다. 즉 모세롯→브네 야간→홀학기닷→욧바다→아론의 죽음(호르 산).

72) 아론은 출애굽 40년 5월 1일에 향년 123세로 죽었고(민 33:38) 모세는 출애굽 40년 11월 1일에 향년 120세로 죽었다(1:3, 32:48, 34:7).

황금 송아지 사건이 해결된 이후 오랫동안 대제사장 직을 수행한 후에 죽었다는 점에서도 입증된다(이러한 여정은 이전의 불순종의 여정[9:22-23]과 관련된다). 아론의 배도행위와는 대조적으로 그 때에 레위인들은 야웨의 언약궤를 운반하며, 야웨 앞에서 서서 그를 섬기며, 야웨의 이름으로 축복하는 세 가지 역할을 부여받는다(8절, 비교. 민 4:1-33). 또한 9절은 레위인에게는 야웨 외에 "다른 유산"이 없다고 말한다(18:1-5, 비교. 수 13:14, 14:4). 화자는 레위인의 직분이 (화자의) "오늘"까지 이른다고 말한다.

비록 이 부분은 화자의 부연설명이라 하더라도 이스라엘의 배도의 척결 혹은 신앙 열정의 측면에서 아론이 주도하여 만들게 된 야웨의 "거짓된 형상"인 황금송아지 사건과 연관된다. 그리고 아론의 죽음에 대한 설명은 모세의 죽음에 대한 또 하나의 복선(伏線) 역할을 한다. 그럼에도 불구하고, 당시에 모세의 중재를 통해서 아론이 죽지 않았던 것과 열 개의 말씀의 돌판을 받았던 "과거"와 돌판의 대체물의 현존(現存)과 사제직 승계와 레위인들의 업무가 "오늘"까지 유지된다는 표현은 우리에게 아론을 비롯한 이스라엘 백성의 불순종에도 불구하고 과거부터 현재까지 계속해서 하나님이 그들을 용납하시고 용서하셨으며 그들과의 관계를 회복 혹은 유지하시고 계신다는 것을 암시한다.

A′. 모세의 중재로 받은 가나안 땅의 점령을 위한 진군의 명령(10:10-11)

이 단락은 야웨의 응답이 모세(10b절, 비교. 9:19b)와 야웨의 말(11절)을 통해서 인용되는 방식으로 모세의 40일 밤낮의 중보(9:9, 18, 25, 10:10)가 응답되어서 백성이 구원을 받았다는 점을 강조한다(비교. 9:25). 이와 같이 야웨와 백성간의 언약관계는 이스라엘의 배교에도 불구하고 "그때에" 행해진 모세의 중재와 하나님의 은총의 잔존을 통하여 손상 받지 않았다.

이제 언급되는 약속의 땅에 "들어가서 얻으라"는 야웨의 명령(11절)은 하나님의 이스라엘에 대한 약속의 땅의 맹세가 여전히 유효하다는 점을 보여준다. 또한 이 단락은 모세에게 하신 "일어나 이 백성의 앞에서 진행하라. 그리하면 내가 그들에게 주리라. 그들의 조상들에게 맹세한 땅에 그들이 들어가서 그것을 얻을 것이다"라는 야웨의 명령의 직접인용으로 종결된다(10:11, 비교. "일어나라…"[9:12]). 이 진군의 명령은 1:6-8의 진군재개 명령을 상기시킨다.

하나님의 요구사항들(10:12-22)

앞서 시내 산에서 황금송아지 사건 이후에 모세가 야웨로부터 십계명을 다시 받았던 일을 언급한 후에 모세는 이스라엘에게 다음과 같은 다섯가지 요구사항을 명령한다(Craigie 1976:204). 즉 ① 야웨를 두려워 할 것(비교. 10:20), ② 야웨의 모든 길들로 걸을 것(비교. 11:22), ③ 야웨를 사랑할 것(비교. 11:1, 13, 22, 10:15, 18, 19), ④ 하나님 야웨를 "온 마음과 온 뜻으로" 섬겨라(비교. 10:20과 11:13), ⑤ 야웨의 계명들을 준수하라(비교. 11:1, 8, 13, 22).

이와 같은 다섯가지 요구사항은 "야웨에 대한 경외는 그의 모든 길들로 걷는 것이며 그를 사랑하고 섬기며 그의 계명들을 준수하는 것이다"와 같이 한 문장으로 정리될 수 있다. 모세는 하나님이 비록 온 세상의 창조자이면서 소유자이시지만, 온 세상("하늘과 가장 높은 하늘, 그리고 땅과 거기에 거주하는 모든 것"이라는 표현은 일종의 양단법적 표현[merismus]이다) 가운데서 이스라엘을 기뻐하셨고 그들을 사랑하셨기 때문에 이스라엘이 하나님만을 사랑하고 즐거워하는 것은 당연하다는 논리를 전개한다. 이러한 하나님의 사랑은 예로부터 시작되어 지금에까지 이른다("오늘과 같이"[15절]).

모세는 이 단락에서 십계명의 부정적인 관점("우상을 내 옆에 두지 말라", 제1계명)과는 달리 긍정적인 관점에서 이스라엘에게 유일신론적 헌신을 요구한다. "마음의 할례"와 "사회적 약자들에 대한 정의의 수행"(16-9절)과 같은 세부적인 요구사항들에는 "준수의 명령과 근거"로서 이집트에서의 체재와 출애굽이 그 근거로 언급된다(출애굽후의 선택, 이집트에서의 나그네됨, 이집트로 들어갈 때 소수

민족).

첫째로 야웨는 이스라엘에게 마음에 행하는 할례를 요구한다(10:16, 비교. 30장). 이미 광야의 생활을 통하여 널리 입증된바 있는, 이스라엘의 완악함(비교. 9:1-29)은 마음의 완악함에서 비롯된 것이다. 여기서 그것을 제거할 수 있는 수단으로서의 "마음의 할례"라는 은유를 통해서도 완악함이 다시 한번 제시된다(비교. 30:6). 원래 육체에 행하는 할례는 언약 공동체의 회원자격을 가시화하는 상징으로 아브라함 때에 도입된 것이다(비교. 창 17:9-12). 그러나 이제 아브라함과 하나님의 언약관계에서 육체의 할례가 언약의 외적인 표시였듯이 이제는 완악한 이스라엘에게는 헌신과 순종을 무감각하게 하는 마음의 표피를 제거하는 "마음의 할례"(내적인 표시)가 시급한 문제였다. 마음의 할례는 이스라엘의 순종의 표 구실을 한다. 그들에게 있어서 육체적인 할례는 하나님의 백성이라는 "신분변화의 외적 증거"였지만, 광야에서의 경험이 증거하듯이 야웨에 대한 이스라엘의 충성에 대한 보증수표는 아니었다. 육체의 할례와 마찬가지로 마음의 할례에 대한 신석 요구는 "신명기 5-11장의 종합이며 신명기 9:1-29, 10:10-11의 함축적 의미로 읽혀져야 한다"(Miller 1990:126). 마음의 할례를 행한 후에는 이스라엘은 "더 이상 완악해서는 안된다!"

둘째로 야웨는 이스라엘에게 고아와 과부와 객들에 대한 관심을 요구한다(비교. 시 146:5-9). 우선적으로 17절에서 "최고의 신이시며 절대적인 군주"라는 표현으로 "위대하시고 전쟁에 능하시고 두려운 하나님"이라는 표현으로 하나님의 특성이 언급된다. 그 하나님은 불편부당하사 외모나 뇌물로 인해서 사람들을 차별하지 않으신다. 그는 고아와 과부를 위하여 바른 판결을 행하시며(오세 미슈파트 עשׂה משׁפט) 객(게르 גר)을 배려하사(10:19, 14:29, 16:11, 24:14, 17, 19, 26:12, 비교. 출 22:21[20], 23:9, 레 19:20, 34, 렘 7:6, 22:3, 겔 22:7, 슥 7:10, 말 3:5) 음식과 의복을 주시며 이스라엘에게도 객들을 사랑하라고 교훈한다. 결국 야웨에 대한 절대적인 복종과 이웃에 대한 관심과 배려와 사랑은 하나님이 신앙 공동체에게 마땅히 행할 것으로 요구하시는 바이다. 이와 같은 모세의 교훈에 상응하는 예수의 교훈은 "하나님을 사랑하고 네 이웃을 네 몸과 같이 사랑하라!" 이다.

마지막으로 그리고 요약적으로 모세는 이스라엘이 야웨 하나님을 경외할 뿐만 아니라, 섬기고 가까이(친밀한 관계)하고 야웨의 이름으로 맹세하라고 명령한다(10:20). 그 이유는 두 가지다. 하나는 야웨께서 이스라엘의 찬송이시며 하나님으로서 크고 두려운 일을 이스라엘을 위해서 행하셨기 때문이며 또 다른 하나는 그 어려운 시기에도 하나님이 그들을 돌보사, 원래 70명이던 그들의 수를 하늘의 별처럼 많게 하셨기 때문이다(비교. 1:10, 6:3, 26:5, 창 46:8-27).

고아와 과부와 객의 의미

이 문맥에서 과부란 "그녀에 대한 경제적 지원을 할 수 없거나 그렇게 하기를 꺼리는 남자친척이 생존해 있는 과부" 만을 의미하며(비교. 삼하 14:5-7, 20:3, 룻기, 왕상 7:13-14, 11:26, 17:8-16) 고아도 "아버지가 없는 과부의 자식으로 남자친척의 보호를 전혀 받지 못하는 자" 를 의미하며(비교. 애 5:3, 시 109:8-9), 객도 이스라엘의 "중심적 공동체로의 수용을 거부하여 결과적으로 자기가 거하고 있는 공동체 속에서 보호해 줄 성인남성 보호자가 없는 경우" 를 의미한다(Bennett 1999:61-90).

여기서 우리는 특별히 객의 의미를 좀 더 상세하게 살펴보고자 한다. 히브리어로 "객" 을 의미하는 단어들은 4가지인데, 다음과 같이 두 가지 부류(부정적인 의미의 단어들과 긍정적인 의미의 단어들)로 나눌 수 있다.

① 부정적인 의미: 노크리(נכרי)[73]와 짜르(זר)[74]라는 개념 모두가 "임시거주 외국인들" 을 의미하는데, 노크리보다는 짜르가 더 부정적인 의미를 내포하는 것 같다. 이 단어는 이스라엘에게 즐겁지 않은, 심지어 고통스러운 경험을 준 족속들 즉 이집트인들과 바벨론 사람들과 같은 이방민족들의 구성원들을

73) 이 단어는 17:15에서만 등장한다.
74) 이 단어는 신명기에서는 사용되지 않고 복수형태(짜림 זָרִים)로 구약에서 많이 사용된다.

지적하는데 사용되었다(후대문서들에서 제의적 의미에서 성직자와 대조되는 "평신도" 혹은 "위임되지 않는 자"를 의미하는데 사용되었다.).

② 긍정적인 의미: 게르(גר/גרים)[75]와 토샤브(תושב)[76]라는 개념 모두가 "영구적인/장기적인 거주 외국인들"을 의미한다. 우선 게림(게르의 복수형)은 특정한 권리만 유보된 계층을 말하며 현재의 "이주노동자들"과 동일시 될 수 있다. 그들 중에는 가난한 자(24:14)도 부유한 자(레 25:47)도 있었던 것 같다. 마지막으로 토샤브는 정착한 이방인을 의미하지만, 대부분의 경우에 토착 가나안 사람들의 후손으로 여겨진다(Ruppert 1997:152-3).

이와 같이 객들은 이스라엘의 제의 공동체의 내부에 들어온 외부인을 의미하며(van Houten 1991:156) 지속적인 이스라엘의 관심과 호의가 필요한 존재들이었다. 이 개념에는 고대근동의 정의 실현(Fensham 1962)과 관용과 호의(환대)의 문화 배경 하에서 구약 나름대로의 독특한 동기들이 깔려져 있다. 이스라엘은 과거에 이집트에서 나그네로서의 삶을 살았고(8:3-4) 이러한 나그네의 삶을 야웨께서 해결해 주셨기 때문에 이스라엘은 이스라엘 공동체 내에 영구(장기)적으로 거주하는 외국출신의 객들에게 야웨의 관용과 호의 정신을 실천해야 했다. 특히 신명기의 영구(장기)거주 외국인들에 대한 언급은 주로 음식과 이집트에서의 노예생활과 관련되며(10:19, 출 22:21, 레 19:33-34), 집합적인 의미로 사용되었는데, 주로 곤궁과 관련된 상황이나 의미 때문인 것 같다(Kidd 1999). 긍정적인 면에서 이들은 이스라엘의 구성원들과 같은 권리와 의무를 지켜야 하며 즐길 수 있었다. 출애굽기에서 영주거주 이방인들은 할례를 받으면 유월절 식사도 함께 할 수 있었다(출 12:48). 그들도 동일한 규례의 적용을 받는다(출 12:49, 민 15:14-16). 심지어 그들은 안식일의 규정도 지켜야 했다(출 20:10ff.=신 5:15). 레위기에서 그들을 위하여 심지어 추수물의 일부를 남겨두고(19:9f.) 억

75) 이 단어는 1:16, 5:14, 10:18f, 14:21, 29, 16:11, 14, 18:6, 23:8, 24:14, 17, 19ff, 26:11ff, 27:19, 28:43, 29:10, 31:12에서 발견된다.

76) 이 단어는 신명기에서 사용되지 않았고, 출 12:45, 레 22:10, 25:47, 시 39:13에서 사용된다.

압하지 말며(19:33), 심지어 형제를 사랑하듯이 그들을 사랑할 것을 명령한다(19:34a). 신명기에서 그들이 성물을 나눠먹고(14:29, 26:13) 국가적 축제들에 참여해야 했으며(16:11, 14) 야웨와의 언약관계에 들어가고(29:10-11) 토라를 지키도록 요청받는다(31:12). 그러나 그와 같은 경계인으로서의 신분 때문에 객들에게는 이스라엘 공동체의 구성원과 완벽하게 동일시되지 않는 국면도 있었다. 즉 영구적 거주 외국인들에게 일정한 배려와 특권이 주어졌지만, 이스라엘은 임시적 거주외국인들(나크리)에게 동물의 시체(고기)를 팔 수도 있었고(14:21) 빚 갚기를 재촉할 수도 있었고(15:3), 이자를 요구할 수도 있었다(23:20).

대위명령(11:1-25)

이제 우리는 모세의 두 번째 설교의 마지막에 이르렀다. 이 단락은 앞서 언급한 구조에서 잘 드러났듯이 대위명령, 즉 하나님을 사랑하라는 주제로 돌아온다. 물론 이 단락이 앞선 단락과는 전혀 무관한 새로운 주제를 언급하고 있는 것은 아니고 사랑과 계명준수의 주제가 가장 강력하게 강조된다는 점에서 대위명령이라는 특징을 부여받는다. 이 단락은 과거사의 회고(11:1-7)와 약속의 땅에서의 일들과 훈계(11:8-25)라는 측면에서 양분될 수 있으나 세부적으로는 하나님에 대한 사랑과 계명 준수에 대한 요구(11:1, 8, 13)[77]와 과거역사의 교훈과 대조를 통한 현재적(혹은 미래적) 교훈과 대조를 통한 예증(11:2-7, 9-12, 14-17)으로 구분할 수 있다(Craigie 1976:207f.). 특별히 나중의 단락들(8-12, 13-17절)의 경우에는 "비"와 "약속의 땅에서의 날"이라는 주제어를 통해서 밀접하게 연관된다.

77) 이러한 요구사항들은 사랑과 복종을 명령하는 10:12-13을 상기시킨다.

하나님을 사랑하고 계명들을 지켜라(11:1)	하나님을 계명들을 지켜라(11:8)	하나님의 계명을 지키고 하나님을 사랑하라(11:13)
과거의 역사적 체험과 관련된 현재적 교훈(11:2-7)	과거의 관습(灌漑)의 예증을 통한 미래적 교훈(11:9-12)	미래의 일을 현재와 미래세대를 위한 교훈(11:14-17)

이와 같은 분석을 통하여 이 단락은 이집트와 출애굽에서와 광야에서 야웨께서 보여주신 구속과 섭리(11:1-7), 약속의 땅의 점령과 오랜 거주의 약속 그리고 하나님께서 하늘에서 땅에 내리는 축복으로서의 비(11:8-12), 그 비가 내리는 땅에서 얻는 소산들의 축복(11:13-17), 그리고 말씀을 지키고 순종하고 가르칠 때의 축복들(11:18-25)로 나눌 수 있다.

하나님을 사랑하고 계명을 지켜라(11:1-7)

11장에서도 이전단락의 경우처럼, 모세는 이스라엘에게 "그러므로 야웨 하나님을 사랑하라"는 점과 하나님께서 주신 책무, 법도, 규례, 명령을 항상 지킬 것을 명령하는 것으로 시작한다. 여기서 언급되는 모세의 과거사를 통한 교훈은 이스라엘의 출애굽 상황("야웨께서 이집트 군대와 그의 군마들과 병거들에게 행하신 일, 즉 그들이 너희를 뒤쫓을 때 홍해 물로 그들을 덮어 멸하셨고"[비교. 출 15:1-6])으로 옮겨갔다가 다시 르우벤 지파의 엘리압의 아들 다단과 아비람의 반역이라는 광야의 사건(민 16장)[78]으로 돌아간다. 이제 이스라엘이 기억해야 할 것은 그들이 바로 과거 역사 속에서 계시되었던 야웨 하나님의 징계, 위엄, 강한 손, 펴신 팔, 이적, 기사, 홍해사건, 광야에서의 하나님의 은총의 기적의 사건들과 다단과 아비람과 같은 반역자들에 대한 징벌과 같은 야웨의 심판과 관련된 야웨의 모든 위대한 행위에 대한 목격자들이라는 점이다(7절, 비교. 10:21). 그러나 문제

78) 일부 학자들은 반역자 명단에서 "고라"에 대한 언급이 없는 것이 고라 자손이 완전히 멸망한 것이 아니라, 그들이 하나님의 은혜로 생존하여 제사 직분을 수행하게 되었기 때문이라고 주장한다.

는 이들의 후손들이 이 모든 기억들과 명령들을 알지도 보지도 못한 자들이라고 대조하는데 있다. 그러므로 증인들은 후손들에게 그것들을 가르쳐야 한다.

하나님의 계명을 지켜라(11:8-12)

이 단락에서도 모세는 자신이 명령한 모든 명령들을 지키라는 말로 시작한다. 물론 시간적인 개념으로나 논리적인 측면에서 이 단락은 야웨께서 조상들에게 주실 것을 맹세하셨던 땅에 들어가 이스라엘이 그것을 차지할 것을 약속하셨던 10:11과 연결된다. 여기서 다루어지는 교훈은 미래의 약속의 땅에서 생길 일들에 관한 것이다. 이제 약속의 땅으로 들어가는 이스라엘이 야웨의 모든 명령을 지켜야 할 필요성은 그로 인해서 그들이 강해질 것이며 땅을 얻을 것이며 이스라엘이 그 땅에 사는 날이 길어질 것이기 때문이다. 나일 강의 인공적인 관개수로에 의해서만 경작이 가능한 이집트 땅과는 달리 (“거기에서는 너희가 파종한 후에 채소밭 같이 발[79]로 물을 대기만 하면 되었지만”), 약속의 땅은 하늘에서 내리는 비에 의해서만 경작이 가능한 땅이었다. 즉 이스라엘이 이제 들어가는 땅은 하나님의 은혜에 전적으로 의존해야만 하는 곳이다. 즉 “하나님께서 일년 내내 돌보아 주시는 땅이며 네 하나님 야웨의 눈이 항상 그 땅 위에 머물러 있는 땅이었다(12절).”

하나님의 계명을 지키고 하나님을 사랑하라(11:13-17)

이 단락에서 모세는 자신이 명령하는 명령을 듣고 하나님을 사랑하고 온

79) 일반적으로 이 표현(버라글레카 בְּרַגְלְךָ)을 “발로 수차(水車)를 돌려 나일 강물을 퍼서 관개수로(灌漑水路)에 물을 대던” 농사기법을 지적하는 것으로 여기지만, 최근에는 그것이 상당히 후대에 발전된 기술이었다는 점에서 “발”을 일종의 완곡어법(euphemism)으로 보아 “오줌(발의 물)으로 농사를 지을 만큼의 적은 농토”라는 의미에서 (약속의 땅에서의 하나님의 축복으로서의 비와 대조하여) 이스라엘이 이집트에서 처했던 비참한 상황을 언급한다는 주장도 있다.

마음으로 섬기라는 말로 시작한다. 이스라엘 백성은 하나님이 주시는 비(이른 비[10월]와 늦은 비[4월])에만 의존해야 한다. 그래야만 그곳은 "젖과 꿀이 흐르는 땅"이 될 수 있다. 계속적인 그 땅의 풍요("곡식[밀과 보리]과 포도주와 기름")는 하나님을 청종한 결과요, 마음이 미혹되어("개방되어") 다른 신을 섬기면 하늘로부터 비가 오지 않을 것이며("하나님이 하늘들[의 창들]을 닫을 것이다"[17절]) 땅이 소산을 내지 않을 것이다. 결과적으로 야웨께서 주신 "아름다운" 땅(낙원)에서 이스라엘이 속히 망하게 될 것이다. 이러한 표현은 약속의 땅에서의 풍요가 바알 신에 의해서도 이스라엘의 수고의 당연한 결과도 아닌, 전적으로 야웨로부터 온 것임을 기억케 하는 것이다. 여기에서 약속의 땅은 일종의 낙원으로 묘사된다(비교. 6:10-11, 8:7-10).

현 세대와 미래 세대를 위한 야웨의 명령들과 축복들(11:18-25)

이 단락은 본질상 요약적인 특징을 갖고 있다. 특히 6:6-9의 반복으로 여겨지며 세부적으로는 다음의 표와 같이 각각의 유사구절들을 발견할 수 있다. 18-25절의 말씀의 다른 구절들과의 상관성은 다음과 같다(Craigie 1976:211).

11장	관련구절	11장	관련구절
18절	6:8	22절	6:17(비교. 6:3)
19절	6:7과 4:9-10	23절	4:38과 9:1
20절	6:9	24절	1:7-8
21절	4:40과 6:2	25절	2:25과 7:23-24

이와 같은 이유로 이스라엘 백성은 개인적으로나 가족적으로, 일을 하거나 일을 하지 않거나, 사적으로나 공적으로 기억하면서, 그리고 자식들을 가르치고 그들과 논의하면서 야웨의 뜻을 지켜야 한다. 그렇게 되면 약속의 땅

에서 이스라엘 백성의 날은 하늘이 땅위에 존재하는 것처럼 길어질 것이다. 그렇게 되면 그들은 장차 가나안 족속들을 몰아낼 수 있을 것이며 광야, 레바논, 유프라테스 강가, 서해(지중해)로 이르는 지역을 얻을 수 있다.

세겜에서 행해질 의식들(11:26-32)

고대근동 문헌에서 축복과 저주는 마지막에 나타나는 일반적인 요소다. 이 단락은 구조적 위치상 모세의 연설의 끝은 아니지만, 사건진행상 마지막 부분에 위치하고 있으며 그 성격상 일종의 제의적 행위로서의 축복과 저주 의식이라고 볼 수 있다. 그러한 측면에서 이 단락은 5-11장의 모세의 설교의 결론부분을 이룬다. 그러나 더 중요한 것은 본 단락이 이전 모세의 설교들과 신명기 규례와 법도 사이의 전환점의 역할을 할 뿐만 아니라, 규례와 법도의 결론과 세겜[80]에서의 축복과 저주의 강력한 연관성을 보여준다는 점이다. 즉 11:26-32과 27-28장과의 상관관계는 다음과 같이 종두병행적 측면에서 구조화할 수 있다(Olson 1994:60).

A 언약갱신을 위한 축복과 저주의 의식(11:26-32)

B 규례와 법도(12:1-25:19[26:15])

A′ 언약갱신을 위한 축복과 저주의 의식(27:1-29:1)[81]

80) 이곳이 길갈이 아니라 세겜이라는 주장은 Barker(1998:298-299)를 따른 것이다.

81) 신 28장의 지리적 배경이 세겜이냐 모압이냐에 따른 논란은 존재한다. 지금의 분석은 Christensen(2001, 2002)의 주장에 근거한 것이다.

이스라엘 앞에 놓여진 복과 저주

이스라엘이 약속의 땅에 거할 때, 복과 저주는 그들이 야웨의 명령을 따르느냐의 여부에 따라 임하게 될 것이다. 그러므로 모세는 야웨께서 이스라엘을 약속의 땅으로 들어가게 하실 때 그리심 산에게 축복을, 에발 산에게 저주를 선포하라고 명령한다(비교. 27:1-26, 수 8:30-35). 이 문맥(30절)은 "이 두 산은 요단강 건너, 서쪽으로 조금 떨어진, 아라바에 거주하는 가나안 족속의 땅에서, 길갈(다른 길갈?) 맞은편, 엘로네 모레[אלוני מרה][82] 근처에 있지 아니하냐?" 와 같이 세부적이고 명확하게 언급되어 있으나, 그곳의 현재 위치는 고고학적으로 여전히 불분명하다(아마도 세겜 지역?). 그러나 그리심 산과 에발 산 자체가 갖고 있는 상징성은 명확하다. 그리심 산은 일반적인 은혜와 축복을 상징하는 오른쪽에 위치해 있고 에발 산은 그 반대쪽에 있다. 게다가 그리심 산은 하나님의 축복의 상징인 식물로 가득한 푸른색을 띄지만, 에발 산은 저주와 죽음의 상징인 황량한 불모와 건조한 산악지역이다. 지형적인 측면에서 본다면, 그리심 산과 에발 산은 모세의 교훈에 대한 가장 생생한 예증으로서의 기능을 수행하기에 적합한 지형이다. 여기서 우리는 신명기의 전반부에 대한 "내가 오늘 너희 앞에 베푸는 모든 규례들과 법도들을 지켜 행하라" 는 명확한 종결부를 발견한다(32절).

82) MT의 독법("모레의 옻나무들"[복수])과 LXX 등의 고대번역본들의 독법("모레의 옻나무"[단수])은 같지 않다(비교. 엘론 모레, אלון מורה[창 12:6]).

3
법도와 규례의 교훈적 설교, 그리고 세겜에서의 제의의식(II)

법도와 규례의 교훈적 설교,
그리고 세겜에서의 제의의식(II)

도입(12:1)

많은 학자들의 주장처럼 12:1은 우선적으로 규례들과 법도들(12-26장 전체)의 서언으로 보아야 한다. "이것들이 네 열조의 하나님 야웨께서 네게 주셔서 얻게 하신 그 땅(법적 효력의 지리적 한계)에서 사는 동안(법적 효력의 시간적 한계) 너희가 지켜 행해야 할 규례들과 법도들이다." 그러나 1절("지켜 행할 규례들과 법도들")은 결론부분인 12:28-32[13:1]("이 모든 말씀들을 지켜")과 상응한다는 점에서 12장 전체의 서언의 역할도 겸한다.

법도와 규례적 설교들(12:2-25:19)

규례와 법도부분은 "이것들이 규례들과 법도들이다"(12:1)와 "이 규례들과 법도들을 행하라"(26:16-19)라는 표현을 통하여 하나의 문학적 단위를 이룬다. 12-26장의 세부적인 구조에 대해서는 그동안 국제조약의 일원적 배열, 제의법-시민법의 이중적 구분, 필로와 종교개혁자들로부터 시작해서 카마이클과 코이프만 등의 지지를 받는 십계명적 배열, 교차대구적(그 극단적인 예가 크리스텐센[Christensen]이다), 혹은 주제적 배열과 같은 다양한 논의가 있었다. 이 단락을 세부적 제재조항으로 여기는 국제조약적 배열의 입장은 이미 앞에서 다루었기 때문에 여기서 다시 논의하지 않을 것이다. 여러 가지 입장 가운데 가장 인기가 많은 십계명적 배열의 경우 명확한 단락구분이 쉽지 않을 뿐만 아니라, 그 배치가 뒤죽박죽이거나 혼합되어 등장하는 이유 때문에 학자들 사이의 다양한 입장이 존재한다는 점에서, 수용하기가 어렵고 그리고 신명기 전체를 포괄하는 구조 뿐만 아니라, 세부적으로 복잡하게 존재하는 구조들을 제시하는 크리스텐센의 입장도 여전히 불만족스럽다는 것이 필자의 솔직한 고백이다(참조. 성기문 2005).

이 법도들과 규례들의 구조(혹은 배열)와 함께 더 고려되어야 할 부분은 이전 규례들과 법도들과의 상관관계다(참조. Lasserre 1994). 간단하게 말하자면, 본서의 서론에서 언급하였듯이, 필자는 12-26장이 이전의 말씀들의 반복(또한 "보완과 수정")이라는 과정을 거친 모세의 재해석이라고 본다. 신명기의 다른 부분들도 마찬가지지만 이 부분의 규정들은 아래의 대조표가 보여주듯이 이전의 말씀들(출 19:1-민 10:10)과의 연관성 속에서 읽혀져야 한다. 여기의 대조표는 폰라트(1966:13)의 것에 출애굽기 20:24/신명기 12:1-14의 대조를 필자가 첨가한 것이다.

계약법전의 규정들(출)	신명기의 규정들
20:24	12:1-14
21:1-11	15:12-18
21:12-14	19:1-13
21:16	24:7
22:16이하	22:28, 29
22:25	23:19-20
22:26이하	24:10-13
22:29이하	15:19-23

22:31	14:3-21
23:1	19:16-21
23:2이하, 6-8절	16:18-20
23:4이하	22:1-4
23:9	24:17이하
23:10이하	15:1-11
23:12	15:13-15
23:13	16:13
23:14-17	16:1-17
23:19a	26:2-10
23:19b	14:21b

이 규례와 법도 단락은 야웨(와 맺은 언약)에 대한 이스라엘의 배타적인 충실성을 담보해주는 역할을 수행한다. 이와 같은 배타적 충실성은 주로 제의적인 측면(적법한 장소와 제물의 사용)에 그리고 정치적인 측면(정의와 공평), 가족적인 측면 그리고 사회복지적 차원에서 나타난다. 그럼에도 불구하고 이 단락은 하나님과의 관계뿐만 아니라 (하나님의 신실한 백성의 의무로서) 이웃에 대한 관심과 배려와 사랑을 언급한다. 신앙인은 여전히 불신앙과 망각의 순례를 하게 될 것이다. 그것이 무서운 자연조건의 광야이든지 풍요로운 가나안 땅이든지간에 "하나님의 입에서 나오는 말씀"에 의존하고 순종하는 것은 하나님의 은혜와 자비에 의존하여 복종하는 구체적인 삶이 바로 신명기법의 의미를 깨닫고 실천하는데서 나온다는 것을 깨닫게 해줄 것이다. 그렇기 때문에 신명기 전체의 문맥에서 볼 때 신명기법은 우리에게 복음으로 다가온다. 즉 맥브라이드(1987:236ff.)의 연구의 연장선상에서 올슨(1994:65-67)이 신명기의 규례들과 법도들의 특징을 규정하였듯이, 신명기 법규들의 호소적 성격[83)]은 그

83) 준수의 동기부여로서의 제 1계명(12:30, 31, 13:2, 3, 6, 7, 13, 17:3, 18:20, 19:9, 20:28, 26:16-19), 준수의 동기부여로서의 이집트에서의 노예생활과 야웨의 자애로운 구원의 추억(13:5, 10, 15:15, 16:1, 3, 6, 12, 17:16, 20:1, 23:4, 24:9, 18, 22, 25:17, 26:5-9), 규례들과 법도들 사이의 관계성의 삼중적 요소들(하나님, 인간, 그리고 피조물), 죽음과 관련된 표현들, 대가를 지불하는 복종의 삶 등이다.

러한 법규의 목적과 준수 필요성에 대한 적절한 동기부여를 제공할뿐이지, 우리에게 우리 자신의 의를 이루는 수단으로 사용될 수 없다. 오히려 신명기법은 부정적인 측면에서 하나님의 의와 은혜와 긍휼을 드러낸다. 그와 같은 역할을 신명기법을 감싸고 있는 외부구조들이 명확하게 그 기능을 담당한다.

야웨 예배의 장소와 예물들에 관한 규례들(12:2-32[3:1])

본 단락은 규례와 법도 전반에 걸친 "야웨 예배" 와 관련된 여러 가지 규정들 중에서 "적절한 야웨 예배장소와 적절한 예물에 관한 규례들" 을 다룬다. 신명기의 제단법은 야웨께 대한 제사의 장소와 예물들을 다룬다는 점에서 출애굽기 20:22-26("내가 내 이름을 기념하게 할 모든 곳에서 네게 임하여 복을 줄 것이다" [24b절])의 제단법과 레위기 등의 제사법을 전제로 한다. 물론 신명기의 제단법들은 12장 이외의 부분들(14:22-29, 15:19-23, 16장, 17:8-13, 18:1-8[19:1-13?], 26:1-11)에서도 등장한다. 12장에서의 제단법의 핵심구절은 12:5, 11, 14이다. 이 단락은 야웨께서 원하시는 제단과 제물과 예배자들의 태도와 행동과 관련된 부정적인 제의 혹은 비제의적 규정들과 긍정적인 제의 규정들의 몇가지 대조적 구조를 가진다.

첫 번째 대조(12:2-7)

2-3절에서는 가나안 사람들이 행하는 제의장소들("높은 산들, 언덕들, 모든 푸른 나무 아래에서")[84]과 매체들(그들의 제단들, 그들의 주상들, 그들의 아세라들, 그리고 그들의 "신

84) 이것은 "시원한 나무 그늘 아래" 제단을 만들었던 관행을 상기시킨다. 그러나 왕조시대에는 이교적 제의가 주로 산당(바마 במה)에서 행해진 것처럼 보인다.

들의 조각상들")에 대한 이스라엘의 행동들("그것들을 제거하여 사람들이 더 이상 기억하지 못하게 함")을 규정하는 말씀이 나타난다.

4-7절에서는 이스라엘이 "찾고 그곳으로 이동해야" 할 제의장소("야웨께서 자기의 이름을 두시려고 너희 온 지파 중에서 선택하신 한 곳")와 그곳에서 바쳐야 할 제물들(번제들, 희생제물들[번제들을 포함한 화목제물들], 십일조들, 거제[擧祭, "손을 높이 드는 것"]들, 서원제물들, 자발적인 "공동체적 제물들"[樂獻祭物], 소와 양과 염소의 초태생들)과 행동들(야웨 앞에서 예배자들의 노동의 결과로 얻은 복으로 인해서 그들["너희와 너희 가족"]이 즐거워해야 한다[12:18, 16:11, 14, 29:11, 18])에 대한 명령들이 나타난다.

여기서 흥미로운 사실은 여기에 선택된 한 장소 외에 다른 모든 곳에서 모든 희생제사를 금하고 있는 것이 아닌 것처럼 보인다는 점이다. 가장 중요한 속죄제물들과 속건제물들이 12:6의 제물 목록(번제물들, 제물들, 십일조들, 특별한 헌물들, 낙헌제물들, 그리고 첫태생들)에서 빠져있기 때문이다. 아마도 이러한 신명기 제단법의 목록은 선택된 제단에 제물만을 바쳐야 한다는 측면에서 정당한 제물들의 일반적인 목록을 의미하며(McConville 1984:52, 53), 이 규례는 그러한 강조의 차원에서 제시된 것뿐이지, 이스라엘 가운데 특정한 제의장소의 독점적 배타성을 의도한 것은 아니라고 보아야 한다(Niehaus 1992:8-9).

12장에서 "중앙성소공식들"은 두가지(긴 형태와 짧은 형태)로 등장한다. 가장 긴 형태는 "오직 너희의 하나님 야웨께서 자기의 이름을 두시려고 너희 모든 지파 중에서 택하신 곳인 그 계실 곳"(12:5)이며, 짧은 형태들은 12장의 11, 14, 18, 21절에서 나타난다. 즉 "너희의 하나님 야웨께서 자기 이름을 두시려고 택하실 그 곳"(11절), "오직 너희의 한 지파 중에 야웨께서 택하실 그 곳"(14절), "오직 네 하나님 야웨께서 택하실 곳"(18절), "네 하나님 야웨께서 자기 이름을 두시려고 택하신 곳"(21절).

절	내용
5	너희의 하나님 야웨께서 너희 모든 지파들로부터(미콜-쉬브테이켐 שבטיכם-מכל) 선택하실 그 곳
14	야웨께서 너의 지파들 중의 각각 하나씩(베아하드 쉬바테이카 באחד שבטיך) 선택하실 그 곳

5, 14절 사이의 중대한 차이점은 14절을 중심으로 볼 경우 신명기의 제단법 자체가 동시에 적어도 두 개 이상의 야웨의 제단을 인정하고 있는 것으로 이해될 수 있기 때문이다. 14절의 경우에는 23:17(16)과의 병행적 용례로 보아서 베(ב)를 분배사(distributive)로서의 역할을 생각할 수 있다(Östereicher 1924:246-247).

두 번째 대조(12:8-12)

8-9절에서 광야에서의 예배와 약속의 땅에서의 적합한 예배가 대조된다. 모세는 이스라엘이 이제까지, 즉 광야에서는 제사와 제물을 "각자가 자기들 눈에 옳은 모든 것을"[85] 행했지만, 이제는 그렇게 하지 말라고 조언한다. 모세는 지금까지 이스라엘이 가나안에 들어가지 못했기 때문에 안식과 약속의 땅에 이르지 못했으나, 이제 하나님이 이스라엘에게 기업으로 주시는 땅에 거하여 사방의 모든 대적들을 이겨 안식처를 얻어 평안히 거하게 하실 때를 언급한다. 아마도 이와 같은 약속의 땅으로서의 안식처에 대한 개념은 잇사갈을 "안식(처)"라고 부르는 야곱의 축복에서 비롯된 것 같다. 민수기 10:33에서는 언약궤의 안식처에 대한 언급도 있다. 이와 같은 안식의 "가까운 미래, 혹은 즉각적인 성취"는 신명기의 다양한 문맥 속에서도 발견되며(즉 제의와 제물에 대한 규정들[14:22-26], 절기법[16:1-17], 법정[17:8-10], 제의적 규정들[26:1-4], 언약갱신[31:10-

85) 이와 유사한 표현("각 사람이 자기 보기에 좋을 대로 행했다"[이쉬 하야솨르 베에나브 야아셋 יעשׂת איש הי שר בעי ניו])은 삿 17:6과 21:25에 등장한다.

13]) 여호수아서도 동일하다.

10-12절에서 모세는 가나안 땅에서의 정하신 곳에서의 예배에 대한 언급, 하나님이 자기 이름을 두시고자 택하신 한 곳에서 가져오도록 명령하신 모든 제물들(번제들, 희생제물들, 십일조들, 거제들, 서원제물들)을 가지고 가라는 명령을 한다. 10절에서의 언급은 유사한 형태로 25:19에서도 반복된다. 예배자들은 야웨 앞에서 종들을 포함한 가족들과 즐거워해야 하며 마찬가지로 "네 성중에 거하는" 이스라엘 사람들 중에서 분깃이나 유산이 없는 레위인들과도 즐거워해야 한다.

세 번째 대조(12:13-14)

13절에서 모세는 보이는 아무 곳에서나 야웨께 번제를 드리지 말라고 명령한다. 14절에서 모세는 "너희의 한 지파 중에서" 야웨께서 자기의 이름을 두시려고 선택하실 곳에서 번제를 드리고 다른 모든 제물들을 바쳐야 한다고 명령한다.

네 번째 대조(12:15-19)

15-16절은 정결한 자와 부정한 자 모두의 비(非)제의용(소와 양, 그리고 가젤 영양과 붉은 사슴) 즉 식용고기의 도축에 관한 규정을 제시한다(소와 양은 제의용으로도 쓰이는 짐승들이며 가젤 영양과 붉은 사슴의 경우에는 식용으로만 쓰였다). 피의 식용 금지("피는 먹지 말고 물 같이 흘릴 것")는 제의용이나 식용이나 동일하게 적용되는 규정이다. 그런데 문제는 이 규정이 모든 도살을 제의적으로 행하라는 레위기 17:1의 명령과 다르다는 주장이 있다. 아마도 이러한 차이점은 신명기의 규례가 "가나안 땅에 들어간 후"라는 상황적 변화에 따른 이전 법조항의 재적용으로 볼 수 있지만, 각각의 문맥적 강조점을 고려한다면 쉽게 해결될 수 있

는 문제다. 우리의 본문이 잘 말해주듯이, 제의적 도살이나 식용적 도살 모두가 피째 먹는 것을 금지한다. 우리는 레위기의 경우에 모든 도축에 대한 언급보다는 제의적 도살만을 지칭하는 것으로 보아야 한다. 또한 후대의 본문인 사무엘상 14:32-35에서 우리는 식용을 위한 도축의 경우를 발견할 수 있다. 여기에서의 잘못은 제의적으로 도축을 하지 못했기 때문이 아니라, 백성들이 피째 먹었다는데 있었다.

마지막으로 모세는 곡식과 포도주와 기름의 십일조들, 우양의 초태생들, 서원예물들과 자유롭게 드리는 제물(낙헌제물)들과 거제물들을 야웨 앞에서 네 가족(네 자녀들과 노비들)과 성중에 거하는 레위인들과 함께 그것들을 먹고 노동의 결과로 인해서 야웨 앞에서 즐거워하며 "네 땅에 거하는 동안에" 레위인들을 저버리지 말도록 권면한다(17-19절)[86].

다섯번째 대조(12:20-27)

이 부분은 앞에서의 도축(屠畜)에 대한 규례를 반복한다. 식용도축에 대한 규정들(20-25절)은 제단이 아닌 곳에서의 도축을 허용하지만, 제물용 도축과 마찬가지로 피를 강하게 금지한다. 이 규정은 "네 하나님 야웨께서 네게 약속하셨듯이 그가 네 영토(게불카 גְּבֻלְךָ)를 넓히신 후에", 즉 야웨께서 이스라엘로 하여금 약속하신 모든 영토를 취하게 하신 후에,[87] 야웨께서 자신의 이름을 두시려고 선택한 장소가 멀 때는 각 성읍에서 좋아하는 소와 양을 잡아먹을 것이나, 피째 먹지 말라고 교훈한다. 모세는 피가 생명이기 때문에 생명과

86) 예배장소 공식을 중심으로 한 12장의 하위구조 구분은 von Rad(1966:89)에게서도 찾아볼 수 있다. 첫 번째와 두 번째의 공통점은 가족에 대한 강조이며 그 차이점은 가족의 의미를 노비와 레위인들에게까지 확장시키고 있다. 세 번째와 네 번째는 번제와 피, 그리고 식용고기의 도축법을 다룬다는 점에서 공통점이 있으나, 차이점으로는 마지막 부분에서는 제물을 바치거나 먹는 대상에 대한 명확한 언급이 없으며 십일조에 대한 부연설명이 없다는 점이다.

87) 이러한 이해는 여호수아서의 견해(가나안 정복초기)와 동일하며 열왕기의 솔로몬의 말과 역대기의 입장(예루살렘 건축에 대한 다윗과 솔로몬의 말)과 다르다.

고기를 같이 먹는 것을 금지한다. 이것은 나중의 "염소새끼를 그 어미의 젖에 삼지 말라"는 규정(14:21)과 연관된다. 피의 식용 금지(레 3:17, 7:26-27, 19:26, 특히 17:10-14)는 야웨께서 의롭게 여기시는 바이며 이것은 "너와 네 후손"이 복을 받도록 하는 것이다.

제의용 고기에 대한 규정들(26-27절)에서 다시 모세는 성물들과 서원제물들은 야웨께서 택하신 곳으로 가져가도록 교훈한다. 여기에는 제물의 고기와 피의 처리에 대한 언급이 있다. 번제는 고기와 피를 모두 야웨의 제단에 부을 것이며 희생제사는 피를 제단에 붓고 고기만 먹는다.

신명기가 염두에 둔 중앙성소는 어디였을까?

신명기가 규정하는 "야웨께서 자신의 이름을 두시려고 선택한 장소"의 정체에 대한 뜨거운 논란은 지속된다. 비록 본문 자체가 아무런 언급도 하지 않고 있다는 것 자체가 신명기 제단법의 영속적 적용을 염두에 두고 있는 것이라고 볼 수 있지만, 우리는 신명기의 제의적 장소의 단일성과 다양성을 이스라엘의 종교사적인 측면에서 고려해 볼 필요가 있다.

12장은 이스라엘이 요단강을 건너가 가나안 땅을 정복하면, 수행해야 할 제단법에 관한 규정들을 제공한다. 이스라엘의 광야시대에는 야웨의 영광이 이동하는 장막 위에 머물 때, 그곳이 바로 예배와 제사와 계시 장소가 되었지만, 가나안 정착 이후, 야웨의 성소가 옮겨 다녀야 할 필요가 드물어지자, 고정된 건축물로서의 지역성소들의 필요성이 예견되었다. 이스라엘의 제단법의 역사는 야웨의 현현과 관련된, 혹은 야웨께서 명령하시는 지시의 장소에서의 제의, 그리고 예배자의 임의에 의한 제의장소 선택에서 시작하여 야웨의 성막에서 야웨와 이스라엘의 만남이 적법하게 실행되었지만, 이제 약속의 땅 가나안 지역에 들어가게 되면 그 상황은 변하게 될 것이다. 이것이 모세가 제단법을 설명하게 된 배경들 중의 하나다. 또 다른 제단법의 배경은 가나안 종교에 있다. 가나안의 이교적 제의의 경우에는 여러 가지 다양한 장소와 방법들을 통하여 가나안 신들이 예배되었지만, 야웨의 예배는 제한적이어야 한다. 이제 야웨의 명령에 따라서 이스라엘을 통하여 가나안 제의들은 다양한 방법으로 파괴되고 제거될 것이다.

사실 해석상의 가장 큰 이슈는 신명기의 성소가 역사상 하나였는가, 여러 개였는가에 대한 것이다. 신명기가 단일한 성소 하나를 염두에 두었는지, 아니면 적법한 성소를 의미했는지에 대한 뜨거운 논의인 것이다. 그러한 측면에서 이 성소법에서 "야웨가 선택할 장소"라는 점과 "야웨의 이름이 거할 곳"이라는 표현은 흥미롭다. 이러한 표현은 야웨제의에 적합한 장소로서, 야웨의 임재 기념물 혹은 주권이 임하는 곳을 의미한다.[88] 적극적인 의미로는 하나님은 "자신의 임의대로" 제사를 위한 장소(들)를 선택하실 수 있다는 의미며, 소극적인 의미로는 이것은 사람이 사사로이 그 장소를 선택하거나 그 의미를 새롭게 규정할 수 없다는 의미다.

이스라엘의 역사를 통해서 볼 때, 선택된 장소(즉 중앙성소) 외에도 시시때때로 드려지는 야웨적 제사들은 허용되었다(12:5).[89] 구약역사서에서는 오경내에서의 여러가지 사건들과 연관된 것으로, 중앙성소 이외에도 많은 다른 곳(길갈, 세겜, 미스바, 실로, 벧엘, 라마, 그리고 기브온 등)에서 야웨의 이름으로 제사를 지냈다는 기록들이 많이 등장한다. 특별히 이스라엘의 왕정시대 초기에 하나님의 사람인 사무엘이 산당에서 사울과 제물을 나눠먹은 경우(삼상 9장)나 선지자들이 산당에서 내려오는 사울을 만나는 이야기(삼상 10장)나 솔로몬이 기브온 산당에서 제사했던 이야기들이 아무런 정죄없이 언급된다는 점도 배타

88) de Vaux(1967)는 고대근동 문학에서의 몇가지 예들(일종의 비석 등을 세워서 주권의 선포의 수단으로 사용함)을 제시한다. 또한 McBride의 발견처럼, 이름을 두는 행위는 비석에 이름을 새겨두는 의식에 대한 언급으로도 이해될 수 있다. 가장 최근 논의인 Richter(2002)에 따르면, 이러한 표현은 야웨의 초월성이나 내재성의 문제라기보다는 소유권을 주장하는 아카드어 관용어를 차용한 것이다.

89) Niehaus(1992:11)는 "선택된 장소" 이외에서의 제의가 부정기적이고 특별한 상황 속에서 행해졌음을 발견한다: '다른 말로 하면, 올라(עֹלָה)와 제바흐(זבח)라는 용어들이 어떤 경우에는 야웨 혹은 그의 천사의 명령에 의해서, 다른 경우에는 야웨에 대한 희생제사들이 "선택된 장소"와 무관한 곳에서 행해지는 야웨의 전쟁 문맥 속에서 사용된다는 것이다.'

적인 중앙성소적 이데올로기의 존재 가능성을 부인하게 만든다.

물론 다윗이 통일왕국의 왕이 되어 예루살렘에 수도를 옮기고 그곳에 궁전을 짓고 야웨의 전(殿)을 지을 준비를 하고 결국 솔로몬이 야웨의 전을 건축함으로써 다윗 왕가는 예루살렘을 정치 종교 문화 사회 경제적인 측면에서 중심지로 만들었다.[90] 다윗이 준비하고 솔로몬이 완성한 예루살렘 성전의 위상 강화는 나름대로의 정치적 중앙화와 함께 블레셋에 의해서 파괴되었던 첫 중앙성소였던 실로의 기능상실의 대체를 통해서 이루어졌다(시 78편과 렘 7장). 물론 이러한 논의에 관련하여 예루살렘 성전의 독점적 배타성을 단순히 극단적인 정치 이데올로기로 해석할 수 있느냐의 여부와 분열왕조의 왕들에 의한 예루살렘 성전 내의 비야웨적 제의 도입과 (비야웨적) 산당제사에 대한 부정적인 평가에 대한 이해는 별도의 문제다. 그러므로 필자는 열왕기가 잘 보여주듯이 산당 자체보다는 산당이 무엇을 위한 것이었느냐가 문제였다고 생각한다. 즉 성궤와 성막의 존재와 그곳에서 행해지는 예배와는 별도로 산당 자체가 이스라엘의 제의생활에 있어서 오랫동안 허용되었지만, 분열왕조의 경우처럼 산당에서의 야웨제의의 이교화(異教化)의 가능성은 여전히 존재했다.

결론적으로 이러한 다양한 성소들의 개념과 발전에 대한 관찰을 통하여 12장이 말하는 야웨 예배를 위한 배타적으로 "선택된 장소"는 이스라엘 역사상 하나의 유일무이한 장소라기보다는 여러 중앙성소들의 승계(a succession of central sanctuaries)로 여기게 만든다. 다시 말하면, 본문의 논리상 한곳의 중앙성소를 말하는 것처럼 보이나, 실제에 있어서 후속적인 여러 개의 장소들이 그 요구사항에 어울린다는 것이다. 그러기 때문에 신명기의 제단법은 변경이 가능하지만 배타적인 예배장소(웬함의 표현에 따르자면 중앙성소[the central sanctuary]보다는 단일성소[sole sanctuary]의 개념을 지지하는 것)에 대한 강조로 보아야 한다.[91]

90) 이에 대한 논의는 성기문(2003)을 보라.

91) 이에 대한 자세한 논의는 신 12장의 제단법에 대한 Wenham, Niehaus, McConville 등의 연구를 참조하라.

즉 이것은 '한분 야웨 너희 하나님'에 대한 완전한 충성을 전제로 한다. 그러므로 이 단락에서의 강조점은 제단의 수보다는 적법한 제단의 의미와 기능에 있는 것이다. 이 본문 자체는 이스라엘 가운데서 언약궤가 놓여있는 성소가 당연히 하나이겠지만, 야웨께 제사를 지낼 수 있는 적법한 제단은 여러 개일 가능성을 제시하고 있는 것으로 보아야 한다. 게다가 이 본문은 야웨 제단의 적절성과 가나안의 지역 제단들의 부적절성을 대조하고 있는 것이지, 적합한 야웨제단(중앙)과 부적합한 야웨제단들(지역)을 대조하고 있는 것은 아니다(Bewer 1928:308-310).

결언(12:28-32[13:1])

신명기 제단법의 결언은 규례와 법도의 서언(12:1)과 비교할 때 다소 확장된 형태를 취한다. 12장의 제단법의 결론의 외피는 "듣고 지켜라, 내가 네게 명령하는 이 모든 말씀들을. 네 하나님 야웨께서 보시기에 선한 것과 정의로운 것을 행하면, 너와 네 후손에게 영원히 복이 임할 것이다"라는 명령과 축복의 약속으로 시작한다. 그리고 모세는 하나님이 약속의 땅에 들어가 쫓아 낼 민족들을 제거하고 살게 될 때 발생할지도 모르는 그들의 우상숭배의 전철을 밟아 시험에 들지 말며(비교. 레 20:1-5, 렘 7:31, 32:35) 이방신들의 예배에 대한 탐구를 하지 말라고 명령한다. 여기서 모세는 우상을 섬기는 것을 야웨께서 "꺼리시는 것이며 가증히 여기는 모든 행위들"(콜 토아베트 아도나이 아세르 사네 כָּל־תּוֹעֲבַת יהוה אֲשֶׁר שָׂנֵא)이라고 규정한다.

이 구절들은 가나안 땅에 들어간 후에 행할 예배의 적절성과 부적절성에 대한 교훈들(12:1-27)의 결론일 뿐만 아니라, 이후에 나오는 부적절한 하나님의 매개자들과 적절한 하나님의 매개자들에 대한 교훈들(13:1-18)을 이어주는 전환적인 역할을 수행한다. 특히 "자녀, 가증한 것" 등의 표현의 측면에서 이 구절은 14장(너희 하나님 야웨의 자녀[14:1], 가증한 물건[3절])과의 연관성을 갖는다.

28절	29-31절	31[13:1]절
준수의 요구와 그 결과	요약-우상숭배의 금지, 멸망의 증거	준수의 요구

32절에서 언급된 "자식을 제물로 바치는" 행위의 정체에 대한 논란이 있다.[92] 1934년까지 대부분의 학자들은 이것을 몰렉(מֹלֶךְ)신에 대한 제의라고 규정하였으며 지금도 일부 학자들이 지지한다(Craigie, Thompson 등). 이와 같은 전통적인 입장에 따르면, 이러한 관행은 이방인의 성전의 창녀들이 자기 자식들을 제물로 삼는 것에 대한 신명기적 비판으로 이해된다. 그러나 1935년에 아이스펠트(Eissfeldt)는 "몰렉"이라는 단어가 가나안 신의 이름이 아니라 희생제의의 용어였다고 주장하면서 이와 관련된 이견이 나오기 시작했다. 심지어 올브라이트(1968:242)는 몰렉이라는 말이 '제왕의 희생제사'(*ḏabḥu mulki*)라는 말에서 비롯된 것으로 '가장 고귀한 신성한 행위'를 의미한다고 주장한다. 최근에는 다른 각도에서 여기서 언급된 금지된 제사가 인신제사를 의미하는 것이 아니라는 주장도 있다. 크리스텐센(2001:265)은 이 단락의 "… 그들의 신들을 위하여 불로 태운다"는 표현이 자식을 태워서 바치던 몰렉제사를 의미하는 것은 아니며 18:10에서의 몰렉제사("임마쩨 베카 마아비르… 바에쉬 יִמָּצֵא בְךָ מַעֲבִיר… בָּאֵשׁ")와 다른 것이라고 주장한다. 게다가 이러한 위기의 시기에 행해졌던 몰렉제의(예, 북왕국의 예[왕하 17:17-18], 아하스[대하 28:3]와 므낫세[왕하 21:6])와 여기에서 언급하는 일상적인 자녀희생 제의는 혼동될 필요가 없다는 주장도 있다(Phillips 1973:92). 그러나 분열왕조 시대의 실제적인 의미와는 상관없이 그와 같은 비야웨적 제의는 엄격하게 금지되어야 했다.

마지막으로 32절에서 언급된 "가감하지 말라"(비교. 4:2)는 표현은 이 문맥에서의 "지켜 행하라"는 명령과 12:1에서의 "지켜라"는 말과 상응하는 것으로, 정경적 제재조항(canonical sanction)이라고도 불린다. 또한 이 말은 다른 곳

92) 이러한 종류의 인신제사가 후대문헌들(왕하 3:26f., 암 2:1 등)에서 발견된다는 것을 근거로 하여 본 단락의 후대연대를 지지하는 증거로 사용할 수 없다.

에서 사용되는 "좌로나 우로나 치우치지 말라"는 말과 일맥상통한다.

거짓 선지자들과 거짓 종교들의 전파자들에 대한 규례들(13:1[2]-18[19])

구조

13장은 크게 거짓선지자들에 대한 규례들(13:1-5[2-6])과 거짓종교를 전하는 사람들에 관한 규례들(13:6-11[7-12], 12-17[13-18], 14:1-2)로 나뉘며 그 특징상 18장에 언급되는 사제들에 관한 법도들(18:1-8)과 "거짓과 참" 선지자들에 대한 법도들(18:15-22)과 대조된다.[93] 12장의 일부가 야웨 제의와 관련해서 부차적으로 우상숭배 문제를 다룬다면, 13장은 우상을 숭배케 만드는 자들을 전체적으로 다룬다. 모세는 야웨가 아닌 "다른 신들을 섬기게 하는" 사람들에 대한 이스라엘의 태도와 행동이 즉각적이고 동일해야 한다고 역설한다. 즉 "그는 죽어야한다"(13:5, 9-10, 15-17). 이 말과 함께 "너희 중에서 그 악을 제거하라"라는 표현은 13:1-5[2-6], 17:2-7; 19:16-19; 21:8-21; 22:13-21; 23:18-19b; 25:13-16에서도 나타난다.

93) 사회적 공의 집행자들(재판장과 관리, 그리고 왕)에 대한 규례들(16:18-29, 17:14-20)은 안식년의 공의와 해방적 기능(15:1-19)과 상응하는 것으로 볼 수 있으며 19장 이하의 공공의 선과 정의에 관한 규례들과의 연결을 위한 배치로 볼 수 있다. 게다가 제의적으로 성소나 제단에서 "하나님 앞에서 봉사"하는 사제들과 레위인들처럼 사회적 공의의 집행자들도 사법적인 측면에서 "야웨 앞에서 봉사하는 자"로서의 역할이 강조된다(17:8-13). 왕의 규례의 경우에도 레위 사제에 대한 언급이 나오는 것은 그 뒤에 따라 나오는 레위 사제와 레위 지파의 분깃에 대한 언급(18:1-8)과 주제적으로 연관된다. 사법제도, 왕정, 레위인 사제들이 중앙성소("야웨 앞에서")에서의 업무라는 측면에서 연결된다고 볼 수도 있다.

거짓선지자들과 관련된 법도들(13:1-5[2-6])

이들은 징조나 기적을 통하여 이스라엘을 유혹할 것이다. 물론 꿈 자체는 상황에 따라서 하나님의 뜻을 아는데 부적절한 것일 수도 있고(민 12:6) 적절한 것일 수도 있다(렘 23:25). 이러한 금지에 대한 순종의 요구는 "너희가 온 마음을 다하고 온 뜻을 다하여" 하나님 야웨를 사랑하는가의 여부를 시험키 위한 것이었다. 그렇기 때문에 야웨를 따르고 경외하고 명령을 지키고 그의 목소리를 청종하고 섬기고 그를 의지하여 야웨께 대한 "거짓말"을 전하는 거짓선지자들과 거짓환상을 보는 자들을 제거하여 "너희 중에 악을 제거하라"고 명령한다. 그러한 집행의 근거는 야웨께서 이스라엘을 출애굽시켜 인도하여 속죄하신 분이시기 때문이다.

가족 구성원들(13:6-11[7-12])

가족 구성원들은 "함께 야웨 앞에서 그를 예배하고 즐거워하는" 12장의 가정의 순기능과는 반대로 가정과 신앙 공동체를 파괴할 수 있는 역기능을 가질 수 있음을 말해준다. "네 친형제, 네 자녀, 네 품의 아내, 그리고 네 생명과 같은 친구" 중에 우상숭배자가 있어 은밀히 유혹할 경우, 이러한 은밀한 위협을 발견한 증인("너")은 그의 말을 따르지도 듣지도 말며 그에 대하여 긍휼과 애석함을 갖지 말며 이 사실을 감추거나 은닉하지 말고 용서함 없이 앞장서서 우상숭배자에게 투석형(投石刑, 17:5, 22:21, 24)을 집행하는 방식으로 이들을 제거해야 한다. "그리하면 온 이스라엘이 듣고 두려워하여 이 같이 악을 다시는 너희 중에서 행하지 못할 것이다"(17:13, 19:20, 21:21). 이와 같은 태도와 조처를 취할 수 있는 것은 가족간의 관계성보다는 이스라엘을 "출애굽 시키신" 하나님에 대한 충성이 더 중요한 것이기 때문이다.

소문으로 들려오는 선동자들에 의한 지역공동체의 오염(13:12-18 [13-19])

이들은 "무익한 자들"(브네 벨리얄 בני־בליעל)이라고 불린다(삼상 30:22, 왕상 12:28, 21:10, 13). 이전까지는 개인의 가족 문제가 다루어졌지만, 이제는 몇몇 잘못된 사람들로 인해서 한 지역공동체 자체가 우상숭배로 오염이 되었을 가능성을 말한다. 이러한 소문은 면밀하고 철저한 검증("조사하고 시험하고 탐문하여")을 통해서 우상숭배의 악이 판명이 나야 한다(14절). 개인이나 가정 공동체에서의 단죄는 우상숭배하는 가나안 종족에 대해서뿐만 아니라 일종의 진멸(헤렘)의 형태를 통한 이스라엘의 지역공동체에 대한 단죄(斷罪)로도 이어져야 한다. 모세는 이스라엘에게 그 성읍과 거민들(그 안에 거하는 모든 생축을 포함한다)을 모두 죽이고 노획물들마저도 불살라 야웨께 드리도록 명령한다. 그렇게 함으로써 그 성읍은 영원히 폐허더미(텔 תל)가 될 것이며 다시는 사람이 거하도록 건축되지 않을 것이다(16절). 여기서 사용된 "폐허"는 단순히 버려두어서 생기는 것이 아니라, 방어와 저주의 목적으로 지속적인 파괴와 재건축의 반복의 결과로 내부의 것들은 전혀 쓰지 못하게 되는 "인공적인 언덕"을 의미한다.

이스라엘이 그 진멸대상에 절대로 손을 대지 않으면, 야웨의 진노는 그칠 것이며 우상숭배자들을 제거하는 자들에게 자비를 베푸사 인구수를 늘리실 것이다. 또한 위와 같은 예증을 통하여 이스라엘이 하나님의 말씀을 순종하여 바르게 섬겨야 할 필요성에 대한 교훈이 마지막으로 등장한다. 이스라엘 백성은 우상숭배케 하는 무익한 자들의 아들들(13:13)이 아니라, "야웨 하나님의 아들들"(14:1)이다. 이방인의 애도의식에는 몸에 상처를 내는 자해(自害)나 머리(얼굴)의 털[94]을 베는 일이 포함되어 있었지만 하나님의 아들들은 사자(死者)에 대한 애도의식에 관여하지 말아야 한다(비교. 레 19:27f.). 마찬가지로 야웨의 선택된 기업이 된 백성은 거룩한 삶을 영위해야 하는 백성이다(14:2, 비교. 26

장). 이것은 죄의 영향력이 "누룩"과 같다는 예수의 말씀과 일맥상통한다.

음식과 절기들에 관한 규례들(14:1-16:17)

모로우(Morrow 1995:15)는 12장과의 이 단락의 연관성을 14:22-27("매년의 십일조 음식")과 15:19-23("초태생")을 12:17의 요구("너는 곡식과 포도주와 올리브기름의 십일조 음식, 네 소와 양의 초태생, 그리고 네 맹세의 예물과 네 자원해서 드리는 예물들과 네 손의 거제예물들은 네 각 성에서 먹지 말라")에 대한 반영이라는 점에서 이해한다. 게다가 14:1-15:18과 15:19-16:17을 한꺼번에 읽을 수 있게 만드는 두 단락 사이의 유사성은 다음과 같다.

첫째는 신학적인 측면에서 음식법의 의미와 절기법 사이의 밀접한 관련성(제의적, 사회정의적, 축제적 의미)이 발견되며[95], 둘째로는 구조적인 측면으로 각각의 규례들의 배열상의 평행성(즉 음식법[정한 음식과 부정한 음식//매년의 십일조/매3년의 십일조]+빚 탕감과 종 해방의 절기들[14:1-15:18], 음식법[초태생의 예물])+예배와 즐거움의 절기들[15:19-16:17])과 (정한/부정한 음식 규례를 배제한 채) 수(數)와 관련된 교차대구적 평행성이 발견된다. 즉 티가이(1996:141)의 주장처럼 이 단락은 다음과 같은 구조를 이룬다.

A 매년의 십일조(14:22-7)//매3년마다의 십일조(14:28-9)

B 매7년의 빚 면제(15:1-11)//매7년의 노예해방(15:12-18)

A′ 매년의 초태생의 예물(15:19-23)//매년의 3가지 절기들(16:1-17)

94) 이점에 대해서 Avishur(1980)는 우가릿어 용례와 관련해서 "양미간-> 이마-> 머리 전체"의 상관관계를 다룬다.

95) 특별히 십일조와 초태생과의 관련성, 그리고 십일조를 절기중에 야웨 앞에서 소진하는 때가 이 세가지 절기와 잘 어울린다는 점에서 여기에 나오는 요소들은 적절하게 교차대구를 이룬다.

전환적 구절(14:1-2)

금지된 애도법(1-2절)은 13장과 14장의 음식법과의 연결고리의 역할을 한다(비교. Morrow 1995:26). 야웨 신앙과 사자제의(死者祭儀)의 대조를 보여준다. 앞에서도 조금 언급하였듯이 이스라엘의 정체성에 관한 세 가지 중요한 근거들이 제시된다. 즉 "너희 하나님 야웨의 자녀," "너의 하나님 야웨의 거룩한 백성," 그리고 야웨의 "유산의 백성"이다.

음식에 관한 규례들(14:3-29)

구조

이 규례들은 "정한 짐승과 부정한 짐승의 고기"의 대조(3-21절)와 십일조 음식(22-29절)에 대한 규정으로 나뉜다. 아마도 모세는 이스라엘의 음식법에 대한 포괄적 이해를 위하여 제의적 요소를 공유하는 음식법(즉 부정하고 정한 짐승뿐만 아니라 제의에 사용되는 음식들, 즉 희생제물과 초태생과 십일조법)을 설명하고 있는 것 같다. 이와 같은 병렬 구조는 정/부정한 음식 구별과 십일조로 대변되는 성물이 사제와 신앙공동체의 일원들 사이에서 무차별적으로 사용가능하다는 점을 통하여 야웨의 성민의 정체성을 확인할 수 있도록 해준다. 모로우(1995:197)의 주장처럼 음식법의 앞뒤 두 단락들(1-2, 21절) 모두에서 발견되는 "너[희]는 네[너희] 하나님 야웨의 거룩한 백성(암 카도쉬 עם קדוש)이기 때문이다"(2, 21절)라는 표현에 의해서 그것이 잘 드러난다. 명확한 단락구분 표시는 1, 21절의 "죽은 것"(즉 "죽은 사람"과 도살에 의하지 않고 "죽은 고기")의 주제들에 대한 규례들의 관련성도 중요하다(Christensen 2001:289).

14장 하반절과 12장의 십일조법이 서로 연관되듯이 여기에서의 도축법에 대한 언급은 12장의 도축법의 확장으로 볼 수 있다. 마찬가지로 이스라엘은 야웨의 선택된 귀중한 소유의 백성(암 세굴라 עם סגלה)이다(7:6). 이와 같은 이스라엘 백성에 대한 새로운 이름은 이전에 호렙 산에서의 언약과 모압 산에서의 언약의 동일한 목표(야웨가 이스라엘의 하나님이 되시고 이스라엘이 야웨의 백성이 되는 것)를 상기시키거나 예견한다. 그리고 14:22-27을 논하는데 있어서, 우선적으로 고려해야 할 점은 14:3-21과의 관계다. 이 본문이 금지하는 몸에 자해를 하거나 앞이마의 면도는 애도기간에 일반적으로 지키던 행위였다(Craigie 1976:229-30). 다음과 같이 양자 사이에 연속성과 불연속성 모두가 존재한다.

	14:3-21	14:22-29
연속성	음식과 거룩함의 주제	음식과 거룩함의 주제
불연속성	정결/불결, 고기, 부정적인 규례(금령)	제의적/비제의적 구별, 씨와 곡식, 긍정적인 규례

이 단락은 야웨(의 이름)의 거룩과 일상적인 거룩의 상관관계를 말해준다. 하나님의 거룩한 백성은 일상, 즉 먹는 것에서도 달라야 했다. 이 부분은 야웨 예배라는 대범주 속에서 야웨께서 "자신의 이름"을 두시려는 성소라는 반복적으로 등장하는 표현 속에서 그 의미를 찾아볼 수 있다. 물론 14장의 핵심 키워드가 '먹는다' (아칼 אכל [3, 4, 6, 7, 8, 9, 10, 11, 12, 19, 20, 21, 23, 26, 29절])라는 점도 주목해야 한다.

먹을 수 있는 짐승들과 먹을 수 없는 짐승들의 목록(14:3-21, 비교. 레 11:1-17)

정하거나 부정한 짐승들에 관한 규정들은 일반적인 용도로 사용되는 음식에 관한 규정이다.

이러한 음식법의 기준에 대해서 몇가지 견해들이 존재한다(비교. Houston 1993:68ff.). 이에 대한 전통적인 견해들은 다음과 같다. 공중위생적 차원(치명적인 질병의 전파), 윤리적-상징적 차원(탐욕의 억제), 제의적 차원(가나안 종교들과의 관련성), 미학적인 차원(행동이 지저분한 동물들과의 관계성). 그러나 그 어떠한 견해들도 구약의 음식법의 내용들을 완전히 해결해 줄 수 없을 뿐만 아니라, 또 다른 문제점들을 초래했다. 그래서 필자는 오히려 비교이론에 근거한 이론들(구모 사회인류학적 연구)에 근거하여 구약 음식법이 장소와 음식과 사람을 몇가지로 구분하여 이해하는 구약의 (제의적) 세계관에 근거한 것으로 이해하는 최근의 비교연구 이론을 더 선호한다(예, Douglas 1978). 즉 이 입장은 구약에 나타나는 사람들(진밖에 머물러야 하는 사람[영원히 혹은 일시적으로], 진내에 있을 수 있는 사람, 그리고 희생제사를 관장할 수 있는 사람)의 삼분법처럼 구약 음식법도 야웨께 바칠 수 있는 제물용 음식, 식용 음식, 먹을 경우 부정해지는 것, 그리고 제물이나 식용으로도 절대로 사용할 수 없는 가증한 것(토에바 תּוֹעֵבָה)96)과 같은 네가지 종류로 나눈다. 물론 "가증한 것"은 일반적으로 가나안 관습들을 지칭할 때 사용하는데, 여기에서는 야웨께서 싫어하시며 사람들을 부정하게 만듦으로 야웨의 제의에 사용될 수 없음을 의미한다(17:1, 22:5, 23:19, 25:16).

여기서 세부적으로 나열된 동물들 중에 그 정체가 명확치 않은 것들이 많다(레위기에서의 분류는 더 복잡하다.). 여기서 사용되는 구분은 해부학적이라기보다는 현상적인 측면에서 비롯된 것이다.

96) 신명기의 경우와는 달리 레 11장은 가증한 것과 관련하여 다른 단어(예, 쉐케츠 שֶׁקֶץ)를 사용하며 레위기는 정결과 불결의 문제를 제의적인 것과 무관하게 언급한다.

종류	먹을 수 있는 것(정결한 것)	먹을 수 없는 것(부정[不淨]한 것)
가축	발굽(쪽발)과 새김질 모두를 하는 경우(소, 양, 염소, 붉은 사슴, 가젤 영양, 노루, 들염소, 산염소, 뿔긴 사슴, 산양)	새김질은 하지만 굽이 갈라지지 않은 경우(낙타, 토끼, 산오소리) 굽은 갈라졌으나 새김질을 하지 않는 경우(돼지)
어류	지느러미와 비늘이 있는 것	지느러미와 비늘이 없는 것(즉 파충류와 양서류 등)
날개 달린 것들(조류/곤충류)	정결한 새들과 날고 뛰는 곤충류(메뚜기 종류와 베짱이 종류와 귀뚜라미 종류와 팟종이 종류들은 허용되었다[레 11:21-22])발굽(쪽발)과 새김질 모두를 하는 경우(소, 양, 염소, 붉은 사슴, 가젤 영양, 노루, 들염소, 산염소, 뿔긴 사슴, 산양)	정결하지 못한 새들(독수리, 솔개, 어응, 매, 새매, 매의 종류, 까마귀, 타조, 다호마스, 갈매기, 새매의 종류, 올빼미, 부엉이, 따오기, 당아, 올응, 노자, 학, 황새종류, 대승, 박쥐[아마도 맹금류?]) 날기도 하고 기어 다니기도 하는 곤충류(바퀴벌레, 개미, 벌, 파리, 풍뎅이 등)

이스라엘은 동물의 고기를 객에게 주거나(비교. 레 17:15-16) 이방인에게는 팔아도 되지만, 하나님의 성민이기 때문에 사체를 먹을 수는 없다. 이스라엘이 음식과 관련해서도 야웨의 특별한 존재가 되었던 이유는 이스라엘이 야웨께 입양되었다는 점, 야웨의 거룩한 백성으로 여겨졌다는 점, 그리고 야웨께서 선택되었다는 점에서 비롯된다.

"염소새끼는 어미의 젖에 삶지 말라"는 명령(14:21)은 출애굽기 23:19와 34:26에서도 등장한다. 이 부분에 대한 해석은 다음과 같이 몇가지로 나눌 수 있다. 가나안 종교(즉 우상숭배)에 대한 반대(신들의 결혼과 출산[Craigie] 혹은 동물들의 배후에 존재하는 생명과 풍요와 관련된 신적 상징[Keel]), 근친상간의 반대(이러한 견해는 그 논리 자체의 결함이 있다), 어미와 새끼를 "동시"에 삶아서 죽이는데 대한 인도주의적 반대(비교. 22:6-7, 출 22:29, 레 22:27, 28), 생명의 공급의 상징(우유)은 사망의 상징(삶는 일)과 함께 할 수 없다는 견해(Milgrom 1985), 그리고 붉은 색의 초유(初乳)의 피에 대한 금지와의 관계성(Labuschagne 1992, Christensen 2001:288)등이 있다. 필자가 볼 때 마지막 주장처럼 이 규례가 현재의 음식법(즉 정한 동물과 부정한 동물에 관한 규례) 내에 위치한다는 점과 (이전의 제사법의 문맥 속에서의 적용을 염두에 둘 때) 태어난 지 일주일 정도의 염소새끼와 어미염소의 젖을 함께 삼지 말라는 금지는 어미의 초유의 색깔이 상징하는 피(의 성분인 "알부민과 글로불린")의 금지와 연관하여 이해하는 것이 가장 적절해 보인다.

십일조 음식에 관한 규례들(14:22-29)

신명기의 십일조 규례를 살펴보기에 앞서서, 오경에서의 십일조 음식 규례를 먼저 개괄적으로 살펴보자. 오경전반의 십일조 규례는 성소에서 일하는 레위인들과 제사장들의 십일조(레 27장과 민 19:21-32)와 신명기에서만 등장하는 것으로, 축제로서의 매년의 십일조 음식과 매삼년의 "구제적" 십일조 음식의 규례들로 나눠진다. 신명기에서 십일조 음식의 규례는 다음과 같이 세 곳에서 나타난다.

12장	14장	26장
"너희의 십일조 음식"(6절) "너는 밀가루, 포도주, 올리브 기름의 십일조 음식과…"(16절)	"매년에 토지소산의 십일조 음식"(22절), "네 밀가루와 포도주와 올리브 기름의 십일조 음식을 먹으며"(23절), "매 삼년 끝에 그 해의 모든 소산의 십일조 음식을 다 내어…"(28절)	"제삼년, 즉 십일조 음식을 드리는 해에 네 모든 소산의 십일조 음식을 다 내기를 마친 후에…"(12절)

이 본문에서는 매년의 십일조 음식(22-27절)과 매삼년의 십일조(28-29)에 대한 규정들이 언급된다. 매년의 십일조 규정은 기본적인 십일조 음식법(22절)과 그 절차와 목적(23-27절)으로 나눌 수 있다. 즉 전자는 레위인들에게 주는 것을 포함하여 매년 야웨 앞에 가져와 가족끼리 나눠먹는 십일조(22-27절, 비교.

12:6-7, 12, 17-19)를 다루며, 후자는 삼년마다 각자의 처소에서 이웃과 나눠먹는 십일조 음식(28-29a절, 비교. 26:12-15)과 축복(29b절)에 대한 하위규정들을 다룬다.

우선적으로 12장에서의 십일조 음식 규례와 14:22-29에서의 십일조 음식 규례와의 상관성 때문에 12-14장을 하나의 수사적 단락으로 읽을 필요가 있다. 매년의 십일조 음식 규례들(14:22-27, 12:5-19)은 여러 면에서 유사점과 차이점들이 존재한다.

	12:5-19	14:22-27
유사점	"십일조를 레위인들과 가족들이 야웨 앞에서 소진하는 것", "나누어 먹는 십일조 음식의 규례를 지킴으로써 임할 복에 대한 언급"	
차이점	십일조 음식의 축제적 가족적 즐거움	십일조 음식의 교육적 목적(야웨 경외를 배우기 위함), 원거리로 인한 십일조 음식의 환전 가능성

축제/언약의 식사로서의 십일조 음식은 모든 언약공동체의 구성원들, 즉 종들까지도 포함한 가족 구성원들 모두가, 이교도적인 금지된 장소들이 아닌, 야웨와 만나는 장소에서 즐거이 먹고 마심으로써 소모될 수 있었다(다시 말하자면, "누구와, 어디에서, 무엇을" 이라는 세 가지 주제들이 한꺼번에 언급된다고 할 수 있다).

매년의 축제음식으로서의 십일조(14:22-27)

소위 두번째 십일조는 종을 포함한 가족들과 "너희와 함께 사는 레위인들"(12:12, 18, 19, 14:27, 29, 16:11, 14, 18:6, 26:11, 12, 13)이 수혜자로서 묘사되는데, 그들은 감사축제 때에 (제의적인 의미에서) 야웨 앞에서[97](혹은 "성전 내에서") 먹음으로

97) 최근에 Wilson(1995:158-59, 164-65, 204-5)은 '야웨 앞에서' 라는 표현이 기존의 상징적인 의미에서의 제의집행 자체에 대한 언급으로서가 아니라, '실제적인 야웨의 임재의 표현' 으로 보며, 신명기내에서는 초월적인 하나님(하늘에서 이스라엘의 기도를 들으시는 하나님)과 내재적 하나님(이스라엘 백성 가운데 계시는 하나님)의 개념 모두가 나타난다고 본다.

써 소진되어야 했다(일종의 공유된 제의적/성찬적 음식). 이와 같은 가족의 축제의 십일조는 야웨에 대한 적절한 경외(14:23b)를 포함하여 하나님과의 교제의 수단으로 여겨졌다. 예배자와 공유된 희생제물(십일조 음식)은 이러한 신비적 차원과 교육적 차원을 포함하고 있었다. 십일조 음식의 공유를 통하여 이스라엘 백성은 야웨 앞에서 두려움과 기쁨의 축제를 즐길 수 있었다.

십일조 음식은 원칙상 땅의 소산으로 내야 했다. 십일조의 신학적 의미는 신명기 나름대로의 거룩의 보편성의 이념(Yu 1998:90)과 신명기의 땅의 신학과 깊은 관련이 있다. 특히 신명기에서 땅은 하나님이 이스라엘에게 선물로 주신 것이며 그로 인해서 땅의 소산의 일부를 요구하시는 것은 정당한 것이라는 전제를 갖고 있다. 여기서 언급되는 땅의 소산들은 가나안 거주민들의 기본적인 곡식류와 과목의 산물들(곡식, 포도주, 기름)이다. 물론 이것은 이러한 종류들로만 국한될 것을 말하기보다는 땅의 소산들에 대한 대표적 종류에 대한 언급을 의미한다고 볼 수도 있다. 그러나 구약의 십일조 관련 본문들의 증거로 볼 때, 땅의 소산만을 십일조 항목에 넣고 있는 독특한 이유를 말해준다. 십일조는 일종의 토지세에 속한다. 즉 야웨(封主)께서 양자간에 계약을 맺은 후에 이스라엘(封臣)이라는 봉토(封土)를 하사(下賜)하시고 매년 토지 소산의 "일부"를 거두는 것으로 이해할 수 있다. 그러나 이러한 관계는 그것을 봉주가 소유하는 대신에 추수에 함께 동참한 자들뿐만 아니라 "토지를 직접 하사받지 못했거나 농사를 지을 수 없는" 봉신의 구성원들과도 음식뿐만 아니라 추수의 기쁨과 감사를 서로 나누게 한다는 점에서 독특하다. 이것은 야웨가 이스라엘에게 선물로 주신 땅과 복으로 인한 땅의 소산의 추수에 대한 감사 표시와 축제적 요소를 갖고 있는 것으로, 속죄를 위한 제의적 절차와는 무관한 것이었다. 구약에서의 십일조는 음식법에 포함되어 종교적 "제물" 일뿐만 아니라, 공동체적 결속, 혹은 인도주의적 관심의 문제를 내포한다.

여기에는 예외적인 조항이 있다. 즉 복(福)을 많이 받아서 음식을 성소로 가져와서 가족과 함께 소진하기에 거리상 문제가 있다고 생각하는 자는 십일조의 음식을 '은(銀, 당시는 은을 화폐의 기본단위로 여겼다)'으로 환전[98]하여 야웨의 성소로 와서 그들이 원하는 음식("네 마음에 좋아하는 것, 즉 우양이나 포도주나 독주[99] 등 그 어떤 것이든…"[26절])을 사서 야웨 앞에서 성찬/축제적 음식나눔의 예식을 수행하게 했다. 그러나 환전의 이유로 묘사되는 "네 하나님 야웨께서 네게 복을 주셨기 때문에"의 의미가 "영토의 확장[100], 땅의 소산의 증가, 혹은 일반적인 매년의 추수의 증가" 중의 그 어느 것을 의미하는가에 대한 논란이 있다.

이 본문이 십일조 음식을 언제 어떻게(한꺼번에 혹은 여러 차례에 나눠서?) 소진해야 하는가를 명확히 말하지는 않지만(비교. Yu 1998:81), 십일조와 첫 소산은 매년 야웨의 성소에 한차례 모여서 한꺼번에 소진되었다기보다는 일년에 세 차례 행해졌던 축제들(16:16, 비교. 출 23:17, 34:22-23)에 나눠서 사용되었을 것이다.

레위인과 관련된 십일조 음식규정

여기서 우리가 고려해보아야 할 또 다른 논제는 민수기와 신명기의 십일조 규정에 대한 해석학적 "혼란"에 관한 것이다. 우리는 민수기의 십일조 규정("**성소에서 제의사역**을 행하는 레위인들과 사제들에 대한 규정")과 신명기의 십일조 규정("**지역에 거하는 비제의적** 레위인들에 대한 규정")이 그 원칙상 상호모순보다는 관점상의 강조의 차이를 보여준다고 이해한다.

신명기에 언급된 십일조 음식과 제의업무(18장)와 관련된 이스라엘 가운데 거하는 레위인들의 정체와 역할(참조, McConville 1984:135-153)에 대한 수많은 논란이 있다. 출애굽기와 레위기와 민수기 등에서는 제사장과 레위인들 사이의 제의적 역할분담에 대한 심도 깊은 논의가 있지만, 신명기에서 레위인들은 중앙 성소와 지역 회중 속에서의 레위인들의 역할로 크게 양분된다.

98) 이러한 환전의 규정은 원거리로 인한 대체(代替)일뿐이며, 십일조를 돈으로 냈다는 증거는 되지 못한다.

99) 여기서 구입된 포도주나 독주는 축제의 용도로 사용되었다.

100) Yu(1998:73)는 이 표현을 12:20-21, 19:8-10과 연관지어 "영토확장"으로 본다.

일부 학자들(예, de Vaux 1961:381, von Rad 1966:103, Phillips 1973:74 등)은 이것을 요시아의 종교개혁의 부산물(副産物)로 여긴다. 요시아의 종교개혁(즉 제의장소의 중앙화)이후에 지방 성소들에서 일하던 레위인들이 예루살렘 성전을 제외한 이스라엘 전역의 야웨 제의행위가 금지됨에 따라 생계가 곤란해지자, 그들의 생계를 해결해주기 위한 방편으로 지방에 거하는 레위인들을 지역민들이 부양(扶養)하게 했다고 믿는다. 그러나 이 문맥에서 요시야가 행한 성전개혁(즉 중앙화)을 통해서 지역성소들에서 일하던 레위인들의 실직에 대한 배려(配慮)라는 시대적 의미를 우리는 발견할 수 없다(Duke 1987:198). 게다가 그러한 가설은 요시아의 종교개혁에 대한 언급("산당의 사제들은 예루살렘 야웨의 제단[이 있는 곳]으로 올라오지 못하고 그들의 동류(同類)들 중에서 무교병[즉 고난과 고통의 떡]을 먹을 뿐이었다"[왕하 23:9], "또 거기에 있는 산당의 사제들을 모두 제단 위에서 죽이고…"[왕하 23:20])에서도 지지를 받지 못한다.

성소에서 일하는 레위인들에 대한 십일조의 배분은 어떻게 이루어 졌을까? 민수기 19:21-32에서는 십일조를 받는 레위인들을 "제의와 관련된 직분자들"로 언급하지만, 이 단락은 십일조를 받을 레위인들을 "성중에 거하는 레위인들"로 한정한다. 물론 야웨의 중앙성소의 축제 중에 그들이 나누어 먹었을 가능성은 있지만, 사제들과 레위인들이 자발적이든지 의무적이든지 교대로 성소의 업무를 수행했다고 한다면, 별문제는 없었을 것이다. 오경을 직접적인 문맥으로 삼고 있는 신명기의 경우에는 레위인들의 봉사가 레위인들 개개인의 자발성(18:6-8)에서 비롯된 것으로 보이나, 이것이 다윗시대에 이르러서는 의무적으로 순번이 정해진 대로 교대로 중앙성소에 올라가서 사제와 제의적 레위인의 의무를 수행하였던 것 같다(대상 23:1-26:32).

이와 같은 가정(假定)을 따르자면, 추수때에 추수자들이 1/10을 타작마당에서 지역에 거주하는 레위인들[101]에게 주었을 것이며 이 레위인들은 자신들이 받았던 그 십일조 음식[102]의 1/10을 사제들에게 주었을 것이며 이것만이 성소의 창고에 보관되었을 것이다(참조. 느 10, 12, 13장). "제의에 관여하지 않는" 지역에 거하는 레위인들은 자신들에게 할당된 레위인의 도시의 산물들과 지역 주민들이 주었던 십일조로 생계를 해결했던 것 같다(참조. 레 25:32-34, 27:14-28, 민 18:14, 35:1-8, 신 12:12, 18, 14:27, 29, 16:11, 14, 18:1-8, 26:12, 13, 수 14:4, 21:1-42, 삼상 22:19, 왕상 2:26, 렘 32:6-9, 대상 6:54-72).

3년마다의 십일조 음식의 규례(14:28-29, 비교. 26:12-15)

삼년마다 이웃("레위인과 객[הַגֵּר]이나 고아와 과부들")을 위하여 사용되는 십일조음식은 하나님의 축복의 동기가 된다(26:12-15). 이 십일조는 매 3, 6년에 행해지는 것이었고 제7년에는 안식년이므로 행해지지 않았을 것이다. 게다가 매3년에는 매년의 10%의 십일조 음식보다 더 많게(예를 들어, 소득의 1/5이상) 거둬들였다는 구약이후 시대의 일부의 견해(예, 요세푸스, 상고사, 4.8.22 §§240-43, LXX의 신명기 26:12, 토빗서 1:7)는 근거가 없다. 문맥상 별도의 십일조를 더 거두었다기보다는 기존의 한가지의 십일조로 매3년에 레위인들과 가족들과 이웃들을 위해 더 많이 나눠 먹었다고 보아야 한다. 게다가 14:28-29와 26:12-15에서 묘사된 제3년의 십일조 음식은 "각자의 성읍에서 먹는다"는 비제의적이며 지역적 의미를 갖는다(이와 같은 "성읍들 안에서 먹는 것"의 표현에 대한 구약 이외의 증거들은 토빗서 1:6-8, 희년서 32:11-15, 요세푸스의 『유대상고사』4.68, 205, 240 등에서 발견될 수 있다). 이처럼 야웨 앞에서 즉 성소에서 행해지는 가족축제를 위한 매년의 십일조 음식의 사용과는 달리 3년마다 행하는 십일조 음식은 지역적 축제의 성격을 갖는다.

101) 이와 관련해서 "너희 성문들에 거하는 레위인들"(문자적 표현)과 "각자의 레위인들의 성읍들에 사는 레위인"(the levites in their own levitical cities)은 같은 표현일 수 있을까? Craigie(1976:259)는 이 표현을 민수기 35:1-8을 근거하여 실제로 레위인들이 다양한 이스라엘 사람들의 거주지에 흩어져 살았다고 이해한다(비교. 신 18:6]). 그런데 Kalland(1992:66)는 שְׁעָרִים(쉐아림)을 성읍을 의미하는 "성문들"이 아니라, 성전, 궁전, 혹은 다른 공관 혹은 심지어 개인 거주지의 문들(잠 14:19)을 의미할 수 있다는 가정 하에 이 표현을 "성소에서 일하는 제의적 레위인들"을 의미한다고 주장한다. 그러나 그 표현은 레위인들과 관련해서 성소의 문을 의미한다고 볼 수 없고 오히려 "개인의 집" 혹은 "개인들이 속한 공동체"를 의미하는 것으로 보아 "네 거주지들"(your settlements)로 해석하는 것이 더 낫다.

102) 레위인들은 그것들을 레위인의 도시에 보관했을 것이다.

이와 같은 십일조 음식의 나눔은 공동체내에서의 공유와 협조, 나눔의 일반적인 의미를 제공해주는 것을 볼 수 있다(Yu 1998:77-79). 이 규례는 공동체의 구성원들을 돌봄에 대한 책임의 강조와 아울러 공동체의 구성원들이 당연히 나누고 누려야만 할 특권(형제애 brotherhood)에 대한 강조로도 이해할 수 있다. 또한 이러한 나눔의 자리는 '성읍들 안' 에서이다. 그러나 이것을 '십일조 음식의 세속화' 라고 볼 필요는 없다. 십일조는 원래 '야웨 앞에서,' '선택된 장소에서' 만이 아니라, '성읍들 안에서' 소진되어야 했다. 십일조음식의 고유한 원리의 중요한 요소들은 첫째로 나눠먹는 십일조 음식의 대상에 이스라엘 사람들 가운데서 거하는 레위인들을 참여시켜야 한다는 점, 둘째로, 그 십일조를 "성물"(26:13)이라고 부른다는 점, 그리고 마지막으로, 가족들이 성소에 나가 "네 하나님 야웨 앞에서" 배불리 먹는 것처럼(12:7, 12, 14:23, 26), 이스라엘 백성이 각기 성읍의 창고에 보관되었던 십일조 음식을 꺼내("내가 그 집[아마도 마을의 곡식창고]에서 성물[십일조 음식]을 꺼내어", 13절) 성읍에 거하는 여러 이웃들(레위인들, 고아, 과부, 객)과 나눠서 배불리 먹어야 한다는 점이다.

이 "십일조의 해" 의 수혜대상은 "네 성읍들에 거하는" 레위인들, 객, 고아 그리고 과부들이다. 비록 이스라엘 신앙공동체내의 고아와 과부, 가난한 자에 대한 배려는 고대근동에서 당연시되었으나(비교. Fensham 1962), 신명기의 관심의 대상은 그 범위를 "네 성읍들에 거하는" 레위인들과 객들에게까지 확장한다. 사실 신명기 내에서 가난한 자(혹은 궁핍한 자)는 고아와 과부와 객과 레위인들과 다른 개별적인 실체로서 이해된다. 과부의 경우에 원칙적으로는 그녀의 부친의 가족의 보호 아래로 돌아갈 수 있었으며, 남편의 재산을 물려받을 수 있었고 고아의 경우에도 자기 부모의 재산을 물려받을 수 있었다는 점에서 반드시 경제적인 빈곤층의 부류로 포함시킬 수는 없으며(Gowan 1987:344-5) 레위인들의 경우에도 그들이 경제적으로 가난하다고 단정지을만한 증거도 없다.[103] 다시 말하지만 여기서 언급된 모든 이들은 가난한 자들로 여겨진 적이 없다(Lohfink 1991:43-45). 그러므로 이와 같은 관심은 가원

(Gowan 1987:347)의 주장처럼 그들이 본질상 "가난한 자들"이라기보다는 그들에게 주어진 불안정한 사회적인 신분, 즉 자신들의 권리를 보장받을만한 능력이 결핍되어 다른 사람들로부터 억압을 받을 가능성이 더 크다는 점을 전제로 한다. 객을 제외한 나머지 부류들은 원칙상 주어진 분깃(유산)으로 인해서 사회적으로 소외되지 말아야 할 사람들이었다. 마찬가지로 이들이 언약공동체내에 있는 한, 모든 사회적 불평등에서 배제되어야 하며 생계 보장도 받아야 했다(24:17-22). 그러므로 이러한 규례들은 신명기의 평등사회의 이념의 실천을 위한 한가지 실천사항이었다(Lohfink 1996:13).

빚 면제, 종의 해방, 초태생 관련규정(15장)[104]

구조

15장은 빚 면제의 해(1-11절), 빚 때문에 종이 된 히브리 사람의 해방(12-18절), 그리고 소와 양의 초태생(19-23절)에 관한 규정들로 구성된다.

15장의 규례들과 법도들의 현재적인 위치는 사회적인 측면도 있지만, 십일조(14:22-29)와 안식일 준수의 확장이라는 측면에서 볼 때는 주기적인 종교적인 의미도 내포한다. 그러한 측면에서 4계명과의 관련성을 주장하기도 한다(Christensen 2001:287). 면제년의 빚 면제와 노예해방의 주제는 서로 밀접하게 연

103) Gunneweg(1965:128)은 레위인들이 하나님께 헌신한 자들이었기 때문에, 그 결과로 가난한 자들이었다고 정의하는데 반하여, McConville(1984:151)은 신명기 그 어느 곳에서도 레위인들을 가난한 자나 약자로 이해하고 있지 않고 오히려 그들이 야웨께 전적으로 의존하고 백성들이 그들을 지원함으로서 부요한 자들이 된다고 주장한다. 이러한 레위인들의 모습은 모든 믿는 자들에게 야웨를 전적으로 의존함으로써 받을 복에 대해서 시사하는 바가 크다고 하겠다. 물론 민 35:1-8의 레위인들의 도시와 땅의 소유에 대한 언급은 분깃 없는 레위인들에 대한 주장과 거리가 먼 것으로 여겨질 수 있으나, 사제로서 사역하지 않는 레위인들에 대한 규정으로 이해한다면 별 무리가 없을 것이다(Budd 1984:375-76).

104) 신 15장의 더 자세한 분석과 현대적 적용은 Hamilton(1992)을 보라.

관된다. 여기에서 언급되는 규례들은 히브리인들에게만 적용되는 일종의 자비와 관용의 정신을 나타낸다. 이와 관련해서 폰라트(1966:105f.)등은 15장의 빚과 해방의 규례의 사회학적 배경을 "왕조시대의 대토지 소유제 실시로 인한 내부사회 경제구조의 변화, 즉 국가세의 증가로 인한 지역농부들의 경제적 자유의 위협의 초래와 화폐경제와 자연경제(물물교환)의 병존"에서 찾는다.[105]

빚면제와 종의 해방의 해에 관한 규정들(15:1-18)

이 해방의 규정들은 매년과 매삼년의 십일조 규정 이후에 나타나며 채무면제법(1-11절)과 종의 해방법(12-18절)으로 나눌 수 있다. 다른 곳에서 사용된 "안식의 해"라는 표현은 여기서는 "면제년"이라고 불린다. 모세오경에서 3번 언급되는 안식년법은 아래의 도표가 잘 보여주듯이 각각 그 강조점이 다르다. 가장 큰 차이점은 땅의 휴경(休耕)에 관한 것인데, 신명기의 경우에 빚면제와 종의 해방 등의 인간론적인 강조의 차이로 생략된 것처럼 보인다.

출 23:10-11/21:1-11	레 25:1-7	신 15:1-18
야웨께서 가난한 자들과 동물들을 위해 주신 땅의 휴경(休耕)과 히브리 남종과 여종의 해방에 관련된 규정	야웨께서 땅의 휴경과 그 기간에 자라는 곡식의 처리에 관한 규정(가족과 가축들과 짐승들을 위한)[106]	빚의 청산, 빚으로 인해 스스로를 판 자, 종의 해방, 그리고 가난한 자와의 재산의 공유에 관련된 규정

105) 그러나 신명기법이 얼마나 이상적이냐 얼마나 실제적인 역사적 현실을 반영하느냐는 여전히 논란거리이다. 그러나 이 본문의 배후에 존재하는 삶의 정황(Sitz im Leben)을 본문의 정황(Sitz im Text)과는 무관하게 추론하여 구성할 수는 없다. 즉 이 본문은 궁핍한 상황을 가정한 채 이상적인 법조항을 제시하는 것으로 보아야지, 일부 학자들이 가정하듯이 이 본문이 실제로 특정한 왕조(혹은 바벨론 포로이후)의 시대적 정황을 반드시 반영한다고 볼 필요는 없다.

106) 빚 청산(종의 해방)의 문제는 희년의 규정 속에 있다.

특히 레위기 25장의 경우에는 7년마다의 안식년뿐만 아니라 "토지의 안식, 토지와 성벽 없는 촌락의 가옥의 환원 그리고 빚에 의한 종살이의 자유"를 언급하는 50년의 희년의 규례를 더 언급한다.

우선적으로 우리가 살펴보아야 할 것은 다음과 같다. 구조적으로 여기서 이웃과 가난한 자들을 배려하는 십일조 규정("배부르게 하라")과 안식년 규정("구제하라", "자유롭게 하기를 어려워 말라")의 연관성은 "그리하면 (이 일로 인하여) 네 하나님 야웨께서 네 모든 일과 네가 하는 모든 것에서 네게 복을 주실 것이다"라는 세차례 반복되는 야웨의 복에 대한 후렴구(14:29, 15:10, 18절)를 통하여 구체화된다. 끝으로 빚 면제년과 종의 해방의 해를 다루는 구절들은 다음과 같은 유사성을 갖고 있다(Hamilton 1992:26).

15:1(절대법)	규례의 서두15:12	(조건법)
15:2-3	보증	15:13-14
15:4-6	복종의 요구	15:15
15:7-11	특별한 상황에서의 결과	15:16-18

빚의 면제년(15:1-11)

히브리종의 해방법과 마찬가지로 빚의 면제년에 대한 축복의 규정은 이상적인 경향이 있다. 빚 면제의 규정[107]은 구조적으로 "복과 가난한 형제"라는 두 가지 요소들의 반복을 통하여 양분된다(1-6, 7-11절). 특히 우리가 주목해야 할 표현은 하나님의 명령을 지키는 자는 복을 받을 것이며 결과적으로 가난한 자가 없을 것이라는 언급이다(4-5절). 오히려 이스라엘은 하나님의 복을 받아 채권국이 될 것이며 채무국이 되지는 않을 것이며 다른 나라들을 통치할

107) Craigie(1976:236-38)는 이러한 채무의 면제가 안식년 동안의 채무의 일시적 면제를 의미한다고 주장하나, 다른 많은 학자들(von Rad 1966:106, Phillips 1972:78, Lemche 1976:43,45, Epsztein 1986:128, Miller 1990:135, Chirichigno 1993:272ff. 등)은 이것을 기존 채무의 영원한 면제라고 이해한다.

지라도 통치를 당하지는 않을 것이다(비교. 신 28:12).

4-5절과 관련지어서 "그 땅에는 가난한 자가 그치지 아니하겠으니"(11절)라는 기존의 해석은 상충된다. 그러나 이 구절은 밀러(1990:137)의 주장처럼 "그 땅(의 소산)으로부터 가난한 자가 끊어지지(즉 소외되지) 않아야 한다"로 읽혀져야 한다. 그러나 이와 같은 방식의 표현들은 서로 모순되는 것이 아니라, 오히려 면제년의 규정을 지켜야 할 당위성을 상기키는 역할을 한다. 또한 같은 동네에 사는 가난한 형제에 대한 구제의 태도("손을 펴라")를 언급하고 있는 두 번째 단락(7-11절)은 첫 번째 단락의 빚의 면제 규정(1-6절)에 대한 상술(詳述), 혹은 보완적 설명의 역할을 한다. 이와 유사하게 신약에서도 "가난한 자들을 돌보는 것을 등한히 하는 것을 정당화시켜 주는 구절들"로 오해되는 구절들이 있지만 그것은 오해일 뿐이다(마 26:11, 막 14:7, 요 12:8).

참고로 신명기에서는 다양한 부류의 사람들을 보호할 것을 명하고 있지만, 가난한 자[108]의 범주에는 채무로 인해 팔린 종들과 가난한 일용직 근로자들만이 포함된다. 종에게 더 이상 "가난한"이라는 말이 수식되지 않는 이유는 본문에서도 언급되며 앞에서도 언급했듯이 그들에게 없는 것은 자유와 긍지(honour)일뿐, 가난의 문제(즉 의식주)는 아니었다. 그 분포와 구조는 다음과 같다(Lohfink 1991:45).

구절	내용	에브욘(אביון)[109]	아니(עני)[110]
15:1-6	휴경년: 빚의 강제징수금지	1X	
15:7-11	이자 없는 대부(貸付)	5X	1X
15:12-18	휴경년: 종들의 해방	-	-
24:10-13	가난한 사람의 담보		1X
24:14-15	가난한 일용직 근로자의 매일의 품삯	1X	2X

108) 신명기에서는 가난한 자의 의미로 이 두 단어가 사용되었고 15, 24장에서 사용되었다(참조. Pleins 1992).

이 단락에서 특이한 점은 모세가 신명기법이나 규정의 기계적인 준수보다는 "마음"(양심과 의지)에 호소한다는데 있다. 그러므로 기복주의적 태도의 준수를 통해서가 아니라, 야웨의 법도에 순종치 않으면 이 땅에 가난이 늘어갈 수밖에 없다는 점을 반증한다(Miller 1990:136). 여기서 사용된 마음(가난한 자들에게 "네 마음을 완악하게 하지 말라, 마음에 악한 생각[벨리알의 생각]을 품지 말라, 아끼는 마음을 품지 말라")은 부정적인 측면에서 사용되었다(비교. 8:17, 9:4). 즉 손(1, 2, 7, 8, 11절), 마음(7, 9, 10절), 눈(9, 18절) 등의 제유법(提喩法)을 사용하여 의도와 실천의 일치를 보여준다. 형제에 대한 적개심, 경멸, 무시, 그리고 무관심이 아니라 동정, 돌봄, 그리고 관심은 이스라엘 신앙공동체가 마땅히 지켜야 할 생활규칙인 것이다.

빚 면제법의 특징은 빚의 청산과 가난한 자와의 재산공유의 정신인데, 이 정신의 극단적인 예는 면제년의 직전에 가난해서 돈을 빌리려는 자에 대한 채주(債主)의 태도에 관한 규정이다. 물론 당연한 손해를 예상하여 가난한 자의 요청에 인색한 채주에게는 그와 같은 행동으로 인한 야웨께 행하는 가난한 자의 부르짖음으로 인해서(9절, 24:15) 죄를 짓게 된다는 경고의 내용도 있지만, 전반적으로 이러한 교훈은 자비의 마음의 최대한도를 단적인 예로서 표현하고 있다. 아울러 가난한 형제들에 대한 채주의 자비는 채주에 대한 하나님의 자비의 마음을 불러일으킬 것임을 확인해 주고 있다.

히브리인 종의 해방의 규정들(15:12-18)

이 단락은 히브리 동족이 빚 때문에 스스로 종으로 채주에게 판 경우의 규례를 다룬다. 7년째의 해방의 해가 도달하면 일괄적으로 모든 채무를 면제해 주는 규정과는 달리, 히브리종의 해방의 규정에 따르면, 각각의 채무에 의한

109) 에브욘은 "토지를 소유하지 못한 품삯 노동자들"을 의미하며 "빚 면제의 해"(칠년마다)와 관련해서 출 23장의 내용에 대한 인용과 확장의 경우(15:4, 7, 9, 11)에, 그리고 내국인 혹은 외국인을 막론하고 가난한 노동자의 품삯에 대한 규정(24:14)에서 사용되었다.
110) 아니는 경제적으로 약자에 속한 자들을 의미하는 것으로 에브욘과 함께 사용되었다.

종들은 고정된 6년간 자신의 채무 대신으로 채주(債主)의 집에서 노동("육년을 일하였거든, 제7년에…"[12절])을 하여야 개별적으로 채무의 노동의 의무로부터 해방될 수 있다. 또한 "채무에 의한 노예제도"(debt-Slavery)의 규정은 오경내의 안식년 규정들(비교. 출 21:1-11, 레 25장[안식년과 희년])과 연관지어 이해해야 한다.

	출애굽기의 경우	신명기의 경우
종의 해방에 대한 규정	남종은 종이 된지 6년 후, 즉 7년말에 자유로울 수 있으나, (그와 결혼하게 된) 여종의 경우에는 남편과 함께 (자동적으로) 자유롭게 되지는 않는다. 남종은 주인의 집에서 떠날 것인가의 여부를 결정할 수 있다(2-6, 7-11절).	남녀종 모두가 종이 된지 6년 후, 즉 7년말에 자유로울 수 있으며, (결혼과 무관한) 여종도 떠나지 않을 것인가의 여부를 스스로 결정할 수 있다.
해방의 주체	종(권리)	주인(의무)인 경우 종이 떠날 때는 "네게 복을 주신대로" 후한 보상을 해주어야 한다. 종의 해방은 "네 범사에 복 받을 일이다"로 여겨진다.
해방의 예외	면제년 이후에도 주인의 집에 머물기를 원하는 남종은 귓볼에 구멍을 뚫어야 한다. 귓볼에 구멍을 뚫는 일은 "주인이 그를 하나님께(엘-하엘로힘 אל-האלהים[111]) 데리고 간 후"에야 가능하다.	면제년 이후에도 주인의 집에 머물기를 원하는 여종도 남종의 경우와 마찬가지로 귓불에 구멍을 뚫어야 한다. 그러나 "하나님 앞에 데리고 가는 일"에 대한 언급은 없다.

일반적으로 히브리인들은 이방인들이나 가나안 사람들만 종으로 삼을 수 있었고 히브리인(남녀 무론하고)을 종으로 삼는 것은 금지되었으며, 유일한 예외 사항은 절대적인 가난의 경우(레 25:39a)와 절도범죄에 대한 금전적 보상이 불가능한 경우(출 22:3)에 스스로 종으로 팔아서 채무를 갚는 경우다. 즉 여기

111) 혹은 "재판장"으로 번역한다.

서 사용된 히브리어 동사(임마케르 ימכר)는 수동적 의미를 함축하는 "…에게 팔렸다(is sold to)"로 번역할 것이 아니라, 재귀적인 의미의 "자신을 팔았다(sell himself to)"로 해야 한다. 이 규례는 소위 '안식년' 에 노예 해방과 후대(厚待)에 대한 규정에서도 "타작을 하고 포도주를 만드는 곳에서 그에게 후하게 주는(하아네크 타아니크 הענק תעניק)"[112] 주인의 후대("빈손으로… 말고")를 요구한다. 아마도 이것은 채무의 종의 의무로부터 해방된 사람이 마치 출애굽시에 이스라엘이 이집트 사람들에게 여러가지 재화들을 받았듯이(출 3:21-22, 11:2, 12:35-36) 그동안의 노동의 대가로서(비교. 18절) 어느 정도의 재산과 소득(가축, 곡식, 그리고 포도주)을 갖게 하여 안식년 후에 또 다시 채무에 의한 노예로 팔리는 악순환을 방지하기 위함이 아닌가 한다. 또한 이 규정에는 해방된 종이 그때에도 주인을 떠나지 않고 남기를 원하는 경우를 언급한다(16-17절). 공적인 문서가 필요한 이혼의 경우와는 달리(24:1), 종의 경우에는 귓불을 뚫는 것으로 문서를 대신하는 객관적인 증거로 사용될 수 있었다. 또한 본문은 떠나는 형제(종들)에게는 정당한 대가(미슈네 משנה)[113]를 지불한다는 점 때문에 그들을 보내는 것을 어렵게 생각할 필요가 없다고 말한다. 결국 이와 같은 규정준수와 관련하여 이스라엘은 범사에 복을 받을 것(18절, 비교. 14:29, 15:10)이라는 약속을 받는다. 이전의 종의 주인은 그의 해방된 동족을 (가난한) 형제로 여겨 그에게 아량과 관대함으로 대우해야 한다.

112) 문자적으로는 "너는 값비싼 목걸이를 만들어라" 를 뜻한다.

113) "정당한 대가" 에 대한 해석은 다음과 같이 두 가지다. 즉 고대근동의 용례상 "두배" (바벨론의 리핏-이쉬타르 법조문[14항목, *ANET*, p. 160]에서는 노예해방은 두 배로 갚았을 경우에만 가능하다는 언급[*ANET*, pp. 159-61], 비교. 렘 16:18) 혹은 함무라비 법전에서 3년마다의 해방을 허용한다는 점을 근거로 하여 (1) 숫자적인 측면에서 일반적인 3년의 노동계약 금액의 두 배(사 16:14, Phillips[1973:107])를 의미하거나 (2) 알라카 문서의 mištannu의 용례를 따라 "적절한 대가" 를 의미하는 것으로 여길 수 있다(Tsevat[1958:125f.]). 이러한 규례의 성경적 근거는 출애굽을 통한 이스라엘의 해방(15절[비교. 출 3:21-22, 12:35-36], 비교. 16:1-12[유월절과 칠칠절에 대한 언급])이다.

초태생의 제물들과 종교적 축제들(15:19-16:17)

초태생과 십일조의 규례는 이미 위에서 그리고 아래에서 언급하고 있듯이 문학적인 측면에서나 신학적인 측면에서 밀접한 상관관계가 있다. 곡식과 포도주와 올리브 기름의 십일조, 소와 양의 초태생의 소진이 야웨를 경외하는 것을 배우는 것이 된다. 이것들은 당시에 이스라엘 사람들의 기본적인 식사의 항목들이었던 것 같다. 그런데 문제는 십일조와 함께 언급된 초태생이 십일조에 포함되었는가의 여부는 논란의 여지가 있다. 양자의 차이는 십일조의 양이 규정되어 있지만, 초태생의 제물의 경우에는 규정이 없다는 것이다. 여기에서 두 가지가 함께 언급된 이유는 같은 시기에, 그리고 동일한 장소에서 먹었다는 것(비교. 12:6, 17)과 우양의 수컷 초태생에 대한 처리문제가 십일조 음식의 규례와 함께 14-16장의 큰 문맥 속에 위치하고 있기 때문이 아닌가 한다. 초태생의 희생에 관한 규정들은 구조적으로 16장에 나오는 절기들과 관련이 있으며 역사적으로도 초태생의 희생(열 가지 재앙의 마지막)이 유월절에 앞선다.

소와 양의 초태생(初胎生)에 대한 규정들(15:19–23)

구조

19절은 초태생에 대한 규정에 대한 일반적인 언급을 제공하며, 20-23절은 절차를 언급한다. 이 절차는 20절[제의적 도살의 경우-장소와 시기]과 21-23절[성읍 내에서의 도살의 경우-피에 대한 금지와 함께 소진에 관한 규정들]로 세분할 수 있다.

신명기의 초태생의 규례는 소와 양의 수컷의 초태생과 먹는 문제를 다루고 있다. 초태생에 대한 규정은 신명기 내의 다른 곳에서도 나타나는데, 이와 같은 초태생에 대한 규정들은 네 가지로 분류될 수 있다(여기에서는 암컷과 부정한 짐승의 초태생[비교. 신 14:3-21]은 언급되지 않는다.).[114] 즉 일반적인 규정들(출 13:1-2,

12a, 34:19, 민 18:15), 정결한 짐승들의 초태생에 관한 규정들(민 18:17-18, 신 15:19-23), 부정한 짐승들의 초태생에 관한 규정들(출 13:23, 34:20, 민 18:15, 비교. 레 27:27), 맏아들에 대한 규정들(출 13:2, 13, 22:28-29, 34:20, 민 18:15-16, 신 15:19-23) 등이다. 특별히 다른 본문들과 비교해 볼 때 현재의 본문에서 초태생의 처리의 주도권을 누가 갖고 있느냐(즉 예배자냐 사제냐)의 차이에 따른 논란이 있을 수 있으나 양 본문들은 이에 대한 관점과 강조점이 차이를 보여줄 뿐, 서로 모순되는 것은 아니다(Yu 1998:105ff.). 15:19-23이 예배자 당사자의 참여를 강조하고 수컷의 초태생을 언급하는데 반하여, 신명기 이외의 규정(민 18:15-18)은 초태생 전반과 사제의 책임과 정당한 몫을 강조한다는 차이점이 발견된다.

코이프만(1979:132)은 초태생에 대한 이러한 반복적인 언급을 다음과 같이 설명한다. ① 신명기만이 특이하게도 맏배들에게 "일을 시키거나 털을 깎아서"는 안된다(즉 비제의적으로 혹은 개인적인 유익을 위한 행위의 금지)고 말한다. 이것은 종들이 형제들을 위해서 "일해야 한다"는 규정 직후에 나타난다(12, 18절). ② 소와 양의 맏배에 대한 규정은 이후에 등장하는 유월절(16:1 8)에 사용되는 동물들이다(출 12:5에서의 첫 유월절은 희생제물들을 일년된 양이나 염소로 국한한다). ③ 신 15:21은 희생제물로 사용할 수 없는 정한 동물들의 여러가지 장애들에 대해 언급한다. 흠 있는 동물들은 하나님께 바치지 못하고 거주지내에서 도축하여 정한 자나 부정한 자나 모두 먹을 수 있지만, 그것을 피째 먹는 것은 금지되어 있다(비교. 신 12:20).

십일조와 마찬가지로 초태생도 야웨 앞에서 (일종의 화목제물처럼) 가족들과 "성중에 거하는" 레위인들(12:17-18)과 함께 소진해야 했다. 이것은 모든 산물이 하나님께로부터 왔음을 인식케 하는 것이다. 그러나 성중에서 먹는 경우와 그에 대한 평가에 대해서는 십일조 음식과 초태생에 대한 규정들이 서로 다르다(초태생-"부정한 것으로 여겨진다" //십일조-"성물로 여겨진다"). 유(Yu 1998:104)는 초

114) 맏아들에 대한 규례들은 Brin(1994:209-237)을 보라.

태생의 규정이 세 국가적 축제규정 앞에 언급된다는 점에서 초태생이 세 가지 절기와 관련해서 야웨 앞에서 소진되었다고 주장한다. 그리고 희생제물의 피와 기름은 희생제사 의식(즉 제의적 식사에 앞서서 행하는)때 제물로 사용되었던 것 같다.

세 개의 축제들(16:1-17)

구조

16장은 일련의 제의와 규정의 연속의 시작부분이라고 볼 수 있다(Morrow 1995:23). 16:1-17(제의), 16:18-20(규례), 16:21-17:1(제의), 그리고 17:2-7(규례) 등이다.

여기서 언급되는 유월절-무교절(출애굽의 구속사건과 연관된), 칠칠절과 장막절(매년의 추수와 관련된)은 이전에 언급된 "매년 드리는 예물"과 관련된 축제들이며, 마찬가지로 매년 드리는 예물뿐만 아니라, 삼년마다 드리는 예물인 십일조(들)와 칠년마다 행하는 "안식의 해"도 그 연장선상에서 이해할 수 있다(즉 7일간의 유월절 준수와 7x7일의 경과한 후에 행해지는 칠칠절[혹은 오순절]). 또한 이러한 축제들은 12:13-27, 14:22-28, 15:19-23과 연관지어서 읽어야 한다. 다음은 모세오경내의 연례적인 제의절기에 대한 비교표이다(Hamilton 1982:367).

제의절기	민 28-29장	신 16:1-17	출 23:10-19	출 34:18-2	6레 23:1-4
매일의 제물	28:3-8		(29:38-42)		
안식일 제물	28:9-10		12절*	21절*	1-3절*
매달 첫날의 제물	28:11-15				
유월절의 제물과 무교병	28:16-25	1-8절	15절	18-20, 25절	5-8절
오순절의 제물 (칠칠절/초태생)	28:26-31	9-12절	16a절	22a, 26절	15-22절
신년의 제물	29:1-6				23-25절
대속일의 제물	29:7-11				26-32절
성막에 드리는 제물	29:12-38	13-15절	16b절	22b절	33-36, 39-43절

*제물은 언급되지 않았으며 안식일 준수가 언급된다.

유월절과 무교병(16:1-8[출 12장])

이 단락은 브루그만(2001:173)의 발견처럼 구조적으로 주제어가 야웨(1절), 장소(2절), 장소(5-7절), 야웨(8절)의 순서로 병행한다.

유월절 준수의 기원은 이스라엘이 이집트를 떠나기 전날 양을 잡아 그 피를 문지방에 발라 (열 가지 재앙들의 마지막 재앙[즉 이집트 땅에 거하는 모든 사람과 짐승의 초태생을 죽이는]을 수행하는) 죽음의 천사들을 피할 수 있었던 사건을 기념하는 것이고 무교절은 이스라엘이 서둘러서 이집트를 떠났을 때의 "발효되지 않은 빵"의 준비를 기념하는 것이다. 이 두 절기는 구조적으로 상응한다(비교. 수 5:10-11). 이와 같이 유월절의 목적은 3절이 증거하듯이 이 절기가 출애굽이라는 역사적 근거와 관련된 것이지만, 가나안 땅에서의 이 절기는 추수기 이전에 행해진다는 점("아빕/니산" 월[3월 중순부터 4월 중순사이의 기간])에서 보리추수의 힘겨운 노동을 앞두고 행해지는 예비(豫備) 축제적인 성격도 갖는다.

이곳에서는 양의 피를 사용하는 법을 생략한다. 시기적으로는 변화가 없지만, 첫 번째 유월절의 경우("각자의 집에서 도살하여 구워먹는다")와는 달리, 가나안 땅에 들어간 후에는 야웨께서 "선택하신" 성소에서 소와 양과 염소를 잡아 제물로 바치고 당일에 모두 구워먹고 누룩 없는 빵(즉 "고난의 빵")을 먹음으로 유월절을 지키도록 훈계한다. 유월절과 무교절의 일주간은 출애굽을 기억하는 때이다. 비록 신명기처럼 "선택하신 장소에서"라는 표현은 없지만, "야웨를 뵈러(to see Yahweh)"라는 표현은 출애굽기 23:17과 34:24의 언급을 반복한다.

비록 다른 곳에서 효모가 타락과 부패의 상징으로 사용되지만, 여기에서는 그 의미와는 상관없이, 오히려 서둘러서 먹고 보존하기가 더 용이하기 때문에 무교병이 사용된 것으로 이해해야 한다. 이와 같이 이스라엘은 6일간 "네 장막(임시거처?)에서"(이와 유사하게 4절에서는 "네 온 지경 내에"를 언급한다) 발효되지 않은 빵(고난의 상징)으로 식사를 하고, 제 7일에는 모든 일을 중단하고 야웨 하나님 앞에서 "집회"(아체레트 עצרת)를 열도록 명령을 받는다. 안식의 해가 해방의 해라면, 유월절은 해방의 축제였다.

칠칠절(16:9-12)

장막절의 의미와 마찬가지로 칠칠절(혹은 오순절)은 첫곡식(보리)의 수확의 시작으로부터 7주간을 계산하여 단 하루를 축제일로 지키는 추수의 절기다(유월절과 장막절은 7일간 지켜진다). 안식일의 규례와의 유사성을 보이는 이 절기는 그동안의 추수의 수고에서 벗어나 야웨 앞에서 추수자들이 이웃들과 함께 기뻐해야 한다. 예배자는 과도하거나 의무적인 것이 아닌 개인의 능력에 맞게 자발적으로 자원예물을 드리도록 되어있다. 그것은 야웨께서 주신 복을 생각하여 적절하게(능력에 맞게) 해야 하지만, "반드시 의무적으로" 하는 예물은 아닌 것이다. 여기서도 가족구성원들과 이웃들("너와 네 자녀와 네 종과 네 성중에 거하는 레위인과 너희 중에 거하는 객과 고아와 과부")이 모두 함께 "네 하나님 앞에서" 즐거워해야 한다는 언급이 있다. 이와 같이 이스라엘의 신앙 공동체 모두가 함께 즐거워해야 한다는 규례를 지킬 근거는 "애굽에서의 종살이"(의 해방)의 기억이다.

장막절(16:13-15)

칠칠절과 유사한 동기에서 비롯된 장막절(혹은 수장절)은 곡식과 포도나무의 소출을 거둬들인 후에 7일간 지키는 축제다. 칠칠절과 마찬가지로 장막절도 "너와 네 자녀와 네 종과 네 성중에 거하는 레위인과 객과 고아와 과부"와 함께 기뻐하며 야웨께서 택하신 장소에서 이스라엘에게 주신 하나님의 복("네 모든 소유의 증가와 너의 손의 일들")을 즐거워해야 한다.

요약(16:16-17)

이 부분은 노예해방의 해에 이전 주인이 "해방된 종"을 빈손으로 가게 할 수 없듯이(15:13), 모세는 세 가지 절기들 중에 "예배자"가 빈손으로 야웨를 만날 수 없다는 점을 강조한다(16:16, 비교. 출 23:14-19[무교절], 34:20-26[첫열매]). 예배자는 반드시 하나님의 축복의 결과인 땅의 소산을 가져와야 한다(10, 17절). 이것은 신자들에 대한 야웨의 당연한 요구다. 이미 야웨께서 이스라엘에게 땅을 주셨고 소산이 나올 수 있도록 이른 비와 늦은 비를 주셨기 때문이다. 이미 하나님으로부터 복을 받은 이스라엘은 감사와 기념의 절기들에 하나님의 은총의 증거들을 가지고 와야 했다. 그러나 현대 한국교회가 이것을 교회의 공예배때에 헌금을 반드시 갖고 오라는 명령의 증거로 삼는데 이것은 잘못이다. 오히려 본문은 우리가 쉽게 구제와 예배를 극단적으로 분리하는 경향에 반대한다.

본문은 하나님 명령의 준수와 복의 상관관계를 단순한 선후나 우열을 가리는 차원에서 원인과 결과로 말하지 않고 서로 순환론적(혹은 역설적인) 관계로 묘사한다(McConville 1984:18). 그러므로 이것은 신명기적 "복의 순환논리"라고 부를 수 있다. 즉 15장을 예로 든다면, 하나님이 이스라엘에게 복을 주시고(14b절) 그 결과로 이스라엘이 순종하고(15b절) 그에 따라서 또 하나님이 이스라엘에게 복을 주신다(18b절). 다시 말하자면, 이스라엘의 야웨의 명령에 대한 순종과 야웨의 복에 대한 감사는 논리상 현재의 "기복주의 신앙"과는 다른 것이다. 이것은 인도주의적 배려를 넘어선 신명기의 "이스라엘의 순종과 하나님의 은총"에 대한 역설적인 논리라고 보아야 할 것이다. 물론 교회의 공예배가 구약의 절기나 희생제사와 동일시되는 것도 문제지만, 이것은 야웨께 무언가를 드려 배부르게 하려는 행위가 아니다. 특히 칠질절과 장막절의 경우에는 개인적인 공동체(너와 네 자녀와 네 남종과 여종)와 지역공동체 가운데 가난한 자들(레위인, 객, 고아, 그리고 과부)와 함께 야웨 앞에서 "즐거워" 해야 할 의무가 있는 것이다. 이것은 매삼년에 행하는 십일조의 경우와 마찬가지로 공동체가 함께 야웨 앞에서(즉 성소) 즐거워하는 것(11, 15절)은 "감정적 쾌락의 문제"가 아니라, 말 그대로 축제의 참여를 의미한다.

사회적–제의적 정의의 집행과 관련된 법도들(16:18–17:20)

구조

이 부분은 사회적-제의적 정의의 집행을 위한 직책들의 임명(16:18-20, 17:1-13), 왕의 임명에 관한 규정들(17:14-20), 하나님의 제의와 말씀전파를 위한 직책들(레위인 사제들의 규정[18:1-8], 선지자의 역할[18:9-22])로 구성된다. 게다가 이 단락은 이전의 몇 개 단락들과 상응한다. 전체적으로는 1:9-18을 상기시킨다. 또한 이방인의 종교적 기물들(16:21/12:2-4)과 부적절한 희생제물(17:1/15:21-23+"가증한" 이라는 용어로 강화된 수사학)에 대한 반복도 발견된다.

이 단락의 하위단락은 다양하고 무질서해 보이지만, 몇가지 면에서 서로 밀접하게 연관된다. 이와 관련하여 어떤 사람들은 이 단락을 십계명 가운데

제 5계명과 연관시키려는 시도를 한다. 그러나 이것은 부권(父權)과 관련된 일반적인 "권위"의 문제를 다루는 것이 아니다.[115] 오히려 이 단락의 세부사항들은 이스라엘의 신정정치적 특징을 잘 드러낸다. 사회적으로 정의를 집행해야 하는 자들(재판장들과 지도자들, 왕들)과 종교지도자들(제사장들과 레위인들)의 역할은 여기서 서로 완전히 분리되지 않으며 특정한 부분에서 서로 동역하는 형태를 취한다. 그럼에도 불구하고 여기서 언급되는 재판장들, 왕, 사제, 그리고 선지자의 신적 임명(혹은 허용)과 같은 다양한 기능들은 특정집단의 절대권력화를 막고 적절한 권력 분배 모델을 제시하는 것으로도 이해할 수 있다(Lohfink 1993, Knoppers 2001:397f.). 또한 왕의 선출과 제한적 역할에 대한 규례도 이와 같은 분권적인 원리를 반영한다.

사회적 제의적 정의의 집행을 위한 직책들의 임명(16:18-17:20)

이 단락은 정의의 집행문제를 다루지만, 앞서 언급한 대로 재판장들, 관리들을 통한 사법적 정의와 제의적 정의는 서로 완전히 구분되지 않고 통합(혹은 협력)되는 현상을 보인다. 물론 이것은 이스라엘의 신정정치하에서 드러나는 독특한 현상이다. 구조적으로는 재판장에 대한 언급(A), 제의적 정의(B), 그리고 재판장에 대한 언급(A′)으로 구성되어 있다.

A 정의의 집행을 위한 직책들의 임명(16:18-20)

정의 집행자들에 대한 임명은 왕의 선출과 마찬가지로 백성들이 "너의 모든 성중에, 모든 지파에서" 재판장들(사사들)과 관리들을 임명할 것과 백성 스

115) 이 부분을 부모에 대한 공경이라는 제 5계명과 연관시키려는 시도는 일찍이 필로(De Decalogo 31.165)로부터 발견할 수 있다. 그러나 문제는 이 단락이 실제적인 부모의 공경과는 상관없는 이스라엘의 신앙공동체 내에서의 선출된 직분자들에 대한 규정만 언급되고 있다는 점이다. 그러한 점에서 Christensen(2001:353)은 이것을 확장(擴張)이라고 부르지만, 받아들일만한 주장은 아니다.

스로가 그와 같은 직책들을 수행할 것을 명령한다. 이와 관련하여 폰라트(1966:115)는 장로들과 재판관들을 동일시하였으나, 필립스(1973:115)는 재판장직에 대해서 지역 장로들 중에서 선출된 혹은 그들 스스로가 재판장 역할을 수행한 것(19:12, 21:2-9, 19f., 22:15-21, 25:7f.)과는 별도로 전문적인 재판장을 두었을 것이라고 주장한다.

하나님의 행위처럼(10:17-20), 재판장들이 행해야 할 "의로운 판결"(혹은 정의의 원칙, 미슈파트-쩨데크 משפט-צדק)은 "판단을 왜곡시키거나 외모로 판단하거나 뇌물을 받지 말아야 집행될 수 있다. 뇌물은 지혜자의 눈을, 의인의 말을 왜곡시키기 때문이다. 그러나 이것은 재판장만의 일이 아니라, 온 이스라엘의 일이었다. 즉 "네가 살고 네 하나님 야웨께서 네게 주시는 그 땅을 얻기 위해서는" "정의, 정의만을 너는 추구하라[쩨데크 쩨데크 티르도프 צדק צדק תרדף]" (20절). 정의의 추구는 이스라엘에게 생명의 법칙이며 약속의 땅을 얻는 수단이며 땅을 얻은 후에 행할 의무인 것이다("네 하나님 야웨께서 네게 주시는 각 성/땅", 18, 20절). 이와 아울러 진실규명을 위한 절차들은 17:2-7과 19:15-21에 등장하며 해결하기가 어려운 사건의 경우에 지역법원에서 송치(送致)되는 중앙재판정(17:8-13)에 대한 언급이 나타난다. 이와 같은 정의수행의 세부사항들은 나중에 도피성(19:1-13), 경제정의적 차원에서의 지계표(19:14) 그리고 정의집행을 위한 절차와 판결(19:14-21)이 언급된다.

하나님이 미워하시는 것(사네 שָׂנֵא)과 가증한 것(토아바트 תּוֹעֵבַת)

비록 16:18-20과 17:8-13이 사법적 정의의 수행이라는 측면에서 긴밀하게 연관되지만, "하나님이 미워하시는 것"(4:42, 12:31, 16:21-22, 19:4, 6, 11)과 "가증한 것"(7:25, 12:31, 17:1, 18:9, 12, 22:5, 23:18, 25:13-16)이라는 공통적인 표현도 이 단락의 두 가지 주제들, 즉 제의적인 문제(16:21-7:7)와 사법적인 문제(7:8-13)를 상호 연관시킨다.

B 제의적 정의의 수행(16:21-17:7).

이 단락의 우상숭배 규정들은 일련의 우상숭배규정들의 결론 역할을 한다. 이 측면에서 네 가지 제의적 범죄들에 대한 규례들이 존재한다. 첫째와 둘째는 아세라와 기둥을 세워 하나님과 함께 그것들을 섬기는 것이며(16:21-22) 그리고 세째는 흠이나 악한 무언가가 있는 희생물을 드리는 것이다(17:1). 이 단락은 잘못된 예배 대상과 잘못된 희생제물에 대한 논의다. 마지막으로 "가서 다른 신들을 섬겨 그것들에게 절하고 내가 명령하지 않은 해와 달과 하늘의 무리들(콜 쩨바 핫샤마임 כל־צ בא הש מים)" 을 우상숭배(비교. 신 4:19)하는 개개인들의 가증함에 대한 처리(17:2-7, "너는 이와 같이 하여 너의 가운데서 악을 제거할 것이다" [7절])에 대한 말씀이 있다. 이러한 일들에 대해서 재판장은 자세히 조사하고 적절한 (두세 사람의 증인들의 일치하는) 증거가 있으면 그 우상숭배자를 성문(재판정)으로 끌고 가서 증인들이 우선적으로 그들에게 투석형을 집행해야 한다. 이 구절은 앞서 논의된 제의적 문제점들의 결론이지만, 이것은 제의적 범죄자의 "제거"를 다룬다는 점에서 비제의적인(즉 정의의 집행) 법정적 처리의 문제("범죄자의 제거")를 다루는 다음 단락과 주제적으로 연결시켜 주는 역할을 한다.

A′ 사법적 정의의 수행(17:8-13).

지역재판정에서("네[너희] 성[문]들 중에서")[116] 해결이 어려운 "쌍방간의 피흘림(살인?), 쌍방간의 권리, 혹은 쌍방간의 구타" 에 관한 사건들의 경우에는 야웨의 성소가 있는 곳에서 레위 사제(17:9, 18, 18:1, 24:8, 27:9)와 재판장이 가르치는 토라의 판결을 따라 재판해야 한다. 그러나 (송사의 당사자들 중에서 그 누구라도) 판

116) 엄격하게 말하자면, 성의 누각(樓閣)에서 정치적, 사법적 문제가 논의되었다.

결에 불복("돌이켜")하여 제멋대로 행하는 자에 대한 처리는 "너는 그 사람을 죽여 이스라엘 중에서 악을 제거할 것이다"(12절, 비교. 19:20, 21:21). 앞의 것(제의적 범죄자)은 두세 사람들의 일치하는 증거(6절)로, 뒤의 것(사법적 범죄자)은 레위인 사제와 재판장의 합의에 의한 판결(9절)로 사행을 집행해야 한다.

왕의 임명에 관한 규정들(17:14-20)

구조

이 규례(17:14-20)는 왕의 자격(14-15절)과 왕의 직무들(군사적 정치적 경제적으로 행하지 말 것들[16-17절]과 종교적으로 행할 것들과 약속[18-20절])로 구성되어 있다.

전술하였듯이, 신명기 자체는 야웨의 언약공동체의 모든 구성원들, 즉 개인들, 가장(家長)들, 장로들, 재판장들과 지도자들뿐만 아니라, 왕들도 하나님의 정의를 시행하도록 명령한다. 마찬가지로 하나님은 사제들과 선지자들과 왕을 임명하시고 세우시지만, 백성들은 재판장들과 지도자들(장로들을 포함하여)과 왕들을 공동체 가운데서 선출로, 또 신적인 선택을 통하여 세우도록 규정하신다. 이러한 이스라엘의 이중적 특성은 사무엘서-열왕기에서 잘 나타나 있다.[117] 이제 신명기가 규정하고 있는 이스라엘 왕정에 대한 세부적인 내용들을 살펴보자.

이스라엘 왕의 자격(17:14-15)

"네가 네 하나님 야웨께서 네게 주시는 그 땅에 들어가 그 땅을 차지하고 정착하여, '내가 내 주위의 모든 나라들처럼 내 위에 왕을 세울 것이다' 라고 말한다면, 너는 네 하나님 야웨께서 선택하신 왕을 네 위에 둘 수 있다. 너는

117) 이점에 대해서는 성기문(2003a)을 참조하라.

네 자신의 형제들 가운데 하나를 네 위에 왕으로 삼을 수 있다. 너는 너 위에 형제 이스라엘 사람이 아닌 자, 즉 이방인을 두지 말라."

문맥상 왕정제도에 대한 신적규례는 절대법("…이어야 한다")이 아니고 사례법("…할 경우에…이다")에 속한다. 신명기가 제시하는 인간 왕정규례는 이스라엘이 반드시 갖추어야 할 정치제도는 아니었고, 백성들이 원할 경우, 왕을 세울 수도 있는 제도였기 때문에, 앞서 언급한대로 이것은 일종의 "권력분화"의 이상적 체계라고 볼 수 있다.

여기서 우리는 장차 있게 될 이스라엘의 왕정에 대한 사례법적인 의미와 신학적 함축뿐만 아니라, 왕정에 대한 세부사항들도 발견할 수 있다. 모든 열방과 같이(케콜-학고임 ככל־הגוים) 왕을 세워야겠다는 생각이 든다면, 이스라엘은 자신들의 형제를 왕으로 세울 것이며 타국인(이쉬 나크리 איש נכרי)을 왕으로 세우지 말 것이라는 왕의 자격과 선출방법이 언급된다. 17:15에는 고대근동적인("모든 열방과 같은") '왕권신수사상' 이 발견되지 않는다. 이러한 "열방과 같지 않은" 이스라엘의 왕권개념은 고대근동적 배경 하에서도 혁명적인 것으로 여겨질 수 있다. 이스라엘의 정치사에 있어서 왕은 신이나 신의 아들(이집트적인 왕권개념), 혹은 신의 대행자로서 절대적 권력이나 법적 효력을 가진 무소불위(無所不爲)의 존재(메소포타미아 지역의 왕권개념)로 언급되지 않다. 고든 맥컨빌(1998:293)은 이와 같은 신명기의 왕권제도를 고대근동의 왕권제도의 "비신화"라고 부른다(비교. Otto 1995:377). 또한 이스라엘 왕은 선출직이었다. 즉 이스라엘 왕은 주위 모든 민족들과는 달리 야웨께서 직접 선택하신 자이며 이스라엘이 형제들 중에서 선택한 자(비교. 신 16:18)야 한다. 이 말은 정복민이거나 용병(用兵)출신, 혹은 혼혈인이나 이방인이 이스라엘 왕이 될 수 없다는 의미일뿐만 아니라, 그가 이스라엘 사람이라도 이스라엘적 왕권개념(즉 야웨의 왕권과 그에 따른 인간왕권관)을 인정하는 자여야 한다는 의미다. 그와 같이 신명기의 왕권은 절대적이지 않고 조건적이다.

세부적인 왕의 직무들(17:16-17, 18-20)

> 야웨께서 너희에게 '너희가 그 길로 돌아가지 못한다' (로-야쉬브 לֹא־יָשׁוּב)고 말씀하셨기 때문에, 그(즉 왕)는 자기를 위하여 군마(軍馬)를 많이 소유하거나 더 얻으려고 백성을 이집트로 돌아가게 하지 말라(로 토시푼 라슈브 לֹא תֹסִפוּן לָשׁוּב).[118] 자기 마음이 미혹되지 않도록 하기 위해서, 그는 많은 처첩을 두지 말라. 또한 그는 은과 금을 크게 모아서도 안 된다. 왕이 자기 왕국의 보좌에 앉을 때, 자기를 위하여 레위-사제 앞에서(혹은 '지도하에서') 이 토라[119]의 기록매체의 사본을 만들 것이다. 이 토라의 모든 말씀들과 이 규례들을 조심스럽게 지켜서 그의 하나님 야웨를 경외하기를 배우고, 그의 평생에 그것을 보관하여 큰 소리로 읽을 것이다. 자신을 그의 동족들보다도 높게 여기지 말며, 그 계명에서 떠나(수르 סוּר) 좌로나 우로나 치우치지 않을 것이다. 그렇게 하면, 그와 그의 자손이 이스라엘 가운데서 오래도록 통치하게 될 것이다.

왕의 규례의 부정적인 측면은 군마, 아내와 첩, 그리고 은금을 많이 두는 것에 대한 경고로 이 모든 것들이 야웨를 전적으로 신뢰하는 것에서 돌이켜 인간의 권력과 재물을 더 신뢰하거나 심지어 우상숭배케 하는 것이다. 긍정적인 면에서 왕은 토라를 복사해 읽으며(비교. 삼상 10:25) 하나님이 선택하셨고 백성의 선출을 받은 자라도 결코 동족에 대한 우월감을 갖지 말 것과 토라(의 모든 말씀들과 이 규례들)를 지켜야 한다는 점이 언급된다. 이것은 왕으로서 교만하지 말고 야웨를 신뢰할 뿐만 아니라 야웨의 규례를 이해하고 지키게 할 것이다. 마지막으로 왕은 율법의 제정자나 반포자(頒布者)보다는 율법의 순종자며 집행자이어야 한다는 점이 강조된다(18-20절). 왕의 신적 규례에 대한 철저

118) 이러한 표현은 호 8:13(비교. 7:16, 9:6, 11:5)에서도 반복된다.
119) 이 율법책의 정체에 대한 논란이 있다. Craigie(1976:256)는 그에 대해서 신명기 율법, 혹은 신명기 전체 혹은 시내산 언약 문서 등의 세 가지 가능성을 말한다.

한 순종은 왕 개인뿐만 아니라 왕조의 생명연장을 약속한다. 이러한 이스라엘의 인간왕권의 신학적 특징을 고려할 때, 사무엘서(특히 삼상 8장)와 열왕기는 신명기의 통치제도(특히 인간왕정)의 이상이 어떻게 왜곡되어 가는가에 대한 실제적인 검증의 장소였다(참조 성기문 2003a).

제사장들, 거짓 종교들, 그리고 참선지자와 관련된 법도들(18장)

이 단락은 사제들, 거짓종교, 그리고 참선지자와 관련된 법도들(18:1-8, 9-14, 15-22)로 나뉜다. 앞서서 다룬 정의를 집행하기 위한 직책들에 대한 규정과 상응하는 야웨를 특정하게 섬기는 직분들에 대한 규례가 등장한다. 여기에서의 논의는 야웨를 섬기는 두 가지 직분들(레위인들[18:1-8]과 선지자들[18:15-22])과 우상을 섬기는 자들(자식을 번제로 드리는 자, 복술자, 길흉예언자, 요술자, 무당, 진언자, 신접자, 박수, 초혼자[招魂者], 18:9-14)과의 대조로 나타난다.

레위인들을 위한 규정들(18:1-8)

본 단락은 레위인들에 대한 언급(1-2절), 중앙성소에서 일하는 레위인 사제(3-5절), 지금까지는 중앙성소에서 사제로 봉사하지 않았지만 이제 봉사하기를 원하는 지역의 레위인들(6-8절)로 구성되어 있다.

레위인들에 대한 언급(18:1-2)

여기에서 말하는 "레위인들이 분깃이 없다"는 말의 의미에 대해서 학자들 사이에 다음과 같은 두 가지 견해들이 있다. ① 이 표현이 실제로 분깃이 없는 레위인들이 가난할 수밖에 없어서 동포들에게 의존할 수밖에 없다는 점을 강조한 것이라는 주장(Yu 1998:151)과 ② 레위인들이 가난하다는 개념은 신명기에 나타나지 않기 때문에 가난 문제와는 별도로 이 표현은 그들이 "이스라엘의 헌신의 상징과 예배와 교제적 측면에서" 이스라엘의 분깃을 공유해야 한다는 점을 강조한 것이라는 주장(McConville 1984:151, Lohfink 1996:11)이 있다. 여기서 필자는 후자의 입장을 따른다.

성소에서 일하는 레위인 사제(18:3-5)

성소(가까운 미래의 세겜 혹은 실로?)에서 제의적 직무를 수행하지 않는 일반 레위인들이 생계의 측면에서 얼마나 독립적이었는가는 의문이지만 이들은 원칙상 11지파가 나눠준 레위인들의 도시들에 살았다(민 35:1-8, 수 21:42). 그들이 일상적으로 행했던 직무는 명확히 알려져 있지 않았다. 비록 그들이 "야웨의 궤를 맡은 자들"로 한정되어 나타나기는 하지만 아마도 그것은 약속의 땅으로 들어가 "야웨의 궤"가 성소에 안치되기 시작한 후부터 토라를 가르치고 전수하는 역할을 수행했을 것이라는 주장도 있다.[120] 신명기 전반에 따르면, 사제들은 우림과 둠밈을 통하여 신탁을 얻으며, 모세의 토라를 설명하며, 언약 궤 앞에서 야웨를 섬기며, 그리고 희생제물을 받고 처리하는 임무를 받았다. 마찬가지로 사제의 직무를 돕는 레위인들은 야웨의 궤를 옮기는 일과 "그의 하나님 야웨의 이름으로 서서 섬기는 일"을 받았다.

성소에서 일하는 사제들의 생계는 우선적으로 백성들의 희생제물들로 해결해야 한다. "불에 태우는 제물"의 일부분(아마도, 소제, 화목제, 그리고 속건제)과 "야웨의 분깃." 세부적으로 볼 때, 사제들은 ① 야웨께 제사된 음식제물들(제물[소와 양], 앞 넓적다리, 두 볼살, 위장), ② 여러 제물들(곡류와 포도주와 기름과 양털의 첫 소산[121]), 그리고 ③ 십일조를 가지고 생계를 유지하였다.[122] 특히 사제들이

120) Christensen(2001:248)에 따르면, 제의에 종사하지 않던 레위인들은 "지역에서 가르치는 사제들"이었다.

121) 그 정확한 의미에 대해서는 "처음 거둔 것", "처음에 처리한 것", 그리고 "최상의 것" 등 여러 가지 해석이 제시된 바 있다.

122) 이것에 대해서 Yu(1998:62)는 다음과 같이 말한다. 우리는 십일조, 첫열매, 그리고 사제의 몫을 구

받은 십일조란 레위인들이 이스라엘 사람들로부터 받은 것들(농산물과 포도주의 십일조) 중에서 가장 좋은 것들로 야웨께 들어올리는(혹은 흔드는) 예물, 즉 "십일조의 십일조"를 의미한다(민 18:21-32). 이러한 십일조는 일종의 분깃으로 회막에서의 봉사의 대가라고 말한다(민 18:21, 24절). 또한 이스라엘 백성이 레위인들에게 주는 십일조도 "야웨께 들어올리는(흔드는) 예물"(혹은 선물)라고 부른다.

성소에서 봉사하기를 원하는 지역의 레위인들(18:6-8)

이 단락을 제대로 이해하기 위해서는 다음의 두 가지 사항을 이해하는 것이 중요하다. 우선적으로는 신명기에 나타난 레위인과 사제에 대한 용어의 혼용과 기능에 관한 문제를 해결해야 한다. 이것은 주로 18:6-8에 대한 해석상의 차이에서 비롯된다.

학자들 사이에서 이 구절을 "모든 레위인이 사제는 아니다"라는 의미로 보는 입장[123]과 "모든 레위인이 사제이거나 잠재적인 사제다"라는 의미로 보는 입장[124]이 있다. 세부적인 논의를 하자면, 아바(Abba 1977:265)의 주장처럼 이 구절이 의미하는 바는 지방에 있던 레위인들이 중앙성소에 오더라도[125] "동료 레위인들처럼" 제사와 관련된 일을 할 수 있다는 것이지, 지방에서 올라온 레위인이 성소에서 일하는 레위-사제들이 하는 일과 "동일한 일"에 종

별할 필요가 있다. 사제들의 몫은 신 18:1-8에서 잘 나타나 있다. 즉 그들은 여러 가지 동물의 희생제물뿐만 아니라, 곡식, 포도주, 기름, 그리고 첫 번째 깎은 양털을 받게 되어 있었다. 첫열매는 상징적인 제물로서 그 양은 정해져 있지 않았다. 아주 적은 분량이지만, 매우 질 좋은 부분이 광주리에 넣어져 제공되었다(26:1-11). 그러나 십일조는 고정된 세금으로, 예배자와 그의 가족들에 의해서 그 일부는 소진(消盡)되었다. 그러한 면에서 세 가지는 서로 다르다.

123) Orr, Wright, Abba, McConville, Duke 등.

124) Wellhausen, Dillmann, Driver, Gray, Cody, Emerton 등.

125) Christensen(2001:395)은 이 단락이 지역에 거주하던 일반 레위인들이 예배자들과 함께 매년 세차례 축제기간에 성소에 올라갔을 때 제의적 임무를 한시적으로 수행할 수 있다는 의미라고 주장하지만, 본문의 의미는 명확치 않다. 오히려 이 단락은 모든 레위인이 사제의 기능을 수행할 필요는 없다고 말하는 것처럼 보인다.

사할 수 있다는 것이 아니라는 점이다. 그러나 본문은 야웨께서 선택한 자리(즉 성소)에서 제의적으로 봉사하는(혹은 봉사하게 될) 레위인들은 (여러 가지의 차이점들에도 불구하고, 심지어 지방에서 올라온 레위인들이 기존에 갖고 있을 수 있는 자기들의 재산의 유무[126]와는 상관없이) 하나님을 섬기는 일에 있어서 정해진 몫을 받아야 한다고 말한다(Duke 1987:198). 그러한 면에서 여기서 우리는 양자사이의 차별적이거나 배타적인 측면의 강조보다는, 아론 계열 사제들과 레위인 사역의 구분을 강조하려는 목적도 발견할 수 있다. 이 단락은 비록 모든 레위인이 사제의 직책을 받는 것은 아니지만, 제사의 일에 직간접적으로 관여할 수 있다는 의미로 여길 수 있다.

선지자 분별법(18:9-22)

이제 언급되는 규정들은 거짓선지자들(9-14절)과 참선지자들(15-22절)의 정체와 분별에 관한 것이다. 이 규례는 이전의 선지자 관련 규례들(13:2-5)과 우상숭배와 관련된 규례들(13:2-19)과 함께 읽어야 한다.

거짓 선지자들에 대한 규정들(18:9-14)

모세는 이스라엘에게 여러가지 잘못된 신탁의 중개자들("몰렉" 제사[12:31][127]를 드리는 자, 그리고 다양한 방법으로 점치는 자들)의 말을 따르는 것을 배우지 말도록 명령한다. 개역(개정)판 성경은 "점쟁이나 길흉을 말하는 자나 요술하는 자나 무당이나 마법사나 신접자나 박수나 초혼자"라고 번역하지만, 그 어느 것도 확실하지 않다.[128] 이 단락은 이들을 통해서 하나님의 신탁을 받을 수 없으

126) 현재의 독법은 RSV와 개역을 따랐다(비교. Tigay 1996:172, 375, n. 19). 그러나 Christensen(2001:397)은 " '사제의 봉사(fatherly[priestly] service)' 의 대가" 라는 독법을 선호한다.

127) Mayes(1979:280)나 Tigay(1996:465)는 여기서 언급된 "자녀를 불 가운데로 지나가게 하는 행위"가 몰렉 제사라는데 동의하지 않는다.

128) 또한 Christensen(2001:408)은 이 용어에 "희생제물의 간(肝)의 모양으로 보는 점," "화살통의 화살

며 오히려 이것은 야웨의 "가증한 것" 이라고 가르친다. 앞날의 길흉을 점치고 신비주의적 혹은 기복적이고 기계적인 세계관을 조장하는 것은 야웨의 주권과 신자의 윤리적-도덕적 책임의 자유와 충돌된다. 오히려 모세는 이스라엘에게 야웨 앞에서 "완전하라" 고 말한다. 이 말씀은 이스라엘의 윤리적 완결성을 무조건적으로 보장하거나 강제(強制)한다기보다는 "야웨 앞에서" 가증한 일을 행하는 자들을 야웨께서도 가증히 여기사 "이스라엘 앞에서" 몰아내실 것이기 때문에 이스라엘에게 "온전히 야웨께 복종하라" 고 명령한다. 이스라엘에게 금하시는 동일한 이유로 야웨의 가증함("길흉을 말하는 자나 복술자의 말을 듣는 행위들")을 숭배하던 가나안 족속들은 야웨로부터 징벌을 받을 것이다.

참 선지자들에 대한 규정들(18:15-22)

하나님은 모세 이후로 자신의 신탁을 전할 수 있는 새로운 수단을 세우실 것이다. 이 지책은 호렙산에서의 게시사건과 연관된다(출 20:19-21). 지금까지 모세는 이스라엘을 위한 일종의 중보자와 야웨의 말씀의 매개자 역할을 수행하였다(비교. 신 5:22-6:3). 그는 구약의 모든 지도자들처럼 "형제들 중에서" 선택된 자이다(18:15, 17:15). 이스라엘은 야웨께 이러한 선지자를 주실 것을 총회의 날에 호렙 산에서 요청하였다(4, 5, 10장에서의 중재자 모세). "바로 당신이 우리와 함께 있어(임마누 עמנו) 우리에게 직접 말씀하시면 우리가 그의 말씀을 들을 것입니다. 그러므로 하나님께서 우리와 함께 계셔서(임마누 עמנו)우리에게 직접 말씀하시지 않게 하소서. 그렇지 않다면 우리는 죽을 것입니다"(출 20:19).

야웨는 자신의 말씀을 선지자의 입에 넣어주실 것이기 때문에 선지자는 하나님의 말씀만을 전할 수 있다. 그러므로 이스라엘은 하나님의 대언자인

을 흔들어서 보는 점," "영매술," "기름 등의 액체의 모양으로 보는 점," "악한 의도로 하는 주술(black magic)" 등이 포함된다고 주장하지만 확실한 것은 없다.

그의 말을 들어야 한다. 여기서 모세는 "다른 신들의 이름으로 혹은 하나님으로부터 받은 신탁도 없이 야웨의 이름으로" 행하는 선지자들의 존재의 가능성을 언급하며 참선지자와 거짓선지자를 그 예언이 성취되거나 사실로 밝혀지는가의 여부에 따라 구별하라고 말한다. 그러나 신명기 규정은 이상적이거나 단순한 국면에 있어서 후대의 선지자들과 신탁의 진위여부를 분별할 때, 여러 예외적인 경우가 나타난다(열왕기의 선지자들과 기록 선지자들의 경우). 밀러(1990:154)의 주장처럼, 여기에서와는 달리 예언에 대한 기적과 성취가 있더라도 그것이 전부 야웨로부터 온 참선지자와 신탁이라고 볼 수는 없다. "야웨의 백성들을 야웨 하나님의 배타적 예배로부터 돌이켜 배교하게 만드는 것이라면, 그 예언은 결코 야웨로부터 온 참하나님의 예언일 수는 없다"는 또 다른 분별의 기준이 신명기의 참선지자 분별법에 첨가되어야 한다. 그러므로 구약전반에서 볼 때, 참선지자란 "예언에 대한 역사적 성취, 모세의 교훈 속에서 야웨의 다른 말씀과의 일치, 그리고 야웨 하나님에 대한 배타적 예배의 요구"라는 요건들이 충족되어야 한다.

'나와 같은 선지자' 의 의미

이것은 모세에 대한 아론의 메신저의 역할처럼 이스라엘 백성에 대한 야웨의 말씀을 대언하는 야웨의 선지자의 역할도 그와 유사할 것을 의미한다. 또한 참선지자직은 "필요할 때 임시적으로만 세워지는 지도자의 직책"을 의미한다(Miller 1990:155). 결국 선지자에게 주어지는 기능은 야웨와 이스라엘 사이의 언약의 중재, 즉 이스라엘로 하여금 야웨께 복종하도록 요청하는 단순한 것이다(17b-18절). 그러나 이 규정은 이후에 올 선지자들의 회개 메시지 사역을 알지 못한다. 그러한 점에서도 신명기의 고대성은 지지될 수 있다.

살인과 범죄에 대한 사법적 정의와 전쟁의 문제들(19:1-21:9)

구조

이 단락은 도피성(19:1-13), 이웃의 경계표(19:14), 고의적으로 행한 범죄사실의 확증(19:15-21), 야웨의 전쟁과 관련된 규례들(20:1-20), 가해자를 알 수 없는 살인사건의 경우(21:1-9)로 구성되어 있다.

지금까지 여러 학자들은 이 단락의 구성과 배열(심지어 25장까지)에 대한 다양한 견해를 제시하였다.

첫째로 이 단락을 "야웨의 전쟁"과 관련된 규정들로 보는 견해가 있다(von Rad 1953:50-59). 즉 전쟁에 관한 규정들(20:1-9), 도성의 포위(20:10-18, 19-20), 여성 전쟁포로들(21:10-14), 야영지에서의 정결에 관한 규정들(24:5), 아말렉에 관한 규정들(25:17-19) 등이다. 24:5을 제외한 모든 구절들이 "네가 나가서 대적들과 싸우려 할 때"라는 조건절(20:1, 21:10, 23:9)로 시작한다. 밀러(1990:156f.)는 이러한 전쟁과 관련된 법규들에는 "이상화된 거룩한 전쟁의 제시, 순결에 대한 관심과 아울러 야웨께만 충성하라는 신명기적 고집이 주는 효과의 지속성, 그리고 전쟁의 야만성 속에 나타나는 제한적인 인도주의와 긍휼의 천명"이라는 독특한 요소들이 포함되어 있다고 주장한다. 그러나 무엇보다도 이스라엘의 승리가 야웨께서 먼저, 혹은 그들과 함께 하셔서 대적들과 싸우신 결과라는 신념은 제일 중요한 요소다. 실제적인 면에서 야웨의 전쟁의 중요한 요소들은 이스라엘의 진영 속에 계시는 야웨의 궤(민 10:35f., 삼상 4장, 삼하 11:11)와 헤렘(진멸)의 명령인 것이다(Rofé 2002:149-167). 그러나 문제는 야웨의 전쟁 주제가 주도적인 것이 사실이지만, 전쟁과 관련된 규정들 이외에도 다른 규정들이 그 사이사이에 등장한다는 점에서 이 단락을 단 하나의 주제와 관련된 규정으로 보거나 이 단락의 문학적 단위를 19-25장까지로 확장하여 규정하기에는 다소 무리가 따른다는 것이다.

둘째로 이 단락을 십계명의 "살인의 금령"과의 관련된 규정들로 보는 견해가 있다(Christensen 2001:417). 즉 비고의적 살인사건(19장), 야웨의 전쟁(20:1-20), 가해자와 피해자의 신분을 알 수 없는 살인사건(21:1-9). 이와 유사하게 코이프만(1978-9:137)은 "살인"과 관련된 주제의 배열, 즉 "살인을 어떻게 다룰 것인가"(1-13절), "살인을 어떻게 방지할 것인가"(14절), "살인에 대한 고소를 어떻게 할 것인가"(15-21절)라는 측면에서 그 연관성을 찾는다. 해밀턴(1982:435)은 도피성과 증인들에 관한 규정에서 "피의 보수자(報酬者)"나 거짓증인에 의한 "무죄한 피흘림(의 죄)의 방지"라는 중요한 모티프들이 공유된다고 주장한다.

앞서 논의된 것처럼 이 단락에서 전쟁을 통한 정의와 사법적 정의와 같은 중요한 주제들이 발견된다. 특별히 19장에 언급되는 세부규례들은 다음과 같은 주제어나 표현들로 밀접하게 연관된다. 크게는 "네 눈이 그를 긍휼히 보지 말라", "무죄한 피를 흘리는 죄를 이스라엘 중에서 제거하라"(13절)와 "악을 너희 중에서 제거하라… 네 눈이 긍휼히 보지 말라"(19, 21절)라는 19장 내부의 표현상의 병행적 구조를 보여준다. 더 세부적으로는 도피성과 이웃의 경계표에 대한 규정들 사이에는 "나누다"(게불 גְּבוּל)라는 의미에서 파생된 핵심어들("지역", "지계표", "[경계를] 정하다"[3, 14절])이 발견된다(Hamilton 1982:435).

도피성(19:1-13, 비교. 출 21:12-14와 민 35:9-34)

이미 4:41-43에서 요단동편에 건축된 세 개의 도피성이 언급된 바 있다. 여기에서 요단서편의 세 개의 도피성들이 언급되지만(1-3절), 그 도피성들의 세부적인 확정은 여호수아 시대에 행해진다(갈릴리의 가데스, 납달리의 세겜, 유다의 헤브론, 수 20:1-9). 이 도피성의 규례는 각각의 행정구역 내에 하나씩 배치한다(2-3절).

이제 비고의적 살인의 경우(예를 들어, 나무를 벨 때 생긴 일)를 다룬다(4-7절). 도피성은 비고의적 살인을 범한 사람만의 도피처였다. 이 사람은 피살자의 "피의 보수자"[129]의 보복을 회피하려는 이유로 도피성으로 도피해야만 했다. 그러나 이 단락에서는 "대사제가 죽기까지"(민 35:25, 28)라는 도피성에 체류해야 하는 기간에 대한 언급은 없다.

이제 삽입적인 설명이 제시된다(8-10절). 즉 도피성의 접근 용이성과 신학적 의미를 다룬다. 모세는 하나님이 영토를 더 확장시키신다면, 그리고 이스라엘이 모세가 오늘 전하는 모든 명령들을 지켜 하나님을 사랑하고 항상 그의 길들로 행할 때 하나님이 다른 세 개의 도피성을 주셔서 하나님이 이스라엘에게 주시는 기업의 땅에서 "무죄한 피흘림"이 없게 하실 것이라고 말한다. 그러나 이러한 약속은 이스라엘의 불순종으로 인해서 이스라엘 역사 속에서 성취되지 못했다.

이제 고의적 살인의 경우가 다뤄진다(11-13절, 비교. 민 35:16 -21). 고의적인 살인자는 도피성에 숨었다 하더라도 정의의 집행을 회피할 수 없었다. 이와 같이 도피성의 목적은 땅의 오염의 보호가 목적이다. 보복이 보복을 낳는 살인과 상해의 영속적인 순환의 고리를 제거하고 죄 없는 자들의 희생을 보호하고 살인자들을 처벌하려는 것이다. 그러므로 이러한 처벌에는 다른 대안이 있을 수 없다(비교. "고의살해자의 생명의 보상금을 받지 말라"[민 35:31]). 그러나 고의적으로 살인을 하지 않은 자의 경우에 그가 도피성에 피신하여 자기 생명을 보존하게 되더라도 그가 도피성 안에서 일종의 유배생활(exile)을 해야 한다는 점에서, 그가 피흘림의 죄의 책임에서 완전히 벗어났다고 말 수는 없다(Willis 2001:134ff.).

이웃의 경계표(19:14, 비교. 27:17, 잠 22:28, 23:10)

이 구절은 십계명 가운데 제8계명과 관련이 있다. 경계표는 각각의 토지를

129) Philips(1972:103-106)는 피의 보수자를 "가장 가까운 친척"이 아니라, 공무집행자(public official)라고 본다.

구분하기 위해서 돌더미로 쌓아 한 가족, 한 지파에게 할당된 토지의 영역을 표시하는 것이었기 때문에 사실 지계표를 밤중에 혹은 아무도 없을 때 몰래 이동시키는 것 자체가 어려운 일은 아니었다. 그러나 이 문제의 심각성은 고의적으로 자기 재산을 늘리기 위한 방법으로 이웃의 재산에 불이익을 준다는 것이다. 결국 이것은 이웃의 생계를 위협할 뿐만 아니라, 약속의 땅에 대한 야웨의 뜻을 거스르는 행동이다. 그렇기 때문에 고대근동 문헌들에서도 그 용례를 찾아볼 수 있다.[130] 그러나 재산법상 엄격하게 사형까지도 집행할 수 있었던 다른 고대근동의 법들과는 달리 (모세오경 내의 다른 재산적인 침해와 관련된 규정들과 마찬가지로) 이에 대한 특별한 처벌조항은 언급되지 않는다.

고의적으로 행한 범죄사실의 확증(19:15-21)

이 단락은 9계명(거짓증거)과 관련이 있다. 범죄는 그 증거와 두세명의 일치하는 증인들이 있어야 확증될 수 있다. 그러나 그들 중에 위증자, 즉 "악의의 증인"이 있는 것으로 의심될 경우에는 증인들을 (사법적 재판을 목적으로) 하나님 앞에서(즉 이것은 상징적으로 "성소 앞에서" 혹은 권위적인 면에서 "하나님을 대신한다"는 의미다) 사제와 재판장 앞에 세워(17:8-13) 재판장이 자세히 조사하여 위증자를 밝혀내고 죄없는 자를 모함한 것이 입증되면 위증자의 계획대로 갚아주어야 한다. 신명기의 위증죄의 심각성은 범죄의 실행에 따른 처벌이 아닌, 의도와 계획조차도 처벌되어야 한다는데 있다. 이러한 범죄자의 정죄는 "너희 중에 악을 제거하라"(비교. 13:5)와 "그리하면 남은 자들이 듣고 두려워하여 이후에는 이런 악을 너희 중에서 다시 행하지 않을 것이다"(비교. 13:11, 17:13)라는 두 가지 표현들이 함께 한다. 고대근동의 경우처럼 구약(출 21:23-25, 레 24:18-20)의 "피해를 입었으면 동일한 정도의 피해로" 갚아주는 동태복수법(lex talionis)은

130) Weinfeld 1972:73-74, *Amen-em-Opet*의 제6장(*ANET*, 422).

공공을 보호하고 가해자를 징계하고 피해자를 보호는 공평과 정의의 보응을 목표로 한다. 그러나 이 본문은 더 나아가 가해자들의 "의도"에 따라 "위증"의 심각성을 강조하고 무죄한 희생자의 발생을 미연에 방지하여 공평한 판결을 내리기 위한 예방적인 측면이 강조된다.

이와 관련해서 마태복음 5:38-42에 나타난 예수의 제자도에서는 신명기에서의 사법적인 정의의 측면에서보다는 개인적인 측면에서의 정의의 법칙을 가르쳐 준다. 즉 피해자가 오히려 가해자에게 용서와 희생의 행동을 실천하여 악과 불의의 문제를 해소할 수 있다는 점을 밝혀준다.

야웨의 전쟁과 관련된 규례들(20:1-20)

이 단락에서는 비고의적 살인의 문제를 다루었던 19장과는 달리, 허용된 고의적인 살인, 전쟁의 문제를 다룬다. 그러나 이 전쟁에 관한 규정은 두려움과 관련된 신앙적인 태도와 면제사항들(20:1-9)과 야웨의 전쟁의 두 가지 전략들(20:10-20)을 다룬다.

야웨의 전쟁의 참여조건들(20:1-9)

구조

이 단락은 도입(1절), 사제들의 말(2-4절), 관리들의 말(5-8절), 그리고 결론(9절)으로 구성되어 있으며 야웨의 전쟁에 대해서 이스라엘이 가져야 할 정당한 태도와 면제되는 자들의 조건들을 언급한다.

이스라엘 백성은 야웨의 군대이기도 했다. 그러므로 야웨의 전쟁의 수행에는 병사들의 자격(혹은 태도)이 중요하다. 모세는 "하나님이 함께 하시는 것"을 강조하면서 적군의 군마와 병거로 인한 청중들의 두려움을 없애도록 말한다(1절, 비교. 7:16ff., 9:1ff., 31:3ff.). 모세의 말은 격려의 말이기도 하지만, 전쟁을 수행하는 중에 발생할지도 모르는 실패와 문제를 미연에 방지하도록 하라는 명령이기도 했다(비교. 5-8절). 이어서 이와 유사하게 사제들은 "들으라, 이스라엘아! 마음에 겁내지 말며 두려워 말며 떨지 말며 그들로 인하여 놀라지 말라"의 사중적인 훈계로 병사들의 용기를 북돋는다(2-4절). 징병관들(1:15, 16:18)은 5-9절에서 병사들 중에서 전쟁에 참가하지 말아야 하는 네 가지 경우들을 헤아리라는 규정이 있음을 상기시키도록 명령받는다.

즉 새집을 건축하였을 경우, 새 포도원을 만들었을 경우(첫해의 수확은 야웨께 바쳐야 하기 때문에 여기서의 언급은 제 2년의 소출의 향유[享有]를 언급한다기보다는, 티가이[1996:187]의 주장처럼, 5년간의 포도원수확이 하나님께 "바쳐진 것"이기 때문에 제 6년에 행해질 수 있는 포도원의 산물에 대한 주인의 향유를 의미하는 것 같다), 법적으로 정혼을 하였지만 아직 첫날밤을 치루지 않았을 경우(24:5에 따르면 병역은 1년간 면제된다), 그리고 두려워하는 자. 앞의 세 가지 경우들에서는 그와 같이 즉 수고는 하였으나 그 댓가를 얻지 못한 상황들을 말하는 것으로 이러한 요소들이 야웨의 전쟁에 대한 방해요소라는 것을 지적한다기보다는 하나님이 주신 복을 당장 누릴 수 있는 특권을 지적해 주는 것으로 볼 수 있다. 이러한 특권들의 결여는 나중에 저주의 상황으로 묘사된다(28:30-31). 이러한 예외규정들의 모티프는 누가복음 14:16-20에서 유사하게 천국잔치에 초청받은 자들의 거절 이유들로 등장한다(다음의 도표는 Hamilton 1982:436을 따랐다).

신 20:5-8	누가복음 14:16-20
건축은 했으나, 아직 낙성식(落成式)을 못한 경우(5절)	밭을 샀으나, 아직 보지 못한 경우(18절)
포도원을 일궜으나, 아직 추수를 못한 경우(6절)	황소를 샀으나, 아직 부려보지 못한 경우(19절)
결혼은 하였으나, 아직 첫날밤을 치루지 못한 경우(7절)	최근에 결혼한 경우(20절)

그러나 마지막의 경우(대적들과의 전쟁을 두려워하는 자)는 특이하다. 이것은 앞서 모세와 사제들이 말한 전쟁에 임하는 자세("두려워 말라")와 관련된다. 개인의 두려움은 전염력이 강하다. 야웨의 전쟁에 "두려움이 있는 자"는 오히려 전쟁수행에 방해만 될 뿐이다. 전승의 요인은 두려움을 없애는 것이며 야웨를 전적으로 신뢰하는 것이다. 이러한 격려와 면제과정을 거친 후에 관리들이 선출한 군대지휘관들은 야웨의 군사들의 전투지휘를 맡게 된다.

야웨의 전쟁의 전략전술(20:10-20)

신명기의 전쟁전략은 두 가지로 구성된다. 첫째는 평화의 모색이다("그 도시에게 '평화냐?' 라는 문의를 하라"). 이것은 티가이(1996:188)의 분석에 따르면, "항복"의 여부를 묻는 것이다. 이 제안이 수용되었을 경우에 양자가 조약을 맺고 이스라엘에게 조공을 바치고 강제노역(마스 מַס)에 동원되게 된다. 그러나 평화협정의 제안이 거절될 경우 이스라엘은 전면전(全面戰)을 수행하여야 한다. 둘째는 먼 나라들과의 전쟁과, 약속의 땅에 거하는 인접한 나라들에 대한 전쟁의 전략이다. 먼 나라의 경우에는 "야웨께서 그들을 이스라엘의 손에 붙이셨으므로" 성인남자들을 전멸시키고 나머지 사람들은 이스라엘 백성들이 개인적인 탈취물로 삼을 수 있었으나(11-15절), 이스라엘이 거주해야 할 가나안 땅의 족속들(헷, 아모리, 가나안, 브리스, 히위, 여부스 족속[131])의 경우에는 "네 하나님 야웨께서 네게 명령하신 것처럼"[132] 모든 거주민들을 진멸해야 한다(16-18절). 그 이유는 이스라엘을 미혹케 하여 야웨를 버리고 그들의 신을 섬기고 그들의 종교적 관습들을 따르게 하며 결국 하나님을 망각하게 하는 이방민족의 "가증한 일들"로 인함이다(18절). 그러나 포위되었던 도시의 과실수는 (고대근

131) LXXB에서는 이 목록에 "기르가스 족속"이 마지막에 첨가되어 있으며, 사마리아오경에서는 이 목록이 "가나안-아모리-헷-기르가스 족속"의 순서로 되어있다.

132) Tigay(1996:84)는 야웨의 명령의 근거를 출 23:24, 32-33 그리고 34:12-16에서 찾는다. 출애굽기의 야웨의 직접적인 명령과 신명기의 모세의 명령의 차이는 "추방"(출)과 "진멸"(신)이다.

동에서 일반적으로 모든 나무들이 공격용으로 작벌[斫伐]하는데 반하여) 사람이 아니기 때문에[133] 진멸의 대상에서 제외되며, 과실수가 아닌 경우에만 성읍을 공격하는 도구로 사용하도록 명령한다(19-20절). 결과적으로 이스라엘에게 행해진 진멸의 명령은 (심지어 여호수아시대에도) 완전히 실행되지 못했다. 이스라엘의 극성기인 솔로몬 시대에 그들을 강제노역에 동원할 수는 있었지만(대하 8:7-8), 결국 이스라엘은 야웨와 모세의 진멸규례를 제대로 실행되지 못한 채로 이스라엘의 역사를 마감하게 되었다.

가해자를 알 수 없는 살인사건의 경우(21:1-9)

밀러(1990:160)는 이 부분을 지금까지 언급된 사법적 영역의 문제들(16:18-17:13, 19:1-21)의 마무리라고 본다. "하나님이 이스라엘에게 주셔서 취하게 하신 땅" 의 들에서 발생한, 목격자를 찾을 수 없어 가해자를 알 수 없는 칼에 의한 살인사건(할랄 חלל)의 경우의 해결책은 다음과 같다. 원칙적으로 살인사건이 발생한 장소에게 가장 가까운 성읍의 장로들에게 그 책임을 돌린다. 그들은 아직 교접(交接)한 적도 멍에를 맨 적도 없는 어린 암송아지를 취하여 피살자의 희생을 보상하는 방편으로, 경작을 할 수는 없으나("갈아엎거나 씨를 뿌리지 못하는") 물이 항상 흐르는 (불모의) 골짜기에서 그것의 목을 꺾는 의식을 행해야 한다.

크리스텐센(2001:458)은 어린 암송아지의 피흘림이 행해지는 장소의 불모성(不毛性)은 피흘림(살인)이 주는 오염의 결과를 전제로 한다고 주장한다. 이것은 "부정한 동물들" 을 도살하는 방법(비교. 민 19:1-22)으로써 한 개인의 피살이 어떻게 지역공동체의 공통적인 책임과 연관되는가를 설명해 준다. 그러한

133) 이 독법은 LXX와 다른 초기 번역본들을 따른 것이고 MT에서는 "그 사람이 들의 나무다" 라는 독법이 존재한다.

행사의 마지막에 장로들은 레위 사제들이 함께 한 자리에서 손을 물로 씻어 자신들이 이 살인사건과는 무관함을 보여주는 상징적인 의식을 수행하고(6절) 자신들의 무죄함을 선언하는 사법적 의식(7-8절)을 수행한다. "무죄한 피를 당신의 백성 이스라엘에게 머물지 말고 피흘린 죄를 속(贖)하소서"(8절). 마지막으로 장로들은 "야웨 앞에서 정직한 일을 행하여 무죄한 자의 피를 제거하라"는 명령을 수행한다(9절).

장로들의 속죄와 그와 관련된 "장로들의 고백"에 대한 학자들의 견해는 두 가지로 나뉜다. 일부 학자들(예, 폰라트, 카마이클, 크리스텐센 등)은 이것을 "미해결 살인사건의 제의적인 해결"로 본다. 이와 유사하게 해밀턴(1982:438)은 제의적 낭송이라고 부른다. 또한 다른 사람들은 "미해결 살인사건의 사법적인 해결"로 규정한다. 이러한 사건처리에 등장하는 사제의 역할 자체도 제의적인 것보다는 "모든 소송과 분쟁이 그들의 판결로 해결될 것이다"라는 표현에서처럼 사법적 절차에 관여하는 것이기 때문에 이것을 사법적인 행위와 정당한 보복을 요청하고 있는 것으로 보아야 한다는 것이다(Mayes 1979:297f.). 이러한 두 가지 관점들을 놓고 볼 때, 우리는 사제들이 제의적인 측면과 함께 비제의적인 측면도 다루고 있다는 것을 지적하는 "모든 소송과 모든 갈등(혹은 공방[攻防])이 그들[레위인 사제들]의 말대로 해결될 것"라는 표현에 주목해야 한다. 사실 앞서 언급한 대로(16:18-17:13) 레위인들의 직무는 제의적, 사법적, 그리고 교사직 모두를 포괄한다고 볼 수 있다(비교. 사제와 재판장의 사법적 역할[19:17]). 결국 장로들과 재판장들의 속죄 행사(암송아지의 목을 꺾는 일), 결백의 몸짓(손씻음), 장로들의 선언, 그리고 사죄 기도를 통하여 땅의 오염과 백성의 성결 문제가 총체적으로 해결될 수 있었다. 이와 같은 제의적 사법적 처리는 이스라엘이라는 신정국가의 독특한 처리방법이다.

결혼, 전쟁, 사회적-종교적 정의에 관한 규례들(21:10-25:19)

이 부분의 구조에 대한 학자들의 논란이 많으나, 최근에 주제적 배열 의도를 발견하려는 노력이 있다. 예를 들어, 이 단락 내에 "전쟁"과 관련된 주제어들이 존재한다는 점을 밝혀냈던 폰라트(1953:50-59)의 분석뿐만 아니라, 크리스텐센(2002)은 이 단락의 중심주제들을 "전쟁, 결혼(성과 가족), 사회윤리(가난한 자들과 억압 받기 쉬운 자들에 대한 관심), 그리고 인도주의적 관심"으로 여기고 구조상 시작(21:10-14)과 중간(23:10-17)과 끝(25:17-19)에 등장하는 전쟁관련법에 특히 주목한다. 필자는 그 같은 분석에 덧붙여서 좀 더 세부적인 분석을 시도하였고 결혼관계의 파괴와 관련하여 반복적으로 등장하는 "기뻐하지 않다"와 유사한 표현들(21:14, 24:1, 25:7, 혹은 "미워하다"[134][22:13])이 사용된 것을 발견하였다. 단락의 시작부분에 등장하는 "혼인(정확하게는 이혼/사별/재혼), 전쟁, 그리고 사회적-종교적 정의"라는 배열의 반복을 발견할 수 있다. 이와 같은 분석에 근거하여 우리는 21:10-25:19을 다음과 같이 네 부분으로 나눈다.

	첫 번째 사이클 (21:10-22:12)	두 번째 사이클 (22:13-23:25)	세번째 사이클 (24:1-25:4)	네번째 사이클 (25:5-19)
결혼 관련 규정	포로출신 아내와의 이혼 (21:10-14)	간음의 의혹과 관련된 이혼 (22:13-30)	이혼한 당사자와의 재혼금지 (24:1-5)	사별한 형수와의 결혼의 거부 (25:5-10)
전쟁	여성전쟁포로	병영(兵營)	신랑의 병역면제	아말렉 족속의 제거
정의	사회적 정의 종교적 정의	사회적 정의 종교적 정의	사회적 정의 종교적 정의	사회적 정의 종교적 정의

134) 히브리어로 "미워한다"는 말은 "기뻐하지 않는다"는 의미다(참조. 말 1:3).

결혼, 전쟁, 사회적 종교적 정의I(21:10-22:12)

구조[135)]

그동안 복잡한 구조로 인해서 이 단락의 전반부(21:10-22:4)에 대한 세부적인 단락구분이 어려웠다. 하위단락들은 각각의 핵심어들이 계속해서 쇠사슬처럼 연결되는 방식으로 유기적 관계를 구성한다. "아내의 이혼, 사랑받지 못하는 아내의 아들과 사랑받는 아내의 아들(형제의 유산상속 문제), 패역한 아들의 처형, 처형된 시체, 형제의 소유의 보호와 복원" 이라는 주제들은 가깝고 또 멀게 인접규례의 항목들의 핵심어들이 반복되어 제시된다. 이 부분은 전쟁포로와의 결혼과 이혼 문제(21:10-14), 사랑받지 못하는 아내와 그의 아들에 대한 처우 문제(15-21절), 나무에 달려 죽은 시체처리(22-23절), 형제의 소유(22:1-4), 그리고 혼합에 대한 금지법(5-12절)으로 크게 나눌 수 있다.

가족의 구성원들과 관련된 규례들(21:10-21)

이제는 가족의 문제, 특히 아내(10-14절), 아내와 아들(15-17절), 그리고 아들(18-21절)에 관한 규례들을 다룬다.

전쟁으로 얻어진 여종을 아내로 삼았다가 이혼하는 경우(21:10-14)

이 경우는 여성포로(가나안 여인이 아닌 경우에)를 종으로 삼는 경우를 말하고 있는 20:10-15와는 다르다. 이 단락에서는 이방여인이라도 "외모의 아름다움을 인하여" 아내(아마도 첩?)[136)]로 삼은 경우에 지켜야 할 법도가 있다. 주인의

135) 본서에서는 채택되지 않았지만 이 단락의 구성과 배열을 이해하기 위한 몇가지 중요한 분석은 Wenham과 McConville 1980:248-252, Carmichael 1979:131ff., Christensen 2002:468를 참조하라.

136) 첫째 아내는 잇샤, 둘째 아내는 차라, 셋째는 첩(필레게쉬, 아마, 쉬파라)라고 부른다(보라, Neufeld 1944:121ff., Bal 1988:89). 여기에서의 "첩"은 구약에서 비합법적인 정부(情婦)가 아니라, 서열이 낮지만 정식아내를 의미한다.

아내가 되기 전에 여종은 "머리카락과 손톱을 가다듬고 포로 되었을 때 입고 있었던 의복을 갈아입히고 한 달간 헤어진 부모를 위하여 애곡해야 한다." 아마도 이것은 과거와의 단절과정을 애곡의 절차를 차용하여 진행하는 것처럼 보인다(Phillips 1973:140). 그런 그가 비록 그녀를 싫어하여 헤어지게 되더라도 (비록 정식의 부부관계의 경우처럼 이혼의 이유나 이혼서류를 줄 필요가 없는 법적 지위를 갖고 있지 못했더라도)[137] 남편이자 주인인 남자는 이미 그녀를 "억지로 아내로 삼았으니"[138] 그녀가 예전에 남자의 "종"(전쟁포로)이나 첩이었다는 이유만으로 더 이상 그녀를 임의대로 다른 사람에게 팔지 말 것이며, 그녀를 자유롭게 떠나 가도록 허락해야 한다고 규정한다. 이것은 당시에 여종과 첩을 낮은 신분으로 여겨서 결혼과 이혼의 문제에 있어서도 함부로 취급하였던 고대 근동의 관습과 반대되는 것이다(보라, Neufeld 1944:124).

사랑받지 못하는 아내의 장자의 상속권(21:15-17)

이 규례는 당시에 아내를 많이 가질 수 있었던 부자들의 특권을 전제로 그러한 상황 속에서 발생할 수 있는 문제를 다룬다. 아래 단락이 자식의 부모에 대한 태도를 다룬다면 이 단락은 아버지의 자식에 대한 태도를 다룬다. 이러한 문제점들은 창세기 12-50장에 나타난 아브라함→이삭→야곱→요셉(+11명의 아들들)으로 이어지는 상속권 다툼에서 잘 예시되고 있다.[139] 비록 장자가 남편의 사랑을 받지 못하는 아내의 자식이더라도 유산분배시에 법적인 후계자인 장자에게 두 몫("장자의 권리"), 즉 아버지의 재산의 2/3(슥 13:8)를 주는 원칙은 지켜져야 한다.

137) 더 자세한 논의는 Neufeld 1944:77ff.를 참조하라.

138) 일부학자들(예, Phillips 1973:140, Mayes 1979:304)는 이것을 "… had (your) will with her"로 번역한다. Christensen(2002:472)은 개역성경처럼 "성적인 문제에서의 폭력"을 전제로 하지만(비교. 22:24, 29) 본문의 의미는 여전히 모호하다. 필자가 볼 때, 이것은 아마도 종으로 삼았다가 아내로 삼았기 때문에 여성의 선택의 여지가 없었기 때문이 아닐까 한다.

139) 이 부분은 필자의 『창세기와 자본주의』(가제, 근간)을 참조하라.

패역한 아들에 대한 징벌(21:18-21)

이 단락은 완고하고 반역적인 (장성한) 아들에 대한 처벌을 언급한다(출 21:15, 17, 신 27:16). 우선적으로 그의 부모가 아들의 패역성이 통제불능이라는 점에 합의하고 그를 붙잡아 "완악하고 패역하여 우리 말을 순종치 아니하며 방탕하여 술취한 자"라는 죄명으로 지역법정에 고발할 의무를 가진다. 이는 그에 대한 징계권이 부모가 아니라 지역공동체의 책임이라는 점을 상기시킨다. 그에 대한 투석형도 도시의 모든 남자들이 행한다. 또한 여기서 사용된 "완악하여 패역한"이라는 표현은 지속적으로 이스라엘에 대해서도 적용되었다(비교. 렘 5:23). 이 규례의 목적은 "너희 중의 악을 제거하여" "온 이스라엘이 듣고 두려워"하게 하는데 있었다(13:5, 17:13).

나무에 달린 시체에 대한 규정들(21:22-23)

앞 단락에서는 패역한 아들이 돌에 맞아 죽는 사형의 경우를 다루었다면, 이번 경우에는 (알려지지 않은 죄목에 대한) 죄인의 교수형에 관한 규례들이다. 즉 사형에 해당하는 죄와 사형집행, 그리고 사형집행과 그에 대한 처리문제를 다룬다는 점에서 이전단락과 지금의 단락은 서로 연결된다. 패역한 아들을 제거하여 이스라엘 중에 악을 제거하듯이, 교수형의 경우(수 8:29, 10:26-27, 삼하 4:12, 21:8-9)에 사형이 집행된 당일에 매장하는 방식으로 저주받은 자를 땅에서 제거하여 기업의 땅의 오염을 방지해야 함을 막아야 한다고 교훈한다. 이스라엘이 받은 땅은 하나님의 축복을 받아 소산을 내야하는 존재다. 또한 여기서 다루어진 알려진 죄인의 시체 때문에 발생하는 문제(즉 땅의 오염)는 앞에서 다룬, 가해자를 알 수 없는 사망자에 대한 제의적 보상을 통하여 땅의 오염(피 흘린 죄)의 해결의 규례(21:1-9)와 상응한다.

형제의 소유에 대한 책임(22:1-4)

이 규정은 출애굽기 23:4-5의 원수의 가축에 대한 인도주의적 규정과 비교해볼 필요가 있다. 출애굽기는 심지어 원수의 소유라도 위기에 처해있는 것이 발견되면 반드시 그에게 돌려주고 도와주어야 한다고 말한다. 그러나 그와 유사하게 여기서는 위기에 처한 이스라엘 동족("형제")의 재산을 보호해야 할 책임이 언급된다. 그는 사건현장에서 도피("무시")하지 말아야 하며 오히려 적극적으로 나서야 한다. 여기에 "네 형제"라는 표현이 4번이나 등장한다.

혼합에 대한 금지법(22:5-12)

구조

이 단락은 이성의 복장을 입는 행위(5절), 새의 둥지에서 새를 취하는 방법(어미와 새끼를 동시에 취하지 말 것, 6-7절), 집의 건축안전에 관한 규정(8절), 특정한 씨앗들의 혼합파종(9절), 농사용 가축(소와 나귀)의 혼합작업(10절), 혼합방직(양털과 베)에 대한 금지(11절), 겉옷의 장식에 관한 규정(12절)으로 구성되어 있다.

배열과 구조

이 단락의 배열의도에 대해서 논란의 여지가 있다. 어떤 학자들은 이 단락에서 "옷, 떨어짐, 전쟁(생명의 보존), 혼합" 등의 주제어의 배열을 찾기도 한다. 사실 이 단락은 배열의 문제보다는 각 규례의 의미를 파악하기가 더 어렵다. 사실 이스라엘 역사에서 오랫동안 이종교배(창 30:25-43, 특히 노새[삼하 13:29, 18:9, 왕상 1:33, 18:5])나 혼합파종(사 28:25)이나 혼합방직(적어도 이스라엘 사제들)이 통용되었다는 점에서 이 단락의 문자적인 해석의 어려움이 제기되었다.

그동안 대부분의 학자들은 농토의 부실화나 옷의 헤짐 혹은 수축에 따르는 불쾌감과 같은 실용적인 이유로 이러한 일련의 금지법들의 이유를 찾았다. 그러나 하우트만(1984)은 이 규례를 일반적인 창조질서의 전도(顚倒)라는 측면에서 이해해야 한다고 규정하며 이 단락 전체가 주는 이스라엘의 성결과 순수성 유지에 관한 상징적 신학적 의미에 주목해야 한다고 주장한다(비교, Driver 1902:251f.). 이 문맥에서 혼합은 (일부분의 규례의 경우에서도) 야웨의 관점에서 "가증한 것"이며 어미 새를 살려주고 어린 새를 취하는 문제는 약속의 땅에서의 행복과 장수가 보장된다. 그러나 현재의 혼합 금지법을 "전부" 창조질서의 측면에서나 상징적으로 해석할 근거는 신명기법 전반에 대한 비상징적 혹은 문자적 해석의 일관성 측면에서 희박하다. 그러므로 이 단락은 몇 가지 상징적-신학적-윤리적 주제들로 배열된 것으로 보아야 할 것이다. 즉 이 단락은 옷의 문제들(부정적인 문제[5절]와 긍정적인 문제[12절])이 종두병행적 구조를 이루며 그 내부에 두 개의 인도주의적 규정들과 함께 일련의 혼합의 금지법들이 언급된 것처럼 보인다.

서론(남녀복장의 혼용금지)	
새둥지(생명의 보존)	포도원(혼합금지)
집건축(생명의 보존) 혼합방직(혼합의 금지)	농사(혼합사역의 금지)
결론(복장의 첨가)	

서론: 남녀복장의 혼용의 금지(22:5)

일종의 복장도착증(transvestism)으로 알려진 금지규례(성적 구분의 파괴?)가 그와 관련된 모든 행위들, 즉 단순히 옷을 바꿔 입거나 그런 상태에서 어떤 종교적 행위를 수행하는 것의 금지인가에 대한 논란이 있다. 본문은 여성이 전사의 의복(켈리-게베르 כְּלִי־גֶבֶר)을, 전사가 여성의 외투(시므라트 잇샤 שִׂמְלַת אִשָּׁה)를 입는 것을 금지한다. 크레이기(1976:288 n. 6)는 이 본문이 전사(戰士)가 아닌 자가 전사의 복장(장신구들과 칼 등도 포함)을, 반대로 전사가 여성의 외투를 입는 것이 부적절하다고 주장하면서도 동성애와 제의적 관습도 함축하고 있을 가능성도 인정한다. 하지만 그 두 가지를 모두 지지하기에는 증거가 빈약하다. 이와 유사하게 카마이클(Carmichael 1974:51ff.)은 이 구절이 여성이 전사의 무기들을 갖추거나 군대에 비밀리에 들어가기 위해서 남자처럼 옷을 입는 것을 의미한다고 주장한다. 결국 전쟁이 야웨께 속한 것이었기 때문에 본문은 이러한 행위를 "야웨가 혐오하시는 바" (비교. 7:25, 18:12)로 규정하고 있는 것 같다.

새의 둥지에서 새를 취하는 방법(22:6-7)

본 규정은 어미와 새끼를 동시에 취하지 말 것을 명령한다. 이 규정은 인도주의적 차원보다는 전쟁 규칙들 중에서 발견되는 과실수에 대한 보존 규례(29:19)처럼 생명의 지속(보존), 즉 식량의 보존 차원에서 이해되어야 한다. 이 구절에 대한 이해에 대한 결정적인 증거는 "네가 행복하고 오래 살려면 그 새끼는 너를 위하여 잡아도 그 어미는 놓아주어라"라는 표현은 십계명의 제5계명(5:16)의 약속과 밀접하게 관련된다. 양자 모두가 생명의 근원에 대한 존중과 보호를 언급한다.

집의 건축안전에 관한 규정(22:8)

우리에게는 생소한 개념이지만, 이스라엘을 포함한 고대근동에서 평평한 지붕은 잠을 자거나 노는 목적으로 사용되었다(비교. 수 2:6, 삿 16:27, 삼상 9:25f.)는 점에서 지붕에서의 안전은 필수적인 것이었다. 안전이라는 측면에서 8절과 12절은 서로 상응하는 것으로 이해할 수 있다. 그러한 이유 때문에 생명을 보호하는 난간 설치는 필수적인 것이다. 이와 같이 무죄한 자의 피를 흘리게 만든 죄를 보상해야 한다는 위협이 제기된다(19:1-13, 21:1-9).

포도원에서의 두 종자의 혼합파종(22:9)

레위기 19:19이 일반적인 혼합파종의 금지를 다룬다면 여기에서는 특정하게 포도원에서의 두 종자의 혼합파종에 대한 금지만을 다룬다. 포도원에서 두 종자를 혼합파종하면 성물이 되는 경우가 있다. 즉 거룩하게 되어[140] 일반적인 용도로는 사용할 수 없게 됨을 지적한다. 그러한 면에서 이 단락의 의미는 부정적인 의미에서의 금지는 아니다.

농사용 가축(소와 나귀)의 혼합작업(22:10)

여기서 언급된 규례는 소와 나귀의 이종교배의 금지가 아니라, 함께 일을 시키는 것을 금지하고 있는 것이다. 물론 카마이클(1995:436)의 주장처럼 당연한 내용을 구태여 금령으로 만들 필요가 있을까를 의심하게 만든다. 일반적으로 이 규정은 강한 짐승과 약한 짐승의 혼합작업의 금지라는 점에서 인도주의적 관심을 보여준다고 보아야 할 것이다(Mayes 1981:308, Tigay 1996:202). 물론 14:1-8에 근거하여 이 규정을 정한 것(소)과 부정한 것(나귀)의 혼합의 금지로도 볼 수 있다(Craigie 1976:290).

혼합방직(양털과 베)제품의 착용에 대한 금지(22:11)

이 규례는 모든 혼합방직의 제작을 금하는 것이 아니라, "착용"만을 금지하는 것으로 보아야 한다. 이 규령은 이스라엘의 사제들에게는 혼합방직이 통용되었다는 점에서 사제들의 옷과는 별도의 일반대중에게만 적용되는 일반규례로 볼 수 있다(요세푸스, Tigay 1996:203). 다른 사람들은 옷의 헤짐 혹은 수축에 따르는 불쾌감과 같은 실용적인 이유로 이러한 일련의 금지법들의 이유를 찾기도 한다.

결론: 겉옷의 네 귀퉁이에 다는 장식들(게딜림 גּדלים)(22:12)

이 "긍적적인" 규정만 일련의 혼합금지의 원칙을 깨는 것처럼 보이나, 그 의미는 일맥상통한다. 서론이 성적인 구분을 다루고 있다면, 이 규정은 직능적 구분을 다룬다. 본문에 대한 해석에서 논란이 있다. 예를 들어, 밀그롬(Milgrom 1990:410-14)은 이러한 장식물들의 특징이 사제의 옷에 부여된 것을 이

140) 이 표현은 이해하기가 어렵다. 일반적으로 "거룩하게 되다" 혹은 "빼앗긴다"로 해석된다.

스라엘 전체에게 확대 적용하여 "이스라엘의 사제왕국(priestly kingdom)의 자격을 상기시키려는 의도"라는 과도한 해석을 제시한다. 일부학자들(Craigie 1976:291)은 오히려 이와 같은 명령이 이스라엘 자손에게 겉옷에 술을 달라는 명령의 이유를 설명하는 민수기 15:39-40과 연관시켜 해석되어야 한다고 주장한다. 그러나 그에 대한 이 본문의 직접적인 관련성을 찾기는 쉽지 않다. 오히려 본문이 말해주듯이 겉옷의 몸을 가려주는 기능과 장식용 술의 역할을 고려한다면, 여기서는 일차적으로 술이 옷에 무게를 주어 하체가 드러나 다른 사람이 성적인 유혹에 빠지지 않도록 하는 역할을 하는 것 같다. 이와 같이 일련의 혼합 금지와 혼합 허용의 목적은 모두 이스라엘의 거룩함을 드러내기 위한 것으로 볼 수 있다.

결혼, 전쟁, 사회적, 종교적 정의 II (22:13-23:25)

구조

앞에서 대략적으로 분류를 하였듯이 이 단락도 이혼에 관한 규정(22:13-21)을 시작으로 가정의 남녀성관계에 관한 규정들(22:22-30)이 언급되며 그후에 야웨의 총회와 관련된 회원들의 자격에 관한 규례들(23:1-8), 야웨의 전쟁의 야영지에 관한 규례들(23:9-14), 그리고 신앙공동체가 준수해야 할 규례들(23:15-25)이 언급된다.

성관계에 대한 규정들(22:13-30[22:13-23:1])

구조

이 단락은 부정한 성관계(즉 강간, 간음, 근친상간)에 대한 소송사건과 소송절차, 그리고 처벌에 대한 사례법을 다루고 있다. 여기에서 7개의 결혼관계(순결)와 관련된 주제들을 다룬다.

사례	내용
아내의 부정의 의심	아내의 정절에 관련된 남편의 의심(13-19절), 아내의 정절과 관련된 의심과 관련된 확인절차(20-21절)
혼외정사	간음의 문제(22절)
강간	성내에서의 유부녀에 대한 강간(23-24절) 들에서 발생한 유부녀에 대한 강간(25-27절) 처녀에 대한 강간(28-29절)
계모와의 결혼	결혼을 통하여 아비의 수치를 드러내지 말 것(30절)

이 규례들에는 처벌조건에 있어서, 여성만 받는 경우(여성의 혼전성관계가 나중에 발각된 경우), 남녀가 받는 경우(유부녀가 남자와 통간을 한 경우와 도시 내에서 강간을 당한 경우), 남자만 받는 경우(아내를 무고한 경우, 들에서 유부녀를 강간한 경우, 처녀를 강간한 경우)가 있다.[141)]

남편이 제기한 아내의 간음의 문제(22:13-21)

이 단락은 남편이 결혼을 한 후 첫날밤을 치루고 세월이 흐른 후에 자기 아내를 미워하여 그녀와 첫날 밤에 처녀의 흔적을 보지 못했다는 비방거리(알리로트 데바림 עלילת דברים)를 만들어 그녀를 고소한 경우를 다룬다. 이 고소사건에서 그 여인을 변호할 책임은 그녀의 부모에게 있다(15a절). 이와 관련하여 일부 학자들(예, Mayes 1979:309, Phillips 1973:148)는 이 경우를 남편이 이혼청구소송을 위한 법정에의 호소(呼訴)보다는, 결혼시에 처가에 지불했던 결혼대금(모하르 מהר)을 돌려받기 위한 절차를 (암시적으로) 언급한다고 보았다. 이 결혼대금은 여성의 아버지가 그녀에 대한 지금까지의 양육비용(혹은 노동력의 상실)에 대한 상징적인 보상금 혹은 결혼비용에 대한 지불을 의미한다(Neufeld 1944:96ff.). 또한 아버지가 시집가는 딸에게 주는 결혼지참금(dowry)[142)]은 앞서

141) 이러한 처벌조건에 따른 이 본문의 교차대구적인 분석도 살펴보라(Wenham & McConville 1980:250). 즉 보상(장인에게 100세겔)-처형(여성)-처형(여성과 남성)-처형(여성과 남성)-처형(남성)-보상(장인에게 50세겔).

사위의 가족(주로 사위의 아버지)이 준 결혼대금의 일부와 딸의 아버지가 자발적으로 주는 선물로 구성된다. 이러한 과정을 통하여 고대근동 지방의 결혼은 법적으로 효력을 발휘하게 된다.

이와 같이 남편에게 고소당한 여인의 부모들이 결혼예복에 남아있는 혈흔(血痕[문자적으로는 '처녀성[베툴림 בתולים]' 이다])[143]을 증거로 제출하여 남편의 고소(의심)가 중상모략으로 입증되었을 경우에 딸의 순결에 대한 자부심의 손상과 결부된 것으로 보아 남편에게 삼중 처벌이 부가된다. 즉 체형(매질)과 벌금형(은 100세겔) 그리고 이혼불가판정(즉 남편의 이혼의 권리의 상실) 등이다. 벌금형으로 주어진 은 100세겔은 당시에 신랑이 결혼대금으로 신부집안에게 주는 돈의 두 배를 의미하는 것처럼 보인다.

그러나 그러한 의심과 고소가 사실로 판정나면 그녀는 "이스라엘 중에서 수치스러운 일(네발라 נבלה, 창 34:7, 삿 19:23, 20:6-10, 삼하 13:12)"을 행한 자로 여겨져서 자신의 부모 집 앞에서 투석형을 당하게 된다. 이때 장인의 책임이 자신의 딸이 방탕한 생활을 하지 못하도록 단속하지 못한 것에 대한 것인지, 자신의 딸이 처녀라고 속인 것에 관한 것인가의 여부는 모호하다. 이러한 일들은 간음 혹은 강간이 이스라엘 사회에서 중요한 범죄로 여겨졌기 때문이다. 이 단락의 관심사는 간음이라는 범죄의 심각성과 이 단락의 도입부에서 언급되듯이 남편의 근거 없는 의심에 대한 적절한 방지를 통한 가정의 보호에 있다.

이 사례에 대한 논란은 아내에 대한 순결 이데올로기의 강요나 남편의 일방적인 이혼요구의 "타당성" 혹은 남녀쌍방간의 이혼의 정당성을 말하는 구절로 이해하는데서 비롯된다. 그러나 그러한 이해는 과도한 것이다. 오히려 이것은 상식적으로 볼 때, 아내보다는 남편이 제기할 수 있는 더 빈번하고 임의적인 이혼의 요구와 관련된 가정(假定)된 사례법(事例法)일 뿐이다. 사실 고

142) 이 말은 문자적으로는 "이별의 선물들"(쉴루힘 שלחים)이라는 뜻이다.

143) 그러나 Wenham(1972:331ff.)은 이것을 첫날밤의 혈흔이 아니라 결혼이전에 임신하지 않았다는 증거로서의 처녀 때의 월경의 흔적으로 이해한다.

대근동에서는 남녀가 상대방에게 이혼을 요구할 수 있었으며 이스라엘의 경우도 관습상 예외는 아니었을 것이다. 그러나 이와 같은 예외적인 규정들이 존재함에도 불구하고 이혼 전반을 다루는 규정이 구약에 전혀 언급되지 않는다는 점에서 구약이 이혼 자체를 당연시하지 않았다는 점을 발견할 수 있다. 그러므로 구약에서 아내가 남편에게 이혼을 요구하는 경우에 대한 규정이 없음을 기뻐하거나 아쉬워할 필요는 없다! 그러나 우리는 구약과 심지어 예수 당대의 일반적인 세계관이었던 "가부장적인 문화와 체계" 속에 여전히 머물러 있을 것이 아니라, 예수 그리스도에 의해 새롭고 구속된 신앙 공동체의 체계 속에서 살아가야 한다.

혼외간음의 문제(22:22)

한 남자가 다른 남자와 이미 "정혼한 처녀"(여기서 "정혼녀"란 결혼대금이 지불되고 어느 정도의 시간이 흐른 뒤에 결혼피로연을 마치고 첫날밤 잠자리를 같이 하기 전 상태[즉 법적으로는 이미 유부녀]를 의미한다)와 성관계를 맺은 것이 발각된 경우에는 두 사람 모두 사형에 처해진다.

강간의 경우(22:23-29)

이 경우는 3가지로 나뉜다. 첫째는 도시 내에서의 유부녀의 강간의 문제(23-24절)다. 한 남자가 "약혼한" 여성을 도시 내에서 강간하였던 것이 발각된 경우에는 그녀의 과실도 인정하여 두 사람 모두에게 사형이 처해진다. 지금까지의 규례들에서는 후렴구로 이스라엘 중에 "악을 제거하라"는 표현이 반복된다(비교. 13:5). 둘째는 들에서의 유부녀의 강간의 문제(25-27절)다. 한 남자가 "약혼한" 여성을 들에서 강간하였던 것이 발각된 경우에는 그녀의 과실이 부인되어 그 남자만 사형에 처해진다. 셋째는 처녀에 대한 강간의 문제(28-29절)다. 한 남자가 다른 남자와 "약혼한 적이 없는" 처녀를 강간한 것이 발각된 경우에는 그 남자가 여성의 아버지에게 은 오십 세겔의 결혼대금[144)]을 지불하고 그녀와 결혼해야만 하며 평생 이혼은 할 수 없다. 이 경우와 순결한 아내를 아무 근거 없이 의심하였던 경우와 비교해 볼 때, 태형과 두배의 벌금이 주는 의미는 처녀에 대한 강간보다 아내에 대한 남편의 "의심"에 내재해 있는 "불의함"이 더 중요한 범죄라는 점을 말해준다.

아버지의 후처와의 결혼(22:30)

티가이(Tigay 1996:209)는 이 규정을 아버지의 이혼녀 혹은 그의 사망 이후의 후처 혹은 첩과의 결혼[145]을 금지하는 것이라고 여긴다. 이것은 친모와의 성관계의 금지법(레 18:7-8, 신 27:20)과는 다른 것이다. 아버지의 "치마를 들추는 일"은 아버지의 결혼관계를 파괴하는 행위를 의미한다. 물론 이것은 고대근동의 관습, 즉 아버지가 사망한 후에 그의 아내들(친모는 아님!)과 첩들을 아들이 물려받았던 관습에 대한 금지로도 볼 수 있다(비교. 창 35:22, 49:4, 삼하 3:7, 16:22, 왕상 2:22). 메이즈(1979:313)는 자기 아버지의 후처와의 결혼금지 규정은 앞(결혼의 문제)과 뒤(야웨의 총회내에서의 성결의 문제)의 구절들을 연결시켜주는 고리의 역할도 한다고 주장한다.

우리는 이 규정들을 아버지와 남편으로 대표되는 가부장적 권위의 보호 차원에서만 이해할 필요는 없다. 그 이유는 이 규정들의 목적이 남녀간의 부정한 성행위에 대한 금지라는 점에서, 게다가 첫 번째의 경우에 제시되는 남편의 고소에 따르는 적법한 절차, 거짓고발에 따르는 엄중한 처벌내용을 통한 남편의 무책임한 이혼의 남발에 대한 규제, 그리고 여성의 "부모"의 역할(22:15)을 언급한다는 점에서 그렇다(Olson 1994:102f.).

배척, 정결, 그리고 소유에 관한 규정들(23장)

이 부분은 크게 정결의 규례들(1-14절)과 인도주의적 규례들(15-18절)로 구성

144) 고대 이스라엘의 관습상 첩이나 과부나 재혼의 경우에는 그 액수가 감소된다.
145) 여기서 "취하다"라는 말은 결혼을 의미한다.

된다는 점에서 내용상 혼합적 성격이 강하다. 그럼에도 불구하고 일관성은 존재한다.146)

정결 혹은 배제의 규례들(23:1-14)

이 단락은 야웨의 총회(1-8절)와 군진에서의 정결과 배제(9-14절)의 문제가 언급되는데, 둘 다 참여와 배제의 조건이 명확하게 제시된다는 점에서 상호관련된다. 마찬가지로 이스라엘의 신앙공동체가 가져야 할 당연한 조건이 이후에 제시된다.

야웨의 총회(케할 아도나이 קְהַל יהוה)에 들어올 수 없는 자들의 목록 (23:1–8)

여기서 언급된 야웨의 총회는 일반적으로 언급되는 광야의 방황의 문맥에서 이스라엘의 야영지(진영)라는 개념보다는 더 제한적인 문제들(즉 가나안 땅에 들어간 이후의 상황으로서 국가와 지역의 대사들[즉 전쟁, 왕의 임명, 법적 사건들, 땅의 분배, 예배 등])을 다루는 국가적, 지역적 통치회의를 의미한다. 그러한 의미에서 야웨의 총회는 이스라엘의 정체성을 논의하고 유지하기 위한 모임이라고 볼 수 있다.

구조

이 단락은 성적이며 혈연적인 문제, 그리고 지리적 입지와 관련하여 과거의 역사적 관련성의 문제로 세분될 수 있다.

146) Christensen(2002:525)은 이 단락의 구조를 A 금지된 결혼에서 진영에서의 배제(23:1-15), B 가난한 자와 침해받은 자의 보호(16-17절), X 남색의 금지(18-19절), B′ 가난한 자와 침해받은 자의 보호(20-26절), A′ 재혼의 금지에서 아말렉에 대한 성전(24:1-25:19)과 같이 구분하였다.

범주	이유 혹은 부연설명	금지기간
생식기("고환이 상하거나 생식기가 잘린")가 상한 자	설명없음	당사자에 한함
근친혼에 의한 자손들		"십대까지라도"
암몬 족속 모압 족속	그들과의 과거의 역사적 경험	"십대뿐만 -아니라 영원히"
에돔 족속	그들은 형제이기 때문에 혐오하지 말 것	"3-4대 이후"
이집트 족속	이스라엘이 이집트 땅에서 나그네였기 때문에 그들을 혐오하지 말 것	"3-4대 이후"

생식기관의 절단의 문제

여기서 언급되는 생식기관의 절단이 사고로 인한 거세 혹은 고의적 거세(환관 혹은 제의적 목적?) 그 어느 것을 지칭하는지에 대한 논란이 있다. 어떤 학자들은 이 부분에서 종교적인 이유를 찾기도 하지만, 브루그만(2001:227)과 같은 학자들은 일반적으로 창조의 질서에 역행하거나 생식력의 파괴가 주는 온전성의 결핍에서 그 이유를 찾는다. 사제의 규정에서도 생식능력에 문제가 있는 자는 사제가 되는 것이 허용되지 않았지만(레 21:16-23), 종말론적인 차원에서 심지어 환관도 사제가 될 것이 언급된다(사 56:3-5).

비합법적인 결혼의 결과의 문제

이것이 개념적으로는 사생아만을 의미하는지 국제결혼에 대한 총체적인 금지인지 모호하다. 단어적으로 이것은 "서자, 사생아, 혼혈아" 등의 의미를 갖고 있지만("아스돗에는 잡족[맘제르 ממזר]이 거할 것이다"[슥 9:6]). 메이즈(1979:316)의 주장처럼, 이것이 국제결혼의 자손들도 지칭하는 것으로 볼 수도 있다.

과거의 역사적 경험을 통한 국가적 혈통적 문제

그 이유는 근친상간의 전례뿐만 아니라(물론 직접적으로 언급된 것은 아니다), 암몬 족속이 이스라엘에게 음식으로 환대하지 않았으며(2:28-29) 모압 족속이 바산의 옥과의 전쟁을 승리로 끝내고 요단 골짜기에 돌아와 진을 치고 있던 이스라엘을 저주하기 위해서 강가(아람-나하라임)의 브돌에 사는 브올의 아들 발람을 불렀다(4-5절, 민 22-24장). 그러한 이유들로 해서 모세는 그들과 (정치적인 의미에서) 국제조약을 맺어 그들에 대한 평안이나 형통을 영원히 구하지 말 것을 요구한다. 그러나 하나님의 말씀을 따라서 브돌 사람 발람은 이스라엘을 축복하였다. 이러한 암몬과 모압 족속에 대한 적대적인 태도는 2:9-21의 그들에 대한 호의적인 태도와 대조된다. 또한 이와 같은 적대적인 태도와는 대조적으로 모세는 이스라엘에게 이스라엘의 "형제"라는 혈연적인 이유와 "나그네의 추억"이라는 이유를 들어서 에돔 족속과 이집트 족속을 혐오하지 말 것을 명령한다. 물론 모압과 암몬도 이스라엘(야곱)과는 사촌관계다.

전쟁을 위한 야영지(野營地)와 관련된 규정들(23:9-14[10-15])

앞의 규정이 야웨의 총회에 들어올 수 없는 자들에 관한 것이었다면, 이 규정은 전쟁을 위한 야영지에서 특정한 이스라엘 남자가 임시적으로 배제되어야 하는 상황들에 대한 규정을 제시한다(전쟁의 원리의 측면에서는 신 20:9-14과 관련이 있다). 야웨의 전쟁에 임할 때, 이스라엘 백성은 우선적으로 각자의 "모든 악한 일"(="수치"[147][14b절])에서 벗어나야 하는데(9절), 거기에는 생리적인 부정(不淨)의 문제(몽정과 배변)도 포함된다. 생리적인 문제는 야영지 밖에서 배설하거나 정결케 되는 의식을 통해 해결되어야 한다.[148] 이는 야웨께서 이스라엘의 야영지에서 왕래하사 이스라엘을 원수에게서 구원하시고 그들에게 승리

147) 개역성경은 에르바트 다바르(ערות דבר)를 야웨의 거룩과 반대되는 의미에서 "불결한 것"으로 번역하였으나, 오히려 문맥에 따라서 "노출되지 말아야 할 것"이 노출됨으로 발생하는 "수치(스러운 것[일])"로 이해하는 것이 더 자연스럽다.

148) Christensen(2002:540)은 출정("대적과의 전투를 위한 야영지로 나갈[테쩨 תצא] 때")과 야영지에서의 배제("군대의 야영지 밖으로 나가[야짜 יצא]")를 묘사할 때와 화장실로 가는 것(야짜타 יצאת)과 배설물(쩨아테카 צאתך)을 지칭할 때 동일한 "나가다"라는 의미의 동사원형(야짜 יצא)을 사용하여 그 의미의 중요성을 배가시키고 있다고 주장한다.

를 얻도록 하시므로 야웨의 거룩에 합당한 이스라엘의 야영지를 거룩하게 만들어야 하기 때문이다. 이 규정은 공중위생적인 측면 보다는 제의적, 의식적 정결의 측면(군대의 야영지가 "야웨의 거처"라는 점에서)이 강하다.

인도주의적 규례들(23:15-18)

다른 규례들에서처럼 이 단락의 규정들도 사회적(인도주의적) 규례들과 제의와 관련된 규례들(예, 전쟁, 결혼과 성욕)이 그룹을 이루거나 교차해서 배열되는 특징을 보인다(Brueggemann 2001:230). 군진에서의 정결(9-14절), 도망친 종들에 대한 정의(15-16절), "제의적 매춘"으로부터의 정결(17-18절), 이자와 관련된 정의(19-20절), 맹세의 신뢰성(21-23절), 그리고 이웃과의 정의(24-25절) 등이다.

이스라엘의 신앙공동체가 따라야 할 기타규정들(23:15-25)

이 단락은 도망한 종에 대한 관용과 배려, 성전창기에 의한 부정직한 헌금, 가난한 자에 대한 이자의 금지, 금지된 성관계와 맹세, 그리고 가난한 자에 대한 배려로 구성되어 있다. 이 단락들에서는 중요한 주제들로 인해서 교차대구적 구조를 발견할 수 있다. 이스라엘 공동체 내로 도망한 종의 규례와 가난한 이웃이 이웃의 포도원과 밭에 들어왔을 때의 규례 가운데 발견되는 "관대함", 세부적으로 언급된 성전매춘과 일반적으로 언급된 맹세에 대한 규정에 나타난 "맹세", 그리고 한가운데에는 가난한 이웃에 대한 이자금지의 규례가 배치되어 있다.

A 도망한 종에 대한 규례(23:15-16)

주인에게서 이스라엘로 도망한 종은 "출애굽한 이스라엘처럼" 주인에게 돌려보내지 말고 그가 살고자 하는 곳에서 살도록 해야 하며 압제하지 말아야 한다(15-16절). 이는 이스라엘에게로 도망한 노예가 법적 신분이 불안정하여 사회적으로도 보호받지 못하고 다시 억압받아서 노예가 될 위험이 있었기 때문이다. 그러나 이 법규정은 "원래의 주인에게 돌려보낼 것"을 명령하는 고대근동에서의 노예법과 대치된다.

B 성전매춘에 관한 규례들(23:17-18)

성전창기와 남창에 의한 종교적 매춘행위(성전창녀의 소득과 개의 소득[149])와 (아무리 성전에 바치기로 맹세한 바 있더라도) 그에 따르는 금전적 이득은 야웨의 전(殿)에 내는 것이 금지되어 있다(이와 유사하게 고대근동에서는 매춘의 소득도 십일조로 신전에 내던 관행이 있었다). 그 이유는 성전매춘의 존재나 그에 따른 소득이 야웨의 전에 드려지는 것 자체가 야웨께서 보시기에 가증한 것이기 때문이다(17-18절).

C 이자금지에 관한 규례(23:19-20, 비교. 신 15장)

당시에 고대근동에서는 20-50%의 이자(은[돈]에 대해서는 20-25%, 곡식에 대해서는 30-50%)를 받는 고리대금업이 일반적이었다. 그러나 이스라엘의 경우에 금전이나 곡식을 꾸어줄 경우에 이스라엘 가운데서 장사꾼들이나 일시적으로 체재하는 객(나크리 נכרי)에게는 이자를 받는 것이 가능하지만 형제의 경우에는 그 어떠한 경우에라도 그것이 금지되어 있다(19-20절, 비교. 출 22:25). 그 이유는 자선의 목적으로 형제에게 꾸어준 돈에서 선이자(先利子)를 계산한다는 것은 그 정신에 있어서 어긋나는 것이었기 때문이다. 그러므로 이 규례는 금융 대부업(貸付業)을 반대하는 것이 아니라, 자선이나 긍휼의 행위에는 대가를 요구하지 말라는 점을 강조한다. "약속의 땅에서 수고한 모든 일들에 임할 하나님의 복"은 이 규례준수의 동기부여로 나타난다.

B′ 맹세에 대한 규정(23:21-23)

강요된 것이 아닌 자발적으로 행한 개인의 야웨에 대한 맹세는 지체하지

149) Christensen(2002:550)은 이러한 표현을 치유와 관련된 이교예배와 관련시킨다.

말고 실행해야 한다(21-23절). 이 부분은 금전과 맹세의 주제를 통하여 종교적 매춘행위와 관련된 규정과 연결된다("그 어떠한 서원하는 일로도…"[18절]). 자발적 헌물(낙헌제)의 경우에도 맹세한대로 행해야 한다.

A′ 가난한 자의 생계해결(23:24-25)

가난한 자들이 이웃의 포도원과 밭에 들어가서 허기를 채울 수 있도록 허용하라는 법규들은 각각 "네 이웃의…에 들어갈 때에는"과 같이 유사한 도입구를 사용한다(24a, 25a절). 물론 이 법도들은 이들이 이웃의 포도원이나 밭에 들어가는 것을 허용하지만, 이웃의 경작지에서 배고픔의 해결 이상의 행동을 하는 것("포도를 그릇에 담거나 곡식밭에서 낫을 대는 것")을 도둑질로 규정한다.

결혼, 전쟁, 사회적, 종교적 정의Ⅲ(24:1-25:4)

구조

이 단락은 첫 번째 전남편과의 재혼의 금지(24:1-5), 신혼 남자의 병역면제에 대한 규정(24:5), (피부병에 관한 규정을 포함하는) 가난한 이웃에 관한 문제들(24:6-22), 두 사람의 법적논쟁(25:1-3), 일하는 소의 입에 망을 씌우지 말하는 규정(25:4)으로 구성되어 있다.

첫 번째 전남편과의 재혼의 금지(24:1-5)

이 단락은 부부가 결혼하고 첫날밤을 치루기 전에 아내의 "수치"를 발견하여 이혼하였다가 나중에 그녀와 재혼하려고 하는 경우와 관련된 이혼 규례(24:1-5)를 다룬다. 앞에서 언급한 대로 부부가 동침하였고 나중에 그녀를 미워하여 첫날밤과 관련하여 "비방거리"를 만들어 이혼하려고 그녀를 지방법정에 고소를 한 경우를 다루는 이혼관련규례(22:13-19)와 밀접한 관련이 있다. 이 본문의 적절한 해석을 위한 몇가지 중요한 표현들을 중심으로 살펴보자.

이혼의 동기

이혼의 동기는 "수치의 말/행위"(에르바트 다바르 ערות דבר)[150]이다. 이것이 혼전간음의 문제라면 그 결과는 이혼이 아니라 당사자의 사형으로 처리되어야 하는 것이기 때문에(참조, 22:22) 이 표현의 의미에 대하여 학자들 사이에 다양한 해석들이 제시되었다(예, Mayes 1979:310). 랍비시대 이후로 현대 학자들도 이것을 아내의 행실이나 말 혹은 육체적 수치(the nakedness)의 노출로 본다. 학자들은 그것을 무자(無子)함, 불임(不姙), 혹은 여성의 "성기노출"로 여기지만, 이 모두가 후대의 해석에 의한 의미부여이지, 그 어떤 추측도 본문을 통해서 확증할 수는 없다.

이 표현의 정확한 의미를 찾기 위해서는 우선 이 표현이 배변(排便)과 관련된 구절에서 발견된다는 점에 주목해야 한다("네게서 수치[벌거벗음]를 보시지 않으므로"[23:14]). 그러한 점에서 이 "수치"라는 것이 해밀턴의 주장(1982:444)처럼 윤리적인 문제보다는 무언가 (상대적으로) 부적절한 것을 의미한다고 보아야 할 것이다. 그렇다고 해서 이 문맥에서 그것을 배설과 같은 "생리적 문제"로 이해할 수는 없다. 이와 같은 난점에도 불구하고 여기서 명확한 것은 아내를 싫어하게 만드는 "사소한" 문제라도 물고 늘어져서 아내와 이혼할 수 있는 남편만의 자유로운 '특권'을 규정하는 것으로 볼 수 없다는 점이다. 이 규정은 이혼법이라기보다는 전남편 혹은 전부인과의 재혼금지의 규정이라고 볼 수 있다. 물론 이 규정은 이스라엘에 있어서 이혼의 문제가 가정의 일이었다는 점에서 현재의 관행과는 달리 법적 절차를 거치지 않고 남편이 아내에게 이혼증서(세페르 커리투트 ספר כריתת)를 써줌으로 이혼이 성립될 수 있었다. 이와 같은 이혼증서는 후대에서 이해하듯이 이혼을 원하는 남편의 의도를 쉽게 합법화시켜 주거나 극대화시켜 주기 위한 것이라기보다는 당시에 이혼당한 여성과 이 여성과 결혼하는 또 다른 남성을 위한 것이었다. 즉 이혼증서를 가

150) 이 표현은 신약에서 헬라어로는 포르네이아스(πορνείας[마 5:32])로 번역되었다.

진 여인은 재혼을 하더라도 그녀와 새로 결혼한 남성과의 사이가 불법적인 간음이나 간통이 아닌 것을 확인해줌으로써 이들의 결혼이 합법화될 수 있었다. 그러나 여기에서 실제 문제는 이혼 당했던 여성이 한번 더 이혼을 당했거나 사별을 했을 경우 원래 자기를 미워하여 헤어졌던 첫 번째 남편이 그녀와 다시 결혼하고자 했을 때 그것이 가능할 것인가에 관한 것이다. 그러나 이 규례는 그러한 가능성을 부인한다("그녀가 부정해진 후에 전 남편이 다시 그녀를 아내로 취해서는 안된다").

재혼 금지의 조건

원래 이혼했던 여인과의 재혼 금지는 그녀가 "부정해졌다"(훗탐마 הטמאה)는 것이 그 이유로 제시된다. 사실 이 표현 자체는 일반적으로 제의적인 부정함을 의미한다. 즉 그것은 이스라엘 사람이 먹거나 제물로 쓰기에 부적합한 동물들(레 27:27, 민 18:15)이나 제의적으로 부적합한 우상들(대하 29:16, 슥 13:2)과 연관되어서 사용된다. 이 문맥에서는 이혼후에 이미 다른 사람과 성관계를 가졌다는 것을 의미하는 것이다. 여기에서 사용된 "불결해졌다"는 표현과 더불어 "가증"과 "범죄"라는 개념도 제의적인 용법을 전용(轉用)한 것으로 보아야 할 것이다. 이 본문의 해석학적 난점은 이러한 언급 이외에는 "전남편과의 재혼의 금지"에 대한 명확한 이유가 제시되어있지 않다는 것이다.

그와 같이 명백치 않은 이유에 대한 학자들의 추측은 다음과 같다. 혹자는 이혼 후의 재혼이라는 것이 (순차적으로) 두 당사자들 간의 "합법적인 간음"이 된다는 점에서 금지되었다고 본다. 그러나 웬함(1979:40)은 그 이유를 "합법적인 간음"의 문제보다는 두 당사자들 간의 근친상간에서 찾는다. 일단 신부가 된다는 것은 누이가 되는 것이므로 "누이"가 된 여성과 결혼한다는 것은 결혼으로 인해 구성된 두 당사자들 간의 "근친상간"의 금령을 범하는 것이 된다는 것이다. 그러나 둘 다 설득력이 적다. 비록 구약에서 남자의 이혼 결정권만 언급되지만, 메소포타미아 지역의 경우에 남자와 여성 모두가 이혼절차를 진행할 수 있었다(비교. 함무라비법전, *ANET*, p. 142).

그런데 본문은 이러한 종류가 "야웨 앞에서 가증한 것이며 야웨의 이스라엘에 대한 분깃의 땅을 범죄케 하는 일"이라고 규정한다(4절). 그러나 그 "가증함"이 "이와 같은 재혼"을 말하는지, 아니면 "이와 같은 재혼을 하는 여성"을 의미하는지는 모호하다. 또한 이전에 이혼행위를 수행한 남편에 대한 책임추궁인지(즉 "한 여성과 쉽게 이혼하고 다시 쉽게 재혼하는 일"), 아니면 수치를 드러나게 했던 전처에 대한 책임추궁인지는 본문만으로 결정하기가 어렵다. 그렇기 때문에 본문이 남자의 측면에서 이혼이 쉽다는 점과 이혼녀를 "더럽혀진 여인"이라고 부르는 "가혹한 대우"라는 측면으로 이해된다는 점에서 이스라엘에서 여성이 남자의 소유물로 여겨졌다고 브루그만(2001:236)은 주장하지만, 이스라엘의 경우(이와 같이 가정된)와는 달리, 메소포타미아 지역에서 남녀가 상대 배우자에게 동등하게 이혼을 주장할 수 있었다고 해서 그 지역이 여성을 남성과 동등한 인격체로 여겼다는 증거가 될 수 있을까? 필자는 이러한 논리적 비약에 동의하지 않는다.

앞서서도 논의했듯이 이와 같은 이혼 이후의 재결합(혼)의 금지의 예는 당시에도 아주 희귀한 경우일 것이다. 결과적으로 이와 같은 이혼과 관련된 규정들은 그 특징상 사례법으로서, 모세의 토라 자체에 일반적인 이혼에 대한 법규가 전무하다. 결혼규정과 권리에 대해서는 24:5에서 추론해 볼 수 있을 뿐이다. 그러므로 여기에서 우리가 얻을 수 있는 교훈은 이 단락이 비록 일부다처제의 문맥에서 해석되더라도 이혼이나 간음 같은 결혼에 대한 파괴적 행위들은 결국 돌이킬 수 없는 끔찍한 결과(재혼금지)를 초래할 뿐이라는 점을 말해준다. 그러한 측면에서 예수의 이혼에 대한 말씀을 상기시킬 필요가 있다. "누구든지 자기 아내와 이혼하고 다른 여성과 결혼한다면, 그는 그녀와 간음하는 것이며, 누구든지 아내가 자기 남편과 이혼하고, 다른 남자와 결혼한다면, 그녀는 간음하는 것이다."(막 10:2-12).

신혼남자의 병역면제에 대한 규정(24:5. 비교. 20:7)

야웨의 전쟁에서 신혼기간과 관련된 병역면제 규정은 "초" 혼자(初婚者)에게 군복무나 그 어떤 공적 업무도 맡기지 말고 1년간 집에서 아내에게 기쁨[151]을 주어야 한다고 말한다. 이것은 새로이 결혼한 자들이 누려야 할 특권이며 의무이다. 이 규정은 앞의 재혼 금지와 극단적으로 대립된다. 앞에서 한번 서로 이혼했던 당사자들이 다른 사람과 재혼했다가 헤어진 후에 원래의 배우자들과 "재혼"의 금지 규정이 새로이 결혼한 아내에게서 "수치"를 발견할 까닭에서 비롯된 사건이라면, 새로이 결혼한 남자가 1년간 모든 공무에서 면제될 수 있었던 유일한 특권은 남편이 아내에게 기쁨을 주는 자가 되어야 하기 때문이다.

사회적, 제의적 정의와 관련된 문제들(24:6-22)

비록 각각의 규정들을 완벽하게 하나로 연관시키기는 어렵지만, 제의적 정의의 문제와 아울러 특별히 6, 7, 10-15, 17-22절에서 가난한 자에 대한 관련규정들이 나온다는 점에서 우리는 이 단락을 제의적-사회적 정의의 문제들로 규정할 수 있다. 여기서 특이한 점은 사회적 약자에 대한 보호법의 명단에 "너희의 성중에 사는" 레위인들에 대한 언급이 없다는 것이다. 아마도 피부병에 대한 규례를 제외하면, 다른 모든 규정들은 공정과 공평의 주제와 어울리는 것처럼 보인다. 게다가 경작자에게 행한 주의사항들(19, 20, 21-22절)은 곤궁한 이웃들에게 행한 주의 사항들(23:24-25)과 관련이 있으며 이자를 취하지 말 것에 대한 규례(23:19-20)와 담보를 취할 때 주의해야 할 점들(6, 10-13절)과 추수할 때 경작자가 취하지 말아야 할 것(한 구석의 밭과 올리브 나무와 포도나무의 떨어진 과일들)과 일하는 소의 입에 망을 씌우지 말라는 규례들도 상호 연관된다. 이와 같은 금지나 경고는 모두 (심지어 소라는 짐승을 포함하여) 가난하여 착

151) MT는 '아내를' 로 읽으나 다른 고대 본문들은 '아내와 함께' 로 읽는다.

취나 무관심의 대상이 될 수 있는 노동자(약자)들을 위한 배려 정신의 산물인 것이다.

맷돌에 대한 규정(24:6)

빚 담보로 맷돌 한짝이나 전부를 취하지 말 것은 그가 그것으로 식생활을 해결하기 때문이며 이것은 가난한 자의 생명을 담보로 삼는 것과 같기 때문이다(6절). 사실 금전거래에 있어서 이자와 담보는 필수적인 것이었다. 하지만, 이스라엘의 신앙공동체에서 이자가 금지되며 담보를 제공받는 측면에서도 상당한 제한이 부가되었다.

유괴에 관한 규정(24:7)

이 규정은 형제를 유괴하여(유괴자, 생명을 훔치는 자) 노동을 시키거나 그를 물건으로 여겨 팔았다면, 그 유괴범을 죽여서 "너희 중에" 악을 제거하라고 명령한다(비교. 함무라비법전, *ANET*, 166 §14). 이러한 범죄는 생명에 대한 경시뿐만 아니라, 인권에 대한 착취도 포함된다는 점에서 다른 규정들과의 상관관계를 찾을 수 있다. 크레이기(1976:307)는 이러한 유괴를 그 사회적 특징 때문에 "사회적 살인"이라고 부른다.

피부병[152]에 의한 제의적 부정에 관한 규정(24:8-9)

이 규정은 "피부병에 걸리지 않도록 조심하라"라는 권면으로 시작하며 레위 사제가 시행하는 병의 진단과 확정 그리고 정결례의 준행을 강조한다(보라, 레 13-14장). 사제에 의한 진단과 확장의 절차를 거친 환자는 가정과 공동체를 떠나 진 밖으로 나가 사회적인 격리를 겪게 된다. 이 피부병은 공동체와 땅에

152) 일반적으로 "문둥병, 한센씨병"이라고 번역되는 '짜라아트(צרעת)'라는 표현은 문맥상 다양한 종류의 피부병에 대한 총칭을 의미할뿐 병리학적으로도 한센씨병과는 어울리지 않으며(레 13-14장) 게다가 고고학적으로나 역사적으로 한센씨병이 고대근동이나 예수시대에 존재했다는 점은 확인된 바 없다.

심각한 영향을 준다는 점에서 "사회적인 질병"으로 분류될 수 있다. 앞서 언급한 사형이라는 영구적인 사회적 격리와는 대조적으로 피부병에 의한 사회적 격리는 일시적이다. 여기에서 마지막으로 모세가 미리암의 경우(민 12:9-15)를 언급한 것은 본문이 지도자의 (영적인) 권위에 대한 도전의 부당성을 강조한다기보다는 문맥적으로 볼 때, 지위고하(미리암, 즉 고위지도자)를 막론하고 "갑자기 그리고 심각하게" 발생한 개인의 피부병과 공동체에게 끼칠 심각한 위험과 관련하여 사제만이 행할 수 있는 진단과 격리와 완치에 따른 정결례의 중요성을 강조하는 것처럼 보인다(참조. Driver 1902:275, Tigay 1996:225). 사제는 한 개인의 질병이 초래할 수 있는 이스라엘의 신앙공동체 전체의 심각한 위기를 통제하고 조절할 수 있는 유일하고 권위적인 역할을 부여받았다.

가난한 자에 대한 처우(24:10-15)

이 단락은 가난한 자의 빚 담보에 관한 문제(24:14-15)와 가난한 자의 일급(日給)에 관한 문제(24:14-15)로 나뉜다. 가난한 자와 재정이라는 연관성뿐만 아니라, 이 규정들(10-13, 14-15절)은 "해가 지기 전에"라는 표현으로도 서로 연관된다.

가난한 자의 빚 담보(24:10-13, 비교. 출 22:26-27)

담보에 대한 언급을 통하여 6절과 10-13절은 상호 연관된다. 채권자가 그의 담보를 구할 때는 몇가지 조건들이 있다. 첫째는 채권자가 아니라, 채무자가 집에서 가져 나온 담보를 취할 것이며 둘째로 가난한 자의 경우에는 담보를 해가 지기 전에 그에게 다시 돌려주어야 한다. 겉옷은 밤에 이불로도 사용되기 때문이다. 이것은 야웨 앞에서 "의로운 일"(쩨다카 צדקה)이다.

가난한 자의 일급(日給)에 관한 규정(24:14-15)

가난한 자가 형제든지 객이든지 상관없이 학대하지도 말 것이며 가난한 자의 빚의 담보(옷)도 해가 지기 전에 그에게 돌려주어야 하듯이, 그의 하루 품삯도 해가 지기 전에 전부 주어야 한다. 그것은 담보물이나 품삯이 기초적인 생계수단이기 때문이며 일종의 남의 것을 속여 빼앗는 것이 되기 때문이다. 그렇지 않다면, 품삯을 받지 못한 가난한 노동자가 받지 못한 품삯으로 인해서 야웨께 도움을 구하는 호소(呼訴)를 한다면, 그것이 고용주(雇用主)의 죄를 드러내는 것이되기 때문이다. 그와 같이 가난한 자의 빚 담보와 가난한 노동자의 임금문제의 해소는 의를 드러내는 일이며 죄짓지 않는 일이 될 것이다.

개인 책임에 관한 문제(24:16)

특이한 것은 "… 때문에 죽지 않을 것이다"라는 표현이 세차례 반복된다는 점이다. 이것은 십계명에서 언급되는 우상숭배에 관한 가족이나 공동체의 연대책임과는 다른 입장을 취하는 것처럼 보인다. 이와 같이 공동체적 책임과 죄의 전가(轉嫁)는 전혀 다르다. 물론 여기서 개인의 잘못에 대한 신적 심판이 아니라, 사법적인 측면에서, 즉 정의의 수행이라는 측면에서 개인의 책임을 강조하고 있는 것처럼 보인다(비교. 렘 31:29f. 와 겔 18장).

객과 고아와 과부 문제(24:17-22)

이 단락에서는 객(게르, גר)과 고아의 송사와 과부의 옷을 전당 잡히는 문제(17-18절)와 경작물(밭, 올리브 나무, 포도원)의 추수의 일부를 객과 고아와 과부를 위하여 남겨두는 문제(19-22절)를 다룬다. 이스라엘은 객과 고아의 송사를 부당하게 처리하여 그들을 억울하게 만들지 말 것이며 추수할 때 아끼는 마음을 갖지 말도록 해야 한다. 이 두가지 경우들에 이스라엘은 "이집트에서 종이 되었던 것을 기억하라"(18["야웨의 구속사역"이 첨가되어있다], 22절)는 명령을 받으며 이스라엘이 지녀야 할 관대함과 자비함의 근거로 사용된다(물론 신명기의 안식일규정, 하나님의 총회의 문제에서도 이러한 표현이 사용되었다). 특히 19-22절의 경우에 23장의 마지막 규정(자비를 받는 자들의 입장에서의 태도)과 병행한다(24, 25절). "객, 고아, 과부"의 표현은 4번 등장한다(17, 19, 20, 21절).

두 사람의 법적논쟁(25:1-3)

두 사람 사이의 분쟁이 해소되지 못하여 이들이 재판에 호소한 경우에 재판장은 판결을 내려 악인("채찍질의 사람")을 정죄하여 그 죄의 경중에 따라 다스리고 태형(笞刑)에 합당한 죄(예, 신 22:18)라면, 최대 40대의 매로 정하도록 한다(바울도 39대의 태형을 당했다[고후 11:24]). 우리 본문에서는 명확하게 언급되지 않았지만, 티가이(1996:230)는 고대근동에서의 태형에 합당한 죄가 "남의 집을 파괴한 경우, 이웃의 땅을 잠식한 경우, 빚 때문에 압류된 사람들을 판 경우, 채권자를 속인 경우, 절도죄, 양의 낙인을 수정한 경우"라고 말한다. 여기에서의 40대의 태형의 한계의 이유는 그에게 내려진 처벌의 과중함보다는 태형이 집행되는 과정 중의 행태들로 인해서 형제들로부터 비천하게 여겨지지 않도록 하기 위함이다. 이러한 제한은 인간의 존엄성의 문제에서 비롯된 것으로 보아야 한다.

일하는 소의 입에 망을 씌우지 말하는 규정(25:4)

마지막으로 이 규정은 심지어 노동하는 가축이라 하더라도 그 대가를 받는 것이 당연하다는 점을 일깨워준다. 이 규정은 노동자의 권익과 적절한 대가의 정당성을 밭에서 열심히 일하는 가축인 소의 예를 들어서 강조한다. 이 규정은 이 단락의 결론이지만, 이 규정은 멍에가 결혼과 관련된다는 점에서 다음 단락까지 연결되어 있다.[153] 이 규정은 신약에서 복음을 위하여 일하는 자의 특권을 언급하는 것으로 상징적으로 사용되었다(고전 9:9, 딤전 5:18).

153) 물론 Eslinger(1984:222-223)의 주장처럼 25:4은 25:11-12까지 구조적인 면에서 연관성을 찾을 수도 있다. 즉 멍에/궁흘(4, 12절), 함께-아내(5, 11절), 이스라엘로부터 그의 이름을(6, 10절), 형제의 과부-장로들(7-8, 9절).

결혼, 전쟁, 사회적, 종교적 정의IV(25:5-19)

구조

이 단락은 앞서 언급된 일련의 반복적인 주제 단락의 마지막 부분으로서 일련의 결혼과 관련된 형사수취제(25:5-10), 생식기와 관련된 규례(25:11-12), 정의로운 상거래(25:13-16), 그리고 약속의 성취를 위한 아말렉 족속의 불의한 행위의 기억의 요청(25:17-19)으로 구성되어 있다.

형사수취제의 적용에 관한 규정들(25:5-10, 비교. 창 38장, 룻 2-4장)[154]

이 단락은 지금까지의 여러가지 결혼관련 규정들의 마지막이다. 정확하게 말하자면 한 아내가 남편이 사별한 이후의 결혼 문제 즉 형사수취제(levirate marriage)를 다룬다. "형사수취제"라는 말은 라틴어 "남편의 형제"(levir)라는 말에서 유래되었다. 여기서 우리가 주목할 점은 이것이 형사수취제의 일반적인 경우가 아니라, "형제들"이 함께 살던 중에 발생하여 아들이 없이 남겨진 형수가 있는 특정한 경우를 다루는 규정이라는 점이다. 남편의 형제가 형수와 결혼하여 아이를 낳아주는 이 제도는 죽은 자의 이름을 다시 세워[155] 그의 가문을 이어주는 것이 그 목적이다(9절). 이 규례는 죽은 자의 재산보호와 아울러 과부 보호를 위해서 제정된 것처럼 보인다.

물론 형사수취제의 집행의 일차적 책임이 가장이나 직계 가족구성원들에게 있다는 점에서 그 여인이 지역공동체(의 법정)에 호소한 것은 아마도 그녀가 속한 가장(家長)이나 대가족제도의 붕괴상황을 염두에 둔 것 같다. 그 절차는 다음과 같다. 이 제도가 형제들 사이에서 시행되지 않을 경우에("그 사람이 그의 형제의 아내 맞이하기를 즐겨하지 아니하면") 그녀가 성읍 장로들 앞에 나아가 죽

154) 구약에 나타난 형사수취제에 대한 세부적인 논의는 Willis 2001:235-304를 보라.

155) 여기서 "다시 세운다"는 말은 "가문" 혹은 "재산이나 기업"의 회복을 의미한다(민 27:4, 삼하 14:4-7, 룻 4:10).

은 남편의 형제의 발에서 신(재산의 권리의 상징)을 벗기고 그의 얼굴에 침을 뱉고 형사수취제의 의무를 준행하지 않은 자("그의 형제의 집을 세우기를 즐겨하지 않는 자")를 "신이 벗기운 자의 집"이라고 부르는 절차를 밟는 것이 전부였다(비교. 룻 4:7, 8). 물론 이러한 관습은 고대근동의 "수치"의 문화적 배경 속에서 이해되어야 한다. 아마도 이 표현은 소유권을 주장한다는 의미의 "신을 던진 곳"(사 60:8, 시 108:9)이라는 표현과는 상반되는 것으로 "그의 의무(즉 형사수취의 의무)를 부인한 자"를 의미하는 것 같다. 이 법규에서는 각자에게 주어진 분깃을 보호하고 가계를 이으며 남겨진 유족을 보호하려는 배려가 혼합되어 있다.

생식기의 손상에 관한 규정(25:11-12)

한 남자가 자기 형제와 서로 싸우는데 한 남자의 아내가 자기 남편을 보호하려고 다른 남자의 치마옷을 벗겨 그의 생식기를 잡을 때 발생할 수도 있는 남자의 생식능력의 손상[156]에 대한 보상으로 그녀의 손을 절단하는 규정이 언급된다(11-12절). 그 이유는 한 남자에게 모욕감을 주었을 뿐만 아니라 그의 생식능력 상실을 초래할 수 있었기 때문이기도 하지만, 우선적인 문제는 그녀가 남자의 반드시 감추어져야 하는 것을 드러냈기 때문이다. 이것은 일종의 성관계와 관련된 규례와 비슷한 측면에서 이해되어야 한다.

공정한 도량형(度量衡)에 대한 규정들(25:13-16, 레 19:35-37).

여기서 상행위에서의 불공정행위 모두를 금지한다. 더 정확히 하지만, 그와 같은 부정직한 물건들(주머니에 넣을 수 있는 크고 작은 저울추와 크고 작은 되[에바-마른 곡식의 계량형])을 소지하는 것만으로도 잘못인 것이다. 이와 같은 유혹을 회피하는 최상의 방법은 생각이 행동으로 옮겨질 수 없도록 하는 것이다. 이와 관련해서 "완벽하게 정의로운"(쉐레마 바쩨덱 שלמה וצדק) 도량형을 사용할 경우

156) 앗수르법(Middle Assyrian Laws)에 따르면, 이러한 행위는 남성의 음낭의 손상을 수반하는 행위다(Tigay1996:485).

에는 장수(長壽)가 약속된다. 그렇지 못할 경우("이러한 일들을 행하는 모든 자, 악을 행하는 모든 자")는 하나님의 가증함이 될 것이다. 앞서 언급한 생식기 손상에 관한 규례(25:11-12)와 연관지어서, 공정한 도량형 문제는 드러나 공평해야 할 것이 불의하게 감추어져 있다는 점을 다룬다. 이와 같이 공정한 도량형을 사용하는 것은 이스라엘이 선물로 주어진 그 땅에서 오래 거할 수 있는 근거가 된다.

아말렉 족속에 대한 규정들(25:17-19, 비교. 23:1-8)

이 단락은 일종의 신명기 법(12:1-25:16)의 결론 역할을 한다. 모세는 과거에 아말렉 족속(에서의 손자)이 이스라엘에게 행한 일(출 17:8-16, 민 14:43-45)을 잊지 말라고 교훈한다. 이들은 "하나님을 두려워하지 않고" 약속과 안식의 땅으로 나아가는 이스라엘의 진로를 방해하였으며 "그들이 피곤할 때, 뒤에 쳐진 약한 자들을 공격"한 바 있다. 게다가 이들은 어리석게도 야웨의 군대와의 전쟁을 감행한 자들이었다. 그러므로 모세는 이스라엘이 약속의 땅을 점령하여 하나님의 약속이 성취되어 안식을 얻게 된다면, 그들을 완전히 제거하여 사람들의 기억 속에서 그들의 이름이 잊혀질 수 있도록 할 것을 요구한다. 이와 같은 "망각/기억"의 표현들[17, 19절]은 본 단락에서 종두병행적 기법으로 사용된다.

초태생과 십일조 음식에 대한 제의적 규례들(26:1-15)

26장은 소위 신명기법전(혹은 언약)의 마지막 규례다. 이 규례는 첫소산과 매 삼년의 십일조 음식이라는 야웨에 대한 바른 예배와 관련된 제의적 산물을 다룬다. 이것은 모든 야웨와 맺은 언약(과 규례들과 법도들)을 순종하는 자들에게 약속된 가나안 땅에 들어가서 야웨께서 장차 주실 복과 관련된 규례들이다. 이 두가지 제의적, 공동체적 음식법은 일종의 매 1년 혹은 매 3년에 행해지는 공적인 회식(會食)의 자리로 이해할 수 있다. 이것은 아마도 27-28장에서 본격적으로 다루어지는 복과 저주 문제의 서곡처럼 이해될 수도 있다.

구조

이 단락(비교. 14:22-29과 15:19-23)은 첫소산(26:1-11)과 매 삼년마다 행해지는 십일조 규례들(26:12-15)로 이루어져 있다. 이 규례들은 시작(14:22-29, 15:19-23)과 끝(26:1-15)의 유사한 내용 반복을 통한 신명기 규례와 법도들의 뼈대 역할을 한다. 이와 관련해서 브라울릭(1993:334)은 12-16, 26장이 핵심적인 규례라고 주장한다. 물론 비중의 차이는 있을 수 있지만, 이것들과 비교하여 다른 규례들이 더 사소한 것이라고 볼 수 없다.

구조적으로 다음의 도표가 보여주듯이 첫소산과 십일조에 대한 규례는 유사성을 갖고 있으며 개념적으로도 감사 예물이며 하나님이 주신 복에 대한 응답이라는 점에서도 그 유사성을 찾을 수 있다.

	첫소산(초태생)	십일조
개념	그 땅의 온 열매의 초태생(1-4절)	온 산물의 십일조 음식(12절)
제의적 신앙고백	"너는 네 하나님 야웨 앞에서 말해라" (5-10절)	"너는 네 하나님 야웨 앞에서 말해라"(13-15절)
결과	그들은 레위인과 자신들과 함께 사는 객과 함께 즐거워함(11절)	그들은 레위인과 객과 고아와 과부와 함께 즐거워함(암시됨, 비교. 12절)

첫소산에 관한 신앙고백(26:1-11)

초태생이 이스라엘의 역사적 신앙고백의 항목으로 중요성을 갖는 이유는 무엇인가? 야웨의 약속이 성취된 증거로서의 역할을 잘 수행한다. 여기서 모세는 약속의 땅으로 들어간 후에 거둔 토지의 소산의 초태생의 일부를 야웨께서 선택하신 장소에 가서 사제에게 말할 바를 교훈한다. "내가 야웨께서 우리에게 주실 것을 우리 조상에게 맹세하신 땅에 도달하였습니다." 제의에 사용되는 "작은 신앙고백" 혹은 "하나님의 크신 일들"에 대한 언급은 다음과 같이 구성되어 있다(5-10절, 비교. 민 20:15-16). 이 신앙고백의 강조점은 야웨께서 우리 이스라엘에게 행하셨던 바를 강조한다. 여기에서의 교훈은 미래에도 과거의 교훈을 잊지 말라는 것이다. 이스라엘의 선조들의 방랑[157]과 이집트에서 노예로 학대받으면서 그들이 하나님께 행한 절규와 "우리의 고통과 신고(辛苦)와 압제"를 보신 하나님이 "강한 손과 편 팔과 큰 위엄과 이적과 기사"로 출애굽 시켜주신 목적은 하나님이 이전에 족장들에게 약속하셨던 것을 기억하시고 이스라엘에게 "젖과 꿀이 흐르는" 땅을 얻게 하심이었다. 그러한 이유로 이스라엘은 가나안 땅에서 "토지 소산의 초태생"을 가져와야 한다. 그러나 여기서 언급된 초태생 규정이 "정착한 첫해에만 한번 내는 것"(즉 첫해에 농사를 짓지 않고 수확한 것 혹은 첫농사의 수확물)인지, 아니면 "정착한 이후로 매년 정규적으로 농사를 지어서 내는 예물"[158]을 의미하는지는 명확하지 않지만, 문맥상 매년의 제의의식으로 보아야 할 것이다.

이 규례가 명령하는 이 초태생은 칠칠절과 초막절에 야웨 앞에 드려졌을 것이다. 그 절차는 그 제물을 제단 앞에 놓고 신앙고백을 한 뒤에 "하나님께서 너와 네 집에 주신 모든 복들로 인하여 레위인들과 객과 함께 즐거워해야 한다"(11절). 여기서 "주다"(나탄 נתן)라는 표현과 연관된 땅과 소산을 통하여 하나님께로부터 온 선물이라는 점이 강조된다. 그와 같은 표현은 이 단락의 핵심주제어이다(1, 2, 3, 6, 9, 10, 11절).

157) 제의적 신앙고백에서 사용된 "아람으로부터의 도망자들"(Millard 1980)이라는 표현은 이스라엘이 이전에는 거주할 땅과 영토가 없어 떠돌던, 특히 아람지역의 라반에서도 도망친 야곱의 후손이었다는 점을 상기하는 것이다.

158) Christensen(2002:638)은 후자를 지지한다.

삼년마다 행해지는 십일조(26:12-15, 비교. 14:28-29).

우리는 이미 앞에서 매년의 십일조 음식과 매 3년의 십일조 음식의 용도와 의미를 살펴보았다. 이제 우리 본문은 그와 같은 십일조 음식의 사용 이후의 문제를 다룰 것이다. 이제 모세는 이스라엘 백성들에게 "네 하나님 야웨 앞에서"[159] 십일조 음식의 사용에 대한 두가지 측면의 고백들(즉 긍정적인 사용[레위인과 고아와 과부와 객과 나눠 먹음]과 부정적인 사용[애곡의 날, 부정한 때, 혹은 죽은 자를 위한 예식용으로 사용하지 않음], 13-15절)을 하도록 요구한다. 여기서 십일조 음식의 부정적 사용의 한가지 예를 지칭하는 "베오니(באני)"라는 표현을 "애곡의 날에" 혹은 "내 자신의 부(富)의 수단으로"(Craigie 1976:323)로 읽혀질 수 있다. 이 표현이 전자의 의미라면 십일조 음식을 사자(死者)에 대한 애도의 날에 사용하는 것의 금지를, 후자의 의미라면 십일조 음식을 개인적인 용도로 남용(濫用)하는 것의 금지를 지적한다고 이해할 수 있다.

모세는 이 고백을 통하여 하나님께서 "거룩한 처소, 즉 하늘로부터" 굽어 살피셔서 이러한 고백을 들으시고 더 복을 내려주실 것을 기원하도록 명령한다(13-15절). 이것은 "과거의 복종의 고백을 통한" 이스라엘과 약속의 땅에 대한 "미래의 축복을 위한 기도"라고 볼 수 있다. 물론 앞에서도 논의한 바 있지만, 성물인 십일조 음식을 야웨 앞에서와 각자의 처소에서 나눠먹는 것이 중요한 이유는 그것이 바른 예배, 바른 안식, 이웃에 대한 바른 태도("탐욕"의 반대말)의 "시금석"일 수 있다는 것이다. 이러한 점은 잠언의 교훈의 첫 부분(1:19, "이익을 탐하는 모든 자의 길은 다 이러하여 자기의 생명을 잃게 한다")이 탐심을 버리도록 가르치라는 점에서도 그 의의를 찾을 수 있다. 다시 말하자면, "하나님의 것을 도둑질하지 말라"는 말로 십일조 음식은 하나님과 이웃과 나누지 않고 혼자 독점하는 것의 죄악성(십일조 음식을 내지 않고 혼자 배를 채우는 죄와, 십일조

159) 학자들 사이에 '야웨 앞에서'가 어느 곳을 말하는가(중앙성소, 지방성소, 가정)에 대한 논란이 있다.

음식을 거둬다가 나눠주지 않고 혼자 배를 채우거나 남용하는 죄 모두를 의미한다)을 말한다. 그러나 이 규례에 대한 부적절한 이해는 제물을 넘치게 드리면서도 이웃을 압제하고 고아와 과부와 객을 홀대 해서(즉 그들에게 손을 펼치지 않았기 때문에) 결국 하나님으로부터 정죄받고 심판을 받았던 고대 이스라엘의 죄(암 4:4-5, 사 1:10ff., 66:1ff.)를 행하게 만들었다.

결론적으로 신명기 내에서 여러차례 언급된 십일조 음식의 특징들을 살펴보았을 때, 십일조 음식의 규례는 신명기의 규례들과 법도들(12-26장)의 "바른(예배)장소, 바른 교제의 음식, 바른 신(神), 바른 공동체"라는 거대한 주제들을 하나로 묶어주는 역할을 수행한다. 신명기에 따르면 십일조 음식과 관련하여 언약 공동체내에 있는 모든 자들은 거룩함과 헌신에 있어서 레위인/사제들과 일반 백성들 사이에 우열이 전혀 없다는 점을 말해준다.[160] 또한 제의 종사자들과 함께 일반 성도들이 "하나님이 선택하신" 성소 내에서와 성소 밖("너희 가운데")에서 십일조 음식을 나눠먹는 것은 소위 "십일조의 인도주의적 이해의 반영"이라기보다는 신명기 특유의 "온 백성의 거룩성의 공유"와 "성속(聖俗)에 대한 무차별"의 신학을 반영하는 증거로도 볼 수 있다(Yu 1998:85-90).

말라기서 3:10의 십일조 음식의 의미

그동안 한국교회는 말라기 3:10의 "그 모든 십일조 음식을 그 창고에 모아두어 내 집에 음식이 있게 하라(베히 테라프 버베이티 ויהי טרף בביתי)"는 명령에서 "그 창고"와 "내 집"을 성전창고와 성전으로 이해하고 십일조음식의 수혜자를 레위인(제사장)들로만 국한시켜서 이해하였다. 이에 근거하여 한국교회는 구약의 예루살렘 성전과 현대의 지역교회를, 그리고 제사장과 목회자를 동일시하였지만 지금까지 이러한 "동일시"의 관행과 관련된 정확하고 학술적인

160) 레위인들에 대한 십일조 음식의 공여[供與]는, 말 그대로 덜 거룩하고 덜 종교적인 백성이 더 우월하고 더 종교적인 대상에게 바쳐지는 것이 아닌, 야웨의 뜻에 따라 레위지파에게 주는 유익한 행위의 한 방편(方便)이다.

연구가 거의 없었다. 이제 신명기의 십일조 음식과 관련하여 3:10의 의미를 간단하게 살펴보자.

"그 모든 십일조"

이 표현은 정확한 "10%"이라는 수량적 의미보다는, 관련된 규정에 따른 "모든" 토지소산 가운데서 떼어놓은 십일조 음식을 의미한다. "마아세르"(십일조)라는 단어에 붙어있는 하(ה)라는 정관사는 (말라기의 청중이 잘 알고 있는) 모세의 십일조 규례를 상기하는 것으로 보아야 한다. 이와 동일한 표현은 레위인들과 고아와 과부와 객들을 위한 십일조 규례(14:28, 26:12, 민 18:21)에서만 등장한다.

"그 창고"(베이트 하오짜르 בית האוצר)

이 표현은 구약에서 두 번만 등장한다(말 3:10, 느 10:38). 그런데 느헤미야서 10:38은 일반인이 내는 십일조가 아니라, 레위인들이 내는 사제들을 위한 "십일조의 십일조"만을 "우리 하나님의 전의 방(房), 즉 그 창고방(倉庫房)"에 둘 것을 규정한다. 민수기와 느헤미야서의 규정에 따르면, 말라기 3:10의 "모든 십일조"와 느헤미야서 10:38의 "십일조의 십일조"(사제들에게 레위인이 낸 십일조)를 동일시 할 수 없다. 또한 창고와 관련해서 우리는 신명기와 느헤미야의 칙령을 통해서 이스라엘에 존재하던 십일조 음식을 모아두던 두 종류의 창고를 추론해 볼 수 있다. 하나는 농촌의 추수지에 있는 지역창고에 모여진 십일조로서 추수한 자들과 레위인들과 고아와 과부와 객들을 위한 것이었으며, 다른 하나는 성전창고에 모여진 십일조로서 레위인들이 사제들을 위해 낸 것이었다. 고대근동에서의 추수절차의 세부사항을 살펴보면 신명기와 느헤미야서의 십일조 음식의 수납과 저장에 대해서 조금 더 명확한 이해를 갖게 될 것이다. 베네트(1999:163)는 고대근동의 추수를 다음과 같이 7개의 단계로 나눈다.

1단계	곡식을 베고 열매를 땀
2단계	추수된 곡식줄기와 과일을 모음
3단계	추수물을 타작마당으로 옮김
4단계	추수물의 건조
5단계	타작하여 이삭의 이음매를 벗겨내고 껍질을 제거함
6단계	난알을 껍데기로부터 분리시키고 난알을 깨끗케 하기 위한 키질과 체질을 한다.
7단계	난알을 계량하고 창고에 보관함

이와 같이 7단계의 추수와 두 단계의 분배과정에 따르면, 그리고 느헤미야서의 증거에 따르면, 말라기서에서 언급된 창고는 예루살렘 성전의 창고가 아니다. 게다가 말라기서 3장에서 모든 십일조를 내지 않았다는 이유로 책망받는 청중이 '레위인들' 이라는 증거도 없다. 그들이 레위인들이었다면, 직접 농사를 지어서 십일조를 제사장에게 내는 것이 아니기 때문에, 하나님이 그들에게 땅에 내리는 축복의 약속과 저주의 위협은 무의미해진다.

"나의 집" 의 정체

이 표현은 일반적으로 가정하듯이 야웨의 예루살렘 전(殿)이 아니라, 이 문맥에서 식솔(食率)에 대한 의미가 더 강하다. 하나님에게 속한 이스라엘 전체를 의미한다. 게다가 집(베이트 בית)이라는 단어와 관련된 "음식"(테렙 טרף)이라는 표현은 문자적으로 "(먹기 쉽게) 조각조각 나눠진 음식(고기)"을 의미한다. 그러므로 이것은 이미 분배를 위하여 나눠진 (언약공동체내의) 모든 당사자들을 위한 (상징적인) 음식을 지칭한다. 이러한 필자의 입장을 지지하는 구약의 동일한 혹은 유사한 구절들은 다음과 같다.

말 3:10	"음식이 나의 집에 있게 하여" (비히 테레프 베이티 ויהי טרף בביתי)
잠 31:15	"음식을 그녀의 집에게 주어" (바티텐 테레프 르베이타흐 ותתן טרף לביתה).
왕상 5:9	"빵을 나의 집에 주소서" (라테트 레헴 베이티 לתת לחם ביתי)
사 3:7	"나의 집에 빵이 없으며…" (우브베이티 에인 레헴 ובביתי אין לחם)

"하늘(의 창)과 땅에 내리는 복"

말라기서 3:10에서 특징적으로 사용되는 '십일조 음식'과 '(땅에 내리는) 복'과 '하늘'이라는 세 가지 표현은 26:15에서만 발견된다(비교. 14:29).

신 26:15	말 3:10, 12
당신의 거룩한 처소, 하늘(핫샤마임 השמים)에서 보시고… 그 땅(하아다마 האדמה)을 축복하소서(바레크 בָּרֵךְ).	내가 너희를 위하여 하늘(핫샤마임 השמים)의 창문을 열어 너희를 위하여 복(브라카 בְּרָכָה)을 매우 풍성하게 부어 주지… 너희가 기쁨의 땅(에레쯔 ארץ)이 될 것이다.

게다가 말라기서 3:10은 십일조 음식을 개개인이 자신의 혹은 지역 창고에 모아두었던 곡식을 레위인들과 고아와 과부와 객들에게 적절하게 분배해야 한다는 말씀으로 이해하는 것이 더 자연스럽다. 말라기서 3:11-12은 이스라엘에 대한 야웨의 한량없는 복은 토지의 소산(즉 곡식과 포도주)에 국한된다. 약탈자(메뚜기?)가 토지 소산을 먹고 포도가 무르익을 때까지 떨어지지 않게 하실 것이라는 약속을 언급한다. 결국 이러한 논의를 통해서 볼 때, 말라기의 십일조 음식 논쟁은 이스라엘이 성전이나 사제들을 위해서 십일조 음식을 내지 못한 죄에 대한 저주가 아니라, 십일조 음식의 정신("이스라엘 공동체가 함께 나누는 것")을 이해하지 못한 이스라엘에 대한 하나님의 준엄한 꾸짖음으로 보아야 할 것이다.

결론: 야웨와 이스라엘의 언약적 상호헌신(26:16-19)

구조

이 부분은 이스라엘 백성에 대한 요구(16-17절)와 야웨 하나님의 반응(18-19절)으로 나뉜다. 앞서 모세가 언급한 신명기의 규례와 법도는 일종의 종결부로서 가나안 땅에 들어가려는 이스라엘에게 한번 더 하나님의 법도를 지킬 것을 교훈한다. 여기서 우리는 두 가지 중요한 강조점을 발견할 수 있다.

온 맘과 온 뜻으로

모세는 신명기법의 결론을 이스라엘에게 네 온 마음과 네 온 뜻으로 "이 규례들과 법도들을 행하라"는 말로 시작한다. 이 마음의 문제는 6:5-6, 10:12-13, 20-22에서 다루어진 바 있다. 이러한 모세의 명령은 신명기 전반에서 이스라엘이 전인격적으로 야웨의 명령들을 전체적으로 순종할 것을 요구하는 것과 동일선상에서 이해된다. 이와 유사한 표현은 이 단락에서 세 번 반복된다("이 규례와 법도를 행하라… 지켜 행하라"[16절], "그의 길로 행하고 그의 규례와 명령과 법도를 지켜라"[17절], "그의 모든 명령을 지켜라"[18절]). 그리고 결론적으로 이스라엘이 복을 받을 것이며, 열방 중에 뛰어나고 성민(聖民)이 될 것이라고 약속한다.

"오늘"의 중요성

이 "오늘"이라는 표현은 신명기에서 적어도 59번 등장하며 이 단락에서 세 차례 등장한다(16, 17, 18절). 야웨의 명령에 대한 행함의 요구는 항상 즉각적이며 현재적인(즉 "오늘의") 순종의 결단을 요구한다. 여기서 사용된 "오늘"이라는 표현은 "그의 계시가 매우 생생하며 현재적"이라는 점을 강조하기 위함이다. 그러한 측면에서 본문의 의미가 "이스라엘은 하나님의 목소리가 가까이에 있기 때문에 이러 저러한 식으로 응답해야 한다. 그들이 순종해야 할 그 말씀은 하늘처럼 멀리 떨어져 있거나 먼 과거에 속해 있지 않다. 그러므로 모세는 여전히 또 다른 '오늘' 로 당신의 선택을 미루지 말라" 고 교훈한다. 여기서 사용된 "그의 규례들과 명령들과 법도들" 은 12:1-26:15의 규정들을 의미한다.

이러한 두 가지 핵심어들의 세 차례의 반복은 모세의 명령과 이스라엘의 복종과 야웨의 확언 속에 나타난다는 점에서 중요하다. 이전 단락들이 "하나님이 이스라엘에게 행하신 바에 대해 반응하는" 첫소산의 신앙고백, "이스라엘이 하나님이 주신 소산의 일부를 갖고 어떻게 사용했는가" 를 다루는 십일조 음식의 신앙고백에 관해서 언급하였듯이, 이제 모세가 이스라엘에게 전하고 이스라엘과 야웨가 맺은 언약은 자발적인 의지와 순종을 요구하고 예견하는 상호적인 성격을 가진다. 모세의 요청에 따라, 이스라엘은 하나님의 명령에 순종할 것을 약속하였고 그에 따라서 하나님이 이스라엘에게 약속하신 바는 출애굽 1세대가 호렙 산에서 야웨와 맺었던 언약의 말씀들을 그 이후의 세대에게도 기억나게 하는 것이다("우리 하나님 야웨께서 호렙 산에서 우리와 언약을 세우셨다. 이 언약은 야웨께서 우리 조상들과 세우신 것이 아니라, 오늘 여기 살아 있는 우리 곧 우리와 세우신 것이다[5:1-2]"). 이스라엘은 자신이 만드신 모든 열방 중에서 야웨에 의해서 "칭찬과 명예와 영광으로" 가장 탁월하게 되며, "네 하나님 야웨의" 거룩한 백성이 되게 하심(26:19, 비교. 7:6, 14:2, 21, 출 19:6)은 하나님이 그들을 세상을 위한 제사장 나라로 만드시려는 까닭이다. 이와 같이 하나님은 이스라엘의 하나님이 되고 이스라엘은 야웨 하나님의 백성이 되었다. 이제 모세는 이스라엘이 하나님의 특별한 소유의 백성이 되었기 때문에(26:18, 비교. 7:6, 14:2, 출 19:6) 하나님이 주신 법도들과 계명들과 규례들을 지켜야 한다고 교훈한다.

이와 같이 약속의 땅에 들어가게 되는 이스라엘은 이전에 출애굽 제 1세대가 호렙 산에서 야웨와 언약을 맺었듯이 그와 동일한 언약을 모압 광야에서 맺게 되었다. 이 결론부분은 이러한 절차를 통하여 이스라엘의 자유로운 선택하에 야웨와 모압평지에서 문서상, 법률상, 그리고 예전적(禮典的)으로 계약체결이 완료되었음을 말한다. 이와 같이 모세는 이스라엘이 처음 하나님과 호렙 산에서 맺었던 언약체결의 약속을 상기시킴으로 신명기의 규례와 법도 단락이 마무리 된다는 점을 강조한다. 비록 새로운 당사자들과 언약을 새로이 맺긴 하였지만, 본질상 시내(호렙) 산과 모압 평야에서의 언약의 당사자들(하나님과 이스라엘)과 그 내용(하나님과 이스라엘 간의 독특한 관계성)과 조건들(규례와 법도의 준수)은 동일하다. 이제 이스라엘 앞에는 실제적인 언약체결을 위한 의식 절차만이 남게 된다.

세겜에서 행해질 제의의식들(27:1-29:1)

지금까지 모압 평야에서 이스라엘 앞에서 모든 규례들과 법도들을 말한 후에 이제 모세는 이스라엘에게 두 가지 제의적 행사들(미래에 세겜에서 행할 행사들[27:1-26]과 현재의 모압 평지에서 행할 언약비준의 행사들[29:2-31:1])과 제재규정들(28:1-29:1)을 선포한다. 여기서 모세가 모압에서의 의식(29:2-31:1)보다 미래에 이스라엘이 가나안땅에 들어가서 세겜에서 행할 일들(27장)을 먼저 언급한 이유는 이전 단락이 미래적인 두 개의 고백들(26:1-11, 12-15)과 현재적인 언약체결의 고백들(26:16-19)을 대비하듯이, 현 단락에서도 미래적인 행사들(27-28장)과 현재적인 행사들과 교훈(29:2-31:1)을 대비하고 있는 것처럼 보인다(물론 30:1-10은 미래적인 심판과 회복의 내용을 다룬다.). 이러한 제재규정들(일종의 언약의 비준)은 각각의 법규문헌의 끝에 붙어서 그 구속력을 강화시켜 주는 역할을 하는 대부분의 고대근동 문헌들처럼, 구약에서도 신명기의 법규정(혹은 언약내용)의 말미에 붙어서 동일한 역할을 수행한다(27-28장, 출 23:20-33, 레 26장). 여기서 언급된 축복과 저주는 하나님과 이스라엘이 맺은 언약에 대한 이스라엘의 순종 여부에 따른 보상으로 주어진다.

구조

27, 28장 사이에 불연속성과 연속성이 함께 한다. 첫째로 불연속성은 다음과 같다. ① 다른 곳에서와 같이 일종의 화자의 개입을 통한 모세의 연설의 전환표식이 없지만, 소네트(1997:97f.)의 주장처럼, 27:11-26과 28:1-29:1 사이에 주제적 전환(저주-〉축복-〉저주)이 등장한다는 점, ② 금지(27장)와 위반의 결과(28장)의 측면에서 강조점의 차이가 존재한다는 점이다. 둘째로 연속성은 다음과 같다. ① "이 토라의 모든 말씀"이라는 표현이 반복적으로 사용된다는 점(27:3, 8, 26, 28:58), ② 언약준수의 요구가 반복적 사용된다는 점(27:10, 28:1, 13-15, 58), ③ 도입부("내가 오늘 너희에게 명령하는 이 모든 명령들을 너희는 지켜라"[27:1]과 "네가 네 하나님 야웨의 목소리를 지켜 행하고 내가 오늘 네게 명령하는 그의 모든 명령들을 지켜 행하면…"[1a절])와 내용(저주와 축복)이 병행한다는 점, 그리고 ④ 두 단락 사이에 다음과 같은 극적인 행위들과 극적인 표현들이 유사하게 제시된다는 점이다. 즉 27장(극적인 행위들)은 미래적인 측면에서 이스라엘이 요단강을 건넜을 때 모세의 토라의 모든 말씀이 기록된 돌들을 에발 산에 세우고 이때에 번제와 화목제를 드릴 자연석 제단을 건축하고 제사를 집행하여 야웨 앞에서 즐거워할 것이며 12개의 저주들을 엄숙히 선포할 것도 미리 명령한다. 28장(극적인 표현들)은 이스라엘 백성 앞에서 낭독해야 할 짧은 축복들과 긴 저주들의 내용을 제시한다. 이것은 이스라엘 백성에게 약속의 땅에 들어간 후에 갱신할 시내산/호렙/모압 언약의 제재조항들에 대한 극적인 제시를 통하여 언약을 깨닫게 하는 지침들이다.

이와 같은 논의에서 본다면, 27장이 미래적이고 28장의 저주와 축복 단락이 현재적이라는 많은 학자들의 주장(사실 대부분의 학자들은 이와 같은 "시간적인 전환"의 가설에 대한 명확한 증거를 제시하지 못한다.)은 근거는 빈약하다. 그러므로 문맥상 27장-28장은 미래적 측면(즉 가나안 땅에 들어가서)에서 수행하도록 주어진 것이다.

세겜에서의 언약갱신 의식과 12개의 금지사항들(27장)

구조

이 단락은 순종에 대한 서론(1절), 요단강을 건너간 후에 에발 산에 세워야 할 토라를 새긴 회반죽의 큰 돌들, 제단 그리고 제의의식들에 대한 명령(2-8절), 순종에 대한 교훈(9-10절), 그리심 산에서 하는 축복과 에발 산에서 하는 저주(11-13절), 그리고 레위인의 12개의 저주들(14-26절)로 구성되어 있다.

이제 모세는 장로들과 레위인들과 함께[161] 이스라엘에게 가나안 땅에 들어가서 우선적으로 에발산과 그리심 산에서 행할 토라가 새겨진 큰 돌들을 세우는 일과 제단을 세우고 행해야 할 제사의식에 관한 규정들을 선포한다. 모세는 현재 이스라엘이 위치하고 있는 모압에서의 의식수행보다도 나중에 요단강을 건너가서 행할 여러가지 의식들을 먼저 언급한다. 이스라엘이 요단강을 건너가서 행할 곳은 하나님이 이전에 처음으로 아브람에게 약속의 땅을 언급하신 곳으로 위치상 약속의 땅(가나안)의 배꼽과도 같은 곳이다. 여기서 다루어지는 축복과 저주의 내용들은 이미 11:29에서 언급된 바 있지만 차이점들도 있다. 즉 27장에서 두 무리의 지파들이 말한 축복과 저주의 수취인은 이스라엘 백성이지만(11-12절), 11장에서의 축복과 저주의 수취인은 두개의 산들이다(29절). 즉 "네 하나님 야웨께서 네가 가서 차지할 땅으로 너를 인도하여 들이실 때에 너는 그리심 산에게(알 עַל) 축복을, 에발 산에게(알 עַל) 저주를 선포하라." 그 후에 모세가 행하도록 명령한 레위인들의 12개의 저주는 이스라엘이 약속의 땅에 들어간 후에 그리심 산과 에발 산 사이의 골짜기 한가운데 서서 이스라엘 백성을 향하여 낭독되었던 것 같다.

161) Craigie(1976:327)는 모세가 이들과 함께 명령을 준 이유를 그가 이스라엘과 함께 가나안 땅에 있을 수 없다는 점에서 찾는다.

돌 위에 새긴 모든 토라의 말씀과 희생제사들(27:2-8)

1절에서 이스라엘에게 모든 명령을 준수할 것을 요구한 후에 2절 이하에서 모세와 장로들은 백성들에게 세 가지를 요구한다. 첫째는 요단강을 건널 때에 그리고 하나님이 조상들에게 하신 약속대로 "젖과 꿀이 흐르는 땅" 그 약속의 땅으로 들어갈 때에 에발 산에 큰 돌들을 세우고 그 표면에 회반죽[162]을 바르고 "이 토라의 모든 말씀들"[163]을 새기라는 명령을 받는다. 여기서 우리는 이스라엘이 가나안 땅에 들어가서 처음으로 언약갱신을 할 곳이 이전에 아브라함이 가나안 땅에 들어가서 처음으로 정착했던 바로 그 곳이라는 점에 주목할 필요가 있다. 여기서도 토라의 준수와 약속의 땅에 들어가 차지하는 것과의 밀접한 관계성이 상징적으로 제시된다.

이렇게 돌들 위에 법조항을 새겨 넣는 것은 고대 근동에서 흔한 일이었다. 모세는 이스라엘에게 요단강을 건너 에발 산에 이르러, 돌들에 세워 회반죽을 그 표면에 바르도록 명령하며 "이 토라의 모든 말씀들"을 "명백하게"(바에르 באר)[164] 새겨 저주가 선포될 에발 산에 세울 것을 명령한다.[165] 31:24가 이와 동일한 것으로 보이는 "이 토라의 말씀들"이 기록매체에 기록되어 이스라엘의 미래의 반역과 배교에 대한 증인 역할을 하게 될 것으로 묘사하듯이 본 단락에서의 수차례 반복된 기록 행위도 그와 같은 역할을 하는 것으로 볼 수

162) 돌들의 표면에 발라진 회반죽은 새겨진 글자와의 대조를 통하여 글자들을 더 뚜렷하게 드러내는 역할을 한 것으로 이해된다.

163) 그 내용의 한계에 대해서는 논란이 있다. 예를 들어, Christensen(2002:653)은 이 표현이 신명기법조항들(12-25/26장)을 의미한다고 보지만, Barker(1998:286)는 1:5과 27:8에 동일한 단어(באר)가 사용된다는 점에서 여기서 인용된 토라는 신 1-26장까지의 내용이라고 본다.

164) 이와 동일한 표현이 신 1:5("모세가 이 토라를 설명하다")에도 나온다.

165) "땅에 들어가는 날에"(2절), "요단강을 건넌 후에"(3절), 그리고 "에발 산에 세우고"(4절)이라는 표현을 근거해서 추정해 보면 모세가 이스라엘에게 요단강을 건넌 후에 석회가 발라진 돌들을 이스라엘에게 언제 세우도록 명령하는지 그 시기에 대한 혼동을 줄 수 있다. 물론 요단강의 어느 지역에서 건넜는가가 가장 큰 관건이겠지만, 요단강에서 에발 산까지의 통상적인 거리가 하루 이상의 거리라는 점에서 우리가 "날"이라는 표현을 반드시 문자적으로 볼 필요는 없다. 이에 대한 세부적인 논의는 Tigay(1996:487f.)를 보라.

있다. 이와 같이 모세를 통하여 이전에 이스라엘의 "귀에 설명된" 토라의 모든 말씀(1:5)은 다시 한번 이스라엘 백성에게 명백하게 돌들[166] 위에 기록하라는 명령으로 제시된다(8절).

둘째는 모세가 거기서 번제와 화목제를 드릴 다듬지 않은 제단들의 제작을 이스라엘에게 명령한다. 토라의 모든 말씀은 이스라엘의 요단강 도하로부터 이스라엘에게 새겨지며 야웨께 제사를 드릴 때도 제단들 옆에 새겨진다. 물론 다른 곳에서 형상의 문제나 우상숭배적 차원에서 돌들을 세우거나 제단들을 쌓는 것이 금지된 바 있다. 제단 건축의 명령에 한가지 제한조건이 제시된다. 즉 자연석의 제단의 요구는 출애굽기 20:24-25의 경우와 동일하게 쇠연장의 사용이 금지되었다. 그러나 그 이유는 명확치 않지만 아마도 쇠연장의 사용이 우상숭배의 대상물을 제작하게 만들 수 있다는 가능성 때문인 것 같다. 제의 참여자들이 자연석 제단 위에 번제를 태우고 화목제물들을 먹고 "야웨 앞에서 즐거워해야한다"는 표현은 십일조와 초태생 그리고 절기들에서 명령되었던 것과 동일하다. 물론 여기서 세우도록 명령받은 제단은 일회적인 것이며 상징적인 의미를 가진 것이다. 그러나 12장의 제단(중앙성소)은 지속적으로 수행되어야 할 실제적인 것이었다.

일반적인 용례처럼 세겜 지역에서의 번제와 화목제물은 속죄와 야웨와 이스라엘 사이의 평화에 대한 즐거운 축하연의 의미와 관련된 것이다. 이와 같은 제단의 선택과 희생제사의 실행은 12장에서 언급한 성소법의 첫 번째 실현을 의미하는 것으로 보아야 할 것이다. 그리고 우리는 이러한 일련의 행위들이 출애굽기 24:3-8을 상기시킨다는 점도 주목해야 한다. 이 문맥에서의 속죄는 일반적인 의미에서의 범죄보다는 27장에서 명시된 저주들의 죄를 상쇄하는 것을 상징하며 화목제는 그 화목의 회복의 가능성을 상징한다. 물론 "이 토라의 모든 말씀"을 큰 돌들에 기록하는 일과 아울러 자연석으로 된 돌

166) 여기서 언급되는 돌들은 제단들을 구성하는 돌들이 아니다.

들 위에 행해야 할 제물들과 그에 따른 의식들은 이스라엘의 불순종에 대한 하나님이 제정하신 "교정수단"이라는 점에서 하나님의 은총적인 측면을 강조한다. 이스라엘에게 저주가 선포되는 에발 산에 먼저 토라의 말씀을 돌에 새겨 세우고 희생제물들을 처리하라는 명령이 내려진 것은 우연한 일이 아니다. 다시 말하자면 이스라엘은 모세의 규례들과 법도들 하에서 저주를 받을 것이며 하나님의 은총 하에서 하나님과 이스라엘 사이의 언약적 관계가 유지되고 심지어 그것이 훼손되더라도 회복될 것이다. 물론 하나님의 은총은 이스라엘의 불순종과 배도에 따른 신적 심판에도 불구하고 그들에게 항상 열려져 있으며 그것은 신적인 의지와 역사가 동반되는 이스라엘의 회개와 회복 가능성을 통해서도 나타난다(참조. Barker 2004).

돌들과 제단과 저주의식의 목적(27:9-10)

이제 모세는 레위인들과 함께 온 이스라엘에게 이제 그들이 하나님의 백성이 되었으므로 그의 목소리를 복종하고 그의 명령들과 규례들을 행하라고 말한다. 앞서 언급한 행위들로 야웨와 이스라엘의 언약적 관계는 재확인되며 언약백성의 의무를 수행하도록 하는 동기부여의 역할을 수행한다. 27:9-10에 말해주듯이 규례의 준수는 언약체결의 조건이 아니라, 결과적인 것이다. 이와 같은 세겜에서 행해질 언약적 관계의 재진술과 그와 관련된 의식의 수행은 세겜에서 행해질 언약체결(更新)보다는 모압 언약갱신의 연속의 측면에서의 의식(儀式)의 완결로 보아야 할 것이다.

"이 토라의 모든 말씀"이라는 표현의 반복(3, 8, 26절)을 통하여 일련의 건축 행위들과 제의행위들은 후반부에 나오는 일련의 행위들에 따르는 저주선포식과 대조된다. 다시 말하면 미래에 행하게 될 돌들에 새겨진 토라의 말씀과 제단건축과 제사의식, 12지파의 저주와 축복의 선포의식 그리고 레위지파의 12개의 저주의 선포는 목적이 아니라 수단들이다. 그런데 문제는 27장 자체에서는 이스라엘 지파가 선언할 축복과 저주의 목록이 언급되지 않는다는 점이다. 전통적으로 레위인들의 12개의 저주가 가나안 땅에 들어가서 에발 산에서 선언해야 할 저주의 내용으로 이해하기도 하지만 그것은 잘못된 것이다(Tigay 1996:252). 그렇다면, 그 중요한 저주의 내용을 신명기에서는 발견할 수 없는가? 그것은 아니다. 여기서 말하는 축복과 저주는 28장에 나오는 축복과 저주의 목록이다. 이제 언급되는 이스라엘 지파의 축복과 저주와 레위 지파의 일련의 저주들은 12라는 수자를 통하여 연결된다.

12지파의 축복과 저주의 역할(27:11-13)

모세는 이스라엘에게 요단강을 건너가 12지파의 대표들을 두 부분으로 나누라고 명령한다. 즉 모세는 시므온, 레위, 유다, 잇사갈, 요셉, 그리고 베냐민 지파의 대표들을 이스라엘 백성을 축복하기 위하여 그리심 산 위에 세우고 르우벤, 갓, 아셀, 스불론, 단, 그리고 납달리 지파의 대표들을 이스라엘 백성을 저주하기 위하여 에발 산 위에 세우라고 명령한다.

그리심 산에서의 축복의 말들	에발 산에서의 저주의 말들
시므온, 레위, 유다, 잇사갈, 요셉, 베냐민	르우벤, 갓, 아셀, 스불론, 단, 납달리
야곱의 아내들의 아들들	야곱의 첩들의 아들들 (장자 르우벤, 레아의 막내아들 스불론)

레위인들이 행한 12개의 저주들과 백성의 응답(27:14-26)

이제 레위인들은 미래적인 것이 아니라, 현재적으로 백성들 사이에 서서 12개의 저주(금지)들을 선포하고 백성들은 아멘으로 화답해야 했다. 레위인들의 12개의 저주항목들은 구조상 출애굽기의 금지조항들과 대략적으로 상응한다. 다음의 대조는 해릴슨(Harrelson 1980:32-33)의 비교분석을 따른 것이다.

신 27:15-26의 12개의 저주(금지)	출 20:2-17의 금지
은밀히 우상을 만드는 자(15절)	우상에 대한 금지(4-6절)
부모를 능멸하는 자(16절)	부모를 영예롭게 하라는 명령(12절)
이웃의 지계표를 옮기는 자(17절)	절도의 금지(15절)
맹인을 잘못 인도하는 자(18절)	절도의 금지(15절)
이웃에 대한 정의를 왜곡시키는 자(19절)	거짓증거의 금지(16절)
근친상간이나 수간(獸姦)행위자(20-23절)	간음의 금지(14절)
이웃을 은밀하게 공격하는 자(24절)	살인의 금지(13절)
뇌물을 취하는 자(25절)	거짓증언의 금지(16절)
이 교훈을 능멸하는 자(26절)	하나님만 예배하라(3절)

여기서 언급된 토라규정들의 준수 혹은 불이행의 제재 명령은 그 규정들의 궁극적인 목적을 다시 한 번 상기시키고 강조하는 역할을 한다. 특히 구조적으로는 첫 번째 저주와 열 번째 저주는 "은밀하게"(밧사테르 בסתר) 행하는 것이라는 점에서 상응한다. 첫 번째 저주는 나무나 주물로 형상을 만드는데 야웨께 가증스러운 것이다. 이것은 1,2 계명의 요약처럼 보인다. 두 번째 저주는 부모를 공경하지 않는 자들에게 행해진다. 세 번째는 땅 분배와 관련된 것이다. 이스라엘은 각각의 땅의 할당결정을 존중해야 한다. 지계표의 이동은 하나님의 저주를 받는다. 넷째와 다섯째의 경우는 장애자와 사회적 약자들(고아와 과부와 나그네)에 관한 정의의 문제를 다룬다. 그후의 네 개의 저주들은 부정한 성행위들(수간[獸姦][167]을 제외한 세가지는 근친상간)의 금지를 명령한다. 즉 계모(아비의 하체를 드러내는 일[문자적으로는 아비의 옷자락을 들추는 일][168]), 친/배다른 자매, 장모와의 성관계는 금지되어 있다. 10번째와 11번째는 비밀리에 사람을 죽이는 것과 살인을 청부하는 것이다. 그리고 마지막의 저주는 이전의 모

167) 그 이유는 아마도 이방종교 제의와의 관련성이 아닌가 한다(Kalland 1992:164).
168) 이와는 반대로 "옷자락으로 덮는다"는 말은 결혼을 한다는 의미다(비교. 룻 3:9).

든 저주들을 포괄하는 것이다. 12개의 금지(저주)의 낭독에 따르는 백성들의 "아멘"은 단순히 저주 발언에 대한 반응이라기보다는 "저주들의 효력을 확증하는 엄중한 확언"을 의미한다. 여기서 우리가 주목할 것은 레위인들이 선포할 12개의 저주들이 외형적으로 드러나는 문제들로부터 "남몰래" 내면적이고 비밀리에 행해져서 처벌이 불가능한 죄의 문제들까지도 다룬다는 점이다. 여기에 이스라엘 사회의 법적, 도덕적 통제권 밖에서 수행된 것에 대한 규제도 등장한다는 것이다. 내면적, 개인적 영역에까지 미치는 하나님의 의지와 명령, 그리고 그에 대한 순종의 고백이 잘 나타난다.

모세의 명령의 성취

모세 사후에 이스라엘을 영도한 여호수아는 요단강을 건넌 날에 모세의 명령, 즉 모세의 토라 기록물에(베세페르 בספר) 기록된 대로 길갈에서 이스라엘의 12지파를 상징하는 12개의 돌들을 세웠고(수 4장, 특히 10절, 비교. 신 27:2) 나중에 세겜에 이르러 모세가 명령한 대로 제단돌들을 세워 번제와 화목제를 드렸다. 마치 야웨의 십계명이 두 돌판에 기록되었듯이 여호수아는 모세의 토라의 복사본(미슈네 משנה)을 그 돌에 기록하고, 온 회중들을 모아 그리심 산과 에발 산 앞에 세우고 토라의 기록물에 기록된 대로 토라의 축복과 저주의 모든 말씀(즉 모세의 명령)을 낭독하였다(수 8:30-35, 비교. 신 27:4). 27장에서는 이것을 일관되게 "이 토라의 모든 말씀들"로 언급하고 있지만, 여호수아서 8장에서는 그것을 "(모세의) 토라의 기록물에 기록된 것" 등으로 언급한다(31, 32절).

축복과 저주 목록(28:1-68)

이 목록은 27-28장(29:1) 사이의 연대기적 상관관계는 여전히 모호하지만,

앞 장과의 불연속 표시가 없다는 점에서 앞의 모세와 장로들의 연설의 연장으로 이해해야 한다.[169] 일부 사람들은 28장을 현재적인 측면(모압 평지에서 선언해야 할 것)에서 이해하지만, 필자가 볼 때, 본 장에서 언급되는 축복과 저주의 목록은 가나안 땅에 들어가서 12지파가 에발 산과 그리심 산에 6지파씩 나눠 섰을 때 낭독해야 하는 축복과 저주로 이해되어야 한다.[170]

구조

28장은 짧은 축복들(1-14절)과 긴 저주들(15-68절[171])로 구성되어있다. 28장에서 언급되는 축복과 저주 목록은 다음과 같은 형태를 갖고 있다.

도 입	"네가 네 하나님 야웨의 목소리를 듣고 내가 오늘 네게 명하는 그 모든 명령들을 지켜 행하면…"	"네가 네 하나님 야웨의 목소리를 순종하지 아니하여 네가 오늘 네게 명하는 그의 모든 명령들과 규례들을 지켜 행하지 아니하면…"
	"… 네가 네 하나님 야웨의 목소리를 순종하면 이 모든 복이 네게 임하며 네게 미칠 것이다"(1-2절)	"이 모든 저주가 네게 임하고 네게 미칠 것이다"(15절)
내 용	기본형(6개[3-6절])	기본형(6개[16-19절])
	성읍 안에 있어도 복을 받을 것이며, 들에 있어도 복을 받을 것이며, 네 몸의 소생과 네 토지의 소산과 네 짐승의 새끼와 우양의 새끼가 복을 받을 것이며, 네 광주리와 떡반죽의 그릇이 복을 받을 것이며, 집에 들어와 있어도 복을 받을 것이며, 나가 있어도 복을 받을 것이다.	성읍 안에서도 저주를 받을 것이며, 들에 있어도 저주를 받을 것이며, 네 몸의 소생과 네 토지의 소산과 네 짐승의 새끼와 우양의 새끼가 저주를 받을 것이며, 네 광주리와 떡반죽의 그릇이 저주를 받을 것이며, 집에 들어와 있어도 저주를 받을 것이며, 나가 있어도 저주를 받을 것이다.
	확장형(7-13a절)	확장형(20-68절)[172]
	전쟁의 승리(7절) 소산의 축복(8-13a절)	"저주와 혼란과 책망"으로 인한 빠른 멸망(20절), 질병(21-22절), 기근(23-24절) 전쟁의 패배(25-35, 36-46, 47-57)

결 론	"너는 내가 오늘 네게 명하는 네 하나님 야웨의 명령들을 듣고 지켜 행하며 내가 오늘 너희에게 명령하는 그 어떤 말씀에서 떠나 좌로나 우로나 치우치지 아니하고 다른 신을 따라 섬기지 아니한다면"(13b-14절)	"네가 이 기록 매체에 기록한 이 토라의 모든 말씀들을 지켜 행하지 아니하고 네 하나님 야웨라고 하는 영화롭고 두려운 이름을 경외하지 아니하면"(58절)으로 시작하는 결론적 저주의 교훈

물론 폰라트(1966:175)의 주장처럼 28장의 축복과 저주 목록이 도식적으로 반드시 정확한 대응관계를 갖고 있다고 전제할 필요는 없지만, 윤용진(1998:174-75)은 아래의 도표와 같이 7-13절에서의 축복이 47-68절을 예외로 하고 20-46절의 저주와 관련지어서, (배열순서와 부연설명 등의 차이를 빼고) 양쪽에 사용된 주제들에 있어서 명확하게 상응한다고 주장한다. 또한 여기서 사용된 주제들은 이미 신명기의 앞부분에서 산발적으로 혹은 체계적으로 다루어졌던 내용들의 반복이다.

우리가 28장을 제대로 이해하기 위해서는 고대근동의 국제조약의 끝부분에 나타나는 축복과 저주조항과 여러가지 면에서 유사하다는 점에 주목해야 한다. 물론 28장의 축복과 저주 공식은 크기에 있어서 매우 불균형적이다. 그러나 이와 같은 구조는 선례가 없는 것이 아니다. 이와 같은 불균형의 전통은 주전 2000년대로부터 고대근동의 법문헌과 조약문헌들 속에서 지속되었다. 이러한 예는 리핏-이쉬타르 법전(Lipit-Ishtar laws, 1[축복]/3[저주])과 함무라비법전(1[축복]/20[저주])과 같은 법문헌과 힛타이트 조약들에서도 발견된다. 게다가 법과 조약문헌들을 포함한 앗수르 시대이전의 고대근동 문헌들에서는 축복과

169) Christensen(2002:659)은 27, 28장의 연관 문제와 관련하여 다소 복잡한 구조를 제시한다.

170) 이와 유사한 주장은 신 28:1-25(20ab, 22ab절 제외)만이 27장에서 암시된 축복과 저주 목록에 들어간다고 주장하는 Lewy(1962:210f.)에서 찾아볼 수 있다.

171) 저주단락의 세부적인 분류는 학자들마다 상이하다. 예를 들어, Tigay(1996:489)는 이 단락을 15-44, 45-57, 58-68절로 나눈다.

172) 축복과 저주의 확장형은 축복에서의 전쟁과 소산 순서에서 저주에서의 소산과 전쟁(과도한 확대) 순서로 역전되는 차이점을 보인다.

저주단락이 함께 나타나지만, 앗수르 시대 이후(예 *VTE*)에는 저주단락만이 나타나는 경향성도 이 장의 기원의 연대를 결정하는 중요한 증거로 사용될 수 있다. 게다가 28장의 축복은 저주의 항목들보다 매우 짧아서(14[축복]/68절[저주]), 신명기의 저주 단락이 자주 비교되는 앗수르 시대의 엣살하돈의 봉신조약(*VTE*, 이 조약의 총 674행의 조약내용 중에서 250행이 저주구절이다)의 경우보다도 "매우 더 짧다"는 점은 주목할만하다. 게다가 28장은 순서상으로는 고대근동의 국제조약보다는 법률적 전통에서 나온 축복-저주의 패턴과 더 유사하다.[173] 고대근동의 법문서와 마찬가지로 언약의 조건들이 일단 백성들에게 수용되면, 종주-봉신 조약의 형태와 마찬가지로 축복과 저주의 낭송이 따라온다.

	축복의 요소들	저주의 요소들
A	야웨께서 대적들을 패하게 하심 (7절, 일곱 길로 도망함)	이스라엘을 대적에게 패하게 하심 (25-26, 36a절, 일곱 길로 도망함)
B	모든 일에 복을 내리실 것임(8절)	모든 일에 저주를 내리실 것임(20-22절)
C	야웨의 성민이 될 것임(9절)	야웨께 버림받아 쫓겨날 것임(47-68절)
D	열방이 이스라엘을 두려워할 것임(10절)	열방 중에 조롱과 속담거리가 될 것임 (36b-37절)
E	자녀, 가축, 토지의 소산이 풍성할 것임 (11절)	토지소산은 벌레가 먹고 가족들을 빼앗길 것이며 자녀를 낳아도 포로로 팔려갈 것임(30-35, 38-42절)
F	때를 따라 단비를 주실 것임(12a절)	비(雨)대신 티끌과 모래를 내리심(23-24절)
G	꾸어줄지라도 꾸이지 아니할 것임(12b절)	꾸일지라도 꾸어주지 못함(44a절)
H	머리가 되고 꼬리가 되지 않음(13a절)	꼬리가 되고 머리가 되지 못함(44b절)
I	위에만 있고 아래에 있지 않음(13b절)	점점 낮아져서 아래에만 있게 됨 (43절)
J	순종하여 좌우로 치우치지 아니하면 복을 받을 것이다(14절)	불순종하여 배반하면 저주가 이러할 것임 (45-46절)

173) "신 28장에는 함무라비 법전과 합리적으로 밀접한 병행구들이 있으며, 이러한 유명한 법전이 고대근동 전시대의 오랜 기간에 영향력을 발휘했다는 점에서, 그러한 관습이 신 28장과 레 26장의 경우처럼 구약에서도 발견된다는 것과, 축복과 저주로 종결되어야 한다는 법률의 예가 함무라비 법전 속에서 발견된다는 것은 당연하다"는 Noth(1984:122)의 주장은 정당하다. 마찬가지로 고대근동 문헌들(즉 구약문헌들, 함무라비 법전, 힛타이트 문헌들) 사이의 순서상 차이에도 불구하고, 여하한의 문헌의 말미에 복과 저주라는 두 가지 요소들이 항상 등장한다는 점과 내용과 분량상 축복보다 저주에 더 큰 탁월성이 부여되었다는 점을 강조한 Noth(1984:123-124)의 주장도 정당하다.

간단하게 말하자면, 28장이 말하고자 하는 바는 야웨의 말씀에 대한 순종의 강조다. 야웨로부터 임하는 복과 저주는 이스라엘의 야웨의 말씀에 대한 순종과 기억에 의존한다. 마찬가지로 복과 저주는 상호적이며 상대적이라서 이스라엘이 하나님의 복을 받더라도 야웨의 뜻을 순종하지 않거나 복의 근원이 누구인지를 잊어버린다면 그것은 저주가 될 것이다. 그러므로 우리는 여기서 축복과 저주 자체보다는 축복과 저주의 조건이 무엇인가와 그 의도가 무엇인가에 주목해야 한다.

짧은 축복들(28:1-14)

여기서 언급되는 축복들은 거의 의인화된 모습으로 나타나는데, 이미 7-11장에서 그 예를 찾아볼 수 있으며 그러한 연속선상에서 확장된 형태를 갖는다고 볼 수 있다. 신명기의 원칙은 법도(즉 제1계명)를 지키면 복을 받는다는 것이다.

구조

개략적인 구조분석은 이미 위에서 행하였고 축복단락에 대한 세부적인 분석은 다음과 같다. 즉 티가이(1996:490)는 축복 단락에서 교차대구적 구조를 발견한다.

A. 경제적 성공(3a절)
  B. 비옥한 토양(3b절)
    C. 인간과 동물의 번창(4절)
      D. 풍요로운 음식(5절)
        E. 군사적 승리(6절)
        E′. 군사적 승리(7절)

D′. 풍요로운 음식(8절)

C′. 인간과 동물의 번창(11절)

B′. 비옥한 토양 (12a절)

A′. 경제적 성공(12b-13절)

1-2절은 "하나님 야웨의 말씀을 듣고 그의 모든 명령을 신실하게 행할 때" 임할 탁월한 명예와 존귀와 (이제 언급될) 축복들의 포괄적 임재를 약속하는 도입절이다. 이와 관련된 세부적인 축복의 목록은 3-13절에 등장한다. 브루그만(2001:254f.)의 분석처럼, 3-6절까지의 문장들의 동사가 수동형(blessed will be you…/바루크 בָּרוּךְ)을 취하여 주어가 생략된 채로 구문을 이루기 때문에 복을 받는 대상(이스라엘)이 강조되지만(저주 목록의 16-19절도 수동형[you will be cursed/아루르 אָרוּר]으로 제시된다), 7-13절까지의 문장들의 동사가 능동형(… will bless you, 베라케카 בֵּרַכְךָ)을 취하여 주어가 명시된 채로 구문을 이루기 때문에 복을 주는 주체(야웨)가 강조된다(저주 목록의 20-28, 35-37절도 야웨를 주어로 하는 능동형으로 제시된다).

3-6절에는 6개의 복이 언급된다. "성 안에서"와 "들에서", 혹은 "들어갈 때"와 "나갈 때"라는 표현은 원거리 양단법(distant merismus)으로 인간의 활동 영역 전반을 의미한다. 그들은 어디를 가도 물질적으로 "번영"할 것이라는 말이다. 여기서 사용되고 있는 열매의 풍성함은 사람과, 농산물과, 가축떼에게 적용된다. 농사의 축복은 포도 열매들, 올리브, 곡식들(보리와 밀)로 상징된다. 이러한 축복의 결과는 개인의 가정과 농사 영역뿐만 아니라, 대적이 공격을 하더라도 항상 크게 승리할 것이다(7절).

7-13절에서의 축복은 전쟁의 혁혁한 승리(7절)에서 다시 농사와 모든 일들(8절)의 영역으로 돌아온다. 이스라엘이 야웨의 명령을 지키고 그의 길들로 행하면 "야웨의 거룩한 백성"이 될 것이다. 이스라엘이 야웨의 이름으로 일컬음을 받음으로 세계만민이 그들을 두려워 할 것이다(10절). 다시 축복은 농사

와 관련된 부분으로 돌아온다. 야웨는 자녀와 가축과 토지소산이 많아질 것이며 하늘의 비의 창고를 열어 적절한 때에 비를 내리실 것이며 손으로 하는 모든 일에 대하여 복 주시는 야웨의 복으로 인해서 이스라엘은 채권국이 되겠으며 채무국이 되지는 않을 것이다. 머리가 될 것이며 위에만 있게 될 것이다. 이스라엘은 모세가 "오늘" 명령하는 하나님의 명령을 듣고 지켜 행하며 그의 말씀을 떠나 좌로나 우로나 치우쳐 행하지 않고 다른 신을 따라 섬기지 않는다면 그렇게 될 것을 약속한다(14절).

긴 저주들(28:15-68)

축복의 단락의 경우와 마찬가지로, 저주의 목록들도 이스라엘인들의 생활의 전영역(全領域)을 포괄한다. 이것은 이스라엘의 신앙이 그들의 삶의 모든 영역을 포괄하기 때문이다. 이스라엘 사람들은 자신들이 야웨의 포괄적인 주권 하에서 살고 있다고 믿었다. 약속과 이스라엘과 야웨의 땅에서의 번영과 평화가 신적 축복의 결과이듯이, 이집트에서의 재앙들과 함께 자연적 재해와 인위적 재해를 포함하여 가나안 땅에 거하게 될 이스라엘 사람들에게 임할 심리적-육체적 질병들은 신적 저주들의 내용이어야 했다. 물론 이러한 저주와 추방에 대한 위협은 이미 신명기의 앞부분에서 예견된 바 있다. 28장의 저주단락은 4:27-31뿐만 아니라, 신명기의 다른 부분들과의 밀접한 연관성이 있다. 특히 "질병과 기근과 전쟁" 요소들[174]이 등장하는 신명기의 저주들을 포함한 고대근동의 저주문의 전형적인 요소들은 그 실재 혹은 역사적 상황과는 상관없이 고대근동에서 일반적인 비유적 요소들이다.

174) 이 트리오는 구약에서 언약적 저주의 전형적 요소들로 묘사된다.

저주단락의 문학적 수사학적 의미

본 단락은 모두 자체적인 서언, 결어, 그리고 저주들/혹은 축복들의 단락을 소유하고 있는 고대근동의 국제조약이나 법률문서의 문맥에서 이해되어야 한다. 그러므로 이 저주목록은 문학적 기교들과 수사학적 통일성을 가진 "전통적인 자료들의 수집과 차용"에 의한 하나의 결과물로 보아야 한다(Hillers 1964:35, 40). 여기서 사용된 많은 주제들과 상징들, 특히 유배(流配)의 위협 앞에 등장하는 적군의 포위와 그에 따른 여러 가지 비정상적인 현상들(즉 식인습관 cannibalism)의 반복적 점증적 역전적 제시는 신명기뿐만 아니라, 고대근동에서의 전형적인 경고와 훈계와 위협의 문학적 수사학적 방식이었다. 즉 이러한 저주라는 위협 목록 속에 나타나는 28장의 여러 가지 재앙들이 고대근동에서 주전 2000년대로부터 잘 알려져 있던 전쟁과 관련된 관습들이었고 고대근동 조약 혹은 법률문학 속에서 여기와 동일한 기능을 수행하였다. 게다가 우리가 이스라엘 역사만 돌아보더라도 이미 그와 같은 일들이 바벨론 포로이전에 수차례 간헐적으로 발생했다는 점은 명백한 사실이다(왕상 14:25, 왕하 6:24, 16:5, 17:5, 18:9, 24:10 등).

고대근동 문학의 저주처럼 28장의 저주들의 목적은 "불순종의 결과를 고통스럽게 세부적으로 이스라엘에게" 제시함으로써 하나님과 이스라엘과의 협정에 대한 일방적인 위반의 가능성을 미연에 방지하기 위함이었다(Millar 1994:76). 그러한 점에서 저주들과 축복들의 모티프가 가치체계를 내재화 시킨다는 점을, 개인들의 결단을 통해 자발적으로 수용된 의무사항들이 위반될 때 미래세대에게 끼치는 영향의 심각성과 밀접하게 연관시키는 수단이라는 멘덴홀(Mendenhall 1990:96-97)의 주장은 옳다. 다른 말로 하면, 축복과 저주 목록들은 조약의 개인적, 책임적, 그리고 대표적인 특징을 보여주는 조약 당사자들을 위한 가장 적절한 요소가 될 수 있다.

이와 같은 저주들의 집단화는 "연설을 듣는 자들에게 명백하고 잊을 수 없는 인상을 끼친다"(Tigay 1996:489). 우리는 이것을 톰슨(1979:271)의 주장처럼 청중들에게 모세가 설명한 신적인 규정에 대한 여하한의 위반이 초래할 수 있는 생생하고 과장되고 충격적이며 장황한 "공포와 위험"에 관련해서 청중에게 줄 수 있는 거대한 "심리적 충격"이라고 부를 수 있다. 그러한 측면에서 매카티(McCarthy 1981:176)의 주장처럼 크로소벡(Krošovec 1999:172)도 고대근동의 문학적 장르로서의 28장의 저주들을 "특정한 수사학적 장치들"로 구분한다. "즉 화술의 활발함, 모티프들과 단어들의 반복, 그리고 일부 주제들의 확장"이라고 규정한다. 이것은 이 문맥 속에서 역사적(혹은 자구적-논리적) 묘사라기보다는 "수사학적 문제"로 이해되어야 한다.

구조

이 단락의 구조가 복잡하다는 점은 동의하지만, 세부적인 면에서 학자들 사이의 단일한 의견일치는 없다. 필자는 전쟁의 모티프를 중심으로 단락을 크게 나눈다(25-35, 36-46, 47-57절). 다음의 저주단락의 일부(20-44절)에 대한 구조 분석은 크리스텐센(2002:680)이 티가이(1996:491)의 분석을 확대한 것이다.

A 삼중적 재난(저주, 혼동, 견책[譴責], 20-23절)
 B. 농사와 관련된 재앙(기근과 굳어진 토양) (23-24절)
  C. 패망이 조롱거리가 되다(25-26절)
   D. 질병의 염증(27절)
    E. 미침(狂)과 보지(視)못함(28-29a절)
     F. 지속적으로 혹사당하고 강탈당함(29b절)
      X. 억압(30-33a절)
     F′. 지속적으로 혹사당하고 학대받음(33b절)
    E′. 보는 것 때문에 미침(34절)
   D′. 질병의 염증(35절)

C′. 포로됨이 조롱거리가 되다(36-37절)

B′. 농사와 관련된 재앙(곡식을 파괴하는 해충들) (38-42절)

A′ 경제적 붕괴: 가난과 빚(43-44절)

앞서 제시한 모티프 이외에 문법적인 측면에서 저주단락의 구조분석은 브루그만(2001:256-58)을 참조하면 좋다. 즉 16-19절은 주어가 명확하게 나타나지 않는 수동형으로 저주의 수행을 언급하고, 20-28, 35-37절은 야웨를 주어로 드러내는 능동형으로 저주의 수행을 언급하며, 29-33, 38-44절은 저항하기 어려운 행동의 결과들만을 언급하고, 45-46절에서는 일종의 잠정적인 결론의 역할을 수행한다. 이후부터는, 비록 확대적인 성격을 갖고 있긴 하지만, 이전의 축복의 목록과 직접적인 대응구 없는 저주들의 내용들이 전개된다. 또한 이전의 축복과 저주의 경우에는 가능성의 문제로 다루어졌지만, 45-48절의 경우에는 미래에 있을 재앙들을 선언적이며 서술적인 형태로 언급한다.

저주의 기본형(28:15-19)

이 부분은 축복의 기본형의 순서의 역전형태라고 이해하면 된다. 본문은 하나님의 말씀과 그의 모든 명령들과 규례들을 준수하지 않을 때에 임할 모든 저주 목록을 제시한다. 그러나 하나님의 저주에 대한 모세의 위협은 여기서 그치지 않는다. 16-19절은 주어가 명확하게 나타나지 않는 수동형으로 저주의 수행을 언급한다.

저주의 확장형(28:20-57)

이 부분은 모세가 "야웨께서 일련의 재앙들을 이스라엘에게 보내실 것" 이라고 말한다. 첫째로는 20절에서 이스라엘이 야웨를 잊은 결과로 야웨께서 이스라엘에게 "그 저주와 그 공포와 그 꾸짖음"을 보내서 그들이 망하고 속히 파멸될 때까지 주실 것이라고 말한다(28:20). 특히 이 공포는 이전에 하나님께서 이스라엘의 적들에게 주시겠다고 했던 것이다. 둘째로는 21-26절에서 전통적인 "칼-기근-질병"의 역전된 형태, 즉 "질병, 기근, 그리고 전쟁(칼)"의 순서로 고대근동과 구약 자체의 전형적인 재앙의 목록이 제시된다.

질병의 재앙(28:21-22)

이 재앙은 이스라엘이 얻게 되리라던 약속의 땅에서 그들이 완전히 제거될 때가지 지속적으로 임하게 될 것이다. 여기서 사용된 일곱 개의 고통들("폐병, 열병, 상한, 학질, 한재, 풍재, 썩는 재앙")은 비록 세부적으로 그 정체가 비록 명확하지 않지만, 이 질병 목록은 인간에게 끼쳐질 수 있는 질병(열병?)의 재앙의 포괄성을 의미한다.

기근의 재앙(28:23-24)

기근의 재앙은 불순종하여 언약을 위반한 이스라엘이 약속의 땅에서 제거될 때까지 (이스라엘의) 하늘과 땅에 임하게 될 것이다. 이 재앙들도 열과 관련된 재앙이라는 점에서는 위에서 인간에게 직접적으로 임한 열병들과 상관관계가 있다. 물론 이와 같은 저주와는 반대로 시기적절한 비는 하나님의 축복으로 여겨진다.

이 단락의 오랜 편집사적 작업의 역사를 전제로 하는 학자들은 이 부분의 편집적-역사적 정황을 앗수르 시대의 문헌과의 병행구에서 찾는다. 즉 *VTE*(§63, 526, §64, 530-33)과의 유사성("비가 구리 하늘로부터 내리지 않듯이, 비와 이슬이 너희의 밭과 목초지로 내리지 않기를 기원한다. 너희의 땅에 이슬 대신에 불타는 숯이 [비처럼] 내리길 기원한다")을 중요한 증거로 삼아 본문에 대한 앗수르 조약문헌의 직접적인 영향을 주장한다. 그러나 "하늘은 놋이 되고 네 아래의 땅은 철이 될 것이다"와 같은 신명기의 특정적인 표현(23절)은 "뜨거운 태양과 메마른 땅"을 상징하는 것으로 레위기 26:19에서도 언급되며, 앞에서 언급된 앗수르의 문헌 외에 다른 곳에서도 사용되었다는 증거들[175]이 발견된다는 점에서 28장에 대한 앗수르적 영향력의 직접적인 증거로 삼기에는 결정적이지 못하다. 오히려 다른 학자들의 주장처럼 이 단락의 고대근동의 저주목록의 전통과의 일반적인 상응성을 고려해야 할 것이다.

전쟁의 재앙(28:25-57)

이 단락은 사실상 복합적이다. 전쟁으로 인한 다양한 재해들(포로됨, 땅의 소산과 수고한 것들을 알지 못하던 자들이 먹게됨, 정신적 육체적 질병들, 왕이 사로잡힘, 포로 가운데서의 우상숭배, 소산의 강탈, 기근으로 인한 식인행위)이 함께 언급되며 그와 관련된 저주 목록이 상당히 길게 나타난다. 그 재앙은 포괄적인 것이며 가장 충격적이고 과장적이며 세부적이며 반복적으로 제시된다.

포로 상태 속에서의 재앙들(정신적, 육체적 질병, 28:25-35)[176]

이스라엘(단수)에게 임할 전쟁의 완전한 패배("일곱 길로")는 도피와 온 세상으로의 분산(分散)을 초래할 것이며 그들의 시체들 조차도 짐승들의 밥이 될 것이며[177] 치료가 불가능한 이집트의 질병들("종기와 치질과 괴혈병과 개창")과 또 다른 질병("미침과 눈멂[178]과 경심증")이 임하게 되어 이스라엘은 형통하지 못할 것이며 고난("압제와 노략") 가운데 있어도 구해줄 자가 없을 것이다(29절).

재앙들은 대적들의 지배 하에서 발생하는 일이기 때문에 개인(단수)뿐만 아니라 가정사(아내와 자식들을 빼앗김)와 건축물("집을 빼앗김")과 포도원("포도주를 먹

175) 최근에 Korpel(1993:148)은 그 같은 표현이 레 26:19뿐만 아니라, "'그 땅은 구리로 되어있고 하늘은 철로 되어 있었다(The earth was of copper, the sky of iron)' 는 식으로 바벨론의 끔찍한 운명"을 묘사하는 파피루스 암헤르스트 63 (Papyrus Amherst XVIII.11, 특별히 §69, 547-550, §76, 570-572)에서도 발견되었다고 주장한다. 이에 근거하여 그는 이 표현이 신 28장과 *VTE* 사이에서의 직접적인 의존도를 지지하는 주장을 위한 증거들 중의 하나로 여길 수 없다고 보고 오히려 이것은 단지 고대근동 전반에 널리 퍼져있는 전형적인 단순한 비유로 여겨질 수 있다고 주장하였다.

176) 신 28:26-33와 *VTE* 41-42B 사이의 유사성에 대한 관련된 논의는 Tigay(1996:497)를 보라. 그도 양 문헌 사이의 직접적인 유사성을 부인한다("… 그러나 저주들의 순서만이 공유된다. 그것들의 표현은 신명기가 *VTE*에서 그것들을 복사했다고 제안하기에는 너무 다르다.").

177) 정상적으로 매장되지 못한다는 점에서 저주의 상징이다.

178) 이 단락에서는 시각적인 요소가 가장 강조된다.

지 못함")[179]과 가축("소, 나귀, 양")과 같은 다양한 방면에서 저주로 임할 것이며 그러한 저주들 가운데 있더라도 구해줄 사람들이 없을 것이다(31절). 이스라엘이 자녀를 빼앗기고 하루 종일 고민하고 헤매므로 눈이 쇠약해지고 맥이 풀리게 될 것이다(32절). 이스라엘의 토지소산과 수고한 모든 것들이 다른 사람들에게 빼앗길 것이며 압제와 학대를 받을 것이다. 그러므로 결국 이러한 일들이 이스라엘이 보는 앞에서 행해지기 때문에 정신적인 충격과 스트레스로 인해 미치게 될 것이며 육체적인 질병("무릎과 다리", "온몸의 심한 종기")도 얻게 될 것이다. 여기서 언급되는 저주 목록은 개인의 모든 영역에 임하는 것과 정신적 질병과 육체적 질병이 함께 온다는 점과 이러한 요소들이 대략적인 대칭적 구조를 이루면서 두차례 반복된다는 점에서 총체적이고 완전한 파멸이 임할 것을 강조하는 역할을 한다.

포로 상태 속에서의 재앙들(왕의 포로, 우상숭배, 소산의 강탈, 28:36-44)

이 단락은 이스라엘과 미래의 이스라엘 왕의 포로됨과 포로이후에도 우상숭배를 계속할 것과 열방 가운데 이스라엘이 "놀램과 속담과 조롱거리"가 될 것을 다룬다. "왕의 포로됨"은 다른 저주 단락들과는 달리 새롭게 추가된 요소다. 물론 이것은 모세시대의 이스라엘에서도 예상할 수 있는 상황이다. 이미 고대근동은 왕정시대를 경험하고 있었고 이미 이스라엘도 여러차례 이웃의 왕들(의 군대)을 포로로 잡거나 전쟁을 경험하였다. 그런데 그 본문은 이스라엘이 심지어 포로로 잡혀가서도 목석으로 만든 우상을 숭배할 것이라고 말한다(36, 64절, 4:28). 이 부분은 심판이후에 포로의 땅에서 이스라엘이 행하는 "우상숭배"는 이스라엘의 멸망과 포로라는 하나님의 저주 혹은 심판에도 불구하고 그들이 우상숭배의 근성을 버리지 못한 결과라고 말하는 것처럼 보인다. 이것은 하나님의 극렬한 진노와 심판에도 불구하고 이스라엘의 고

179) 신 28:30은 신 20:5-7과 직접적으로 연관이 있다.

질적인 우상숭배의 가능성을 암시하는 것이다. 왕들을 포함하여 전능하신 하나님의 백성이었던 이스라엘이 포로가 되어 다른 신들을 섬기게 되었다는 사실은 모든 백성들의 놀램과 속담과 비방거리(험담)가 될 것이다. 다음의 도표가 말해주듯이 30장의 회복과 용서에 대한 주제가 4장의 확장이듯이 28장의 저주로서의 "포로와 우상숭배"의 모티프는 4장의 확장이다.

구절	4:27-28	28:36	28:64
주어	야웨	야웨	야웨
목적어	너희를	너와 네가 세울 네 임금을	너를
심판		너와 네 열조가 알지 못하던	땅 이 끝에서 저 끝까지 모든
	민족들 중에 흩으실 것이며	한 국가에게로 데리고 가실 것이다	민족들 중에 흩으실 것이다
결과	너희는 거기서 섬길 것이다	너는 거기서 섬길 것이다	너는 거기서 섬길 것이다
	사람의 손으로 만든		너와 네 열조가 알지 못하던
	나무와 돌로 만든 신들을	나무와 돌로 만든 다른 신들을	나무와 돌로 만든 다른 신들을

다음은 여러가지 소산과 땅의 산물들(종자, 포도원, 올리브 나무)이 병충해를 당하여 먹을 수 없으며 바를 수 없게 될 것이며 자녀들도 포로가 됨으로 함께 하지 못할 것이라는 저주 목록이다. 이 목록은 그동안의 수고와 노력이 모두 허사가 될 것을 말한다. 게다가 여기서 사용된 모티프들은 (비록 부모의 소산이기는 하지만) 자녀의 포로를 예외로 하고 농사와 관련된 재앙들로 돌아간다. 그와 같은 재앙으로 인해서, 가나안 땅과 그 소산을 얻고 누릴 권리를 갖고 있었던 이스라엘과 그 땅에서 얻을 권리가 없는 이방인들의 상태(혹은 지위)가 대조된다. 이스라엘 가운데 장기체류자인 이방인들(학게르 הגר)[180]이 점점 높아져서 결국

이스라엘보다 높아질 것이나, 이스라엘은 점점 낮아지고 재정적으로 가난해질 것이다. 그러므로 이방인들에게 빌려줄 수 있는 능력을 상실한 채 그들에게 빌릴 뿐이다. 사실 신명기 규례에 따르면 이 이방인들은 이스라엘 사람들의 배려와 보호를 받아야 하는 대상들(고아와 과부와 객과 이스라엘 성중에 거하는 레위인) 가운데 하나였다. 이와 같은 역설적인 재앙의 상황은 모두 야웨의 이스라엘에 대한 저주로 인한 것이다. 45-46절에서 이 단락을 마감하는 교훈적 결론이 제시된다.[181] 이스라엘이 하나님 말씀과 그의 명령과 규례를 지키지 않아서 지금까지 언급된 저주들이 모두 그들에게 임하여 그들을 따르고 미쳐서 결국 멸망시킬 것이며 영원히 "너와 네 자손에게" 하나님의 권능의 표와 기적이 될 것이다. 이 단락은 비록 확대적인 성격을 갖고 있긴 하지만, 이전의 축복의 목록과 직접적인 대응구 없는 저주들을 언급한다. 이것은 아마도 앞 단락에서 "이 모든 저주의 도래"에 대한 언급이 있었기 때문일 수 있다.

알지 못하던 흉악한 민족의 포위 중에 나타난 식인행위(28:47-57)

이전까지의 저주단락은 위반에 따르는 저주의 실현 가능성의 문제로 다루어졌지만, 이 단락은 이스라엘이 야웨와의 언약을 위반함에 따르는 미래에 있을 재앙들을 실제 일어날 듯한 분위기를 주는 선언적이며 서술적인 형태로 언급한다. 언약 위반에 따른 전쟁과 대적과 관련된 주제들과 심상들은 이 단락에서도 계속된다.

180) 이들은 일반적으로 이스라엘의 보호와 긍휼의 대상으로 묘사된다. 이에 대한 세부적인 논의는 신 10:12-22의 해설부분을 보라.

181) 어떤 학자들(McConville, Christensen 등)은 45-46절을 이후에 부연되는 주제들을 미리 개괄적으로 다룬다는 점에서 이 단락의 도입부분으로 삼지만, 다른 학자들(von Rad, Merrill, Craigie, Nelson 등)은 45-46절을 이전 단락의 결론으로 여긴다. 필자는 45-46절의 기능을 45절의 "네가 멸망하게 될 때까지"라는 표현이 48절의 "그가 너를 멸망시킬 때까지"라는 표현과 유사하다는 점과 이전 단락에 대한 일차적인 결론적 역할을 수행한다는 점에서 44절까지의 단락의 결론부분으로서의 기능뿐만 아니라, 이 구절들과 양 단락(즉 44절까지와 46절이하) 사이에 존재하는 단절성과 연관성 때문에 이 부분을 앞뒤 양 단락(15-44절과 46-57절)에 대한 연결적 기능도 수행하는 것으로 본다(Mayes 1981:356, Tigay 1996:268).

대적의 등장의 이유와 결과(28:47-48)

이스라엘이 받은 축복과 풍요(가축과 토지의 소산)가 그들의 지속적인 망각과 불순종과 반역으로 인하여 야웨에 대한 기쁨과 즐거움의 봉사가 되지 못할 때 하나님은 그 모든 것을 이스라엘에게서 빼앗아 가실 것이며 그것으로 인해서 이스라엘은 "주리고 목마르고 헐벗고 모든 것이 핍절한 상태"에 이르게 될 것이다. 이와 같은 저주뿐만 아니라, 하나님은 이스라엘에게 그들을 공격할 대적을 보내사 이스라엘이 그들의 대적을 고통스럽게 섬기게("철 멍에[비교. 렘 28:13, 4:13, 5:15, 17, 19:9]를 네 목에 메워서") 하실 것이며 그로 인해서 이스라엘은 결국 멸망할 것이다.

대적의 정체와 포위의 결과(28:49-52)

이 단락에서는 앞서 언급한 대적의 정체와 그들의 포위로 인한 식인관습의 등장이 언급된다. 이 단락도 앞선 단락들에 나타난 저주들처럼 저주, 심판, 그리고 포로라는 필연적인 멸망의 시나리오들이 전개된다.

이제 이스라엘에게 철멍에를 씌울 대적의 정체[182]가 세부적으로 언급된다. 이 대적은 "원방에서, 땅 끝에서" 오는 한 민족으로서, 야웨의 파송을 받는 자들로서 독수리처럼 빠르고 위협적으로 이스라엘을 공격하러 올 것이다(49절). 물론 다른 곳에서 독수리의 비유가 야웨의 보호와 인도하심을 의미하지만, 여기서는 역설적으로 사용되었다. 이들의 언어는 이해할 수 없는 외국어이며 용모가 흉악할 뿐만 아니라 행동에 있어서도(즉 "아이들과 노인들에게도") 무자비한 자들이다. 결국 이들의 흉포함은 이스라엘의 육축의 새끼, 즉 소와 양의 새끼와 토지의 소산, 즉 곡식이나 포도주나 기름이나 소의 새끼나 양의 새끼"를 남겨두지 않고 모두 가져가거나 먹어치워서 결국 이스라엘을 멸망시킬 것이라는 점에서 청중들에게 충격적으로 생생하게 예증될 것이다.

야웨의 재앙은 이스라엘이 앞서 언급된 대적에 의해서 평화와 안정의 상징이라고 여겼던 모든 성읍들의 높고 견고한 성벽을 파괴되며 포위에까지 이른다. 이와 같은 절대절명의 위기상황은 이스라엘 가운데서의 식인관습(cannibalism)의 발생으로 이어진다(53-57절). 사람들은 양식이 떨어졌기 때문에 하나님이 그들에게 주신 태의 열매인 자녀를 먹을 것이며 그와 같은 비윤리성은 "너희 가운데 가장 너그럽고 온순한 남자라도" 자기 자녀의 육체를 자기 형제나 사랑하는 아내나 남은 자녀나 그 누구에게도 주지 아니하고 홀로 독차지하여 먹을 것과 "너희 가운데 호강하고 사랑을 받아서 발바닥으로 땅을 밟아보지도 않았던 너그럽고 온순한 부녀자라도" 사랑하는 남편과 자녀들에게도 주지 아니하고 자신의 신생아와 어린 자녀를 홀로 독차지하여 먹을 것이라는 두 가지 표현으로 극대화된다. 이 모든 것은 격렬한 포위의 상황에 따른 기근으로 말미암는 혼란과 무정부상태에 따른 것으로 그에 대한 비정상적 상황의 극치를 보여준다. 이 부분은 구조적으로 볼 때, "자녀의 고기를 먹는다"는 주제를 다루는 53절(아버지)과 57절(어머니), 그리고 "가족에 대한

182) 이에 대한 세부묘사는 "여하한의 정복자에게 사용될" 수 있는 "판에 박힌(stereotyped)" 묘사로 여길 수 있다(Mayes 1979:356, Thompson 1979:276). 고대근동의 용례에서 이와 같은 원수에 대한 묘사는 아카드어 왕실비문에서도 발견된다(Seitz 1971:295ff.). 구약적 용례에서 **극북(極北)에서 오는 민족의 정체**는 특정한 한 나라보다는 다양한 나라들을 지칭하는데 사용되었다. ① 선지서들에서도 "극북에서 오는" 민족의 정체성이 다양하게 사용되었다는 점을 발견할 수 있다. 사 5:26에서는 앗수르 군대를 언급하는데 "원거리에서, 땅 끝에서 오는 민족"이라는 표현을 사용하지만, 합 1:8에서는 그것을 갈대아를 언급하는데 사용한다. 예레미야서에서조차도, 이와 동일한 표현이 바벨론사람(옛 학자들은 이것을 스키타이족[Scythian]의 군사적 침입을 의미하는 것으로 보았으나, 최근에는 톰슨(Thompson 1980:86f.)의 경우처럼 이들을 바벨론 군대로 이해한다[1:13ff.])과 페르시아 군대의 침입(50:9) 모두를 묘사하는데 사용되었다(cf. 5:15-19, 6:22-24). 그런데, 겔 38:6, 15에서는 도갈마 족속이 "극북(極北)에 있는" 민족으로 묘사된다. ② "대머리 독수리처럼 공격하는"(혹은 "신속하게 탈취하는")라는 표현(49절)은 앗수르인들(호 8:1), 갈대아인들(렘 48:40, 49:22, 합 1:8)에게도 적용할 수 있다. ③ "알 수 없는 언어를 말하는"이란 표현은 은유적이며 상징적으로 사용된 적도 있었고(심지어 "하나님의 말씀"[사 28:11]) 실제적이고 역사적인 측면에서도 사용된 적이 있다(렘 5:15). 비록 필립스(1973:192)는 그 언어를 앗수르어나 바벨론어로 여기지만(사 28:11, 33:19), 일부 학식있는 자들은 이해할 수 있었다(사 36:11). ④ 신 28:50에서의 "그 용모가 흉악한 민족"(고이 아즈 파님 גוי עז פנים)이라는 표현(50절)도 그 용도가 다양했다고 볼 수 있다(cf. 사 13:18, 47:6, 애 4:16, 5:12-13). "아자주"(עזיזו[아카드어 에제주, ezezu]라는 표현은 팔미라(Palmyra) 지역의 한 부조(浮彫)에서 발견된 가나안 신에 대한 묘사에서 사용되기도 하였으며(Gray 1965:185). 단 8:23에서는 그리스 사람을 묘사하는데 사용된다. 또한 합 1:5-11에서는 갈대아인들을 "사납고 성급한 백성"이며 "두렵고 무서우며 당당함과 위엄을 가진 자들"이라고 묘사된다.

무자비함"(악한 눈)의 주제를 다루는 54절(남편이 형제와 아내와 자녀를)과 56절(아내가 남편과 자녀를)은 유사한 상황과 표현으로 상응하며 이와 같은 주제들을 반복하는 55절(자녀를 양식으로 삼는 것)은 이 소 단락의 중심의 위치에 배치되어 있다. 이와 같은 남녀 성인들의 무자비함은 50절에서 묘사된 이스라엘을 치러오는 대적들의 태도("노인들을 존중하지도 아이들을 긍휼히 여기지도 않는")와도 유사하다.

요약적 결론-역[逆]출애굽(anti-Exodus)의 위협(28:58-68)

모세는 이 기록에 기록된 이 토라의 모든 말씀(58절)을 지키지 않는다면, 이 토라의 기록에 기록된 모든 저주들이 이스라엘에게 응할 것이라고 말한다. 많은 사람들이 이 기록을 신명기 자체와 동일시하기도 했지만, 실제로는 소네트의 주장처럼(1997:100), 27장에서 언급된 돌 위의 기록과 상관관계가 있는 것으로 보는 것이 더 옳다. 다시 말하자면 여기에서의 기록에 대한 언급은 "두루마리"라는 유연한 기록매체보다는 "비문"과 같은 단단한 기록매체를 의미한다.

28:61	이 토라의 기록에 기록되지 않은 모든 질병들과 모든 재앙들
29:20	이 기록에 기록된 모든 저주들
29:21	이 토라의 기록에 기록된 언약의 모든 저주들
29:27	이 기록에 기록된 모든 저주들

언약을 저버린 자들에게 임하는 전쟁의 저주들과 함께 질병들도 임할 것인데, 이것은 이집트에서 이스라엘이 경험한 저주의 질병들을 의미한다(비교. 7:15, 출 15:26). 이와 같은 재앙과 질병들 말고도 이스라엘이 경험해보지 못했던 재앙과 질병들도 이스라엘에게 하나님의 저주로 임하게 될 것이다. 그로 인해서 이스라엘의 수가 별과 같이 많을지라도 소수만이 남을 것이며 그들에 대한 하나님의 축복과는 반대로 그들에게 저주가 임하여 멸망하게 되어

결국 하나님이 주신 땅에서 쫓겨날 것이며 그들은 흩어진 곳들에서 우상숭배를 하게 될 것이다(36, 64절, 4:28). 결국 포로로 잡혀간 자들은 열국 중에서 평안함을 얻지 못하고 발바닥이 쉴 곳을 찾지 못할 뿐만 아니라 그곳에서도 그들은 하나님으로부터 "떨리는 마음과 쇠하는 눈들과 산란한 정신"을 받게 될 것이다(65절). 그로 인해서 이스라엘은 생명의 위협을 받을 것이며 심리적인 두려움과 공포 속에서 거하게 될 것이다. 이제 그들에게 하루하루는 공포와 근심의 나날이 될 것이다.

이집트에 대한 언급은 이전에 이스라엘이 이집트에서 경험했던 질병들에 관한 것에서 이제는 그들의 이집트로의 귀환이 언급된다. 결국 야웨께서 이스라엘을 이집트로 끌고 가실 것이며 이스라엘이 스스로를 노예로 팔려고 하지만 실패할 것이다. 68절에서는 이스라엘 역사의 완전한 역전(베헤쉬베카 והשׁיבך)이 언급된다(비교. 신 17:16, 슈브 שׁובX2). 예전에 하나님의 인도로 노예의 집 (이집트)에서 출애굽 하였던 이스라엘은 이제 "이방통치에 대한 복종"의 의미로 역(逆)출애굽으로 배들을 타고 이방인들에게 포로로 살게 될 것이라는 말씀을 받는다. 그러나 "아무도 그들을 사지 않을 만큼" 노예로서의 가치가 없을 정도로 극심하게 저주받은 이스라엘의 상황은 비참하게 될 것이다.

요약컨대 28장의 축복과 저주는, 하나님의 원칙이 엄격하게 적용되는, 그들의 행동에 대한 "하나님의 보상" 그 자체가 아니라, 그들이 야웨와의 "교제"에 머물러 있게 하는 가능성에 초점을 맞추고 있다. 28장에 등장하는 축복과 저주들은 이 문맥 자체가 축복이 신자에 대한 기계적인 보상이나 조건이 아니며 저주의 경우 언약 준수의 실패에 따르는 저주 실현을 기대하는 것이 아니라 소극적으로는 저주의 실현의 방지이며 적극적으로는 언약의 준수를 격려하는 것이다.

결론: 모압언약의 말씀(29:1)

"이것들은 호렙에서 이스라엘 자손과 맺은 언약 외에(밀레바드 מלבד) 야웨께서 모압 땅에서 그들과 맺으라고 모세에게 명령하신 언약의 말씀이다"(29:1[히 28:69])라는 말씀은 다음의 두 가지 점에서 주목을 받는다.

첫째로 오경 내에서 이곳에서 유일하게 "모압 언약"이 언급된다는 점이다. 사실 지금까지 언급된 내용은 출애굽과 광야시대에 모세와 야웨의 말씀들과 호렙 언약의 내용들에 대한 첨가라고 설명된다. 그러한 이유로 해서 학자들 사이에서 모압 언약의 실체에 대한 의심이 있었던 것도 사실이나, 이러한 의심은 호렙 언약과 모압 언약의 연속성과 불연속성을 고려해 볼 때 해소될 수 있다. 둘째로 29:1의 문학적 위치(즉 그것이 28:68까지의 결론[183]이냐? 29:2이후의 문단의 도입부[184]이냐?)에 대한 논란이 있다. 이 구절이 결론이라면 모압 언약의 말씀의 내용이 28:68까지일 것이며, 이 구절이 서론이라면 모압 언약의 말씀의 내용은 29:2-31:1이라고 볼 수 있다.

도입부로 볼 경우에 29장 이하에서 언약의 구성요소들이 발견되는 것은 사실이지만(Baltzer 1971:44), 실제적인 모압 언약의 내용(즉 야웨와 이스라엘이 어떤 내용으로 언약을 맺었는가?)은 찾아보기가 어렵다는 맹점이 있다(Song 1992:190). 오히려 이 구절을 이전 단락의 결론으로 볼 경우에는 더 많은 문제가 해결된다는 점에서 선호할 만하다. 즉 1-28장을 모세가 요단강을 건너기 직전에 온 이스라엘과 함께 모압 평지에서 맺은 모압 언약의 내용이라고 볼만한 근거가 더 많이 있다. 그리고 29:1은 4-5장에서의 호렙 산에서의 언약체결을 상기시

183) MT를 비롯한 JB, NAB, NJV와 같은 성경번역본들과 Knobel, Kuenen, Valeton, Westphal, Klostermann, Driver, McKenzie, Perlitt, Kutsch, van Rooy, Lundbom, Craigie, Tigay, Brueggemann, McConville, Merrill과 같은 학자들이 이 부류에 속한다.

184) LXX를 비롯한 Vulgate, AV, RSV, NRSV, NEB, NIV, NRSV, REB와 같은 성경번역본들과 Ewald, Kleinert, Keil & Delitzsch, Dillmann, Oettli, Ridderbos, Lohfink, von Rad, McCarthy, Cholewinski, Lofé, Kalland, 송제근, Phillips, Millar, Miller, Sonnet, Jackson, Nelson과 같은 학자들이 이 부류에 속한다.

키지만, 세부내용에 대해서는 학자들마다 큰 차이를 보인다. 그러나 이것은 출애굽기에 언급된 언약 책과의 상관성을 의미하는 것으로 볼 필요가 있다(Christensen 20002:706). 이미 모세는 위와 같은 진술을 통하여 호렙 산의 언약을 이미 갱신하고 재적용한 바 있으며 다른 교훈적 설교들에서와 신명기 법조항들에서도 동일한 방식으로 행하고 있었다. 그러나 이 견해도 여전히 문제는 남는다.

최근에는 두 가지 견해의 절충으로서 이 구절이 선행구절들의 결론이며 동시에 후행구절들의 도입부라는 이중적인 역할, 즉 전환적인 기능을 주장하는 학자들(Mayes, Seitz, Lenchak, Christensen, Nelson 등)도 등장한다. 그러므로 필자는 이 부분을 양자택일보다는 모압 언약의 내용에 대한 결론적인 언급일뿐만 아니라, 이후에 언급되는 모압에서의 언약갱신 의식(儀式)과의 상관성도 갖는 것으로 보는 것이 더 낫다고 생각한다.

4

언약갱신 의식과 이스라엘의 미래를 위한 교훈적 설교

언약갱신 의식과
이스라엘의 미래를 위한 교훈적 설교

구조

로핑크(Lohfink)가 모압 언약을 29:1-32:47까지로 규정하지만, 필자는 29:2("모세가 온 이스라엘을 불러 그들에게 말했다")과 31:10("모세가 온 이스라엘에게 이 말씀을 말하기를 마쳤다")이 하나의 완벽한 단위를 이룬다는 점에서 29-30장을 하나의 문학적 단락으로 본다. 물론 이 단락은 정교한 수사학적 기교와 구조로 구성되어있다(보라, Lenchak 1993). 비록 학자들마다 세부적인 분류방법은 다르지만, 29장과 30장과의 구조적 관계성은 대략적으로 다음과 같다.

모압에서의 언약갱신 의식(29장)	회복과 자비의 약속과 결단의 요청(30장)
도입(29:2a)	결어(31:1)
역사적 회고(29:2b-9)	역사적 전망(30:1-10)
언약의 갱신(29:10-15)	명령의 다짐(30:11-14)
저주: 우상숭배의 결과(29:16-21)	축복: 생명의 선택의 요청(30:15-18)
하나님의 진노와 증인들(29:22-29)	영원한 증인들: 하늘들과 땅(30:19-20)

여기서 실제적인 규정들이 언급되지 않는 이유와 호렙(시내)언약과 모압 언약 사이의 관계성은 모세가 4:44(45)-29:1에서 모압 평야에서 가나안으로 들

어가려는 제 2세대 이스라엘 사람들에게 시내산 언약 내용을 재진술(혹은 갱신)한다는 전제하에서 찾아야 할 것이다. 신명기에 언급된 모압언약은 시간, 장소, 대상의 전환에 따라 갱신해야 할 중대한 필요성에 따른 시내산 언약의 차용이라고 보아야 한다. 그러한 측면에서 모압 평야에서 모세의 중재로 하나님과 이스라엘 백성이 맺는 언약은 "새로운" 언약인 것이다.

호렙 언약(4장)	호렙에서 맺은 언약(5장)	모압 땅에서 맺은 언약(29장)
"너희"를 위한 것이며, 하나님의 회복의 은총은 "네" 조상들과의 언약으로 인한 것	"우리"를 위한 것이며 "우리 열조"와가 아니라 "우리"와 맺은 언약	우리와 우리 후손들과 맺음

도입(29:2a)

모세는 온 이스라엘을 소집하여 말씀을 전한다(2절). "모세가 온 이스라엘을 불러 그들에게 말했다"(비교. 5:1, 31:1). 여기에서 나타나는 "오늘"의 중요성은 1-14절에서 6번 등장한다.

모압에서의 언약갱신의식의 세부사항들(29:2b-29)

역사적 회고(29:2b-9)

이 부분에서 모세는 1-3장에서 이미 언급된 대로 현재 이스라엘의 과거에 행해진 세 단계의 구원사를 피력한다. 출애굽, 광야에서의 인도하심, 그리고 시혼과 옥에 대한 승리에 따른 요단동편의 정복 등이다. 모세는 야웨께서 이집트에서 바로와 그의 모든 신하들과 백성들에게 행한 바(큰 시험과 이적과 큰 기사)를 이스라엘이 보았지만, 오늘까지 그 본 바를 이해할 수 있는 마음, 볼 눈, 들을 수 있는 귀를 야웨께서 그들에게 주시지 않으셨다고 말한다(4[5]절). 즉 이스라엘이 지금까지 하나님이 그들을 위해서 하신 일들을 보아도 깨닫지 못하고 마음에 새기지 못하며 청종치 못했다는 것이다. 물론 일차적으로 이스라엘은 야웨께서 하신 모든 일들의 목격자이며 증인이지만 앞 장들에서 언급한 대로 모세가 이스라엘이 "의지적으로" 알지 못하고 깨닫지 못하고 순종하지 못했다고 말했던 것과는 반대로 4[5]절의 표현("이스라엘 백성이 하나님께서 주시는 이해의 능력을 '전혀' 받지 못했기 때문에 지난 40년간 하나님의 크신 일들을 이해하거나 순종하지 못했다")을 문자적으로 이해할 필요는 없다. 게다가 모압 평야에서 행해진 모세의 연설을 듣고 있는 현재의 청중이 이집트 내에서의 열 가지 재앙들과 출애굽의 놀라운 일들을 직접 보지는 못했을 것이다. 그러나 이것은 현 세대가 이전 세대로부터 듣고 믿은 바를 "보았다"고 말하는 모세의 동일시(혹은 현대화)의 방법이다. 이와 같이 모세가 지금 말하고자 하는 바는 과거의 사건들에 대한 신학적 평가와 해석이 현재의 설교를 통해서 분명하게 제시되고 있다는 점에서 이전의 광야생활 중에서는 그러한 의미를 명확하게 알 수 없었다는 것이다.

게다가 이 문제는 이전에 마음의 할례에 대한 이스라엘에 대한 야웨의 명령과 현재에 야웨께서 손수 행하실 이스라엘의 마음의 할례의 약속과 상관지어서 이해될 수도 있다. 그렇기 때문에 이러한 이스라엘의 영적인 맹목성은 야웨의 노력으로만 해결될 수 있다. 마찬가지로 이러한 현재의 안목과 깨달음은 이후로도 후손들에게 지속적으로 전달되어야 한다.

야웨의 말씀이 갑자기 등장한다(29:5-6).[185] 야웨는 이스라엘이 출애굽하여 광야에서 40년을 지냈지만, 그들의 옷이 낡아 지지 아니하고 신이 해지지 않

185) 일반적으로는 이 문장의 주어를 일인칭단수("나")에서 삼인칭 단수("그")로 변경하는 번역본들이 많으나, 그렇게 볼 이유는 없다. 이에 대한 논의는 Lenchak(1993:183 n.32)를 참조하라.

고 빵도 먹지 못하고 포도주나 독주도 마시지 못한 이유는 "내가 너희의 하나님 야웨인 것을 알게 하려는 것" 이었다고 말씀하신다(8:3-4, 느 9:21). 이것은 광야생활에 대한 일종의 교훈적 해석이다. 이스라엘은 광야생활 40년 동안 야웨의 초자연적인 역사 속에서 생활했다는 점이 강조된다. 이스라엘은 하나님이 주신 음식과 물로 살았다고 교훈하였던 모세의 말처럼(8:3-4), 여기서 인용된 야웨의 말씀은 이스라엘의 일상적인 음식인 떡과 포도주와 독주만으로 살지 못했다는 점을 강조한다(비교. 8:2-10).

언약갱신(29:10-15)

구조

로핑크(1962:38-39)는 이 단락 속에서 "오늘… 너희 하나님 야웨 앞에…"(10절[186][A]), "… 언약에…그의 저주에…체결하다"(12절[B]), "너는 내 백성이 되고 나는 네 하나님이 된다"(언약공식-13절[X]), "…체결하다…그 언약…그 저주…"(14절[B']), "오늘 우리 하나님 야웨 앞에서…"(15절[A'])와 같은 교차대구법을 발견한다.

모압평야에서 이스라엘의 모든 종류의 사람들은 "오늘" 모세의 중재로 새로운 언약 체결을 위하여 모였다. 이들은 계약과 저주들의 체결을 위하여 야웨 앞에 서 있게 되었다(10-11절). 계약의 당사자들은 "오늘"의 이스라엘 구성원들과 "내일"의 이스라엘 사람들 모두("너희, 즉 너희 두령, 너희 재판장들,[187] 너희 장로들, 너희 유사, 이스라엘의 모든 남자, 너희 유아들, 너희 아내, 네 진[陣]중에 있는 객들, 즉 너희를 위하여 나무를 패는 자들로부터 물을 긷는 자까지[188] 모두")를 포함한다. 이것은 모압에서

186) 이 단어가 우리말 성경(개역)에서는 번역상의 이유로 11절에 위치해 있지만, 원문에는 10절에 위치해 있다.

187) MT는 "너희의 지파들"[쉽테켐 שבטיכם]이라고 읽지만, 여기에서는 LXX를 따라서 "너희의 재판장들"[숍테켐 שפטיכם]이라고 읽는다.

의 언약갱신의 당사자들의 포괄성을 단적으로 보여준다(참조. 수 8:35). "현재성"(오늘의 구성원들)과 "미래의 잠재성"("오늘 우리와 함께 여기 있지 아니한 자" 혹은 불참자들?)을 모두 언급하고 있는 것이다. 이와 같이 모압에서 행해진 계약 자체의 현재와 미래의 포괄성은 다른 고대근동의 국제조약들에서도 나타난다. 이것은 하나님께서 이스라엘에게 말씀하신 것처럼, 그리고 이스라엘의 조상들, 아브라함과 이삭과 야곱에게 맹세하신 것처럼, "과거에" 하나님이 행하셨던 출애굽과 광야에서의 기적적인 이스라엘의 인도하심이 "내가 너희 하나님 야웨라는 것"을 알게 하려는 의도였던 것처럼 "오늘" 이와 같이 행한 것은 이스라엘을 세워 "그들을 하나님의 백성을 삼고 야웨는 이스라엘의 하나님이 되시려는" 의도였다(비교. 27:9). 이러한 표현은 언약체결의 공식이기도 하다.

저주: 우상숭배의 결과(29:16-21)

구조

우상숭배의 결과들(즉 저주의 실현)을 다루는 이 단락(16-21절)은 다음단락(그 땅에 임한 재앙들과 포로됨[22-28절]과 모든 진노와 재앙들의 목적[29절])과 "보는 것, 대화, 신들을 섬겨 절하는 것, 분노, 그리고 기록된 모든 저주들"과 같은 주제들로 서로 병행한다.

188) Craigie(1976:357 n.7)에 따르면 이것들은 여성들을 위한 업무들이었다. Tigay(1996:278)에 따르면, 고대근동 본문들 중에서 이와 같은 일을 포함하여 빨래하는 자, 정원사, 짚을 모으는 자의 허드렛일에 포함되는 경우가 있다.

언약을 어긴 자에게 임한 재앙(16-21절)	그 땅에 임한 재앙(22-29절)
이집트 땅에 있는 가증한 것과, 나무와 돌과 은과 금으로 만든 우상들을 보았다.	그 땅의 재앙과 질병, 특히 땅에 임한 심각한 재앙들(유황, 소금, 화재)을 보았다.
마음속의 생각(심중에 행하는 말들)	"너희 자손들과 원방에서 온 객" 이 재앙들을 보고 열방 사람들이 행한 질문에 대한 답변
야웨를 떠나 그 모든 민족들의 신들에게 가서 섬긴다(18절)	언약을 버리고 가서 자기들이 알지도 못하고 야웨께서 그들에게 주시도 않으신 다른 신들을 섬겨 그에게 절한다(25-26절)
야웨의 분노와 질투의 불	진노와 분한(憤恨)(23절) 진노와 분한과 큰 통한(痛恨)(28절, 비교. 렘 21:5, 32:37)
이 기록에 기록된 모든 저주들 (20절, 비교. 21절)	이 기록에 기록된 모든 저주들(27절)

모세는 이스라엘에게 그들이 이집트에서 경험한, "가증한 것과 나무와 돌과 은과 금으로 만든 우상들"을 상기시킨다. 모세는 "한" 이스라엘 백성의 마음이 하나님을 떠나 그 모든 민족의 신들에게 가서 섬길 것을 염려한다. 게다가 우상숭배하는 이스라엘 사람에게 독초와 쓴 쑥의 뿌리가 생겨 저주의 말씀들을 듣고서도 두렵거나 회개하는 마음이 생기지 않고 오히려 "내가 내 마음의 완악한 길로 걷더라도, 망하면 모든 것이 망할테니[189] 나는 안심이다"라고 스스로 마음속으로 위로할 것도 염려한다. 이와 같이 그의 마음이 완악하여지고 우상을 섬기게 되면 야웨는 그를 용서하지 않으실 것이며 분노와 질투의 불이 이스라엘에게 임하게 하실 것이며 그에게 "이 토라의 기록매체에 기록된 모든 언약의 저주"로 임하게 하실 것이며 결국 그의 이름을

189) 이 구절은 29절과 함께 신 29장에서 가장 난해한 구절들로 꼽힌다. 독자들의 이해를 돕기 위하여 몇 가지 의견들을 제시해 본다. 즉 Tigay(1996:280)는 "젖은 것과 마른 것"에 대한 세 가지 해석의 가능성을 제시한다. ① 이것은 "모든 것"을 의미하는 일종의 양단법(merism)이다. ② 이것은 "무죄한 자들과 죄인들 모두"를 의미한다(비교. 창 18:23, 렘 17:6-8, LXX), 세부적으로 Mayes(1979:365)는 야웨와의 언약관계 하에 있는 사람들(비교. 렘 31:12)과 우상을 섬기는 사람들(비교. 사 44:3, 55:1)로 나눈다. ③ "나는 내 갈증을 물로 제거할 것이다(즉 나는 내 욕구를 만족시킬 것이다)." 또 하나의 문제는 이 표현이 완악한 자의 마음속의 말(Christensen 2002:720)인지, 그러한 완악함에 대한 모세의 평가(Ridderbos 1984:266)인지가 애매하다는 것이다.

천하에서 제거하며 이스라엘의 모든 지파들 중에서 떼어서 이 토라 기록물에 기록된 언약의 모든 저주대로 그에게 재앙을 더하실 것이다. 여기서 강조되는 언약위반자에 대한 저주와 징벌의 말씀(참조. 27-28장)은 그 후에 올 회개와 회복과 축복의 주제와 대조된다.

하나님의 진노와 증인들(29:22-29)

"젖과 꿀이 흐르는 땅"이라고 불렸던 이스라엘의 "약속의 땅"은 이스라엘의 우상숭배로 인해서 "유황과 소금의 땅"이 된다(23절). 이것은 "황폐함과 불모"의 상징적인 심상으로 사용된 것으로 야웨의 진노로 그들이 장차 받게 될, 이스라엘의 낙원이 불모와 재앙의 땅이 될 것이라는 엄중한 경고다. 이제 후대의 신앙공동체의 구성원들이나 먼 곳에서 온 객들이 이스라엘이 약속으로 물려받은 그 땅에 임한 재앙과 질병과, 예전에 "아브라함 시대에 야웨의 소돔과 고모라와 아드마와 스보임에 임했던 재앙"처럼, 나중에 불순종하고 배교하는 이스라엘의 온 땅에 임한 불과 유황과 소금으로 인한 재앙들을 보고 온 국가들이 그들에게 그와 같은 비참한 재앙의 이유를 질문할 때, 다음과 같은 대답이 나온다. 즉 "야웨를 떠나 자신이 맺은 언약을 버리고 다른 신들에게 가서 섬긴 결과로 야웨로부터의 재앙을 받은 것이다." 야웨는 진노와 분한과 큰 통한으로 인하여 이스라엘을 마치 독초나 쓴 쑥을 뿌리채 뽑아버리듯이 이 땅에서 뽑아내어 다른 나라에 던져 버리는 야웨의 재앙이 (재앙이 임한 미래의) "오늘"처럼 임할 것이라고 경고한다(참조. 신 4:26-29, 28:25, 36-37, 41, 63-68, 왕상 9:7). 이러한 "뽑아 버리는" 상징은 18절에서 언급한 바 있는 "잡초와 쓴 뿌리"의 제거와 개념상 상응한다. 결국 이러한 상황은 언약의 저주들의 실현의 결과이다.

마지막으로 29절("감추어진 것들은 우리 하나님 야웨께 속하였지만, 계시된 것들은 영원히 우리와 우리 자손에게 속하였나니, 이는 우리에게 이 토라의 모든 말씀을 행하게 하려는 것이기 때문이다")은 구조적으로 모압에서 행해진 언약갱신 의식(29:2-31:1)의 중간에 존재하여 모압에서의 언약갱신 의식의 세부사항들에 대한 결론과 30:1-10의 서론의 역할을 모두 수행한다는 점은 명확하지만, 그 실제적인 의미에 대한 학자들의 견해는 다음과 같이 다양하다. ① "감추어졌던 죄의 징벌은 하나님이, 드러난 죄의 징벌은 우리가 해야 한다"로 해석하거나(위[僞]요나단 탈굼]과 티가이), ② "'계시와 신비'라는 하나님의 활동의 전 영역"을 지적하는 것으로 보아 토라와 연관하여 해석하거나(렌샤), ③ "감추어진 것들은 우리 하나님 야웨께 속하였지만, 드러난 것들은 영원히 우리와 우리 자손을 위한 것으로서 우리가 이 토라의 모든 말씀을 행할 수 있게 하려 하신다"라고 해석하거나(라부샤뉴), ④ 감추어진 바를 미래의 일(30:1-10)로, 계시된 것을 현재의 일(30:11-14)로 이해하거나(메이즈), 혹은 ⑤ 우리는 "감추어진 하나님의 신비보다는 계시된 바에 전념하여야 한다"로 이해해야 한다(브루그만).

필자가 볼 때, 그 어떠한 입장을 취하든지, 이 문장 전반부 자체의 모호성이 여전히 남아있을지라도 모세가 의도하는 바는, (이러한 논의 가운데서 이 구절의 후반부의 명료성을 따라서) 자신을 통하여 하나님이 현재와 미래의 세대들에게 주신 계시의 말씀, 즉 모든 토라의 말씀을 지키고 순종해야 한다는 것이다. 이러한 논의 가운데서 "이 토라의 모든 말씀"은 앞에서 언급한 것처럼 신명기의 규례와 법도(12-25/26장)를 의미하며 "계시된 것들"은 30:11-14에서 다시 언급된다. 29장의 저주의 실현은 30장의 수사학적 교훈의 배경이 된다.

회개와 자비의 약속과 결단의 요청(30장)

구조

본 장은 회개와 자비와 회복과 관련된 역사적 전망(1-10절[1-2, 3-5, 6-8, 9, 10절]),

명령의 다짐(11-14절), 생명의 선택에 따르는 축복(15-18절), 그리고 하늘들과 땅으로 대표되는 증인들(19-20절)로 구성되어 있다.

표현들	30장	28장	표현들	30장	28장
“네게 선을 행하사”	5절	63절	“그의 모든 계명을 행하다”	8절	1,15절
“너를 번성케 하실 것이다”	5절	53절	"“네게 복주시기를 기뻐하실 것이다	9절	11절
“네 마음에 할례를 행하실 것이다”	6절	29:3(4)	“이는 그가 네 조상들을 기뻐하셨던 것처럼 네게 다시 복주시기를 기뻐하실 것이기 때문이다”	9절	비교. 63절
“그리고 네 자손의 …”	6절	46, 59절	“네가…를 듣고…네가 … 돌아오면”	10절	9, 13절
“모든 저주들”	7절	15절ff. 29:18f. (20f.)			

신명기 전체 문맥에서의 위치

본 단락은 전후 단락들과 여러 가지 면에서 밀접한 관련이 있다는 점을 언급할 필요가 있다. 우선 29장과의 관계다. 29장에서 이스라엘이 불순종할 것이라는 점에서 언약적 저주의 집행이 필연적이라는 비관적 이해가 등장한다면, 30장에서는 이스라엘이 회개하면 하나님이 그들을 회복시켜 주실 것이며 하나님의 말씀을 복종할 것이라는 낙관적인 이해가 등장한다는 점에서 상호대조적으로 보인다. 그러나 이 두 단락 사이에 표현이나 사상적인 연관성도 많이 발견된다(보라. Barker 2004:107ff.). 그러한 면에서 29-30장은 상호대칭적일 뿐만 아니라, 연속적이다. 게다가 다음의 도표처럼 30:5-10의 ‘회복’의 모티프는 28장의 약속과 밀접한 관계가 있다(Driver 1902:330).[190]

4장의 경우처럼, 30장에서도 불신과 반역하는 이스라엘에게 임한 저주는 자기 백성에 대한 하나님의 마지막 말씀이 아니었다. 일반적으로 고대근동의 법률과 조약들은 순수하는 자들에 대한 축복과 이기는 자들에 대한 저주로 끝나지만, 신명기는 재난 이후의 문제(즉 이스라엘의 회개와 야웨의 복귀라는 측면에서 회복의 가능성)도 다룬다. 30장에서 언급되는 "하나님이 이스라엘을 버리지 않으실 것"이라거나 심지어 하나님의 언약적 저주가 임한 마지막 때에도 "하나님이 포로민을 돌아오게 하실 것"이라는 약속은 야웨에 의한 마음의 영적인 수술을 통한 회복의 가능성을 제시하며 반역적인 그의 백성에 대한 지속적인 하나님의 은총의 승리를 의미한다. 이와 같은 하나님의 회복의 은총은 4장에서 간단하게 언급되고 30장에서 확장된다(참조. Mayes 1979:23-51, Knapp 1987, Weinfeld 1972:215-16). 물론 다른 형태이긴 하지만 32장에서도 일관되게 서술된다.

구약 전체의 문맥에서의 연관성

마지막으로 신명기에서의 이 주제들과 레위기의 "하나님의 심판 이후의 회개"와 선지자들의 "심판 이후의 회개"의 메시지와의 상관관계를 간단하게 살펴보자. 30:1-10의 핵심은 야웨에 의한 이스라엘의 마음의 영적 수술에 있으며 이 수술은 이스라엘의 마음의 상기와 이스라엘의 회개와 야웨의 생각의 전환과 포로의 소집과 약속의 땅으로의 돌이킴과 번영의 회복 모두의 근거가 된다. 이제 레위기 26장과의 상관관계도 간단하게 다루어보자. 4:30과

190) Bracke(1985:241)는 이 표현이 "야웨께서 자신의 심판[역주: 신 28장]을 역전시키는 것"과 연관된다는 점을 입증한다. 즉 30:1-10의 문맥에서 그것은 신 28장의 저주들의 역전의 역할을 수행한다. 즉 (1) 포로로 잡혀갔던 이스라엘(28:25, 32-33, 36, 41, 63-68)은 회복될 것이다(30:3-5), (2) 수적으로 적은 자들(28:62)이 다시 수적으로 많아질 것이다(30:5), (3) 이스라엘을 괴롭혔던 민족(28:25, 32-33, 36, 48-57, 58-68)은 신적인 저주의 대상이 될 것이다(30:7), 파멸당한 이스라엘(28:15-19, 22-24, 38-46, 47-57)은 다시 번창하게 될 것이다(30:5,9), (4) 야웨를 섬기지 않는 이스라엘(28:15)은 하나님의 말씀을 복종하지 않을 것이다(30:10).

레위기 26장 사이에 회개가 필요하다는 점에서는 유사점이 있지만, 레위기 26장의 경우에 이스라엘의 회개와 회복과 관련하여 야웨의 돌아서심(turning of Yahweh)의 역할이 불명확하다는 점에서 중요한 차이가 있다는 점도 고려해야 한다(참조. 성기문 2004b). 마지막으로 신명기와 선지서의 회개와 회복 프로그램의 상관관계를 살펴보자. 후대의 역사서(DH)와 신명기주의적 편집이 되었다고 주장되는 선지서들(예, 호세아서와 예레미야서)과는 달리 슈브(שׁוב)라는 핵심 단어가 신명기의 문맥 속에서는 이스라엘의 회개/회복을 지칭할 뿐, 이스라엘의 이전의 배교(背教)를 지칭하는데 사용되지 않는다는 차이가 있다(비교. "네 마음을 돌이켜"[임-이프네 레바브카 אם־יפנה לבבך]). 이 경우에 슈브 대신에 파나(פנה)라는 동사가 사용되었다(17절).

30장[191] 전체의 통일성

30:1-10, 11-18(20)의 관계에 대해서 혹자는 후자의 "율법준수의 용이성"과 전자(1-10절)의 "율법 준수에 대한 비관적인 태도" 사이의 명백한 부조화가 존재한다고 주장한다. 그러나 이러한 개념의 대조의 문제는 나중에 다루겠지만, 우선적으로 이 단락들에서 발견되는 주제적, 신학적, 용어적 상응성은 그 통일성을 지지하는데 사용될 수 있다(참조. Barker 2004:140ff.). 즉 ① 30:11-14와 29:28 사이의 주제적 유사성, ② 30:1-10, 11-14절 사이의 어휘의 반복(예를 들어, "취하다", "만들다", "하늘", "제단", "마음", "내가 오늘 네게 명하는 것"[2, 8, 11절], 그리고 "듣다"), ③ 복종해야 할 대상, 즉 명령들"(8, 9-10, 11, 12, 13, 16절), ④ 약속의 "땅"이라는 표현의 반복(5, 16, 18, 20절), ⑤ 배교와 회개(혹은 회복)의 개념의 대조(슈브 שׁוב/파나 פנה)와 양자의 중요한 개념들(회복, 약속의 땅에서의 생명과 복과 번영 등)의 상응, ⑥ 계명들의 "가까움"[192](30:11ff., 비교. 11:14[계명들]과 4:7[하나님]. 이 주제에 대해

191) 30:1-10과 4, 10, 28장과의 연관성은 Craigie(1983:363)를 참조하라.
192) 이러한 율법의 "가까움"의 주제는 하나님의 현존과 밀접하게 연관된다.

서는 Lohfink[1962:41, 1964:42n]를 참조하라).

역사적 전망(30:1-10)

이 단락은 다음과 같은 교차대구적 구조를 갖고 있다(Vanoni 1981:76).

A 이스라엘이…(조건절, 1-2절)

B 이스라엘이… (귀결절, 3-5절)

C 중심절(6-8절)

B′ 야웨가… (귀결절, 9절)

A′ 야웨가… (조건절, 10절)

이 단락의 주제는 언약 위반에 따른 하나님의 저주의 실현 이후에 등장할 "이스라엘의 회개"와 "야웨의 돌이킴"이다. 29장에서는 계약 당사자들이 약속의 땅에 들어갔으나, 그들의 후손들이 야웨를 버리고 우상숭배를 할 경우에, 27-28장에서 이미 묘사한 바와 같이, 이스라엘과 그들의 땅에 임할 하나님의 심판(저주)의 결과에 대한 묘사가 다시 간략하게 언급된 바 있었다. 이제는 하나님의 심판 이후에 이스라엘의 회개가 하나님과의 관계 회복과 축복의 재개를 위해 필요하다는 점이 역설된다. 이러한 이스라엘의 회개는 야웨에 의한 마음의 영적 할례로 말미암아 가능하게 될 것이다. 특별히 "이스라엘의 회개와 야웨의 돌이킴"이라는 두 가지 개념은 이 단락에서 슈브[שׁוב]의 용례를 통하여 4장에서보다 더 정교하게 사용되었다. 이 도표는 기존의 견해들을 필자가 일부 수정한 것이다.

A. 네가 그것들을 네 마음에 떠올릴 때(바하쉐보타 והשׁבת)…

너와 네 자손이 야웨께 돌이켜(베샤브타 ושׁבת)…(1-2절)

B. 그 때에 야웨께서 네 행운을 돌이키실 것이며

[베샤브… 쉐부테카 שְׁבוּתְךָ … וְשָׁב]…

그가 돌이키사[혹은 "다시", 베샤브 וְשָׁב] 너를 모으실 것이다(3절)

X. 네가 돌이켜[혹은 "다시", 타슈브 תָשׁוּב] 야웨의 목소리를 청종하면(8절)

B′. 야웨께서 돌이키사[혹은 "다시", 야슈브 יָשׁוּב] 너를 기뻐하셔서…(9절)

A′. 네가 네 하나님 야웨께로 돌이키면[타슈브 תָשׁוּב](10절)

또한 여기서 주목해야 할 것은 두 단락(4, 30장) 모두가 약속의 땅의 상실의 위협과 그 땅의 회복 약속을 상응시키는데, 이 모두가 "야웨께서 그들에게 약속의 땅을 주셔서 그들이 들어가 차지하게 만드신다"는 점을 강조한다. 그와 같이 본 단락의 회복 주제는 4:31의 경우처럼 야웨께서 이전에 아브라함과 맺은 언약과 명백하게 관련된다(Barker 2004:168ff.).

A 조건절(30:1-2)

이 프로그램의 실현은 다음과 같은 몇가지 조건들을 전제로 한다. 모세가 전한 축복들과 저주의 말씀이 모두 성취될 때[193](비교. 28장의 축복과 저주의 목록), 하나님께서 이스라엘을 약속의 땅에서 몰아내사 모든 열방들 가운데서 거하게 하실 때(비교. 28장의 포로), 그리고 "네가 그것들을 네 마음에 떠올릴 때"[194](비교. "…는 것을 마음에 떠올려라"[4:39]), 그리고 "너와 네 자손이 네 하나님 야웨께로 돌아와 내가 오늘 네게 명령한 모든 것을 따라 온 맘과 전심으로 야웨를 순종할 때"(2절).

193) 이 표현은 야웨의 언약의 준수에 대한 백성의 궁극적인 실패를 전제로 할 때, 언약적 훈계의 특징을 갖는다. 그러므로 이에 대한 더 적절한 이해는 "복들과 저주들이 더 이상 대체적인 가능성들이 아니라, 이스라엘의 삶 속에서 연속의 실체들이 될 것"이라는 McConville(1993:135)의 주장에서 찾을 수 있는데 그의 주장은 타당한 것 같다.

194) "바쉐보타 엘-레바베카(וַהֲשֵׁבֹתָ אֶל־לְבָבֶךָ)"는 문자적으로는 "네가 그것들을 네 마음에 회복시키면(you restore them to your heart)"이며 "(네) 마음에"라는 표현은 구약에서 7번(4:39, 30:1, 왕상 8:47, 사 44:19, 46:8, 애 3:21, 대하 6:37) 등장한다(Holladay 1958:101).

B 귀결절(30:3-5)

이러한 조건이 이루어지면, 이스라엘의 하나님은 이스라엘의 행운을 회복시켜주시며[195] 긍휼을 베푸시며 돌이키사 포로로 잡혀간 열방 가운데서[196] 이스라엘을 모으실 것이다. 이러한 회복의 가능성은 그들을 "모든 나라들 중에" 흩으신 분이 바로 야웨라는 점에 있다. 그러한 이유로 야웨만이 이스라엘을 돌이키실 수 있으신 분이시다. 그러므로 이러한 하나님의 이스라엘의 소집과 회복은 지리적 극한(極限)에 처한 자들("너의 추방된 자들이 하늘가에 있더라도")에게라도 어김없이 적용될 것이다. 그렇게 되면, 하나님은 조상들이 소유했고 이제 그들이 소유하게 될 땅으로 데리고 오실 것이며(비교. 4:32, 28:63) 조상들보다 더 번성하게 하실 것이다. .

C 중심: 이스라엘의 "마음과 뜻"의 역할(30:6-8)

이 단락(야웨에 의한 이스라엘의 마음의 수술)은 구조적으로 30:1-10의 핵심을 다룬다. 이 수술은 "이스라엘이 온 마음과 온 뜻을 다하여 하나님을 사랑하여 생명을 얻게 하기" 위한 하나님의 일이다. 이 "영적인" 수술은 이스라엘의 마음의 상기와 이스라엘의 회개와 야웨의 생각의 전환과 포로의 돌이킴의 근거가 된다(물론 이스라엘의 회복은 대조적인 측면에서 이스라엘을 핍박하던 자에게 "이 모든 저주"가 임하게 되는 일을 동반한다). 이 수술의 결과는 이스라엘이 "회개하고 다시 야웨의 말씀을 청종하고 내가 오늘 네게 명령하는 그 모든 명령을 행하게 하는것"이다(보라. Barker 2004:149, 157ff.).

그러므로 하나님과 언약 공동체의 관계는 "하나님의 신실하심의 약속과 하나님이 백성과 공동체들을 능동적으로 변화시킬 것에 의존하는 것만큼 인

195) 이 표현이 "포로의 회복"(협의)이냐, "이전상태의 회복(Restitutio in integrum)"(광의)이냐에 대한 논란이 있지만(렘 29:14, 30:3, 18, 31:23, 32:44, 33:7, 11, 26) 결과론적인 측면에서도 이 표현이 후자의 개념으로 이해되어야 한다.

196) 30:1, 3은 각각 "네 하나님 야웨께서 너를 쫓아내신/흩으신 모든 나라들로부터"라는 (유사한) 표현으로 시작한다(비교. 렘 8:3, 16:15, 24:9).

간의 능력과 신실성에 의존하지는 않을 것"이지만, 동시에 야웨와의 갱신된 공동체 내에서의 인간의 책임과 자발적인 활동은 배제되지 않으며 오히려 이스라엘의 수행은 적극적으로 요구된다. 무엇보다 그와 같은 이스라엘의 불성실과 야웨의 신실성 사이의 긴장에 대한 최종적인 해결은 야웨께서 집도하시는 이스라엘의 "마음의 할례수술"의 결과로부터 온다(비교. 렘 31:33-34, 32:39-40, 겔 11:19, 36:26). 이러한 할례의 언급은 "하나님께 대한 마음과 의지의 정화와 헌신에 대한 요구"인 것이다. 30장에서의 영적인 할례는 선지자들도 예견하였듯이 하나님의 심판의 시대에 행해질 하나님의 특별한 사역과 은총인 것이다. 여기서의 영적인 할례란 "하나님 자신이 백성으로 하여금 하나님의 교훈을 따르지 못하게 만드는 것들을 제거하실 것"이라는 의미다.

이러한 할례는 이미 언급된 바 있다(10:12-11:32). 신명기내에서 존재하는 두 "마음의 할례" 단락들은 서로 유사한 점이 많으나, 전자가 이스라엘 사람들이 자신들의 안녕을 위해서 영적인 할례를 반드시 행해야 할 바로 묘사하는데 반하여, 후자는 "야웨께서 이스라엘을 위하여 행하셔야 하는 것"으로 묘사한다는 점에서 큰 차이를 보여준다(다음은 이형원 1999:115-116의 분석이다).

첫 번째 마음의 할례(10:16)	두 번째 마음의 할례(30:6)
마음의 할례(10:12-22)	율법을 지키라는 명령(29:1-28)
율법을 지키라는 명령(11:1-25)	마음의 할례(30:1-10)
없음	율법을 지키는 것이 쉬움을 선언함(30:11-14)
복과 저주의 선언(11:26-31, 특히 "내가 오늘 복과 저주를 너희 앞에 둔다)"[26절])	복과 저주의 선언(30:15-20, 특히 "보라 내가 오늘 생명과 복과 사망과 화를 네 앞에 두었다)"[15절])

그러나 우리는 마음의 할례라는 영적인 수술에 대한 10장과 30장 사이에 "이스라엘의 자발적인 준수에 대한 요구냐?"(10장) "야웨의 우선적인 수술을 통한 준수를 가능하게 하는 것이냐?"(30장)라는 차이점이 발견되지만, 결국

이 두 가지 할례의 근거가 동일하다는 점도 주목해야 한다. 10장에서도 "온 마음과 온 뜻으로 행하는 것"이 그 근거다(10:12-13). 하지만 문제는 "마음"에 있는 것이다. 마음은 생각과 의지와 사고의 좌소(坐所)다. 마음에 대한 언급은 6:5, 10:12, 13:13(비교. "너희는 나의 이 말씀들을 너희의 마음과 뜻에 두어라"[11:18])과 30:2, 6,[197] 9-10에서도 등장한다(비교. 28:4, 렘 32:41). 10장에서의 할례의 요구는 30장에서 야웨 자신에 의한 할례의 성취로 그 효력을 발휘하게 될 것이다.

더 나아가 신명기의 할례("너와 네 자손이 행할 할례")는 족장들에게 약속된 땅에 대한 언급과 아울러 아브라함의 언약적 할례를 상기시킨다. 아브라함과 맺은 언약의 표로서 할례는 하나님의 명령에 의해서 이스라엘이라는 민족적 범주내의 모든 남자들에게 행해진 것이었다. 그것이 이스라엘이 하나님과 맺은 언약의 표시였듯이, 하나님이 모세를 통하여 주신 규례와 법도의 준수도 동일한 역할을 하지만, 이미 이스라엘의 과거사를 통하여 그들이 나름대로 그 명령을 온전하게 준수하는데 한계가 있다는 것이 입증되었다.

B′ 귀결절(30:9)

모세는 이스라엘에게 야웨께서 그들의 조상들을 기뻐하신 것처럼 그들을 다시 기뻐하실 것이기 때문에, 그들의 하나님 야웨께서 그들의 모든 수고와, 몸의 소생과, 가축의 새끼, 토지소산에게 가장 풍족한 복을 주실 것이라고 약속한다. 9절의 전반부는 28:63("야웨께서 이스라엘의 멸망을 기뻐하신다")의 심판의 약속의 역전이며 9절의 후반부는 28:11("야웨께서 네게 주실 것을 네 선조들에게 맹세하신 땅에서"가 생략되어 있다)의 반복이다(비교. 28:4). 야웨의 이스라엘에 대한 기쁨이 이스라엘에 대한 매우 큰 축복의 재개의 근거로 언급된다.

197) 마음의 할례와 관련된 선지서의 언급은 다음과 같다. 즉 "토라를 마음에 새기며"(렘 31:31-34) "새 영과 새 마음을 주는 것"(겔 36:24-32).

A′ 조건절(30:10)

이 구절은 9절의 축복의 조건에 대한 언급으로서, 이스라엘이 하나님의 말씀을 청종하고 이 토라 두루마리에 기록된 하나님의 명령과 규례를 지키고 마음과 뜻을 다하여 하나님께로 돌아올 것을 전제로 한다.

명령의 다짐(30:11-14)

11절의 "오늘"이라는 표현 때문에 본 단락이 이전 단락의 먼 미래의 시점(저주가 임한 후에 행해지는 회복과 관련된 말씀, 29:15-30:10)으로부터 현재의 시점(29:1-14)으로 돌아온 것이 아닌가 하는 오해를 받기도 했지만, 그것은 2절의 미래를 위한 "오늘"과 연관져서 이해해야 한다(Barker 2004:85f.). 이스라엘이 이전에 야웨와 언약을 체결한 것은 사실이다. 그러나 이스라엘은 언약준수의 표인 계명들과 법도들과 규례를 지키지 못했다. 그런데 모세는 이 단락에서 이 명령이 어렵거나 멀지도 않고 매우 가까워서 입과 마음에 있어서 행할 수 있다고 말한다. 사실 규례 자체가 행하기가 어렵고 얻기가 힘들 수 있다. 이방인들의 신들과 사제들이 그들의 규례를 수행하고 영생을 얻는데 있어서 그들의 신봉자들에게 평생 과업으로 매우 어렵고 난해한 것들을 요구할 수도 있지만, 모세의 토라는 특수한 계층이나 수련이나 지식을 요구하는 것이 아니라 이스라엘의 언약공동체 모두가 수행할 수 있는 것이라는 점이 역설된다.[198]

모세는 하나님이 (비록 그들이 포로로 잡혀가서 온 세상에 흩어져 있더라도) 이스라엘 가운데, 그리고 그의 곁에 항상 계셔서 그들이 하나님께 "돌아가면" 만날 수 있고 하나님께 물으면 응답받을 수 있듯이(4:29), 이제 야웨의 말씀이 이스라

198) 이와 같은 "불가능"에 가까운 요구사항들은 야웨께서 이스라엘을 회복시킬 때의 상황들과 조건들(이스라엘이 온 세상에 흩어졌던, 심지어 하늘가로 쫓겨났더라도 모으시고 이끄실 것)을 상기시킨다(3-4절).

엘 가운데, 그리고 그의 곁(즉 입안에[암송과 논의가 가능함], 그리고 마음속에[기억과 암기가 가능함])에 있기 때문에 그들이 모세의 명령을 "행하기가 쉽다"고 주장한다(비교. 6:6-9와 11:18-20).[199] 그러나 문제는 "의지"(마음)다. 이러한 주장이 실제적인 효과를 볼 수 있는 것은 하나님에 의해 행해지는 마음의 할례로 말미암는 것이다. 즉 하나님이 앞서서 초자연적으로 개입하셔야만 한다는 것이다. 이 영적인 할례는 이스라엘의 회개와 말씀의 준수를 가능케 하는 것이다. 그러므로 이 문맥은 이스라엘의 측면에서의 회개와 열심을 부인하거나 거부하고 있는 것이 아니다. 이와 유사하게 약속의 땅과 이스라엘의 의와의 상관관계도 6-11장에서 이미 명확하게 언급되었다. 이스라엘의 의는 이스라엘 고유의 것이 아니며 하나님께로부터 온다. 그러나 이스라엘은 의롭게 행해야 한다.

축복: 생명의 선택의 요청(30:15-18)

모세는 다시 현재("오늘")의 시제로 돌아온다. 이 단락은 결국 신명기에 나타난 모세의 이스라엘에 대한 모든 요구를 한번 더 정리한 것이다. 이 단락의 구조는 다음과 같은 병행구조를 통해서 하나의 완벽한 문학단위를 드러낸다.

첫 번째 단락	두 번째 단락
내가 오늘 생명과 선과 사망과 악(재앙)[200]을 네 앞에 두었다(15절)	내가 생명과 사망과 복과 저주를 네 앞에 두었다(19절)
네 하나님 야웨를 사랑하고 그의 모든 길들로 행하고 그의 명령들과 규례들과 법도들을 지켜라[201](16절)	그의 목소리를 순종하고 그에게 붙어있어라(20절)

199) Barker(2004:194ff.)는 바울의 신 30:11-14에 대한 해석(롬 2:29, 10:5-21)이 토라(신)가 그리스도(롬)로 바뀌었을 뿐, 신명기 본문의 의미를 제대로 해석했다고 주장한다.

200) 이 단락의 도입부에서의 "선과 악"에 대한 언급은 윤리적 측면에서의 "판단"(창 2:9)이 아니라, "번영과 불행"을 의미한다.

201) LXX에서는 16절의 앞부분에 "네가 네 하나님 야웨의 명령들을 순종한다면"이라는 조건문이 첨가되어있는데 최근의 일부 번역본들은 이것을 MT에서 탈락된 것으로 본다.

15절의 도입부("보라 내가 오늘 **생명과 복과 사망과 화**를 네 앞에 두나니")는 이스라엘이 야웨의 명령들의 순종의 여부가 축복이나 저주를 받는 조건으로 말하는 11:26-28("보라, 내가 오늘 **복과 저주**를 너희 앞에 두나니…")과 유사하다. 그러나 30장은 약속의 땅과 연관지어 복과 저주의 내용들을 상술하며 하늘과 땅이 "복과 저주의 증인"으로 소환한다는 점에서 11장과 다르다. 사실 신명기 내내 모세는 이스라엘에게 과거처럼 불신앙이나 망각이라는 잘못을 범하지 말고, 이스라엘에게 약속의 땅에 들어가기 위해서 그리고 그곳에서 오래살기 위해서 생명을 선택하라고 강조하였다(비교. 수 24:14-15). 또한 그러한 강조점들은 모압 언약의 제재조항을 통해서도 한번 더 구체적이고 실체적으로 제시된 바 있다.

이제 모세는 15절에서 말한 생명과 복의 문제를 그의 명령들과 규례들을 순종함에 따르는 약속의 땅과 관련하여 먼저 다룬다(16절). 그리고 모세는 사망과 화(재앙)의 문제, 즉 "이스라엘의 돌이켜 듣지 않고 유혹받아서 다른 신들에게 절하고 섬기는" 불순종의 삶을 약속의 땅에서 지속하면 "반드시 망하며 거하는 날이 길지 못할 것이라는" 사망과 화(혹은 저주)를 확언한다(17-18절, 비교. 11:26-28).

영원한 증인들: 하늘들과 땅(30:19-20)

모세는 하늘들과 땅을 일종의 은유적인 증인들(4:26, 31:28)로 삼은 사실을 다시 상기시킨다(19a절). 이스라엘이 불순종할 때의 짧은 날들과는 대조적으로 천지는 영원히 이스라엘에게 불리한 증인들이 될 것이다. 모세는 다시 한번 이스라엘 앞에 생명과 사망과 복과 저주가 있다는 것을 상기시키고 그들을 "살게 하는" 생명을 택하도록 명령한다(19b절). 20절은 마지막으로 모세는 생명("네 하나님 야웨 자신" 혹은 "네 하나님 야웨를 사랑하는 것")을 택하고 그 말씀들을 순종하고 복종하도록 권면한다. 모세는 하나님을 사랑하고 야웨의 길들로 행하고 그의 명령들과 규례들과 법도들을 지킨다면, 하나님이 이스라엘이 생존하며 번성할 것이며 이스라엘이 들어가서 차지하게 될 땅에서 복을 주실 것이라고 말한다. 또한 모세는 이스라엘에게 하나님을 사랑하고 그의 목소리를 순종하고 그에게 붙어있도록[202] 생명을 택하라고 명령하는데, 이는 그(것)[203]가 족장들에게 행하신 야웨의 맹세의 땅에서 생명을 얻고 오래 거함의 원천이기 때문이라고 말한다. 그러므로 이 단락의 중심 메시지는 "선택 자체는 쉽지만, 그 결과는 상당히 다르다"는 것을 말해준다. 앞서 언급한 것처럼 반역은 단순한 선택으로 시작하지만, 결국 가장 큰 차이를 초래한다. 이와 같은 논리를 통하여 모세는 그들이 사망 대신에 생명을 취하기를 기대한다. 그러나 이 단락은 장르상 교훈이기 때문에 이와 같은 모세의 요청에 대한 이스라엘의 대답은 언급되지 않는다.

결어 (31:1)

필자는 1절을 MT의 독법("모세가 가서 온 이스라엘에게 이 말씀을 말했다"[바옐레크 모쉐 바예답베르 וַיֵּלֶךְ מֹשֶׁה וַיְדַבֵּר]을 수정한 것이다")대신에 메이즈(1979:373)의 경우처럼 사해사본과 LXX의 독법(바예칼 모쉐 레답베르 וַיְכַל מֹשֶׁה לְדַבֵּר)을 따라 "모세가 온 이스라엘에게 이 말씀을 말하기를 마쳤다"로 수정하여 읽는다. 이와 같은 증거에 따라 필자는 이 부분을 31:2 이하의 내용의 도입부라기보다는, 앞부분(29-30장)의 종결부로 본다. 모세는 29:2-30:20의 말씀을 온 이스라엘 백성을 소집하여(29:2) 그들에게 가서 전달하였다(31:1).

202) 이 단락은 "생명을 취하는 일"에 대한 수단(by)으로 혹은 목적 혹은 결과(to)로 해석될 수 있다.

203) 여기서 사용된 대명사(후 הוּא)를 "야웨를 사랑하고 그의 말씀을 청종하고 의지하라"는 앞 절의 명령(즉 이 명령을 순종하는 것이 생명과 장수라는 의미)을 지칭하는 것으로 보거나 "야웨"(야웨 자신이 생명과 장수라는 의미)로 보는 두 입장이 있다.

5
모세의 죽음과 이스라엘의 미래를 위한 모세의 노래들

모세의 죽음과 이스라엘의 미래를 위한 모세의 노래들

구조

화자의 목소리가 거의 들리지 않는 내러티브적 뼈대 속에 자리 잡은 모세의 역사적 회고와 설교들(1-4, 5-11장), 법규정들(12-25/26장), 그리고 언약갱신 의식들(27-30장)과는 달리, 31-34장은 화자의 목소리가 더 큰 비중을 차지하는 내러티브적 전개방식을 취한다. 본 단락은 모세가 전한 광야생활에서 보여준 이스라엘의 과거의 회고를 통한 미래에 대한 확신과 염려를 다룬다. 1-3장에서 모세가 이스라엘의 과거사에 대한 진술이 중요한 역할을 차지했다면, 이제부터는 모세 자신의 마지막 순간과 이스라엘의 미래가 중점적으로 묘사된다. 그러한 특성상 31-34장은 함께 읽혀져야 한다. 그와 같은 측면에서 본 단락의 구조는 다음과 같다(보라, Labuschagne 1997와 Christensen 2002).

A 모세의 죽음을 위한 준비-내러티브(31장)

B 모세의 야웨와 이스라엘 자손을 위한 노래(32:1-44)

X 모세의 죽음과 후계자 위임-내러티브(32:45-52)

B′ 모세의 야웨와 이스라엘 자손을 위한 노래(33:1-29)

A′ 모세의 죽음과 여호수아의 위임-내러티브(34장)

위의 구조에서도 잘 나타나 있듯이, 31, 34장이 모세의 마지막 말들과 행위들의 연속이라는 점에서 32, 33장[204]이 모세의 마지막 노래들이라는 점에서 구조적으로 상응한다. 31-32장의 상관성은 다음과 같다. 첫째로 내용의 유사성이다(특히 31:16-22[32:10-15], 31:20[32:13-15a], 31:28[4:26, 30:19]). 둘째로 주제의 유사성이다(특히 노래를 만드는 것[31장, 32:44], 이스라엘의 미래[31:16-21, 27-29-비관적, 32:45-47-낙관적], 백성에게 들려주어 가르쳐 부르게 하는 기능[31:19, 21, 22, 30, 32:44]). 또한 32-33장은 "약속과 위협"이라는 신탁적 조합을 포함하는 창세기 49장에 묘사된 야곱의 축복의 구조와 기능과 유사하게 모세의 노래(미래의 이스라엘의 반역과 배교에 대한 고발과 증거)와 모세의 축복(말 그대로 축복과 기원)의 대조적 기능을 보여준다.

창세기의 결론	민수기[205]	신명기의 결론
야곱의 축복과 저주(49장)	발람의 축복과 저주(22-24장)	모세의 노래(32-33장)
야곱의 죽음과 족장 이야기의 결말(50장)	출애굽 세대의 죽음(25장)	모세의 죽음(34장)

그러므로 모세가 마지막에 한 일들과 노래들, 그리고 모세의 사후의 일들을 다루는 31-34장은 모세의 설교 혹은 신명기의 결론이기도 하지만, 여호수아와 이스라엘로부터의 새로운 시작에 대한 조망이다. 게다가 신명기의 결론 부분이 창세기의 결론부(야곱의 마지막 일과 말과 그의 사후의 일들)와 상응한다는 점에서 오경의 결론부의 역할도 적절히 수행한다고 볼 수 있다. 특히 이 부분은 위의 도표에서도 잘 발견되듯이 모세가 제 2의 족장으로, 특히 제 2의 야곱으로 묘사된다. 그러한 점에서 이 부분은 창세기의 결론부분과 병행한다.

204) 물론 우리는 모세의 노래(32장)와 모세의 축복(33장) 자체의 언어와 표현과 신학이 신명기 전체와 관련하여 다른 부분들보다 더 느슨하게 연결된 것처럼 보인다는 점을 염두에 두어야 한다(자세한 논의는 McConville 2002:451-52, 461-62를 보라).

205) 더 자세한 논의는 Olson(1985:153-54)을 보라. 이와 관련해서 새로운 시대(즉 출애굽 이후의 세대)의 시작에 대한 Lee(2000)의 분석을 보라. Lee는 새로운 세대의 시작을 민 26:1이 아니라, 민 22:1로 본다.

모세의 죽음을 위한 준비-내러티브(31:2-29)

"그(모세)가 그들에게 말했다"(2절)로 시작하는 이 단락은 이전의 법규정들과 규례들을 포함하여 모세가 행한 교훈적 설교의 말씀들과는 달리 이제 모세 자신의 은퇴에 관한 이야기들을 언급한다. 모세의 죽음은 이미 예견된 바 있었지만(1:37-38과 3:23-29) 31-34장의 중심주제가 된다. 특히 31장에서는 모세의 죽음의 임박이 반복되어 등장한다.

구조

이 단락에는 이스라엘(2-6절), 여호수아(7-8절),[206] 레위 제사장들과 장로들(9-13절), 모세(14-15절), 모세(16-21절), 여호수아(23절), 레위인들(24-29절)과 같은 7개의 연설들, 즉 다음과 같이 모세의 네 개의 연설과 야웨의 세 개의 연설로 구성되어 있다.

모세의 연설의 대상과 내용		야웨의 연설의 대상과 내용	
이스라엘 (2-6절)	모세가 없이도, 이스라엘이 가나안을 정복할 것이다.	모세 (14-15절)	너는 죽게 될 것이다. 여호수아를 내 앞으로 데리고 오라.
여호수아 (7-8절)	두려워 말라! 야웨께서 너와 함께 할 것이다.	모세 (16-21절)	이스라엘이 가나안 땅에서 나를 버릴 것이다.
레위사제들과 장로들(9-13절)	이 법을 매 7년마다 낭독하라.	여호수아 (23절)	내가 너와 함께 할 것이다.
레위인들 (24-29절)	나중에 이스라엘이 이전처럼 반역할 것이다.		

206) 31:1-8에 언급된 상당수의 표현들은 1-3장에서 이미 사용된 바 있다(보라, Driver 1902:333).

이것을 다른 식으로 정리하면 다음과 같이 분석된다.

화자	말씀의 전개
모세	모세의 등장(A)→모세의 죽음예고(B)→ 여호수아에 대한 격려(C)→토라의 안치와 준수의 요구(D)
야웨	야웨의 등장(A′)→미래의 이스라엘의 배도와 증인으로서의 노래(B′)→ 여호수아에 대한 격려(C′)→토라의 안치와 증인으로서의 토라(D′)

로핑크(1962)는 다음과 같이 더 긴 연설과 더 짧은 연설이 서로 교체되면서 배열되는 31장의 흥미로운 구조를 제공해 준다.

더 긴 연설	내용		더 짧은 연설
2-6절	모세의 죽음-낙관적인 태도	여후수아의 후계자직-낙관적인 태도	7-8절
10-13절	율법책의 미래(준행할 것을 권면함)-긍정적인 태도	회막에서 모세와 여호수아에게 임한 신현	14-15절
16-21절	모세의 죽음(어두운 미래)	여호수아의 후계직 (밝은 미래)	23절
26-29절: 율법책의 미래(부정적인 태도)			

이와 같은 31장의 구조적인 중요성은 이전의 말씀들과의 연속성에서도 잘 나타난다. 즉 16-21절(야웨의 심판선언)은 4:25-31과 30:1-15, 그리고 31:27-29과도 관련이 깊다. 31장에는 두려움(여호수아["두려워 말라", 7-8절]와 미래의 백성["야웨를 두려워하라"[13절]])과 증인-토라[19-22절]와 노래[24-27절]이라는 두개의 핵심주제들이 있다.

모세의 연설(31:2-13)

모세의 연설은 온 이스라엘에게 한 것(31:2-6)과 여호수아에게 한 것(31:7-8)과 레위-사제들과 장로들에게 한 것(31:9-13)으로 나뉜다.

온 이스라엘에게(31:2-6)

모세의 마지막 연설의 시작은 온 이스라엘 앞에서 행한 그의 "퇴임사"였다. 비록 28:6에서 그와 유사한 표현이 등장하지만, 2절에서의 모세의 표현("내가 더 이상 출입을 하지 못하겠다")은 다른 의미로 사용된 것이다. 즉 "오늘 나는 120세이다. 내게는 더 이상 이스라엘 군대의 출정과 퇴각을 명령하는 권세가 없다." 모세는 오늘 이스라엘의 영도자로서의 직책에서 은퇴할 것을 선언한다.

모세가 인용한 "너는 이 요단강을 건너지 못한다"라는 야웨의 선언은 자신의 은퇴의 이유로 사용된다. 다른 곳들에서처럼 모세의 요단도하(渡河)의 불가능성은 이스라엘의 요단도하의 가능성과 대조된다. 이곳에서는 그와 같은 불가능성이 야웨의 말씀을 통하여 천명된다. 야웨는 모세와 함께 하지 않으실 것이며, 이제 여호수아의 인도로 이스라엘과 함께 하사 그들보다도 먼저 요단강을 건너실 것이며,[207] 야웨는 가나안 땅의 족속들을 멸하사 이스라엘로 하여금 가나안 지역을 점령하게 하실 것이다. 여호수아도 모세와 함께 있지 아니하고 야웨를 따라서 요단강을 건너게 될 것이다. 이제 모세만이 요단강 동편에 남아 죽게 될 것이다. 하나님은 이전에 이스라엘이 행한 시혼과 옥으로 대표되는 아모리 족속들과의 전쟁에서처럼 가나안 족속들을 멸망시키실 것이다. 그러므로 이스라엘은 용기를 가져야 하며 그들을 두려워하거나 놀랄 필요가 전혀 없다. 이는 야웨께서 앞서 행하시며 이스라엘과 함께 하실 것이며 그들을 떠나지도 버리지도 않으실 것이기 때문이다.

207) "너희 하나님 야웨가 너희보다 먼저 요단강을 건넌다"라는 표현과 "여호수아가 너희보다 먼저 요단강을 건넌다"라는 표현의 상응성에 주목하라.

여호수아에게(31:7-8)

이 부분은 여호수아에 대한 일종의 모세의 위임사(일종의 은퇴 및 취임공식)로 이해할 수 있다. 이전에 모세는 야웨께 후계자를 지명해주실 것을 다음과 같이 요청한 바 있다. "모든 육체의 생명의 하나님이신 야웨님, 한 사람을 이 회중 위에 세우셔서 그로 하여금 그들 앞에 출입하며 그들을 인도하여 출입하게 하셔서 야웨의 회중으로 목자 없는 양처럼 되지 않게 하여 주소서"(민 27:16-17). 야웨께서 이스라엘에게 야웨의 동행과 승리를 약속하셨던 것처럼(6절), 이스라엘 앞에서, 즉 공적인 절차를 통해서 모세는 여호수아 개인에게도 동일하지만 확대된 승리와 야웨의 동반을 그리고 여호수아의 영도 하에 약속의 땅으로 들어가 그 땅을 소유할 수 있을 것임을 확신시켜준다("너는 강하고 담대하라…"). 이것은 위로인 동시에 명령이며, 세부적으로는 격려의 말씀(7, 23절)과 임무수여와 재확신으로 구성되어 있다. 여호수아의 임명에 대한 수차례의 언급들은 반복된 임명이 아니라, 이전의 사건에 대한 즉각적인 회고의 기능을 수행한다. 이와 같은 여호수아의 리더십 이양과 확신의 말씀은 이미 3:21-22, 28에서 언급되었고 이후에 31:14-15, 23에도 다시 등장한다. 이것은 34장에서도 언급된다. 이 주제는 신명기에서 상당히 중요한 역할을 수행한다.

레위-사제들과 장로들에게(31:9-13)

이제 모세는 이 토라를 기록하여 야웨의 궤를 운반하는 레위-사제들과 이스라엘의 모든 장로들에게 주었다. 레위인들의 직무에 대해서는 10:8-9, 27:9, 31:9에서도 언급된 바 있다. 특히 레위사제들에게는 이 토라를 야웨의 언약궤 곁에 두도록 명령하였다. 이러한 행동은 마치 호렙 산에서 야웨께서 직접 쓰신 십계명을 모세에게 주셔서 언약궤 안에 두게 하신 일과 모세가 이스라엘 대신하여 하나님의 말씀을 전했던 것과 병행한다. 이제 이스라엘에게는 언약의 두 돌판들과 모세의 토라가 있었으며, 장차 레위사제들과 장로들은 모세를 대신하여 이스라엘에게 토라의 말씀을 낭독하고 가르치게 될 것이다. 토라의 안치의 언급은 다음과 같이 "낭독하고 배우고 지키라"는 점과 "증인이 되고 경고하라"는 병행적 요소와 상이한 요소가 함께 나타난다.

9-13절	24-29절
모세가 이 토라를 써서 야웨의 언약궤를 메는 레위 제사장들과 이스라엘의 모든 장로들에게 주어 매칠년말, 정기적인 면제의 해의 초막절에 (거주 외국인들을 포함하여) 온 이스라엘이 야웨께서 선택하신 곳에 모여 토라를 낭독하게 하였다.	모세가 이 토라의 말씀을 전부 기록에 써서 마친 후에 야웨의 언약궤를 메는 레위 사람들에게 야웨의 언약궤 곁에 두어 증인이 되도록 하라고 명령했다.
요단을 건너 얻은 그 땅에서 사는 한, 토라의 낭독을 통하여 하나님의 말씀을 배우고 경외하고 지키라.	토라의 말씀은 지금까지 패역하고 목이 곧아 야웨를 거역했고 모세의 사후에도 미래의 부패와 악과 손의 일로 인해 나중에 재앙을 당할 것을 경고하는 증인이 될 것이다.

이러한 신명기에서 언급된 모세의 행위는 원래의 "말로 행한 선포"가 나중에 "기록된 토라"가 되었다는 의미보다는, 이 토라가 모세의 구두선포의 대본(臺本) 역할을 하는 것으로 보아야 한다. 그 정확한 범위에 대한 논란과는 상관없이, 모세의 토라가 여러 가지의 과정을 거친다는 점은 명백하다. 일종의 십계명으로서 토라를 돌에 기록하도록 하고(27장), 기록물에도 기록하며(31:24), 그것을 언약궤 옆에 두어(31:9) 그 내용을 매칠년, 해방의 해(안식년)의 장막절에 야웨 앞 하나님이 선택하신 장소(즉 성소)에서 온 이스라엘(이스라엘 남녀와 어른들과 아이들, 그리고 이스라엘 내에 장기적으로 거주하는 이방인)을 위하여 읽도록 명령한다. 결국 이 모든 일이 끝난 후에 신명기가 기록된 것이다. 여기서 사용되는 토라의 기능은 피츠패트릭-맥킨리(Fitzpatrick-Mckinley, 1999:100ff.)가 다음과 같이 네 가지로 분류한다.

기념비의 기능	석비(石碑)와 기록물 (세페르 ספר)에 기록함으로서 수행된다.
의식(儀式)의 기능	기록에 기록된 토라를 장막절과 같은 공적인 낭독의 행위 자체를 통하여 성취된다.
공문서의 기능	기록이라는 매체를 통해서 기록되고 저장된다.
교훈의 기능	기록이라는 매체의 낭독을 통하여 단순한 낭독의 차원에서 교훈의 목적을 갖게 된다.

모세는 29장에서 모압언약갱신에 남녀노소 심지어 객들까지 참여하게 하였듯이, 약속의 땅에 들어간 후에 모든 언약의 참여자들에게 칠년마다 안식의 해("정기적인 면제의 해")의 장막절에 모여서 언약갱신 의식을 행하라고 명령한다. 그러한 소집과 낭독의 이유는 (평소의 경우와 동일하게[5-11장]) 그들이 듣고 배워 하나님을 경외하고 모세의 토라의 모든 말씀을 지키게 하기 위한 것이었다. 또한 나중에 "출애굽과 광야생활을 경험하지 못한" 그들의 자녀에게도 듣고 배우게 하기 위함이었다. 이와 같은 관행은 17:18에 나오는 왕의 규례와 유사한데, 해방의 해의 장막절은 성인남자만의 참여를 요구하는 매년의 장막절과는 다른 몇가지 요소들(여성들과 어린이들과 거주 이방인들을 포함한 모든 이스라엘 사람들과 토라를 배우고 언약을 갱신하는 것)을 갖고 있었다. 이와 같이 특정한 해에 행해지는 토라를 배우고 언약을 갱신하는 일에는 객을 포함한 이스라엘 신앙공동체의 모든 구성원들이 함께 했다. 토라를 배우고 언약에 참여하는 일에는 그 어떠한 차별도 없었다.

야웨의 계시와 현현(31:14-15)

야웨는 계시로 회막에서 모세와 여호수아에게 이스라엘의 불길한 미래를 말씀하신다. 모세의 임박한 죽음으로 인해(이 표현은 창 47:29을 떠올린다) 야웨는 모세와 함께 여호수아를 회막으로 불러 야웨 앞에서 그를 새로운 지도자로 세우신다(14절). 여기서 여호수아에 대한 격려가 또 등장한다(31:7-8, 14-15, 23).

야웨는 모세에게 그가 죽을 때가 다가왔기 때문에 여호수아를 불러 함께 회막으로 오라고 말씀하신다. 그곳에서 야웨는 여호수아에게 명령하신다. 야웨의 회막에서의 임재는 출애굽과 광야생활에서의 경우처럼 구름기둥으로 회막문 위에 임하는 것으로 상징된다.

야웨의 말씀과 모세의 말(31:16-29)

구조

모세에게 하신 야웨의 말씀과 모세의 말로 구성되어 있는 이 단락의 내용을 세부적으로 살펴보기 전에 그 자체의 구조와 통일성, 그리고 31장과 다른 부분들과의 구조적 상관성을 조금 더 언급할 필요가 있다.

야웨와 모세의 말씀들에서의 상응성

우선 모세에게 하신 야웨의 말씀(31:16-21)을 살펴보자. 필자가 볼 때 다음과 같은 몇가지 상응점들이 존재한다.

A	그때에 그들이 나를 버리고 내가 그들과 맺은 나의 언약을 파기할 것이다(16절).
	그들이 돌이켜(파나 פנה)… 나의 언약을 파기할 것이다(20절).
B	그 때에… 내가 내 얼굴을 그들에게서 돌릴 것이다(17절).
	그 때에… 그들이… 돌이켜(파나 פנה) … 내가 반드시 내 얼굴을 돌릴 것이다(18절).
C	수많은 두려운 재앙들이 그들에게 임할 것이다(17절).
	수많은 두려운 재앙들이 그들에게 임할 때(21절)
D	이제 너희는 이 노래를 … 그들의 입에 넣어 주어라. 이 노래가 나를 위하여 이스라엘 자손들에 대한 증인이 될 수 있도록(19절)
	그들의 자손의 입에서 사라지지 않을 것이기 때문에, 이 노래가 그들 앞에 증인처럼 될 것이다(21절).
E	오늘 나는 그들이 생각하는 바를 안다(21절).

두 번째로 모세의 말(31:26-29)에서는 다음과 같은 상응점들이 존재한다.

A	이 토라의 기록매체를… 너희에 대한 증인이 되게 하라(26절).
	내가 이 말씀을 그들의 귀에 들려주고 그들에게 하늘과 땅을 불러 그들에 대한 증인을 삼기 위해서(28절)
B	이는 내가 안다(27절).
	이는 내가 안다(29절).
C	오늘 … 내가 죽은 후에는 얼마나 더 하겠느냐?(27절)
	내가 죽은 후에 …(29절)
D	후일에 그 재앙이 너희에게 임할 것이다(29절).

이와 같은 야웨의 말씀과 모세의 말의 상응점들은 다음 도표가 증거하듯이 31장 전체의 문맥 속에서 문학적 통일성과 수사학적 일관성을 명백하게 보여준다.

	야웨의 말씀	모세의 말
중요한 상징들	야웨의 얼굴(이스라엘의 죄악과 관련)과 이스라엘의 입(노래)	이스라엘의 귀(말씀)와 야웨의 눈(目前)(이스라엘의 죄악과 관련)
이스라엘에 대한 증인(들)	모세가 부르라고 주신 야웨의 노래	토라의 기록매체, 하늘과 땅
체험적 지식	오늘 나는 그들이 생각하는 바를 안다(21절).	이는 내가 안다(27, 29절).
하나님과 모세가 이스라엘과 함께 함	우리 하나님이 우리 가운데에 계시지 않음이 아닌가?(17절)	내가 생존하여 너희 가운데 있어도 너희가 야웨를 거역하였거늘(27절)
재앙의 임함	수많은 두려운 재앙들이 그들에게 임할 것이다(17절), 수많은 두려운 재앙들이 그들에게 임할 때(21절)	후일에 그 재앙이 너희에게 임할 것이다(29절).

이스라엘의 회의적 미래와 회의적 과거와의 상응성

이와 같은 구조에서 야웨와 모세가 선언하는 이스라엘의 회의적인 미래는 과거에 호렙 산에서 모세의 중재로 야웨와 이스라엘이 언약을 맺을 당시에 벌어졌던 황금송아지 사건이라는 대배도(大背道)사건과도 밀접한 관련이 있다(Sonnet 1997:168f.).

핵심적인 표현들	과거의 경험 (황금송아지 사건)	미래의 조망 (약속의 땅내에서)
아노라… 목이 뻣뻣한	9:6, 13	31:27
그날…너희가 야웨께 반역을 하였더니 (비교. 신 1:26, 43)	9:7, 23, 24	31:27
부패하게 행동하여(비교. 4:16, 25, 32:5) 내가 … 명령하였던 길에서 벗어나 (비교. 신 1:26, 43)	9:12(하나님), 16(모세)	31:29(모세)

모세에게 하신 야웨의 말씀(31:16-21)

많은 사람들이 야웨와 모세가 말한 미래에 있을 이스라엘의 배역의 "필연성"이 실제로 바벨론 포로를 경험한 포로 혹은 포로이후 시대의 "정황적 반영"이라는 점에서 이 부분을 후대적 첨가라고 주장하지만, 그러한 입장을 수용하지 않더라도 신명기내에서의 통일성과 상응성("비관적인 분위기와 표현과 개념의 일관성")의 측면에서 이러한 개념들과 표현들의 진정성은 유지될 수 있다. 즉 이스라엘의 미래에 대한 모세의 회의적 태도는 바벨론시대의 역사적 경험에 의한 것이라기보다는 이스라엘의 완악함에 대한 모세와 야웨의 광야에서의 경험과 회막에서의 모세에 대한 야웨의 "계시의 내용"에서 비롯된 것으로 보아야 한다. 또한 이 단락은 모세의 노래(32장)의 도입부의 역할을 한다.

여기서 야웨는 신현(비교. 출 33:7-11) 중에 모세와 여호수아에게 말씀하시지만, 여호수아는 모세와 야웨의 대화를 묵묵히 듣고 있다. 하나님은 지금까지 모세와 함께 하셨듯이 여호수아와 함께 하실 것을 약속하신다. 야웨께서는 모세가 그의 조상들과 함께 잘 것과(이 표현은 창 47:30을 떠올린다.) 이스라엘이 약속의 땅의 이방신들을 따라 "음란하게" 섬길 것을 말씀하신다(출 34:15f., 호 2:5, 4:15, 렘 3:1). 그러므로 그들에 대한 미래의 재앙은 "하나님이 자기 얼굴을 그들로부터 돌리신 까닭"(32:20)인데, 그것은 아무런 이유없이 "하나님이 그들과 함께 하시지 않기 때문"이라는 이스라엘의 주장과는 달리 "그들이 악을 행하기 때문"에 발생하는 것이다. 여기서 야웨는 모세가 앞에서 반복적으로 말한 것처럼 이스라엘의 배역의 가능성이 아니라, 그것의 필연성을 말해준다. 이점에 대해서 모세도 동의하는 것처럼 보인다(27, 29절). 이와 같은 배역의 필연성에 대한 하나님의 공의로운 진노의 정당성은 16, 20절에 간단하게 언급되지만, 32장에서는 세부적으로 언급된다.

모세는 야웨로부터 이러한 이스라엘의 미래의 배역의 필연성에 대한 증거로서 야웨를 위하여 한 노래를 기록하여 미래의 이스라엘 자손에게 가르치라는 명령을 받는다(19절). 위에서 살펴보았듯이 이 노래는 이스라엘이 약속의 땅에 들어가서 그 땅의 이방신들을 따르고 언약을 위반할 때, 하나님의 진노가 임하여 "많은 재앙들과 고통들"이 임하게 될 때, 이 노래가 야웨를 위하여, 자신들의 입에서 떠나지 않았던 그들의 후손에게 증인이 될 것이다. 그러므로 이스라엘에게 7년에 한번씩 이스라엘 총회 앞에서 읽어야 할 토라의 말씀과 이스라엘에게 가르칠 "모세의 노래"(32장)라는 이스라엘의 미래적 반역에 대한 증인들이 있다. 하나님은 "오늘" 그들의 반역의 경향성조차도 알고 계신다(21절). 그렇기 때문에 모세는 미래의 이스라엘 자손을 위하여 현재의 이스라엘 자손에게 이 노래를 가르친다(22절). 이와 같이 이스라엘의 불충실과 야웨의 신실함은 극단적으로 대조된다.

여호수아에 대한 격려(31:23)

이제 야웨는 연설의 마지막(31:1과 상응한다)에서 여호수아에게 직접 "약속의 땅으로 야웨와 함께 들어갈 것"을 말씀하심(비교. 7-8절)으로 용기를 북돋우며 그를 이스라엘의 새로운 지도자로 세우신다(23절). 미래의 이스라엘의 완악함과 배도에 대한 언급은 이와 같은 백성들을 조만간 약속의 땅으로 인도하게 될 여호수아에 대한 격려와 야웨의 동반의 약속과 역설적인 관계다. 여기서 "입에 넣는다"는 말은 "외워서 가르친다"(taught by heart)는 의미다. 이와 같은 야웨와 모세의 연설은 32장의 모세의 노래의 배경과 목적을 진술한다.

모세의 레위인들에 대한 연설(31:24-29)

여기서 모세는 "이 토라의 말씀들"의 기록을 끝낸다. 이제 모세는 언약궤를 메는 레위인들에게 언약궤와 관련된 마지막 교훈을 준다(14절 이하는 31:9-13의 반복이다). 이 행위 자체가 십계명과 "이 토라의 말씀들"과의 긴밀한 관계성(즉 신적인 기원)을 말해준다. 광야에서 이스라엘의 완악함을 통제할 수 없었던 이러가시 경험들을 유추해 볼 때, 하나님이 이스라엘의 반역 경향성을 알고 계시듯이 모세도 이스라엘 사람들의 현재와 미래의 반역과 완악함을 이해할 수 있었다(27, 29절). 언약궤 옆에 놓인 토라의 기록은 그들에게 증인이 될 것이다. 우리도 잘 알고 있듯이, 모세가 살아있을 때와 마찬가지로 모세 사후에 그들의 타락(비교. 4:16, 25, 9:12, 16, 11:28)과 야웨의 진노로 인해서(4:25) 장차 임할[208] 재앙들(4:25)은 예견될 수 있다. 그로 인해서 모세는 이스라엘의 지파들의 모든 장로들과 관리들을 불러 경고 말씀을 들려주고 그들에게 하늘과 땅을 증인으로 삼고자 한다. 모세가 낭독한 말씀은 모세가 죽은 후에 그들뿐만 아니라 하늘과 땅도 듣고 그들의 완악함을 증거할 것이다(4:26, 30:19). 결과적으로 "노래와 토라와 천지"는 이스라엘 온 지파의 반역에 대한 "영원한" 증인들이 될 것이다.

208) 이 표현은 창 49:1을 떠올린다.

모세의 야웨와 이스라엘을 위한 노래(31:30-32:44)

구조

이 단락은 31:30("모세가 이스라엘의 모든 총회의 귀에 이 노래의 말씀을 끝까지 말했다", 비교. 31:22)과 32:44("모세와 눈의 아들 호세아가 와서 백성의 귀에 이 노래의 모든 말씀을 말했다")의 유사한 표현을 통하여 하나의 문학적 단위를 구성한다. 비록 이것이 모세 자신의 노래(1인칭단수, 32:1-3)이긴 하지만, 야웨께서 이 노래(31:19)를 기록하도록 교훈하신다(명령, 31:22).

이 시의 특징이자, 우리가 자주 접하게 되는 본문 해석상의 어려움은 사용되고 있는 많은 희귀한 단어들과 독특한 시적 문체와 사본전승상의 차이점들에서 비롯된다. 이 본문은 일반 히브리시들보다도 더 긴 행들과 더 세련된 시적 병행구들을 사용하고 있으며 전체적으로 대명사적 주어의 지속적인 변화, 바위에 대한 은유법(안정성, 영원성, 은닉처, 안전)이 사용된다. 이와 같은 문제들로 인해서 많은 주석가들이 이 본문을 다양하게 재구성한다.

이 모세의 노래의 세부적인 단락들의 분석은 학자들마다 매우 다양하다. 대부분의 학자들은 이 단락을 주제별로 세분하지만, 각각의 구분에 난점이 존재하는 것이 사실이다. 그래서 주제별 구분 대신에 필자는 화자의 전환에 따른 분석을 시행해보고자 한다.[209] 모세의 노래 중에 야웨의 독창이 갑자기 등장하는 형식은 앞부분의 모세의 역사회고 속에서 화자의 급작스러운 등장과 유사한 형태를 취한다고 볼 수 있다. 이것은 모세가 노래를 하면서 야웨의 말씀을 인용하는 것일 수도 있으며 모세와 야웨의 듀엣(Duet)으로 여길 수도 있다. 다음의 모세의 노래에 대한 화자에 따른 구분은 라부샤뉴(Labuschagne, 1993)의

209) 최근까지 대부분의 학자들은 주제별로 이 단락을 구분하지만, McDonald(2003:147)는 흥미롭게도 모세의 노래를 다음과 같이 구분한다. 즉 화자(1-7절), 장로들(8-14절), 화자(15-19절), 야웨(20-27절), 화자(28-33절), 야웨(34-35절), 화자(36절), 야웨(37-42절), 화자(43절) 등이다.

분석을 근거로 하였다(비교. Watts 1998:420). 그러나 28-29, 32-33절의 경우에는 여전히 직접화법의 전환표시가 없다는 점에서 화자의 정체에 대한 논란이 있다.

① 28-29절("그들은 지각이 없는 민족이다. 그들 중에는 분별력이 없다. 그들이 지혜로워서 이것을 깨달았다면, 자신들의 결국이 어떠할지를 분별하였을텐데…")의 경우에, 크리스텐센(2002:803)은 20-28절까지만 야웨의 말씀으로 보지만, 샌더스(Sanders 1996:212)는 28-29절이 야웨의 말씀인지, 모세의 평가인지 불분명하다고 주장한다. 그러나 필자는 직전 단락과 비교해 볼 때, 주제의 전환에 근거하여 28-31절 모두를 모세의 말로 여긴다(비교. Tigay 1996:310). ② 32-33절의 경우에도 화자가 누구인지에 대한 논란이 있다. 비록 20, 37절("그가 말씀하셨다", "그가 말씀하실 것이다")에 명확한 화자의 정체성의 표시가 있고 이 구절들에서 명확한 신적 연설의 도입구가 없기는 하지만, 필자는 주제의 전환(즉 분노의 포도[주])이 32절에서 시작된다는 점에서 32-33절도 "이스라엘에 대한 분노의 포도(주)의 심판을 말씀하시는" 야웨의 말씀으로 여기는 일부학자들(Budde, von Rad, Labuschagne, Tigay 등)의 주장을 따른다.

화자(절)	내용
모세(1-19)	이스라엘이 이 노래에 귀를 기울여야 할 필요성, 하나님의 속성과 이스라엘의 속성에 대한 극단적인 대조, 야웨의 이스라엘의 구속과 인도와 축복 그리고 이스라엘의 배반과 우상숭배와 망각, 야웨의 진노
야웨(20-27)	"그가 말씀하셨다"(바요메르 ויאמר)로 시작한다(20절). 야웨께서 진노하사 자신의 얼굴을 돌리심, 진노로 이스라엘에게 온갖 재앙을 보내심, 원수들의 오해를 불식시키기 위해서 이스라엘을 완전히 멸하지는 않으심
모세(28-31)	지혜가 없는 백성은 자신들에게 임한 재앙의 원인을 깨닫지 못함
야웨(32-35)	즐거움과 복의 대상(포도나무)은 재앙과 저주의 대상이다. 이스라엘의 환란을 위하여 예비된 포도주가 사용될 때가 다가옴
모세(36)	야웨의 이스라엘에 대한 판단은 자신의 심판의 정당성뿐만 아니라 이스라엘의 비천한 처지로 인해서 심판의 계획을 철회하게 하심
야웨(37-42)	"그가 말씀하실 것이다"(베아마르 ואמר)로 시작한다(37절). 이스라엘을 돕거나 변호할 수 없는 우상들과 생사화복을 주관하시는 야웨, 대적들에게 보복하시고 징벌하실 것을 맹세하시는 하나님.
모세(43)	이스라엘의 원수들에 대한 야웨의 보복과 속죄

이 노래[210]는 모세가 이스라엘의 "모든 총회"에게 행한 일종의 고별의 노래(Schwanenlied)로서 야곱의 노래(창 49장)나 다윗의 노래(삼하 22-23장)와 유사한 기능을 수행한다. 장르상 주로 언약적 소송으로 여겨졌으나 이 노래는 선지자적인 요소 때문에 "선지자적 언약적 소송"으로 분류된다. 이러한 분류에는 몇가지 문제점들이 있다. 첫째로 이 노래를 언약적 소송으로 여기는 학자들 사이에서도 그 범위에 대해서 이견들이 존재한다. 라이트(Wright 1962)와 샌더스(1996)는 그 일부만, 그리고 바이얼린(Beyerlin 1963)은 전체가 소송의 형식을 갖고 있다고 본다. 둘째로 그 어느 곳에서도 언약의 요소에 대한 언급은 없고 단지 아버지와 아들과의 관계성 하에서 설명될 뿐이다. 이 단락에서의 언약적 소송의 용어들의 부재 때문에 이 노래를 선지자의 신탁이라고 부르는 사람들도 있다. 그러나 그 명백한 기능적 특성을 따라 이 노래를 일종의 언약갱신 의식을 위한 "(의인화된) 증인들"의 하나로 보는 것이 더 낫다.

이 노래에 반영된 역사관은 선택(구원)→선민→가나안에서의 풍요로운 삶→배교→회개→구원의 흐름을 갖고 있다. 모세는 이 노래에서 선지자적인 용어들과 수사학적인 형태들을 완벽하게 동원하여 신적보응, 유일신론, 지혜 등의 주제를 통하여 이스라엘의 미래적 배교와 관련된 야웨의 심판과 은총과 긍휼에 따른 구원을 다룬다. 모세의 노래는 하나님과 그의 백성의 본성에 대한 대조다. 모세는 야웨가 완전하시고 공평하시고 진실무망하사 공의로우시고 정직하신 분이시지만, 이스라엘은 변질되고 거짓되고 사악하고 왜곡되고 어리석고 무감각한 자들이라는 점을 논증한다. 하나님은 반석이시지만(4, 18, 30, 31절) 백성은 반석들 혹은 "잘못된 반석"을 따르고 있다(37절).

210) 이 노래에 대한 자세한 논의는 Labuschagne(1997:112ff.)를 참조하라. 선지서들과의 유사성에 대한 논의는 Tigay(1996:510-12)를 보라.

모세: 하나님에 대한 찬양과 이스라엘의 불순종과 심판(32:1-19)

이 노래는 하나님에 대한 찬양으로 시작하여 구속사에 나타난 이스라엘의 불순종과 그에 따르는 하나님의 심판을 언급한다.

서론과 하나님에 대한 찬양: "반석이신 하나님"(32:1-4)

언약과 모세의 교훈은 서로 연관된다. 모세가 자신의 말을 듣도록 "하늘들과 땅"을 증인들로 소환하며 이와 같은 증인들로서의 "천지"는 이전에도 언급된 바 있다(4:26, 30:19, 31:28). 이러한 표현을 제대로 이해하려면, 우리는 고대 근동에서 사법적 판단을 하는데 있어서 2-3명의 최소한의 유효한 증인들이 있어야 했다는 점을 고려해야 한다. 여기에서의 "증인들"은 하나님의 심판보다는 이전의 언약체결에 대한 역할을 수행하지만, 이 증인들은 이방인들의 개념처럼 신적인 존재들도 아니고 실제적으로 사법적 판단에서 어떠한 구체적인 역할을 하는 것이 아니라, 모세의 교훈 말씀에 대한 "영속적이고 불변하는" 확실성을 강조하기 위한 수사학적 증인의 역할을 할 뿐이다.

모세의 노래(교훈)는 "비, 이슬, 가는 비(細雨), 소나기와 같이" 이스라엘에게 있어서 필수적이라는 점이 우선 명시된다. 2절에서 모세는 야웨의 이름을 전하며 위엄을 "우리" 하나님께 돌리고자 한다. 하나님은 반석이시며 그의 모든 길이 정의롭기 때문에 그의 행사는 완벽하시다. 하나님은 불의가 없으셔서 성실하셔서 의롭고 곧으신 분이다. 그와 같이 반석이 갖는 이미지는 신뢰성, 즉 견고함이다.

구속사에 나타난 불성실한 이스라엘과 성실하신 하나님(32:5-14)

이 단락은 이스라엘에 대한 부정적인 묘사와 이스라엘을 창조하신 하나님의 선하심으로 나뉜다.

이스라엘에 대한 부정적인 묘사(32:5-6a)

우선적으로 이스라엘 백성은 "흠이 있고 삐뚤어지고 어리석고 지혜 없는 백성"이라고 불린다(5-6절). 앞서 언급한 야웨의 성품은 이제 모세가 노래할 이스라엘과 대조된다. 모세의 노래에서 반석의 개념은 중요한 주제인데, 두 가지 즉 신실하신 반석(하나님)과 불성실한 돌들(이스라엘)로 대조된다. "반석, 즉 그의 일은 완벽하다"(4절) vs "반역적인 돌들아, 그들이 그를 파괴하였다!"(쉬헤트 로 로 바나보 무맘 שחת לו לא בניו מומם, [5a절]).[211] 모세는 이스라엘을 "왜곡되고 사악한 세대"라고 부르며 그들에게 "이스라엘이 반석이신 하나님께 보답한 바가 무엇이냐?"고 질책한다(5-6절). 이스라엘이 하나님께 보답한 것은 이스라엘의 불성실일 것이다. 이는 아마도 이들이 지혜가 없는 어리석은 백성이기 때문일 것이다.

이스라엘을 창조하신 하나님과의 그의 선하신 인도(32:6b-14)[212]

이제 세부적으로 모세는 야웨와 이스라엘의 만남을 창조 이야기와 견주어 설명한다. 이것은 이 단락의 앞과 뒤에 언급되는 이스라엘의 어리석음과 반역과 망각에 대한 하나님의 지혜와 긍휼과 축복과 대조시키는 역할을 수행한다. 하나님은 (여기서 창조사역과 관련해서 일반적으로 사용되는 바라[בָּרָא]가 아니라 카나[קָנָה]라는 동사가 사용된 것을 통해서도 알 수 있듯이) 출애굽과 관련해서 이스라엘(민족의) 창조의 아버지로 묘사된다(6절, 비교. 18절). 모세는 이스라엘에게 과거의 날들과 해들과 세대를 기억하도록 요청한다. 그는 아버지나 장로들에게 과거를 물어보도록 요청한다(7절).

"지존자(엘욘 עליון)께서 열방들에게 분깃을 나눠주실 때에, 그가 사람의 아들들(브네이 아담 בני אדם)을 나누실 때에, 그가 하나님의 아들들(브네 [이스라]엘

211) 이 구절이 비록 독법상 많은 수정을 초래하지만, 4절에서 묘사된 하나님의 성품과 극적인 대조를 이룬다는 점에서 Craigie(1976:377, n.15)의 수정된 독법(*šhtw lw l' bn' mrmh*)은 차용할만하다(비교. 미 6:11).

212) Geller(1982)는 6-12절에 나타난, 병행구들을 통한 탁월한 시적 문학적 특징들을 적절하게 분석한다.

(בנ[י ישר]אל)[213]의 수(數)에 따른 민족들 간의 경계를 정하셨다"(8절)는 문장은 이해하기 어렵다. 독법상의 문제점을 해결해 보고자 MT를 포함한 후대의 사본들이 원래의 표현인 "하나님의 아들들" 대신에 "이스라엘의 아들들"이라고 본문을 수정했던 것 같다. 그러므로 "하나님의 아들들"이라는 표현은 "열방의 수"(창 10장)에 언급된 열국의 구분(division)을 의미하는 것 같다. 그러한 가정 하에서 "하나님의 아들들"이 신적인 존재들을 의미하는 것으로 본다면, 이러한 표현은 "세상에 오직 한분의 하나님이 실존하신다"고 믿는 유일신론(monotheism)의 개념보다는 "여러 신들이 실존하지만, 야웨 하나님만을 섬기는" 단일신론(henotheism)이 이 본문에 내포된 것이라는 의심을 받아왔다. 그러나 이 구절은 이스라엘의 독특한 유일신론의 고대적 개념(표현)을 포함하고 있는 것으로 십계명의 제1계명("나 이외에 다른 신들을 네게 두지 말라!")[214]뿐만 아니라, 크레이기(1976:379)등의 주장처럼 하나님의 천상회의(divine council)의 문맥에서 이해되어야 한다. 이 구절은 천사들과 연관된 사람의 아들들의 분깃(영토)에 신적인 의도와 작정이 있었음을 말해준다고 볼 수 있다(이러한 이해는 다니엘서에서 잘 나타난다). 이와 같은 논의를 통해서 볼 때, 신명기가 전반적으로 유일신론적 관점을 유지한다는 점은 확실하다. 그러한 점에서 이 문맥은 야웨 하나님의 전우주적 주권과 이스라엘에 대한 독특하고 독점적인 관심과 관계성을 강조한다. 물론 이러한 국가적인 분할의 개념은 2-3, 4장에서도 발견될 수 있다. 국가의 분할과 흥망성쇠가 하나님께만 달려있으며 이방나라들과 대조되는 하나님의 백성인 야곱(즉 이스라엘)이 하나님의 할당된 분깃이

213) 이에 대해서 "이스라엘의 아들들"(MT), "하나님의 천사들"(일종의 수호천사들?)(쿰란사본과 LXX), 그리고 "이스라엘의 70명의 아들들"(타르굼)과 같은 다양한 독법이 제시된다. 이러한 현상은 원본(Vorlage)상의 난해성을 회피하기 위한 목적으로 수정된 것 같다. 그러므로 "하나님의 아들들"이 원래의 독법일 가능성이 크다. 물론 후대의 독법이 야곱의 70명의 아들들(창 46:27, 신 10:22)과 연관시키긴 하지만, 70이라는 열국의 수의 기원에 대한 적절한 설명을 제공해주지 않는다. 오히려 열국의 분할과 70이라는 수자는 우가릿 문헌에 나타나는 열국의 분할과 엘신의 70명의 아들들에 대한 언급과 밀접한 관련이 있다.

214) 앞서 언급된 신 5장의 십계명에 대한 설명을 참조하라.

다(9절).

이제 하나님의 선하심이 강조된다(10절). 야웨는 이스라엘을 “황무지에서와 짐승들이 울부짖는 들-광야에서” 만났(혹은 발견했)다. 여기서의 황무지(토후 תֹהוּ)는 창세기 1:2의 “형태가 없고 비어있는 상태”(토후 바보후 תֹהוּ וּבֹהוּ)를 상기시킨다. “광야”에 대한 언급을 당시의 역사적 사실에 대한 부정확한 회고나 이집트에 대한 상징적 사용이라고 보는 견해도 있으나, 필자가 볼 때 그것은 삼라만상의 창조 이야기를 빗대어 이스라엘 민족의 창조를 “시적(詩的)”으로 표현한 것이다. 하나님의 보호는 두 가지로 나타난다. 첫째는 야웨께서 이스라엘을 가장 사랑스럽게(눈동자처럼, 케이숀 에노 כְּאִישׁוֹן עֵינוֹ)[215] 지켜보신다는 것이며, 둘째는 야웨께서 어미 독수리가 새끼들을 돌보듯이 이스라엘을 돌보신다는 것이다(출 19:4, 신 14:12, 호 11:3). 이와같은 야웨의 “독수리 날개짓의” 돌보심(예라헵 יְרַחֵף)은 창세기 1:2의 “(수면위에) 운행하신다”(메라헤페트 מְרַחֶפֶת)는 동사적 개념을 상기시킨다. 여기서 이스라엘의 창조 때에 나타난 하나님의 부성적, 모성적 돌보심에 대한 비유가 사용된다. 야웨께서 이스라엘을 창조하시고 유업(遺業)으로 삼으시고 발견하시고 키우실 때 다른 신들은 그들과 함께 있지 않았다. 그렇기 때문에 이스라엘이 다른 신들을 섬길 근거가 없는 것이다.

이제 장면은 미래로 향한다. 여기서 사용된 완료형시제에 유의하라. 야웨께서는 마치 독수리 날개를 타고 날아가듯이 이스라엘을 세상의 높은 곳들로 인도하셨고 이스라엘에게 “신적 풍요의 상징들”인 고기와 곡식과 포도주를 주셨다. 즉 땅의 소산을 먹게 하셨고 반석에서 꿀을, 바위에서 기름을 내어 주셨다. 사실 마지막 표현들은 현실적으로 불가능해 보이지만, 그것을 가능케 하는 하나님의 기적의 산물이거나 그것이 가능한 특이한 자연적 상황

215) 표현(문자적으로는 아마도 눈동자에 어리는 사람을 의미하는 것으로 “그가 보시기에 작은 사람[the little man]처럼”이라는 표현을 사용한다)은 영어로 “like the apple of his eye”로 번역되었고 우리말로는 “자기 눈동자 같이”로 번역되었다.

을 지적하는 것처럼 보인다. 또한 야웨는 이스라엘에게 우유로 만든 버터와 양의 젖과 어린양의 기름과 바산에서 키운 숫양과 숫염소를, 극상품 밀과 포도즙으로 만든 포도주를 마시게 하셨다. "극상품의 밀"에 대한 히브리어 표현은 문자적으로 "밀의 콩팥의 지방부위"를 의미하며 원래 "동물의 콩팥과 지방부위"는 희생제물의 (가장) 좋은 것(혹은 부위)을 의미한다. 여기서 사용되는 포도주는 기쁨과 감사의 도구로 사용되지만, 다른 곳에서는 하나님의 심판의 도구로도 사용된다.

이스라엘의 범죄에 대한 하나님의 진노(32:15-19)

이 단락은 위에서 언급된 대로 하나님의 사랑의 대상이었던 이스라엘이 어떻게 하나님의 심판의 대상인 죄인들로 변화되었는가를 보여준다. "여수룬"(의로운 자)이라는 애칭으로 불리는 이스라엘이 약속의 땅에서 풍요를 누리게 되자, 그의 창조자며 구원의 반석이신 하나님을 버렸다. 이스라엘은 이방신들로 인해서 야웨를 진노케 하였고 가증함(이방제의들)으로 야웨를 공격하였다. 그들은 하나님이 아닌 알지 못하는 신들, 새로 알게 된 신들, 즉 조상들이 두려워하지 않았던 마귀들(하다쉼 חרשים)에게 제사를 지냈다. 지금까지 세 종류의 아버지들이 등장했다(이스라엘 민족의 창조자[6절], 친부[혹은 선생, 7절], 조상[17절]). 그런데 이스라엘은 자신을 낳고 산고 중에 출산하신 반석이신 하나님을 잊었다. 이제 참 반석(4, 18, 30, 31절)과 이방인들의 거짓 반석(31, 37절)의 대결이 등장한다. 하나님은 이처럼 자녀들이 자기 아버지에게 행한 영적 반역과 망각의 죄로 인해서 진노하셨다. 그래서 하나님은 이스라엘을 정죄하신다. 하나님은 이방인들과 함께 선민 이스라엘에게 전쟁을 선포하신다.

야웨: 하나님의 진노와 긍휼(32:20-27)

이 단락은 이스라엘에 대한 야웨의 정죄 즉 야웨의 진노의 원인과 그들에 대한 징벌의 중단 원인을 언급한다. 이스라엘은 "악한 세대며 신실함이 없는 아들들"이기 때문에 하나님이 그들로부터 자신의 얼굴을 돌리사 그들의 끝을 보실 것이다(비교. 31:17, 18). 그러나 이스라엘에 대한 하나님의 심판은 하나님의 긍휼로 중단될 것이다.

> 그들이 "신이 아닌 것"(로 엘 לֹא־אֵל)을 섬김으로 야웨를 질투케 하였고
> 그들이 우상들(하브레헴 הַבְלֵיהֶם)을 섬김으로 하나님을 진노케 하셨다.
> 이제 하나님은 "백성이 아닌 자들"(로 암 לֹא־עָם[216])을 통하여 그들을 질투케 하실 것이며
> 하나님은 어리석은 백성들(고이 나발 גּוֹי נָבָל)을 통하여 그들을 진노케 할 것이다(21절).[217]

하나님은 이방인들을 동원한 이스라엘에 대한 전쟁을 통하여 다양한 신적 진노를 퍼부으신다. 즉 하나님의 코에서 나오는 불과 같은 진노는 강하게 불타올라 심지어 스올도 불태울 것이며 땅과 땅의 소산들과 산맥의 기초들도 강렬한 화력(火力)으로 인해서 녹아 눌러 붙게 하실 것이다. 하나님은 재앙이 그들을 휩쓸어가게 하실 것이고 화살들이 그들에게 쏟아지게 할 것이다. 그들은 기근의 굶주림의 고통과 질병의 참화(慘禍)와 고통스러운 벌레들의 공격으로 고통을 당할 것이며, 야수들의 공격과 뱀들의 독의 위협에 직면할 것이다. 외부적으로는 군인(남자)들의 살륙으로 인한 과부들이 발생할 것이며 내부적(집안)으로는 어린 소년과 소녀(혹은 결혼적령기의 남성과 여성), 젖먹이와 노인들 모두에게 공포가 나타날 것이다(비교. 28장의 저주목록들, 애 2:21).

이스라엘을 흩어서 사람들 사이에서 더 이상 기억되지 않도록 하겠다는

216) 이와 유사한 표현은 호 1:9, 2:23에서도 발견된다.

217) 이에 대해서 Eissfeldt과 Mendenhall(1975)은 "블레셋인들"로, Cassuto는 "가나안인들"로, von Rad는 "바벨론 사람들"로 여긴다. 그러나 그 정체는 여전히 모호하다(Mayes 1979:389).

하나님의 생각("내가 생각했다/말했다"[아마르티 אמרתי])은 온전히 실현되지 못할 것이다(26절). 하나님의 진노는 이스라엘을 흩으셔서[218] 그들이 완전히 멸망당하기 직전에서 멈출 것이다. 그것은 하나님이 "그들을 완전히 멸망시켜 사람들의 기억에서 조차 사라지게 했다가는, 대적들이 '우리의 능력이 승리를 얻게 했을뿐, 야웨께서 이 모든 일을 행한 것은 아니다' 라고 말하며 오해하고 교만해질 것이다"라고 생각하셨기 때문이다. 그러한 야웨의 명예에 대한 혹은 이방인들의 오해에 대한 염려로 이스라엘 백성은 완전한 멸망에까지는 이르지 않을 것이다(민 14:13-16, 신 9:28-29, 겔 36:22-33).

모세: 이스라엘의 어리석음(32:28-31)

이스라엘은 모세의 조언에 귀가 먼 자들이며 식별력이 없고 지혜가 없어서 깨닫지 못할 것이며 그들의 마지막을 알지 못한다(비교. 29:4, 30:1). 고난 중에서 이스라엘은 수많은 이스라엘이 적은 수의 적군들에 의해서 추격을 당하는 것은 그들의 반석인 야웨께서 그들을 파시고 넘겨주셨기 때문이라는 점을 알지 못한다(비교. 28장). 여기뿐만 아니라 야웨를 반석에 비유하는 것은 시편에 자주 나타난다(시 18:2, 31, 46, 31:3, 61:2, 62:2, 71:3, 89:26, 95:1 등, 삼하 22:3). "대적들이 의존하는 반석과 이스라엘의 반석은 전혀 다르며 이것은 대적들도 깨닫는 바이다."[219] 이러한 개념들은 이후에 잘 나타나는 야웨의 심판도구들(이방인들)에 대한 이해와 일맥상통한다.

218) MT는 이것을 "산산히 조각을 내다"(아프에헴 אפאיהם)로 읽지만 Mayes(1979:386)는 "흩는다"(아피챔 אפיצם)로 읽는다.

219) 이 부분에 대한 학자들의 해석은 다양하다. 즉 LXX를 따라 NRSV는 "우리의 원수들은 바보들이다"로, Albright는 "우리 원수들 자신들은 재판장들이 아니더냐?"로, Tigay는 "우리의 원수들의 보호자들조차도 (우리의 반석과는) 다르다"로, Craigie는 "우리 원수들조차도 재판장들이 될 것이다"로 번역한다.

야웨: 이스라엘의 배신, 하나님의 신실함 그리고 심판(32:32-35)

이스라엘에 대한 하나님의 판단이 제시된다. 그들의 풍요는 선한 것이 아니라 악한 것이다. 일반적으로 여기서 이스라엘은 이사야서에서처럼 야웨의 포도원으로 비유되지만, 여기에서는 악한 포도나무와 열매들로 불린다. 여기서 구약에서 흔하게 사용되는 이스라엘의 죄악과 심판의 상징의 짝인 소돔과 고모라가 사용된다(29:23). 여기서는 그 모티프가 타락과 배교의 상징으로 사용된다. 그들의 포도나무는 소돔의 포도나무와 고모라의 포도밭에서 가져온 것이며 그 열매는 뱀의 독의 포도며 쓴 포도송이들이라고 불린다. 그 열매로 만든 포도주는 뱀들의 독이며 독성이 강한 뱀의 독이다. 즉 악한 성품은 악한 행실을 낳는다는 의미다.

이스라엘의 배신(背信)에도 불구하고 하나님의 언약적 충성은 지속된다. 장차 임할 이스라엘의 원수들에 의한 이스라엘의 고난은 하나님의 심판의 결과이다. 이때는 하나님의 진노(즉 보복)의 정하신 때이다(35절). 하나님의 진노는 이중적이라서 심판과 구원이 동시에 일어난다. "이것(포도주)이 내게 쌓여 있고 내 포도주 곳간들에(참조. Dommershausen 1990) 봉인(封印)되어 있지 아니한가? 그들이 실족할 그 때에 내가 보복할 것이다. 그들의 환난의 날이 가까우니 그들에게 닥칠 그 일이 속히 임할 것이다"(34-35절). 결국 이스라엘을 심판할 때 사용된 이방민족들도 야웨의 심판을 받을 것이다(35, 41, 43절). 보응과 보상은 야웨께 속한 것이다(35절). 야웨의 심판의 때는 이스라엘을 심판한 이방인들의 행악이 야웨의 (심판의) 포도주 곳간에 가득히 쌓이는 때인 것이다. 그때는 가까웠고 속히 임할 것이다.

모세: 하나님의 긍휼(32:36)

모세는 야웨의 이스라엘에 대한 관점의 변화의 시점을 발견한다. 야웨께서 이방인들을 심판하실 때, 혹은 이스라엘에게 임한 심판의 결과를 보셨을 때,[220] 즉 "그가 힘(손)이 약해지고 속박이나 놓임이 없음을 보셨을 때 그들을 야웨께서 변호하시며 긍휼히 여기실 것이다(혹은 징계하신 것을 후회하실 것이다[Tigay 1996:312]).

야웨: 우상의 무능력과 전사이신 하나님(32:37-42)

야웨는 이스라엘을 징벌한 이방인들(혹은 징벌을 당한 이스라엘)에게 힐문(詰問)하신다. 이방인의 신들 즉 그들이 도피처로 삼았던 반석은 어디에 있는가? 그들이 바쳤던 희생제물들의 기름을 먹던, 전제(奠祭)의 포도주[221]를 마시던 자들(우상들)은 일어나 이제 야웨의 심판을 받게 될 자기들의 예배자들이 일어나도록 돕고 그들을 보호해보라! 이제 그들은 "야웨 옆에는 다른 신이 없다"는 것을 알게 될 것이다(십계명중 첫 번째 계명[4:35], 비교. 5:7, 우상의 무능력에 대한 논증은 사 44-46장을 보라). 이제 야웨는 생사와 질병과 치유를 주시는 분이 바로 자신이심을 선포함으로 자신의 능력보다 더 우월한 자가 없음을 선포하신다. 이것은 신명기 내에서의 또 다른 유일신론적 선언이다. 이제는 하늘에 손을 들어 행하는 야웨의 엄숙한 맹세의 말씀은 전사이신 야웨의 모티프와 함께 인용된다(40-42절). 하나님은 지존하신 분이시므로 그 누구도 그의 맹세를 깨뜨리거나 변개시킬 수 없다. 영존자("내가 영원히 살아 있는 한")는 서슬이 퍼렇게 칼날을 세워 심판하사 자신의 대적들에게 보응하시며 자신을 미워하는 자에게 앙갚음하실 것이다. 자신의 화살로 원수들을 도륙하시며 자신의 서슬이 퍼런 칼로 죽은 자들과 포로들의 피와 함께, "원수의 대장의 머리로부터"[222] 생

220) 학자들마다 이 난해한 본문에 대한 다양한 견해들을 제시한다. "종이나 자유자나 전혀 없어졌을 때"(Merrill), "이방신들과의 속박을 벗어나 놓임이 있을 때"(Craigie), "그가 남아 있는 자들, 즉 속박된 자나 자유자나 그들의 힘이 사라졌음을 보았을 때"(NRS), 사회적(노예와 자유인, 혹은 갇힌 자와 해방된 자), 제의적(부정한 자와 정결한 자)인 지위에 대한 언급으로, 혹은 포괄적인 의미를 내포하는 것(Mayes) 등이다.

221) "술취함"은 하나님의 심판의 은유로도 사용된다.

명을 빼앗으실 것이다.

모세: 기쁨과 경배의 요구(32:43)

결국 모세는 "기뻐하라, 하늘들아, 그의 백성과 함께/ 그를 경배하라, 너희 모든 하나님의 아들들아!/ 그가 자기 종들의 피를 갚으시고/ 그의 대적들에게 복수하시며/ 자기를 미워하는 자들에게 갚으시며/ 자기 땅과 자기 백성을 위하여 속죄하실 것이다"[223]라고 선언한다.

모세의 노래의 종결(32:44)

이제 화자는 모세가 눈의 아들 호세아, 즉 여호수아와 함께 백성들 앞에서 "이 노래의 모든 말씀"을 낭송하였다고 말한다(비교. 31:22). 여기에서는 눈의 아들 호세아(호쉐아 הוֹשֵׁעַ)라는 두 이름이 언급되지만, 모세가 눈의 아들 호세아를 "여호수아"라고 고쳐 불렀다는 사실은 민수기 13:16에 나온다. 이제 모세가 이 노래(32:1-43)를 노래한 후에 모든 설교를 마치고 마지막으로 백성들에

222) 물론 이 표현(메로쉬 파르오트 오옙 מֵרֹאשׁ פַּרְעוֹת אוֹיֵב)은 모호하기 때문에 학자들 사이에 이견이 있다(비교. Christensen 2002:819-20). "원수의 자원자들의 머리(the head of the enemy' s willing volunteers)" (Craigie), "긴 머리의 원수들로부터" (NRS, Christensen), 혹은 민 6:5과 겔 44:20과 관련하여 "서원한 전사의 긴 머리카락" (Mayes 1979:392f.) 등과 같이 다양한 해석이 제시되었다.

223) 이 본문은 4QDeutq에 근거한 Nelson(2002:366)의 재구성을 따른 것이다. MT가 "찬양하라, 너희 열방아, 그의 백성을[?]" (하르니누 고임 암모 הַרְנִינוּ גוֹיִם עַמּוֹ)이라는 독법을 취하지만, 그 의미나 문장의 온전성은 의심스럽다. 그렇기 때문에 본문의 더 정확한 재구성을 위해서 다른 고대의 사본들을 참조해야 한다. 예를 들어, 한 사해사본(4QDeutq)과 LXX에서는 "기뻐하라, 너희 하늘들아, 그와 함께, 그리고 하늘의 모든 천사들이 그를 예배하게 하라"는 독법을 취한다(비교. Mayes 1979:393). 여기에서 Christensen(2002:812-13)은 "기뻐하라, 하늘들아, 그의 백성을(+את 혹은 עם[한개의 히브리어사본, BHS를 따라서]). 그를 경배하라, 너희 모든 하나님의 아들들아!" 라고 본문을 재구성하며, 사본상에서 발견되는 "단락의 의도적인 훼손"을 "한 필사자가 율법주의적 수정(혹은 교정)의 차원에서 천사론적, 다신론적 해석의 가능성을 미연에 방지하려는 의도"로 그와 같은 단어들을 32:8의 경우처럼, MT에서 생략한 것이라고 이해한다(참조. Tigay 1996:516ff.).

게 교훈한다.

모세의 죽음과 후계자 위임–내러티브(32:45–52)

"모세가 이 모든 말씀들을 온 이스라엘에게 말하기를 마쳤을 때"(45절)라는 표현은 다시 등장하는 두 개의 짧은 연설들(즉 온 이스라엘에 대한 모세의 연설[46-47절]와 모세에 대한 야웨의 연설[49-52절])에 대한 표제역할을 한다.

모세의 말(32:45-47)

모세는 "오늘" 모압 평야에서 이스라엘에게 말한 "이 모든 말씀들"을 염두에 두고 자녀에게 명령하며 이 토라의 모든 말씀들을 지켜 행하라고 명령한다. 이러한 준수의 명령은 "공허한 말 혹은 행위"가 아니라, 이스라엘에게 생명의 말씀(혹은 행위)이다. 이러한 새 세대에 대한 교육은 신명기 내에서 상당히 중요한 주제(4:9, 6:7, 11:19, 31:13)이며, 이러한 일(순종)은 약속의 땅의 점령을 눈앞에 둔 이스라엘 사람들에게 생명이며 그 땅에서 오래 거하게 되는 결과를 얻을 수 있을 것을 말해준다.

모세에 대한 야웨의 마지막 명령들(32:48-52=민 27:12-14)

야웨께서 같은 날(즉 출애굽 40년 11월 1일)에 모세에게 행하신 느보 산에 올라가 이스라엘의 "분깃의 땅"을 바라보라는 긴 연설은 모세의 부고(訃告)처럼 모세의 짧은 연설 이후에 따라 나온다. 이 부분은 3:27과 민수기 27:12-14을 상기시킨다. 이 연설은 창세기의 족장들의 부고공식들과 아론의 부고공식과 유사한 형태를 가진 민수기판 모세의 부고공식과 유사하다. 야웨께서는 아론이 (아마도 6개월전에) 호르 산에서 죽었던 것과 같은 이유의 범죄(**"므리바 샘물(가)에서 내 말을 거역한 까닭이다"**[민 20:24], 비교. 10:6, 아론의 죽음과 엘르아살의 위임[민 20:22-29], 모세의 죽음에 대한 예보와 엘르아살 앞에서의 여호수아의 위임[민 27:12-23])로 인하여 모세도 느보 산에서 죽게 될 것을 말씀하신다. 이와 같은 모세의 죽음에는 다음과 같은 두 가지 이유들이 있었다. "너희가 신 광야 가데스의 므리바 샘물가에서 이스라엘 자손 가운데 내게 범죄한 까닭" 과 "나의 거룩함을 이스라엘 자손 가운데서 나타내지 않은 까닭" 으로 인한 것이다. 흥미롭게도 메이즈(1979:395)의 발견처럼 지명인 가데스(코데쉬 קדשׁ)와 거룩(킷다슈템 קדשׁתם)사이에 언어유희가 존재한다(51절). 이러한 상관성은 두가지 원인들 사이에 "거룩성" 의 결여가 중요한 이유라는 점을 보여준다.

물론 모세와 아론의 범죄에 대한 여러 다양한 해석들이 그동안 제시되었지만, 실제적인 이유가 무엇이든지간에 결국 모세와 아론이 하나님의 명령을 온전하게 실현하지 못하고 이스라엘 앞에서 화를 냄으로서 모세가 이스라엘의 백성들 앞에서 야웨의 권위를 약화시킨 것만은 사실이다. 비록 이 모든 것이 모세와 아론만의 잘못은 아니지만, 그들이 지고가야 할 "중보자" 의 몫이었다. 이러한 측면에서 일부 학자들은 이것을 모세가 "이스라엘의 죄를 위하여 대속적으로 죽어야 했다" 고 말한다. 물론 미리암과 아론과 함께 모세가 가나안 땅에 들어갈 수 없었던 것은 이미 수십년전에 시내 산에서 언약을 맺은 후에 가나안 땅에 다녀온 12명의 정탐꾼들 가운데 10명의 불신앙의 보고와 그에 상응하는 백성들의 불신앙의 결과로 주어진 광야 1세대에 대한 하나님의 포괄적인 징벌이기도 했다.

이제 신명기 화자의 관심은 독자들로 하여금 다시 민수기 27장 하반부에 묘사된 사건으로 돌아가게 만든다. 민수기에서는 순서상 모세의 죽음에 대한 예보(27:12-17)가 선행하고 이후에 여호수아에게 지도력의 승계의 논의와 아론의 아들 엘르아살 제사장 앞에서의 여호수아의 지도력의 위임의 문제가 다루어진다(18-23절). 이후에 엘르아살 제사장에 대한 언급과 관련하여 제의적 문제들이 다루어진다. 매일, 7일째, 초하루, 그리고 매년의 번제물들에 대한 언급이 다시 한번 반복되고 여성의 서원 문제가 등장한 후에, 모세와 엘르아살의 리더십에 의한 전쟁 이야기가 전개된다. 세부적으로는 전쟁에 관한 이야기가 제시되고 요단강 동편 땅의 점령, 광야의 여정에 대한 정리, 요단서편 가나안 땅의 분배, 이제 다시 한번 제의와 토지분배와 관련된 복합적인 주제들, 즉 레위인들에게 주어진 땅들과 도피성이 언급된다. 마지막으로 아들이 없는 가문의 경우와 관련된 시집간 여성들, 슬로브핫의 딸들의 유산에 대한 언급으로 민수기는 종료된다(27:12-14, 32:48-52(비교. 아론의 죽음[20:24-26]). 이와 같이 신명기는 민수기의 마지막 부분의 주제인 요단동편 지역의 땅 분배에서 시작해서 다시 그 앞으로 돌아가는 순환적인 노정적(路程的), 신학적, 교훈적 여정을 종결짓는다.

모세의 야웨와 이스라엘 자손을 위한 노래(33:1-29)

구조

하나님에 대한 찬양을 다루는 서문(2-5절)과 결론(26-29절)을 제외한 모세의 유언의 본론은 시므온 지파를 제외한 개별적인 집단들, 르우벤, 유다, 레위, 베냐민, 요셉, 스불론, 갓, 단, 납달리, 그리고 아셀 지파에 대한 모세의 시적 축복(유언)이다. 모세의 축복은 레위지파(제의적 관심)와 요셉지파(**장자권과 물질적 축복**)에 집중되어 있다는 특징이 있다. 주제별로도 다음과 같이 구분된다. 즉 지적인 존재를 약속함(6절), 제사장의 특권들(10절), 안전(11절), 훌륭한 선물들(13-16절), 풍요(18-19절), 땅의 보상(20-21절), 소유(23절), 번영과 힘(24-25절) 등이다.

모세의 야웨와 이스라엘을 위한 축복의 노래는 오경의 종결부로서의 창세기 49장의 야곱의 유언과 상응한다는 점과 신명기(의 모세의 사역)의 끝을 장식하는 종결부에 놓여 있다. 이 부분은 창세기 49장의 야곱의 축복과 대조시켜 볼 필요가 있다(보라, Swenson-Mendez 2001:192ff.).

창세기-야곱의 축복	신명기-모세의 축복
가끔 심판적, 가끔 구원적	지속적으로 구원적이며 약속적임

야곱의 축복과 모세의 축복은 다음과 같은 명백한 상응성들이 존재한다.

야곱의 축복(창 49장)	모세의 축복(33장)
하늘 위의 복들과 그 아래의 깊음의 복들(25절)	하늘의 극상의 선물들인 이슬(露)과 그 아래의 깊음의 극상품들로(13절)
영원한 산들의 복들과 영원한 언덕들의 관대함 이상으로(26절)	옛 산들의 꼭대기와 영원한 언덕들의 풍요로부터(15절)
그것들(복들)이 요셉의 머리에, 그의 형제들 가운데서 나실인(네지르 נזיר)의 정수리에 있기를(26절)	그것들(복들)이 요셉의 머리에, 그의 형제들 가운데서 나실인의 정수리에 있기를(16절)

그러므로 모세의 축복은 삼중적인 측면(즉 신명기의 종결부로서, 창세기의 종결부와의 대응부로서, 그리고 모세오경 전체의 종결부)에서 적절한 위치와 기능을 수행한다는 점에서 현재의 신명기 문맥 속에서 적절하다. 그러나 창세기에 나오는 야곱의 가계표, 야곱의 축복, 그리고 모세의 축복은 12지파가 모계를 따라 배열되었다는 점에서 동일하지만, 이 세 가지 족보의 세부적인 배열순서에서 다르다. 게다가 양자 사이의 차이점이 몇가지 더 있다. 그 하나는 야곱의 경우와는 달리 모세의 경우에는 책망의 요소가 없다는 것이며 나머지 하나는 시므온 지파가 모세의 축복에 나타나지 않는다는 것이다. 이것은 아마도 시므온 지파가 초기에 매우 약화되어(심지어 "광야시대에"[비교. 민 25:6-15]) 유다 지파에 편입된 것(비교. 수 19:1-9)과 관련된 것으로 이해할 수 있을 것이다(보라. Merrill

1994:438, McConville 2002:467).

야곱의 가계표(창 46:8ff.)	야곱의 축복(창 49장)	모세의 노래(33장)
레아(르우벤, 시므온, 레위, 유다, 잇사갈, 스불론), 실바(갓, 아셀), 라헬(요셉, 베냐민), 빌하(단, 납달리)	레아(르우벤, 시므온, 레위, 유다, 스불론, 잇사갈), 빌하(단), 실바(갓), 실바(아셀), 빌하(납달리), 라헬(요셉, 베냐민)	레아(르우벤, 유다, 레위), 라헬(베냐민, 요셉), 레아(스불론, 잇사갈), 실바(갓), 빌하(단, 납달리), 실바(아셀)

하나님의 사람, 즉 예언자적인 측면에서 모세는 야곱처럼 이전 족장들의 위치에서 이스라엘 각 지파를 축복하는 특권을 갖는다. 이것은 이스라엘에 대한 일종의 정당화의 확신으로 32:26ff.와 주제적으로 연관된다. 추가적으로 축복 표현의 일부는 발람의 이스라엘에 대한 축복의 말과 유사하다는 점도 염두에 두어야 한다.

서문-신현 묘사와 이스라엘에 대한 언급(33:2-5)

이 서문은 야웨께서 남부지역으로부터 많은 군대들의 호위와 번쩍이는 무기로 무장한 채 남쪽에서 올라오는 정복의 행진(시내[224]산→세일-에돔→데만→바란산)에 대한 묘사로 시작하여 이스라엘이 모세로부터 받은 분깃으로서의 토라의 의미와 여수룬에서의 왕의 통치에 대한 묘사로 이동한다. 모세의 노래의 서문(2-5절)과 결론(26-27절)은 신적인 전사의 이미지를 내포하며 몇가지 중요한 개념들(즉 야웨[2, 29절], 여수룬[5, 26절], 백성, 이스라엘[5, 29절], 너의 도움과 너의 광채[26, 29절])로 인해서 종두병행적 구조(inclusio)로 이루어져 있다.

224) 야웨의 신현적 언급에서 호렙이 아니라 시내 산이 언급된 것을 보면, 시내 산이라는 명칭이 호렙보다 더 좁은 의미("특정한 산")를 내포하고 있는 것처럼 보인다.

"야웨께서 시내 산에서 오셨고 백성(혹은 그들)을 위하여 세일 산에서 떠오르셨고(dawned), 바란 산에서 나타나셨고(혹은 비추셨고)…" (2절)[225]라는 표현들은 구약의 일부 구절들에서 유사하게 발견된다(삿 5:4f., 시 68:8f., 18, 합 3:3). 여기서 심각한 문제는 2b-3절의 독법상 난해성 때문에 학자들마다 다양한 본문의 재구성을 제시한다는데 있다. 아마도 이것은 영원히 명쾌하게 해결되지 못할 난해한 구절로 남아있을지도 모른다. 여기서 이 본문("일만 성도[226] 가운데에 강림하셨고 그의 오른손에는 그들을 위한 맹렬한 규례가 있도다"[개역])에 대한 필자의 독법은 크리스텐의 견해(2002:832, 또한 JPS)에 따른 (임시적) 재구성이며 앞선 언급과 관련된, "야웨의 지리적 이동"(가나안 정복루트)의 연속적 언급으로 이해한 결과다. 물론 크로스와 프리드만 등을 따르는 다른 입장[227]은 신현적 측면에서 "야웨의 규례를 전하는" 천상적 존재들의 무리로 이해하려는 경향도 있다.

> 그가 행진[228]하셨다, 리브롯(혹은 므리바)-가데스로부터[מרבבת קדש]
>
> 그들을 위하여 그의 남쪽 땅[אשדת][229]으로부터 산비탈들로."

3절은 주어가 2인칭 단수("당신")라는 점에서 모세의 말처럼 보인다. "(이스라엘) 백성의 애호자들,[230] 모든 거룩한 자들("천사들"[LXX] 혹은 "이스라엘"[Mayes

225) 이와 같은 "동쪽에서 서서히 떠오르는 태양"의 이미지는 여기서 야웨의 신현적 진군(theophanic march)을 묘사하는데 사용되었다.

226) 여기서 성도는 이스라엘이나 이스라엘의 거룩한 자들을 의미하는 것이 아니고 하나님의 천사들을 의미한다.

227) Cross와 Freedman(1948)은 2b절에 대하여 유사하지만 좀 다른 독법을 제시한다. "그와 함께 거룩한 자들의 무리가 있고, 그의 오른 손에 강한 자들이 행하고 있도다, 아, 백성들의 수호자들. " 이러한 입장은 Miller(1964)도 유사하게 따른다.

228) LXX와 Cross와 Freedman(1948) 등은 MT의 독법을 병행법상 동사가 생략된 것으로 보고 "그가 왔다"(아타 אתה)를 "그와 함께"(오토 אתו)로 읽는다.

229) Tigay(1996:320)는 "번개와 같은 번쩍임"(lightning flashing)으로 번역하지만 독법상 "비스가의 경사면의 남쪽" 혹은 "남쪽지역"이라고도 해석될 수 있다고 주장한다.

230) 이 표현은 야웨(단수로 볼 경우)보다는 "야웨의 백성을 수호하는(혹은 사랑하는)" 야웨의 천사들(복수로 볼 경우)로 이해하는 것이 더 낫다.

1979:399])이 당신의 수중(手中)에 있나이다. 그들이 당신의 발[231] 앞에 모여(혹은 부복[俯伏]하여) 당신의 말씀들(מדברתיך)을 받나이다."[232] 이 부분은 천상회의를 주재하시는 야웨와 충성스러운 천사들이 야웨의 명령을 받는 장면을 묘사한다. 4-5절에서는 야웨의 신현적 임재와 명령에 대한 백성("우리")의 반응이 제시된다. 백성들은 모세가 야곱의 회중에게 분깃으로 토라를 주었다고 말하며 백성의 두령들이 이스라엘의 지파들과 함께 모였을 때 여수룬에 왕이 있었다고 선언한다. 여기서 언급된 왕의 정체에 대한 몇가지 주장들이 있지만(왕으로서의 야웨, 모세, 혹은 인간 왕과 왕국), 문맥상 이스라엘에 대한 하나님의 왕적 통치로 보아야 한다(Craigie, Tigay, Christensen, McConville). 여기서 언급된 백성의 두령들은 1장에서 모세의 역할을 분담하고자 백성 중에서 선출된 자들을 의미한다.

12지파에 대한 모세의 축복들(33:6-25)

야곱의 축복(창 49:18)에서는 요셉과 단의 경우에만 하나님과의 연관성이 드러나지만, 모세의 축복의 경우에는 르우벤과 단과 아셀의 경우를 제외하고는 하나님(의 축복)과 연관된다. 여기서 언급된 지파들은 정착 이후의 지파 배치와 관련된 지리적인 인접성의 순서에 따라 배열되었다.

르우벤 지파(33:6)

여기에는 다른 경우들과는 달리 도입부가 없다. 이것은 아마도 "르우벤에 대해서 그가 말했다"라는 표현이 초기에 원문에서 탈락된 것으로 보아야 할

231) 여기에서의 손(LXX의 독법과는 다른 MT의 독법을 따른다면)과 다음 행에서 언급되는 발의 언급은 "모든 면에서"라는 의미를 내포하는 양단법으로 이해할 수 있다(Freedman 1980:41).

232) Miller와 Craigie는 본문을 수정하여 "그들이 당신의 발 앞에 서둘러 도착했고 그들이 당신(야웨 혹은 모세?)의 뒤를 따라 서둘러 걷는다[they set off walking behind you]"라는 독법을 취한다.

것이다(NEB처럼). 모세는 레아의 아들이며 야곱의 장자인 르우벤 지파가 수적으로는 소수(창 34:30, 신 4:27, 렘 44:28, 시 105:12[=대상 16:19])이나 그의 후손이 끊이지 않을 것을 기원한다.[233] 그러한 면에서 르우벤의 미래는 야곱의 유언에서 아마도 자기 아버지의 첩을 범한 르우벤의 소행 때문에 부정적이었으나(49:3-4), 후대의 모세의 유언에서 조금은 긍정적이 된 것 같다.

유다 지파(33:7)

이 본문 자체는 모호하지만 일면 군사적인 측면에 집중하는 것처럼 보인다. 모세는 그들이 전쟁과 관련해서 구하는 간구를 들으시고(1행), 전쟁이 승리로 끝나 나머지 부족들에게 무사히 귀환하게 하시고(2행), 그들이 직접 대적들과 싸우더라도 야웨께서 유다 족속을 도와 승리할 수 있도록 기도한다(3-4행).[234]

레위 지파(33:8-11)

이 부분은 모세의 기도 중에서 두 번째로 길며 해석하기 어려운 점들도 많이 있다. 여기에서는 야곱의 축복(창 49:5-7)에 나타난 비(非)제의적 사역의 측면보다는 상대적으로 제의적인 면(8-10절)이 매우 강조된다. 여기에서 레위인들이 맡은 신탁, 교육, 그리고 제의적 업무가 언급된다. 레위 지파는 사제로서 하나님의 뜻을 구할 때 쓰는 둠밈과 우림을 맡은 헷세드의 사람들이다(MT는 "당신의 둠밈과 당신의 우림이 당신의 헷세드의 사람과 함께 있도다" 라고 읽지만, LXX는 "레위에게 그의 현시들[즉 둠밈]을, 거룩한 자에게 그의 진리[즉 우림]를 주소서" 라고 읽는다). 우림과 둠밈은 레위인들을 통하여 특정한 질문들에 대한 하나님의 반응(즉 "예" 와 "아

233) 혹은 LXX와 시 40:6의 예를 따라 본문수정을 하여 Christensen(2002:848)은 이 문장을 "후손이 끊이지 않고 오히려 그 수가 많기를 기원" 하는 것으로도 읽는다.
234) 시므온 지파에 대한 언급의 생략은 원저자의 의도적 배제나, 사본상의 초기적 훼손의 결과이거나, 아니면 나중에 유다 지파내의 시므온 지파의 합병이라는 점에서 그들에 대한 축복이 유다 지파에 대한 축복에 함축된 것으로 볼 수 있다.

니오")을 확인하려는 목적으로 사용된 신탁의 매체였다.

여기서 인용된 여러가지의 사건들은 시적인 형태로 혼합되어 있다는 점을 간과하지 말아야 한다. 맛사와 므리바 사건 때에 레위인들(모세와 아론의 대표성)이 야웨를 시험하고 하나님은 이스라엘과 다투셨지만(출 17:1-7, 민 20:1-13, 신 32:51, 시 81:7[8], 95:8-9, 106:32), 다른 한편으로는 그들은 야웨의 명령과 언약을 지키고[235] 백성에게 계명과 토라를 전하기 위해서 부모와 형제와 자녀의 인연도 무시하였다(황금 송아지 사건[출 32:25-29],[236] 민 25:1-9). 이들은 야웨의 규례들을 야곱에게, 야웨의 토라를 이스라엘에게 가르치며 야웨 앞에서 향(즉 희생제물의 타는 연기[비교. 삼상 2:16, 호 4:13, 11:2, 사 1,13])을 피우며 야웨의 제단에 온번제를 드리는 것 같은 직무를 받았다. 본격적인 레위에 대한 축복은 11절에만 나온다. 모세는 여러 제사와 다양한 직무 수행을 위하여 그들의 힘(혹은 재산)을 주시기를, 레위인들의 업무가 하나님에 의해서 용납되기를, 그리고 원수들로부터 보호를 간구한다.

베냐민 지파(33:12)

모세는 야곱의 축복과 같이 군사적인 탁월성을 강조한다. 모세는 베냐민 지파를 "야웨가 사랑하는 자"(예디드 아도나이 ידיד יהוה)라고 부른다. 모세는 하나님[237]께서 오래 그들과 함께 하실 것이며 그들이 야웨의 "무기들"(=그의 어깨들) 사이(혹은 산악지역[238])에 거하실 것을 기대한다. 모세는 베냐민 지파가 안

235) 여기에서의 언약은 레위지파와 관련된 것보다는 야웨와 이스라엘 사이에 맺은 것을 의미한다.

236) 두 본문들의 관계성과 간단한 주해에 대해서는 Propp(1987:61-63)을 보라. 또한 이 사건에 대한 더 자세한 논의는 9:8-21의 필자의 논의를 참조하라.

237) Craigie(1976:396)는 LXX와 몇몇 학자들의 견해(예, Dahood)를 따라 "그의 곁에서"(עליו)가 아니라 하나님에 대한 옛 이름인 "엘욘"(עליון)으로 읽는다. 또한 이 문장의 주어가 야웨(즉 야웨께서 베냐민 지파 가운데 거하신다)인가, 베냐민 지파(즉 베냐민 지파가 야웨의 보호 가운데 있다)인가에 대한 논란의 여지가 있다.

238) 다른 학자들은 "산악지역(의 성소)"이라는 독법을 취한다(von Rad 1966:207). 이 본문을 "야웨의 성소"와 관련시키는 학자들은 베냐민 지파의 지경에 하나님의 성소가 있을 것이라는 언급으로 이해한다.

전하게 거하기를 기원한다. 이것은 야웨의 애정과 보호의 자리를 의미하는 것으로, 고대근동에서 아버지가 아이를 품에 안거나 무등을 태워 이동하던 관행에서 비롯된 유비다.

요셉 지파(33:13-17)

이 부분은 모세의 축복에서 가장 길며 야곱의 축복(창 49:22-26)과 유사한 점들이 많다. 여기에서 에브라임과 므낫세 지파들에 대한 언급은 없지만 다른 곳에서는 하나의 요셉 지파보다는 두 개의 독립된 지파들로 언급되기도 한다(비교. 3:13-14, 삿 5:14). 요셉 지파에 대한 축복은 두 지파들의 이름에서도 알 수 있듯이 물질적인 풍요(13-16절)와 이방국가들과의 사이에서의 군사적 능력(17절)에 대한 것이다.

13-16절에서 모세는 요셉 지파의 우두머리들과 지도자들(나실인)의 머리에 임하길 원하는 일련의 "최상품들"(즉 하늘 위의 물과 지하의 물과 태양의 결실물과 달의 결실물[곡식]과 옛 산들과 영원한 언덕들[비교. 창 49:26, 합 3:6][239]의 탁월한 것들[삼림]과 땅과 그 위에 거하는 것들과 "덤불숲 속에 거하시던 자"의 선한 뜻)의 목록을 나열한다. 비와 물은 하늘과 땅의 소산(所産)이자 선물로 이해된다. 모세는 요셉 지파가 군사적(혹은 수적)[240]으로 막강해지길 기원한다. 16절의 하나님에 대한 언급("가시떨기나무 가운데에 계시던 이")은 출애굽기 3:2ff.의 암시로 보아서 "덤불 가운데 계신 야웨"를 지칭하는 것 같다.

17절에서 요셉 지파의 첫황소(에브라임?)의 위엄은 뿔에서 나타나며 민족들을 세상 끝까지 들이받을 것을 묘사한다. 이것은 에브라임 지파의 수만마리와 므낫세 지파의 수천마리에 대한 언급과 관련이 있다(비교. 삼상 18:7, 21:12,

239) 이것은 아마도 신화적 모티프들에서 차용된 것으로 풍요와 번성을 의미하는 갈멜산의 삼림을 언급하는 것처럼 보인다(Craigie 1976:378).

240) 혹은 Christensen(2002:852)의 경우처럼 이러한 축복의 기원이 두 지파의 종교적 번창을 의미하는 것으로 보는 입장도 있다(즉 성소의 거처들, 세겜[므낫세], 실로[에브라임]).

29:5). 둘째아들 에브라임 지파가 먼저 언급된 것과 더 번성할 것에 대한 언급은 창세기의 야곱의 요셉의 아들들에 대한 엇갈린 축복과의 관련성을 암시한다(창 48:8-20).

스불론과 잇사갈 지파(33:18-19)

모세는 이들에게 즐거워하라고 요청한다. 이것이 스불론 지파에게만 행해진 모세의 축복이지만, 그 내용은 두 부족을 모두를 위한 것이다. 그 이유는 이 두 부족이 함께 등장하는 것과 관련된 것 같다(창 49:13-15, 삿 5:14-15). 스불론 지파는 장막에서 나감으로, 잇사갈 지파는 장막 안에서 기뻐하고 즐거워하라는 명령을 받는다. 집안과 밖에 대한 언급은 주로 "일상적인 면"을 의미하기 때문에 이러한 표현은 모든 영역에서 복을 받음을 의미하는 것처럼 보인다. 혹은 스불론 지파의 외향적 활동성과 잇사갈 지파의 내향적 비활동성을 대비한다고 볼 수도 있다. 물론 야곱의 축복(스불론 지파=창 49:13-15)에서도 언급된 바 있는, 스불론과 잇사갈의 "바다와 해변과 관련된 풍성한 복"에 대한 언급은 하나의 가능한 독법으로서 이방인들(암밈 עמים)[241]도 산[242]에 모여 하나님께 의의 제물(치브헤-쩨데크 זבחי־צדק)[243]을 드릴 수 있도록 해달라는 모세의 기원을 담고 있다. 그리고 바다 등과 관련된 복은 아마도 수산업과 교역에 의한 것을 의미하는 것 같다. 결국 모세는 땅과 바다 즉 모든 자원으로부터의 복이 임하기를 기원한다.

갓 지파(33:20-21)

모세는 갓 지파가 넓은 땅(혹은 인구의 증가)을 갖도록 축복한다(비교. 신 3:12-16). 물론 이 부분은 "야웨께서 복을 주시도록(혹은 넓은 땅을 갖도록) 기원한다"

241) 혹은 "이스라엘 사람들"을 지칭하는 것으로 이해할 수 있다(Christensen 2002:853).
242) 하나님을 만나는 일반적인 장소 혹은 특별한 산(즉 "다볼 산"[Mayes 1981:407])으로 이해한다.
243) 혹은 성공(Christensen 2002:853), "감사의 예물"(Tigay 1996:330)로 본다.

거나, "그들을 돕는 자에게 복이 있으리라"라는 식의 다양한 해석이 가능하다. 여기서 우리는 갓이라는 이름의 의미가 "행운"과 연관된다는 점을 발견할 수 있다. 그는 사자처럼 매복하고 먹잇감의 다리와 머리를 찢을 것이며 최상의 몫(약속의 땅)을 스스로 준비하니, 대장(모세?)의 몫이 보존된다(Craigie 1976:400). 그는 아마도 전쟁을 시작할 목적으로 백성(혹은 군대)의 두령들에게 온다. 그는 "야웨의 의"를 행하며 이스라엘과 함께 그의 심판을 수행할 것이다. 아마도 이것은 이미 얻은 영토와 그 후에도 수행해야 할 가나안 정복의 사명과 그에 따른 전과(戰果)를 예견하는 것이거나 통치자의 정의수행 기능을 언급하고 있는 것일 수도 있다.

단 지파(33:22)

모세는 갓 지파처럼 단 지파를 사자 비유와 연관시킨다. "새끼사자"라는 표현은 야곱의 축복에서 유다 지파에게 적용되었다(창 49:9). 단 지파는 독사[244]로부터 도망쳐 나온 새끼사자라고 묘사된다. "새끼사자"는 아직 어린 미숙함이 남아있지만, 조만간 용맹과 강력한 힘의 어른 사자가 될 것이다. 그러나 그가 아직 어린 탓에 독사 앞에서 두려움을 느낀다.

납달리 지파(33:23)

납달리 지파에 대한 모세의 축복("은혜가 충만하며 하나님의 복이 넘치는")은 일반적이며 야곱의 축복(창 49:21)과는 무관해 보인다. 납달리 지파는 은혜가 충분하며 납달리 지파의 분깃(즉 상[上]갈릴리지역)과 관련된 야웨의 축복이 가득하며 남방과 서방(혹은 바다[게네사렛 바다, 즉 갈릴리 호수])을 얻을 것이다.

244) MT는 그것을 바산(합바샨 הַבָּשָׁן)으로 읽지만, 그것이 단지파의 할당된 영토(바산 지역은 므낫세 반지파, 르우벤, 갓 지파와 관련이 있다)과는 무관한데다가 "새끼사자"의 비유와 의미가 통하지 않는다는 문제가 있다. 그래서 Thompson(1974:316)과 마찬가지로 Craigie(1976:401)도 창 49:17과의 유사성 때문에 이것을 독사(毒蛇, 우가릿어나 원시나이어[proto-Sinaitic]인 b-ṯ-n)로 읽는다.

아셀 지파(33:24-25)

모세는 아셀 지파의 자손에 대한 축복이 가장 클 것이며 다른 지파들에게서도 사랑을 받을 것을 기도한다. "아셀"이라는 말 자체가 행복을 의미하며 "그의 발이 기름에 잠길 것이다"라는 모세의 축복은 특정적으로는 그들의 거할 장소(갈릴리의 고원지대)의 특산물인 올리브 나무의 소산(기름)이 충분한 결실을 얻을 것을 의미할 수도 있고, 일반적으로는 그들이 결실이 많은 지역을 소유할 것을 의미할 수도 있다. 여기에서 문빗장은 강한 요새들을 의미하는 것으로 (하나님이 함께 하실 때 나타나는 현상으로) 그들이 평생 안전하고 안락할 것을 말해준다. 이와 같이 이스라엘 지파들에 대한 하나님의 축복에는 물질적 번영과 대적들로부터의 안전보장의 요소들이 있다.

결론: 이스라엘 전체에 대하여(33:26-29)

서론처럼 여기서도 이스라엘의 하나님(전사이며 보호자)과 하나님의 이스라엘이 갖고 있는 탁월성과 특권이 재진술된다(사실 26-27절의 본문은 난해하다)[245]. "여수룬의 하나님과 같은 분이 없도다."[246] 이스라엘의 탁월성은 다음과 같은 이유로 설명된다. 그는 "하늘들을 병거(兵車)삼아" 타시고(비교. 삼하 22:11, 시 18:10, 68:33, 104:3, 사 19:1, 겔 1장, 합 3:8) 이스라엘을 위하여 행하시는 분이시다. 이 예전의 하나님은 거주처인 하늘로부터 영원하신 손[247]을 뻗으사 이스라엘 앞에서 원수를 몰아내시고 파괴하라는 명령을 내리신다.

또한 하나님은 이스라엘을 풍요의 땅에 안착시키시는 분이시며, 이스라엘은 야웨를 통하여 구원받은 백성이다. 하나님의 축복을 받은 풍요로운 약속

245) 이에 대한 오래된 논의는 Gordis(1948:특별히 72)를 보라.

246) MT는 "여수룬아, 하나님과 같은 분은 없도다(엔 카엘 예슈룬 אֵין כָּ אֵל יְשֻׁרוּן)"라고 읽지만, 많은 학자들은 LXX를 따라 필자와 같은 본문수정을 한다.

247) 여기서 손은 "권능을 의미한다" 비교. Christensen 2002:860

의 땅에 대한 묘사는 앞서 언급된 요셉에 대한 축복(13-16절)과 이삭의 야곱에 대한 축복(창 27:28)을 상기시킨다. 이스라엘 백성은 풍요로운 땅에 안전하게 거할 것이며 야곱의 샘은 신적 축복의 상징들인 곡식과 포도주의 땅에 있고 이제 그의 하늘은 (축복과 번영을 위한) 이슬을 내리는 곳이 될 것이다. 그들은 야웨로 인해 구속받은 백성이다. 이스라엘을 구원하시는 하나님은 방패시며 영광의 칼이시니, 그로 인해서 이스라엘의 대적들이 굴복할 것이며 그들의 등(혹은 "높은 곳들")을 밟아 영광을 얻을 것이다. 바로 이것이 모든 대적들과의 전쟁에서 승승장구한 전사 야웨의 보호를 받는 이스라엘의 행복이다.

피날레: 모세의 죽음과 여호수아의 위임(34장)

구조

34장은 크게 세 부분 모세의 죽음(1-8절), 여호수아의 후계자직 승계(9절), 그리고 모세의 평가(10-12절)로 나뉜다.

모세의 죽음(34:1-8)

이제 모세는 "모압 평지에서 느보 산에 올라가 여리고 맞은편 그 산등성이[248] 꼭대기에 이른다"(1절). 특별히 34:1-6은 신명기 전체의 역사적 배경을 다시 한번 상기시켜준다(1:1-3:27, 32:48-52, 민 27:12-14). 34장에서는 긴 화자의 설명이 짧은 야웨의 명령(4절)을 압도한다. 이제 모든 수고와 노력들, 그리고 모든 교훈과 노래들과 축복을 진술한 모세는 희망과 절망의 장소로 올라가게 된

248) 이 표현은 고유명사 '비스가' (합피슥가 הפסגה) 즉 느보 산의 한 봉우리로도 읽을 수 있다.

다. 이미 모세는 자신의 군사적 리더십과 종교적 리더십의 퇴임사를 모두 낭독한 후였다. 비록 모세는 오래전에 약속을 받았던 조상들("아브라함, 이삭, 그리고 야곱")처럼 약속의 땅에 들어가지 못하지만, 그가 들어가고자 애를 썼던 지경들을 (마치 아브라함의 경우처럼) 높은 산에 올라가 바라볼 수 있게 되었다.

야웨께서 모세에게 보여주신 약속의 땅 전체에 대한 조망(2-3절)은 시각적인 측면에서 가능한 것이 아니다. 이것은 일종의 파노라마적 시야를 제공하는 것으로 수사학적 측면에서 과장법일 수 있고, 계시적인 측면에서 모세가 하나님의 초자연적 행위로 그 전체를 볼 수 있었다는 의미로 이해할 수 있다. 모세는 북쪽을 향하여 자신의 시야를 열고 시계반대 방향으로 "지평선을 따라 서쪽으로 그리고는 남쪽으로 이동하며 그 후에는 다시 사해계곡을 구성하는 대 리프트 밸리(Great Lift Valley)를 지나 시작점으로 돌아간다." 길르앗 지파의 영토는 느보 산 북쪽이며 요단강 동쪽으로 이른다. 여기서 언급된 단은 단 지파가 나중에 사사시대에 라이스를 정복하고 새로 붙인 지명을 말하는 것이 아니라 창세기 14:14에서 말하는 '단' 지역을 말하는 것처럼 보인다. 납달리 지파의 영토는 긴네렛 너머 북서쪽으로 이르고, 에브라임과 므낫세 지파들의 영토는 요단강의 서쪽 산지에 위치한 서북서지역이다. 유다의 영토는 요단강과 사해 너머의 산지에 위치한 서남서쪽 지역이다. '평지' 는 사해의 바로 북쪽지역을 의미하지만, 소알 즉 사해의 남쪽 끝에 대한 언급으로 인해서 평지라는 표현은 사해의 양쪽 끝 지역에도 적용될 수 있다."

화자는 신명기 독자가 모세가 행한 이상한 은퇴사와 그의 초자연적인 죽음을 오해할까봐 그것을 교정하려는 차원에서 "모세가 죽을 때 120세였지만, 그의 눈이 흐리지 않았고 기력이 쇠하지 않았다"는 말을 첨언한다. 사실상 모세는 7절이 말해주듯이 기력이 쇠하여 이스라엘의 리더십에서 은퇴한 자가 아니었고, 그는 자신의 건강과는 상관없이 야웨의 뜻에 따라 군사적 지도자로서 조기은퇴를 해야 했다. 여기서 우리는 모세의 비극적 영웅으로서의 면모를 발견한다. 그는 하나님과 함께 한 자이며 하나님과 얼굴을 마주 대한 자이며 여전히 능력이 쇠하지 않은 자이지만, 하나님께 반역한 자로서 약속의 땅에 들어가지 못한다. 이제 그는 야웨의 종으로서 더 이상 해야 할 일이 남아있지 않았다.

"모세는 야웨의 말씀대로 그곳에서 죽었고" "그가 모세를 벳-브올 맞은 편 모압 땅에 있는 골짜기에 매장하였다"(이크보르 오토 יִקְבֹּר אֹתוֹ). 이 문장의 주어의 정체(야웨[MT], 사람,[249] 혹은 사람들[LXX, 사마리아오경][250])에 따라 정반대의 해석이 제시될 수 있다.

우선 야웨가 매장의 주체라고 볼 때, 모세의 임종은 하나님의 종 그리고 이스라엘의 위대한 영도자에 적합한 임종인 것이다. 그러나 실제적으로는 모세를 매장한 자는 여호수아나 일부 수행원들이었을 것이다(Craigie 1976:405). 이곳은 이스라엘 백성이 모세의 마지막 설교가 행해졌던 곳이며 이스라엘이 시혼과 옥과의 싸움에서 승전한 곳이었다(3:29, 4:46-49). 이 지역은 모세 자신에게는 실패의 장소였으며 이스라엘에게는 희망의 장소였다.

그런데 6절상의 모세의 매장지역에 대한 언급에도 불구하고, "오늘까지 그의 무덤을 아는 자는 없다"(6절하)는 말은 무슨 의미일까? 이 표현에는 나름대로의 정확성과 모호성이 함께 드러난다. 아마도 이 말은 모세의 "초자연적이고 비밀스러운" 죽음과 매장으로 인해서(혹은 묘비석이 없었다는 이유로) 그의 정확한 매장지를 알 수 없다는 의미일 것이다. 물론 이것이 모세의 무덤이 예배장소로 변할 것을 우려한 결과라거나(Tigay 1996:338, Christensen 2002b:871) 하나님의 금령을 어기고 가나안으로 모세의 시체를 가져갈 수도 있다는 가능성을 원천봉쇄하기 위한 것이라거나(Merrill 1994:453) 모세가 죽었을 당시에는 매장지역과 무덤까지도 알려져 있었지만 나중에 잊혀졌다는 뜻(마르틴 노트의 견해를 따라서, von Rad 1966:210, Phillips 1973:231)이라는 주장도 있다. 그러나 필자가 볼 때,

249) von Rad(1966:210)는 모세가 산에 오를 때 혼자였을 리가 없고 이전 구절의 주어가 야웨가 아니라는 점에서 모호한 주어로 보아, '모세는 매장되었다' (He was buried)로 보아야 한다고 주장한다.
250) MT와는 달리 LXX와 사마리아오경은 신인동형론적 표현(anthropomorphism)을 회피하려는 목적으로 '그들' 로 읽는다.

그 어느 입장도 정확한 해답이라고 단정할 수는 없다. 야곱은 자식들에 둘러싸여 죽음을 맞이했지만, 본문에 따르면, 모세는 야웨의 인도로 홀로 장엄한 죽음을 맞이하게 되었다(Sonnet 1996:493). 결국 모세는 이스라엘 가운데서 기억으로만 남아있을 뿐, 그의 육신이 매장되어 있는 무덤은 잊혀졌다. 모세가 죽자 백성들은 30일을 애곡하였다. 이것은 이전에 아론이 호르 산에서 죽었을 때도 동일하게 적용되었다.

여호수아의 리더십 승계(34:9)

앞서 언급한 모세의 죽음과 함께 여호수아에 대한 지도력의 승계에 대한 언급은 민수기 27:12-23에서도 나타난다. 그곳에서 모세의 이스라엘 백성에 대한 염려는 "야웨의 회중이 목자 없는 양과 같이 되지 않게 하소서"라는 그의 기원(祈願)에서 잘 드러난다. 이 부분은 앞서 언급한대로 신명기의 결론뿐만 아니라, 모세오경의 결론의 역할도 한다. 이것이 모세의 생애의 마지막에 대한 언급이라는 점에서 그렇고 약속의 땅으로 들어가는 모든 준비의 대단원이라는 점에서도 그렇다. 물론 조상들에게 하신 하나님의 약속의 1차적인 완결을 보려면 더 많은 시간과 정열을 쏟아 부어야 했다.

9절에서 화자는 민수기 27:18-23에서처럼 여호수아의 승계를 한번 더 언급한다. 31장에서는 여호수아의 임명에 대한 (백성 앞에서의) 제시와 위임의 요소들이 강조되었다면, 34장에서는 모세의 안수 결과들(지혜의 영의 충만과 백성의 순종)을 언급한다. 이러한 절차들은 모세에서 여호수아로의 야웨의 "신정적 통치"의 연속성을 보여주는 중요한 상징으로서의 역할을 수행한다. 그러나 모세와 같은 이가 없어도 이제 백성들 앞에는 여호수아가 있다. 그는 국가적 리더십의 위임의 표로서 모세로부터 안수를 받았고 그로 인해서 "지혜의 영"이 충만한 자였다. "눈의 아들 여호수아, 즉 신이 임한 자니, 그에게 네 손을 얹으라"는 야웨의 명령을 받는다. 이와 같은 모세의 여호수아에 대한 안수의식은 전임자와의 동일시, 혹은 대체, 직책의 임명 혹은 시작, 권위와 권능의 전가와 같은 상징적 의미들을 내포하고 있었던 것 같다. 이러한 표현은 민수기 27:18의 "영이 이미 내재하는 여호수아에 대한 안수"라는 묘사와 모순된다는 견해도 있으나, 임직 후의 "지혜의 영"은 여호수아에게 주어진 특별한 은사로 볼 수 있기 때문에 모순은 아니다(Mattingly 1997:341).

여호수아는 이제 야웨께서 이스라엘 백성에게 주시는 약속의 땅을 직접 정복하고 분배하는 국가적 과제를 수행할 준비가 되었다. 게다가 신명기는 민수기 27:20의 야웨의 명령 즉 "이스라엘 백성의 온 회중이 그의 명령을 순종하게 하라"는 말씀의 성취로 "이스라엘 백성들은 여호수아의 말을 순종하였고 야웨께서 모세에게 명하신 것을 행했다"라는 낙관적인 묘사로 종결된다. 이것은 신명기 화자의 "오늘"의 상황을 의미하는 것으로 볼 수 있다. 물론 모세와 같은 이가 없다는 말로 인해서 이것을 비관적인 결론으로 볼 사람도 있겠지만, 화자의 견해와 같이 그 점에 모든 사람이 동의해야 하는 것은 아니다. 이러한 낙관적인 묘사는 신약의 누가-사도행전의 말미(28:30-31)에서도 찾아볼 수 있는데, 신명기 내부의 이스라엘의 미래에 대한 우울한 제시와는 대조된다.

모세에 대한 평가(34:10-12)

많은 학자들은 이것을 모세에 관한 일종의 문학적 묘비명들 혹은 사망기록(訃告, necrology)이라고 부른다. "그 후에는 이스라엘에 모세와 같은 선지자가 일어나지 못하였다"라는 말은 무슨 의미일까? 어떤 사람들은 이 구절이 18:15-22에서 언급된 "나와 같은 선지자가 미래에 있을 것"이라는 언급과 모순된다고 주장하지만, 그럴 필요는 없다.

사실 모세는 지금까지 40년간 이스라엘의 지도자로서 성공적으로 행하였다. 4장에서는 이스라엘과 야웨의 비교불가능성이 대조된 바 있었는데, 이제는 야웨와 선지자로서의 모세의 "비교불가능성"이 제시된다. 모세는 야웨께서 대면하시던 자며, 바로와 그의 신하들과 이집트 땅에서 "모든 이적과 기사와 모든 큰 권능과 위엄"을 그리고 이스라엘 앞에서 행하던 유일한 대행자이기 때문에 이후로 "모세와 같은 선지자"는 이제 더 이상 나올 수가 없었다. 그의 후계자 여호수아도 모세처럼 하나님 앞에서 직접 행하지 못하고 엘르아살 제사장 앞에 서며 엘르아살이 우림의 판결을 통하여 야웨의 뜻을 물어야 했다(민 27:21). 그러므로 이것은 야웨의 말씀을 직접 듣고 백성에게 대언하는 기능을 계승한다는 측면에서 "나와 같은 선지자"의 미래적 등장에 대한 언급(18:15-22)과 전혀 모순되지 않는다. 또한 이러한 모세의 탁월성과 관련된 "단정적이며 선언적인" 표현은 수사학적으로 볼 필요가 있다. 이 표현이 개혁적이었던 비극적인 왕들, 히스기야와 요시야 왕의 탁월성(왕하 18:5, 23:25)을 언급할 때도 유사하게 사용된다는 점을 비추어 볼 때 이 단락을 모세가 죽은 지 오랜 후에 신명기에 첨가된 부록으로 이해할 필요는 없다.

부록

신명기법의 배열과 신학에 관한 연구[251)]

도입

최근에 신명기연구의 강조점이 신명기의 율법에서 신명기 전체로 이동하고 있는 상황이지만, 신명기 전체에서 차지하는 신명기 율법의 중요성은 영원할 것이다. 이 논의에서 우리는 그러한 변화를 염두에 둔 상황 속에서 신명기 12-26장에 나타난 법조항들의 배열과 신학적 의의를 개괄적으로 탐구하고자 한다. 주지하다시피 신명기법에 관한 여러 가지 신학적 논쟁들은 지면관계상 여기에서는 다루지 않을 것이다.

신명기법의 특징과 구조연구

신명기에 기록된 모세의 율법은, 엄밀하게 말해서, 이전에 모세를 통하여 전달된 야웨의 율법을 회고하고 갱신하는 교훈 형태를 취하는 것으로 보아야 한다. 마찬가지로 이 율법은 회고적 뼈대 속에서 전망적 신학을 담고 있다. 이제 가나안 땅으로 들어가는 이스라엘은 생명과 죽음의 선택을 해야한다. 모세는 죽음 대신에 생명을 택할 것을 광야 제 2세대들에게 강력하게 권고하고 있

251) 본 연구는 성기문(2005), '신명기법의 배열과 신학에 관한 연구,' 『교회와 문화』 15:177-190를 일부수정한 것이다.

다. 모세의 율법은, 비록 다양한 분야를 다루고 있지만, 이스라엘 사람들의 생활의 모든 분야를 철저하게 다루고 있다고 가정할 필요는 없다. 그러한 점에서 이 율법은 개괄적이며 원칙적이고 교훈적이다. 신명기법은, 법의 형식이나 강조점의 측면에서 구분한다면, 제의적 법, '혐오' 의 법, 정화의 공식으로 종결되는 법조항, 결혼법, 인도주의법, 필연법과 조건법 등으로 나눠볼 수 있을 것이다. 그러나 더 일반적인 분석방법론은 신명기 이전의 법조항들과의 비교연구다. 물론 양자 사이에서 발견되는 용어와 구조와 개념과 강조점의 변화를 어떻게 이해하고 설명할 것이냐는 매우 중요한 과제이지만, 여기서 우리는 아주 개괄적인 측면에서 양자사이의 관계성을 정리해 보고자 한다. 오경의 거대문맥 속에서 신명기를 이해하려고 한다면, 신명기의 규정들은 출애굽기 19:1에서 민수기 10:10까지의 말씀들과의 연관성 속에서 읽혀져야 한다. 그와 같은 연관성은 다음과 같은 대조표를 통해서 알 수 있다. 다음의 대조표는 폰라트(1966:13)의 것에 출 20:24/신 12:1-14의 대조를 필자가 첨가한 것이다.

계약법전의 규정들		신명기의 규정들	
출 20:24	출 23:12	신 12:1-14	신 6:13
출 21:1-11	출 23:13	신 15:12-18	신 16:1-17
출 21:12-14	출 23:14-17	신 19:1-13	신 26:2-10
출 21:16	출 23:19a	신 24:7	신 14:21b
출 22:16이하	출 23:19b	신 22:28, 29	
출 22:25		신 23:19-20	
출 22:26이하		신 24:10-13	
출 22:29이하		신 15:19-23	
출 22:31		신 14:3-21	
출 23:1		신 19:16-21	
출 23:2이하, 6-8절		신 16:18-20	
		신 22:1-4	
출 23:4이하		신 24:17이하	
출 23:9		신 15:1-11	
출 23:10이하		신 5:13-15	

필자는 이와 같은 연관성 속에서 (신명기 1-11장, 29-34장의 언급에 비추어볼 때) 신명기 12-26장을 이전의 말씀들(특히 계약법전[출 20:22-23:33])의 "반복" 이면서 또한 "보완과 수정" 이라는 과정을 거친 모세의 재해석이라고 이해한다. 즉 이전의 말씀들에서는 모세는 "전달적 기능" 이 강한 중재자였으나, 이제는 "완벽한" 해석자가 되었다.[252)]

"다음은 네 조상의 하나님 야웨께서 네게 주셔서 차지하게 하신 땅에서 너희가 영원히 지켜야할 규례들과 법도들(החקים והמשפטים)이다" (12:1)는 신명기 법도의 결론부 "오늘 네 하나님 야웨께서 이 규례들과 법도들을 행하라…" (26:16-19)와 종두병행적 구조로 상응한다. 신명기법의 구조적 통일성을 지지하는 증거가 될 수 있다. 그러나 아주 최근까지 신명기의 규례들과 법도들이 어떻게 배치되었는가에 대한 체계적인 논의는 많지 않았다. 게다가 지금까지의 통시적인 접근[253)]의 선호에도 불구하고, 최근에는 신명기 법전의 구조에 대한 공시적 논의가 활발하게 전개되었다. 아직도 신명기의 법의 복잡함을 편집사적인 측면에서 당연하다고 여기는 사람들이 있긴 하지만 점차적으로 많은 사람들 그 복잡성을 신명기법의 의도적 배열로 이해한다. 이제 신명기법의 구조에 대한 다양한 관점들을 개괄해보기로 하자.

1) 고대근동조약의 관점에서 특정한 제재규정들(specific stipulations)

신명기 전체의 형태와 의미를 고대근동조약의 형태에서 조망하는 사람들은 신명기 5-26장을 일반적인 제재조항과 세부적인 제재조항으로 나누고 신명기법 부분(12-26장)을 세부적인 제재조항과 동일시한다(K. Baltzer; D. McCarthy; P. C. Craigie; M. Weinfeld; P. Miller; E. Merrill; C. Wright 등). 이와 같은 분류는 십계명으로 시작하는 5-11장과 제단법으로 시작하는 12-26장과의 상관관계를 잘 설

252) 이 부분에 대한 자세한 논의는 본서의 앞부분을 참조하라.

253) 이러한 측면의 신명기 법규들에 대한 구조연구는 1962년의 Minette de Tillesse의 자료비평적 연구, 1969년의 Merendino의 문서적, 장르적, 그리고 편집사적 연구(특히 pp. 398-407)와 1971년의 Seitz의 편집사적 연구 그리고 1996년의 Ashmore의 연구(pp. 50-58) 등을 참조하라.

명해준다는 점에서는 유익하다. 그러나 신명기법의 구조에 대한 세부적인 논의가 명확하지 않다는 점에서 아쉽다. 이보다 더 진일보한 신명기법의 구조에 대한 더 세부적인 분석은 다음과 같다.

2) 신명기법의 이중적 구분

우선적으로는 신명기법을 양분하는 경향을 언급하고자 한다. 그러나 여기에서도 일치된 견해는 없다. 리덜보스(1984)는 신명기법을 제의-의식과 관련된 규정들(12:2-16:17)과 시민법과 관련된 규정들(16:18-26:19)로 구분하지만, 왕대일(1998:287f.)은 신명기법을 십계명의 이분법에 따라 12:1-18:22과 19:1-25:19로 나눈다. 그러나 문제는 하나님과 관련된 법조항들과 이웃과 관련된 법조항들이 명확하게 둘로 나눠지지 않는다는데 있다.

3) 신명기법의 삼사(三四)중적 구분법

이 부류에는 신명기 법조항들을 십계명적으로 배열하지는 않으나, 대략적으로 "제의법-지도자들-형법과 민법-(혹은 잡다한 규정들)-제의법"의 형태를 갖고 있는 것으로 분류하는 학자들이 포함된다.[254] 이러한 구분도 십계명적 배열과 같은 엄격한 세부적 규칙들을 주장하는 것은 아니지만, 각각의 법의 테두리가 중첩되거나 모호해지는 현상들에 대한 명확한 해답을 제시해주고 있지는 못하다.

4) 신명기법의 십계명적 배열

비록 알렉산드리아의 필로나 종교개혁시대에 루터와 칼빈도 이와 유사한 주장을 한 적이 있지만, 현대적인 의미에서 신명기 법의 십계명적 배열은 독

254) 예를 들어, Lohfink(1984:324-26)는 다음과 같이 분류한다. 즉 (1) 12:2-16:17 야웨의 특권법(Privilegrecht Jahwehs); (2) 16:18-18:22 관직법(Ämtergesetz); (3) 19:1-25:19 형법과 민법(Straf- und Zivilrecht); (4) 26:1-15 제의적 부록(Liturgische Anhang) 등이다. Tigay(19:452-459)는 다음과 같이 신명기의 규례와 법도부분을 구분한다. (1) 성소와 다른 종교적인 문제들(12:2-16:17); (2) 사회적 종교적 권위에 관한 문제들(16:18-18:22); (3) 사법적 군사적 문제들(19:1-21:9); (4) 잡다한 법들(대부분 사회적, 가정상의 문제들을 다룸, 21:10-25장) 등이다.

일어권의 W. 슐츠(Schultz, *Das Deuteronomium* Berlin: G. Sclawitz, 1859, 13ff.)에게서 시작되었으며, 그의 발견이 D. 호프만(Hoffman, *Das Buch Deuteronomium* Berlin: M. Poppelauer, 1913, 131)과 H. 슐츠(Schultz의 박사논문, 'Das Todesrecht im Alten Testament' Marburg University, 1966)에게도 영향을 끼쳤다. 영미권에서의 신명기법의 구조에 대한 본격적인 연구의 시작은 카마이클(Carmichael)의 신명기주석(1974)에서 찾을 수 있을 것이다. 그는 신명기법이 창세기의 족장사 내러티브들의 내용과 구조에 상당한 영향을 받았다고 보았으며(p. 23ff.) 그안에 단일하고 질서정연한 원칙이 존재하며 지속적인 반복과 확장이 그 증거라고 보았다. 그의 주장은 나중에 상당한 지지(W. Kaiser 등)와 함께 비판을 받았다(Levinson[1990]과 Christensen[2001-2]).

① 코이프만(Kaufman 1978-79)은 한 편집자의 저작인 신명기법전에 기본적으로 다음의 도표처럼 십계명의 배열순서에 따른 집단화(grouping)의 현상이 나타난다고 주장하였다.

규정	십계명	신 5장	신명기법
예배	1-2계명	5:6-10	12:1-14:27
하나님의 이름	3계명	5:12-15	12:1-14:27
안식일	4계명	5:12-15	14:28-16:17
부모의 권위	5계명	5:16	16:18-18:22
살인	6계명	5:17	19:1-22:8
간음	7계명	5:18	22:9-23:19
절도	8계명	5:19	23:20-24:7
거짓증거	9계명	5:20	24:8-23:4
탐심(貪心)	10계명	5:21	25:5-16

게다가 코이프만은 각각의 그룹 사이의 전환단락에 대해서 H. 펫초브(Petschow 1965; 1968)의 고대근동의 법전들(함무라비와 에슈나 법전)의 구조연구의 영향을 받았다. 그는 신명기법의 배열과 구조에 고대근동의 "개념들, 핵심어들,

구문들, 그리고 유사한 모티프들의 사슬형의 연관" 이라는 방법론이 사용되었다고 보았다(보라, Paul 1970:106). 그러나 문제는 카마이클과 마찬가지로, 코이프만의 경우도 신명기법(12-26장까지)의 전포괄적인 구조와 의도를 찾는데 실패하였다. 특히 세 번째 계명과 신명기 12:1-14:27의 연관성에서 더욱 실패한 것처럼 보인다(Ashmore 1995:61). 또한 그의 주장에는 십계명의 각각의 항목들이 신명기 규정들 속에서 명확한 연관성이 언급되지 않는다는 문제점이 있다.

② 1985년에 브라울릭(Braulik 1993)은 위의 두 사람과 마찬가지로 십계명적 배열을 선호한다. 그러나 그도 십계명적 배열상의 모호성을 인정하는 편이다. 그는 특히 "규례들과 법도들" 이라는 단어의 사용이 12-16장에서의 규례들과 법도들을 지적한다고 생각한다. 그런데 브라울릭의 주장은 다음의 도표에서 잘 나타나듯이 세부적인 면에서는 위의 사람들과는 다른 입장을 취한다(321f.). 예를 들어, 코이프만과는 달리 그는 신명기 13장을 3계명이 아니라, 1계명과 관련시키며 14:22-27을 3계명이 아니라 2계명과 관련시킨다.

십계명	신명기 규례들에서의 관련구절들
1계명	한 성전과 이스라엘의 한 하나님(12:2-13:19).
2계명	헛되이 이름을 부르지 말 것(14:1-21). 야웨의 성민은 다른 신들의 백성과는 제의적으로 다르다.
3계명	안식일을 거룩하게 지켜라(14:22-16:17). 거룩한 운문으로 된 제의와 형제애-이스라엘은 세 개의 절기에 함께 모인다.
4계명	부모를 공경하라(16:18-18:22). 이스라엘에서의 직책들.
5계명	생명의 보존(19:1-21:23). (논지에서 벗어난) 의도적인 살인.
전환	"생명보존" 에서 "성(性)" 의 주제로의 전환(22:1-12). "죽임" 의 주제가 22:8에서 마지막으로 명확히 존재하는데 반하여, "성" 의 주제는 "교차" 의 모티프와 함께 22:5에서 처음으로 소개된다.
6계명	강간과 가족(22:13-23:14[15]). 성의 영역에 완전히 집중한다.
전환	"성" 의 주제에서 "재산" 의 주제로의 전환(23:15[16]-24:5). "성" 의 주제가 24:5(신혼남자의 군복무에서의 면제)에서 마지막으로 발견되는데 반하여, "재산" 의 주제는 23:15-16(도망한 종들)에서 처음으로 등장한다.

7계명	재산([23:15-25] 24:6-7). 재산의 주제는 24:19-22와 25:4에서 다시 채택되지만, 24:8에서 다음의 주제("판결")가 시작된다.
8계명	판결(에 직면한 진리)(24:8-25:4).
9-10계명	탐욕(25:5-16). 법전의 종결적인 뼈대는 신명기 12장의 주제를 회고하는 25:17로 시작하며 26:1-15의 두 개의 제의들은 의도적으로 법전에 대한 결론부로 여겨진다.

브라울릭(1993:334)은 신명기 12-16, 26장이 신명기법의 핵심적인 규례로 여긴다. 또한 그는 이러한 신명기 율법의 십계명적 배열에 대하여 십계명과 신명기 규례들을 통합하려는 포로시대의 최종편집자의 시도의 결과라고 주장한다.

③ 올슨(1994:64)은 코이프만과 브라울릭의 분석과 거의 유사한 형태를 취한다(그는 자신의 이전의 분석[1988]을 상당부분 수정하였다). 그는 특별히 신명기법 배열상의 전환적 기능의 수행을 또 한번 확인하였다(Olson 1994:91 n. 5). 이 전환구절은 계명들 사이의 연관성과 상호침투성을 강조하면서 이전 단락과 이후 단락의 자연스러운 중첩의 기능을 수행한다(Olson 1994:91f.). 또한 그의 분석의 특징은 루터파와 로마 카톨릭의 십계명 구분법에 근거한 것이다.

12:1	제목
12:2-13:18	제 1계명의 해설-다른 신들을 섬기지 말라
14:1-21	제 2계명의 해설-하나님의 이름
14:22-16:17	제 3계명의 해설-안식일
16:18-18:22	제 5계명의 해설-부모
19:1-22:8	제 6계명의 해설-살인
	22:5-간음과 성에 대한 이후의 규례들을 예견하는 전환적 단위
22:9-24:7	제 7계명의 해설-도둑질
	23:15-16=간음과 성에 대한 이전의 규례들을 상기하는 전환적 단위
24:8-25:4	제 8계명의 해설-거짓증인
25:5-12	제 9계명의 해설-이웃의 아내를 탐내지 말라
25:13-26:15	제 10계명의 해설-이웃에게 속한 그 어떤 것도 탐내지 말라

④ 라부샤뉴는 자신의 신명기 주석에서 숫자적인 접근(numerical approach)을 통하여 다음과 같이 신명기 12-26장을 분석하였다.[255)]

12:1-13:19	1-2계명(다른 신을 섬기지 말라/우상금지)
14:1-21	3계명(하나님의 이름)
14:22-16:17	4계명(안식일)
16:18-18:22	5계명(부모)
19:1-21:9	6계명(살인)
21:10-22:12	6계명(살인)
22:13-29	7계명(도둑질)
23:1-26	6-10계명(살인, 도둑질, 거짓증인, 간음, 탐심)
24:1-25:4	6-10계명(살인, 도둑질, 거짓증인, 간음, 탐심)
25:5-26:19	6-10계명(살인, 도둑질, 거짓증인, 간음, 탐심)

⑤ 가장 최근에 두권짜리 개정된 신명기주석(WBC)을 낸 크리스텐센(2001:221-224)은 다음과 같은 분석을 시도하였다.

크리스텐센의 분석		
11:26-32	언약갱신의 모임	도입
12:1-13:19	중앙 성소에서의 예배	1-2계명
14:1-21	하나님과 관련된 거룩한 백성	3계명
14:22-16:17	거룩한 주기(週期)에서의 제의와 사회	4계명
16:18-18:22	고대 이스라엘에서의 권위	5계명
19:1-21:9	살인, 정의, 전쟁	6계명
21:10-24:4	결혼, 가정, 성, 혼합	7계명
24:5-25:16	인도주의적 관심	8-10계명
25:17-19	아말렉 사람들을 미워할 것을 기억하라	추가
26:1-9	중앙성소에서의 예배	1-4계명

255) 라부사뉴의 분석방법론은 Christensen(2001:219-20)의 글에서 인용한 것이다.

그러나 크리스텐센은 신명기법의 구조적 분석에서 (위에서도 살펴보았고 이제 우리가 살펴보게 되겠지만) 공적 예배와 하나님과 관련된 인간사에 대한 법규들의 구분을 명확하게 행하지 않는다는 문제를 드러낸다.

⑥ 이제 마지막으로, (다른 대부분의 학자들처럼) 신명기법의 십계명적 구분의 불명확성을 인정하긴 하지만 크리스토퍼 라이트(1996:5)는 다음과 같이 신명기법을 구분한다.

12-13장	1번째, 2번째 그리고 3번째 계명이 예배의 순수성과 모든 이방신들을 배제하라는 요구 속에서 반영되어 있다.
14:28-16:17	4번째 계명(안식일)은 이 단락에서 이스라엘의 생활에 대한 "거룩한 (규칙적인) 변이들"[holy rhythms]과 가난한 자에 대한 돌봄을 강조하면서 부각된다.
16:18-18:22	5번째 계명(부모공경)은 이 단락에 있는 재판장, 왕, 사제, 그리고 선지자에 초점이 맞춰진 적법한 권세자(human authority)에 대한 존중의 근거이다.
19:1-21:9	6번째 계명(살인금지)은 이 단락의 시작과 마지막 규례를 강조한다. 그 사이에 8, 10, 그리고 9번째 계명도 암시되어 있다.
22:13-30	7번째 계명(간음금지)은 몇 개의 연관된 성적범죄들을 규정하는 근거이다.
23-26장	법조항들은 이 마지막 단락에서는 더욱 잡다해지지만, 8번째와 10번째 계명들(도둑질 금지와 탐욕의 금지)은 여기서 돌봄과 긍휼, 특별히 약자와 가난한 자에 대한 공동체적 정서로 전환된 것처럼 보인다.

지금까지 살펴본 바대로 십계명적 배열에 대한 일반적인 공감대는 학자들 사이에 형성되어 가는듯이 보이나, 그럼에도 불구하고 몇가지 이유들로 해서 쉽게 이와 같은 입장을 전적으로 수용하기는 어렵다. 첫째는 신명기법 자체가 십계명과의 직접적인 연관성을 언급한다거나 적어도 암시하지 않는다는 점이다. 둘째는 비록 고대근동의 법규정상 경계의 모호성이 공통적인 특징이라는 점에서 신명기법의 규정들에서 발견되는 그룹들 사이에서 명확한 구별을 찾기 어렵다는 것을 "자료상의 차이"라거나 "편집사적 흔적"이라고 규

정할 수는 없다는 점은 이 방법론의 훌륭한 장점이지만,256) 신명기의 법규 그룹들을 세부적으로 명확하게 구분하기가 어렵다는 점은 여전히 문제로 남는다. 물론 이와 같은 불분명한 경계는 이스라엘 종교가 갖고 있는 신정정치적 체계에서 그 원인을 찾을 수 있다. 그러므로 신명기적 관점에서 정치와 경제 혹은 사회복지 차원에 종교가 깊숙이 관여되어 있다는 사실이 각각의 신명기의 법규들을 현대적인 잣대 속에서 명확하게 구분하지 못하게 하는 이유라고 생각한다. 이와 같은 여러 가지 고려사항들을 염두에 두더라도 신명기법이 십계명과 관련된 세부적 규정일 수 있다는 점은 인정되나, 그렇다고 해서 신명기법이 십계명의 배열과 동일한 순서를 따른다고 명확하게 구분할 정도까지는 아니라는 생각이 든다.

5) 주제, 강조점, 그리고 언어적 배치에 따른 신명기법의 배열

이와 같은 엄격한 배열과 전개에 동의하지 못하는 사람들이라도 또 다른 연구들을 통하여 이제는 신명기법이 특정한 주제와 강조점과 언어들에 의해서 배치되었을 가능성을 발견할 수 있게 되었다(cf. Miller 1990:15, 128 등). 그 예는 다음과 같다.

비록 신명기를 하나의 통일된 문헌으로 이해하지는 않았지만, 신명기법에 대한 문학적 이해를 추구한 카수토(Cassuto)의 영향을 받아서 1985년과 1988년에 각각 로페(Rofé)는 자구적(verbal) 연관들, 주제적 배열, 연대기적 배열, 위로(慰勞)로 끝나는 단락들, 문학적 단위의 길이에 따른 배열, 그리고 중앙집중적 배열이 신명기 규정의 구조와 의도를 찾을 수 있는 실마리들이라고 주장하였으며, 그 중에서 첫 번째 요소(자구적 연관들)가 가장 중요하다고 보았고 일부구절들(예, 전쟁법규들)의 경우는 기존의 문서집에 의존한 것이라고 주장하였다.

256) 또한 우리는 근대이후의 법의 분류와 서술원칙을 신명기법과 같이 고대법을 평가하는 엄격한 잣대로 사용하는 시대착오적 모순점을 인식해야 한다.

비록 신명기의 통일성에 대해서 로페와는 다른 입장이지만 웬함과 맥컨빌, 그리고 에슬링거도 주제, 강조점, 그리고 언어적 배치의 측면에서 신명기 법의 배열과 구조에 대한 관심과 흥미를 보였다. 아주 최근에 애쉬모어(Ashmore 1995:49-71)는 문법적 수의 차이와 함께 주제어, 구절, 구문(construction)의 분석에 따라, 신명기법을 12-20, 26과 21-25장으로 이분한다. 그는 이러한 문체적 차이가 신명기 21-25장의 우선적인 강조점이 교훈적이거나 신학적이라기보다는 법률적인데 있다고 주장하는 브라울릭의 주장(1986:116)을 따른다. 전자가 제의의 문제를 다룬다면, 후자는 제의와 직접적으로 연관이 없는 세속적인 주제들(mundane subjects)을 다룬다고 볼 수 있다. 마지막으로 본서에서의 필자의 연구에 따르면, 앞서 논의한 대로 신명기법은 십계명의 배열이라는 다소 엄격하고 매우 세부적인 적용이 아니라 아래의 대략적인 구조처럼 주제와 강조와 언어적 배치에 따라 배열되었으며 신명기 19-25장의 경우에 더 명확하게 제의, 정의, 결혼, 전쟁, 사회적 관심 등의 몇가지 주제가 몇개의 단락 속에서 반복적으로 나타나는 형식을 이룬다는 잠정적인 결론에 도달하게 되었다(자세한 내용은 본문을 참조하기 바란다).

- 예배의 장소와 예물들에 관한 규례들(12:2-32[13:1])
- 거짓 선지자들과 거짓종교의 전파자들에 관한 법도들
  (13:1-5[2-6], 6-11[7-12], 12-17[13-18]; 14:1-2)
- 음식과 절기들에 관한 법도들(14:3-16:7)
- 정의의 집행과 관련된 법도들(16:18-17:20)
- 사제들, 거짓종교, 그리고 참선지자와 관련된 법도들(18:1-8, 9-14, 15-22)
- 정의의 집행과 관련된 법도들(19:1-25:19)
- 바른 제의적/비제의적 음식예물에 관한 규례들(26:1-15)

즉 신명기 19-25장의 경우에 결혼, 전쟁, 그리고 정의라는 주제의 반복이라는 점에서 첫 번째 사이클(22:13-23:25), 두 번째 사이클(24:1-25:4), 그리고 세 번째 사이클(25:5-19)로 삼분할 수 있다.

첫 번째 사이클(22:13-23:25)	두 번째 사이클(24:1-25:4)	세 번째 사이클(25:5-19)
결혼 규정(22:13-30)	결혼 규정(24:1-5)	결혼 규정(25:5-10)
전쟁 사회적 배려와 정의 종교적 정의	전쟁 사회적 배려와 정의 종교적 정의	전쟁 사회적 배려와 정의 종교적 정의

이와 같이 필자가 하나의 예로서 제시한 신명기법 일부에 대한 분류법을 포함하여 신명기법에 대한 다양하고 수많은 분류법과 이해가 우리 앞에 제시되었다. 그와 같은 수고와 노력 속에서 (비록 세부적으로 명확한 배열과 구조의 원칙을 단정할 수는 없었다 하더라도) 적어도 우리는 신명기법이 단순히 혼돈스럽게 놓여져 있는 잡동사니의 "규정집"이 아니라 어떤 의도적인 구조와 배열로 이루어졌다는 근본적인 입장을 재확인할 수 있다.

결론: 신명기적 문맥 속에서의 신명기법의 신학적 의의

신명기법은 야웨(와 맺은 언약)에 대한 이스라엘의 배타적인 충실성을 담보해주는 역할을 수행한다. 이와 같은 야웨에 대한 배타적 충실성은 주로 제의적인 측면(적법한 장소와 제물의 사용), 정치적인 측면(정의와 공평), 가족적인 측면 그리고 사회복지적 차원에서 나타난다. 이처럼 신명기법은 하나님과의 관계뿐만 아니라 (하나님의 신실한 백성의 의무로서) 이웃에 대한 관심과 배려와 사랑을 언급하고 있다.

그럼에도 불구하고 약속의 땅에서 신앙인은 여전히 불신앙과 망각의 순례를 하게 될 것이다. 그러한 순례가 무서운 자연조건의 광야에서든지 풍요로운 가나안 땅에서든지간에, "하나님의 입에서 나오는 말씀" 에 대한 이스라엘의 의존과 순종, 즉 하나님의 "말씀"에 의한 은혜와 자비에 의존하여 복종하는 구체적인 삶은 바로 신명기법의 의미를 깨닫고 실천하는데서 비롯된다는 것을 깨닫게 해줄 것이다.

물론 이것은 신명기법의 완벽한 준수의 가능성을 전제로 하는 것은 아니다. 그렇기 때문에 신명기 전체의 문맥에서 볼 때, 신명기법은 우리에게 복음으로 다가온다. 맥브라이드(1987:236ff.)의 연구의 연장선상에서 올슨(1994:65-67)이 신명기의 규례들과 법도들의 특징을 규정하였듯이, 신명기 법규들의 호소적 성격[257]은 우리에게 그러한 법규의 존재 목적과 준수의 필요성에 대한 적절한 동기부여를 제공할뿐이지 우리가 율법을 준수함으로써 우리 자신의 의를 이루는 수단으로 사용될 수 없다는 점을 말해 준다. 오히려 신명기법은 부정적인 측면에서 하나님의 의와 은혜와 긍휼을 드러낸다. 그와 같은 역할을 신명기법을 감싸고 있는 외부구조들은 그 기능을 명확하게 담당하고 있다. 여기에 인용된 문헌들은 다음과 같다.

Ashmore, J. P. (1995), *The Social Setting of the Law in Deuteronomy* (unpublished Ph.D. diss., Duke University).

Cairns, I. (1992), *Deuteronomy: Word and Presence* (International Theological Commentary; Edinburgh/Grand Rapids: The Handsel Press/Eerdmans).

Carmichael, C. M. (1974), *The Laws of Deuteronomy* (Itacha: Cornell University Press).

Levinson, B. (1990), 'Calcum M. Carmichael's Approach to the Laws of Deuteronomy,' *HTR* 83: 227-257.

Paul, S. M. (1970), *Studies in the Book of the Covenant in the Light of Cuneiform and Biblical Law* (VTS 18; Leiden: Brill).

Wright, C. (1996), *Deuteronomy* (NIBC; Peabody: Hendriksen).

257) 준수의 동기부여로서의 제 1계명(12:30, 31; 13:2, 3, 6, 7, 13; 17:3; 18:20; 19:9; 20:28; 26:16-19), 준수의 동기부여로서의 이집트에서의 노예생활과 야웨의 자애로운 구원의 추억(13:5, 10; 15:15; 16:1, 3, 6, 12; 17:16; 20:1; 23:4; 24:9, 18, 22; 25:17; 26:5-9), 규례들과 법도들 사이의 관계성의 삼중적 요소들(하나님, 인간, 그리고 피조물); 죽음과 관련된 표현들; 대가를 지불하는 복종의 삶 등이다.

신명기 설교를 위한 주석 소개

여기서 필자는 본서에서 사용된 책들을 중심으로 신명기를 체계적으로 읽기를 원하는 독자들에게 필요한 책들을 몇권 추천해 보고자 한다. 물론 사람마다 보는 관점에 따라 중요하게 여기는 책들이 같지는 않을 것이라고 생각한다. 하지만 여기에서는 신명기 전반을 다루되 신학적인 면에서나 구조분석의 면에서 중요하게 여겨지는 책들을 주로 추천하고자 한다.

신명기 주석들과 주해들

드라이버(S. R. Driver)의 *Deuteronomy* (ICC, T & T Clark).

최근에 나오기 시작한 신 ICC 주석들의 경우처럼 구 ICC 주석들도 자유주의적인 입장 하에서 아주 방대한 자료들을 다루고 내용상 무척 세부적이라는 특징이 있다. 이 주석의 초판은 1895년에 나왔다. 이 책은 최근의 새로운 입장이나 방법론들이 쏟아져 들어오는 큰 격랑 가운데에 있지만, 영어권에서 여전히 읽혀지는 고전적인 주석이다.

게르하르트 폰 라트(Gerhard von Rad)의 *Deuteronomy*(OTL, SCM)

폰라트는 신명기를 신앙고백과 설교라는 측면에서 이해하였고 방법론적으로는 양식-전승사적인 측면에서 다루었다(1968년초판). 이 주석은 생각보다 책이 얇아서 자세한 논의를 하지 못한다는 아쉬움이 남는다(한국신학 연구소에서 번역되었다).

듀에인 크리스텐센(Duane L. Christensen)의 *Deuteronomy 1:1-21:9, Deuteronomy 21:10-34:12* (WBC)

요즘 전문적인 주석서들이 매우 두껍게 2-3권의 분량으로 출판되는 경향이 많아서 가난한 독자들을 슬프게 만들고 있는데, 크리스텐센의 신명기 주석(솔로몬 말씀사에서 최근에 모두 번역되었다)도 마찬가지다. 그는 신명기 1-11장에 관한 주석을 쓰고, 나머지 부분을 완성하기도 전에, 초판의 개정판을 내고 후반부를 완결시켰다.

저자는 신명기의 구조를 유대인의 예배에서 오래동안 사용된, 전통적인 11개의 성구독서법에 따라서 배열하였다. 그의 저술의 특징은 신명기 본문에 대한 시적, 음악적 분석을 수행하고 있다는 점과, 카마이클의 영향을 받아서 신명기의 토라와 창세기 내러티브와의 깊은 연관성을 강조한다는 점, 그리고 신명기의 세부단락과 거대단락에 있어서 방대하고 과도하리만큼 제시된 교차대구법등에 있다. 필자는 이러한 특징들 가운데서 신명기 규례와 법도의 해석에 있어서 카마이클의 적용방법론의 과도한 수용과 본문에 대한 교차대구법의 과도한 적용이 건전한 본문해석과 불일치한다는 점에서 크리스텐센의 입장을 무조건적으로 수용하기보다는 신중하게 경계하며 검토해야 할 필요가 있다고 생각한다.

피터 크레이기(P. C. Craigie)의 *The Book of Deuteronomy* (NICOT, Eedmans)

J. A. 톰슨(Thompson)의 *Deuteronomy* (TCOT, IVP)

가장 중요한 복음주의적인 신명기주석을 꼽는다면, 당연히 크레이기와 톰슨의 저작들이 먼저 떠오를 것이다. 그 가운데서도 1976년에 초판이 나온 크레이기의 주석이 여전히 현재까지 수차례 재판되어 기독교인들 사이에서 사랑을 받는 이유는 신명기에 대한 전통적인 입장을 학문적인 면에서도 충실히 견지한다는 점이다. 크레이기는 우가릿 연구에도 조예가 깊어서 신명기뿐만 아니라, 시편연구(심지어 예레미야서)에서도 두각을 발휘하였으나, 너무 일찍 세상을 떠났다.

톰슨의 경우에는 IVP의 틴데일구약주석시리즈로 학술적인 입장을 추구하지 않았고 소책자 형태로 출간되었으며 세월이 많이 흘렀다는 점에서 심각한 한계가 있지만, 신명기에 대한 복음주의적 이해에는 여전히 큰 도움을 준다.

레이몬드 브라운(Raymond Brown)의 *The Message of Deuteronomy* (BST, IVP)

The Bible Speaks Today 시리즈로 나온 주해집(한국기독학생회에서 '사람이 떡으로만 살 것 아니요' 라는 제목으로 번역되었다)으로 '성경해석, 현대적 적용, 그리고 읽기쉬움' 이라는 세 가지 목표를 가지고 저술된 책이다. 영국의 목회적 청중을 대상으로 하였다는 점이 장점이자 단점이지만, 본문이해와 목회라는 두 마리의 토끼를 잡고자 하는 사람들에게는 매우 유익한 책이다.

크리스토퍼 라이트(Christopher Wright)의 *Deuteronomy* (NIBC, Paternoster)

저자는 구약윤리와 선교학에 대한 전문가로서, 일반적인 독자들을 대상으로 평이한 서술을 하였지만, 신명기의 현대기독교에 대한 윤리적 선교사적 적실성(relevance)의 문제를 심각하게 다루고 있다. 기본적으로는 톰슨의 신명기주석보다는 더 최근의 입장을 반영하며 더 실제적이며 더 자세한 해설이 제공된다.

메레딧 클라인(Meredith G. Kline)의 *The Treaty of the Great King: The Covenant Structure of Deuteronomy: Studies and Commentary* (Eerdmans)

우리의 시야에서 이미 사라졌지만, 주전 2000년대의 힛타이트 조약양식에 따른 신명기분석의 시초를 이룬 책이다. 보수-복음주의적인 입장에서 신명기의 구조와 배열과 저작연대를 결정하는데 있어서 기념비적인 책이지만, 이 책의 분량은 주석이라기보다는 소책자 수준에 가깝다.

고든 맥컨빌(G. McConville)의 *Deuteronomy* (AOTC, IVP)

고든 맥컨빌을 언급하려면 그의 스승 고든 웬함을 먼저 말해야 한다. 웬함은 신명기의 제의법(그의 학위논문은 나중에 *Law and Theology in Deuteronomy*라는 이름으로 출판되었다)으로 학위를 했던 맥컨빌 교수의 지도교수였을 뿐만 아니라, 그 자신도 신명기의 구조와 연대와 관련하여 런던 대학교에서 박사학위를 하였기 때문이다. 저자의 신명기 제의법에 대한 연구는 나중에 (J. G. Millar와 공저한) *Time and Place in Deuteronomy*에서도 찾아볼 수 있다. 맥컨빌 교수의 제의법연구 가운데서 십일조법에 관한 논의는 필자의 연구에도 중요한 영향을 끼쳤다('모세율법 규정에 나타난 십일조신학,' 『기독교사상』2000년 12월호: 250-266 등).

이 신명기 주석의 구조는 WBC의 형태를 완화된 형태로 따른다. 이 주석에는 전문적인 주석단락이 있지만, 학술적인 장황함이나 난해함을 배제하며, 우리에게 주어진 최종본문의 권위와 주장에 근거하여 신명기 본문에 대한 신학적 문학적 해석을 적절하게 제공한다. 여기서 다루어지는 신명기 주석 이외에도 맥컨빌 교수는 (아주 간단한 형태로) IVP 성경주석(우리나라에서는 'NBC 21 세기판 IVP 성경주석' 이라는 이름을 출판되었다)에서 신명기 전체를 주해하였고 그 외에도 신명기와 관련된 책과 다양한 소논문들을 저술하였다.

유진 메릴(Eugene Merrill)의 *Deuteronomy* (NAC, Broadman & Hollman Publishers)

NAC 시리즈의 입장을 공유하고 있는 메릴(달라스 신학교의 구약교수)은 현대 미국성서학계에서 행해지는 신명기와 관련된 중요한 논의의 결과들을 적절하게 반영하면서도 가장 보수적인 입장(성경의 무오성)을 견지하며 교사와 목회자들을 위한 배려도 제공하고 있다. 그러나 기존의 NIV의 본문에 의존하여 주해를 하다보니, 본문비평과 구조분석에 대한 세부적인 논의가 결여되어 있다.

리처드 넬슨(Richard D. Nelson)의 *Deuteronomy* (OTL, Westminster/John Knox).

아주 최근에 나온 책들 가운데서는 상당히 학술적이다. 물론 전통적인 주석들이 포함하고 있는 상당한 분량의 서론과 본문비평 등의 내용은 상당부분 간략하게 제시되었고 본문에 대한 해설에 집중한다. 최근의 비평적인 입장을 이해하기 위해서는 반드시 참조해야 할 주석이라고 생각한다.

토마스 만(Thomas Mann)**의** ***Deuteronomy*** (Westminster/John Knox), **월터 브루그만**(Walter Brueggemann)**의** ***Deuteronomy*** (Abingdon), **패트릭 밀러**(Patrick D. Miller)**의** ***Deuteronomy*** (John Knox).

토마스 만과 더불어서 브루그만과 밀러는 미국의 탁월한 구약학자들이다. 여기에서 저자들은 기본적으로 비평적인 입장을 취하지만, 신학도를 포함한 일반대중을 염두에 두고 저술된 주석적 해설서라서 우리 독자들에게도 그다지 큰 거부감이 들지는 않을 것이다. 그러한 면에서 이 책들을 역사비평적 주석이나 설교도우미의 역할을 하는 실용적인 책의 범주에 넣기는 어려움이 있다. 본문 비평이나 복잡한 정경이전의 논란거리들은 전무하거나 매우 미미하게 언급되어 있을 뿐이다.

필자가 볼 때, 만의 주석이 가장 유연하고 읽기 쉬울 것 같다. 브루그만의 경우에는 비록 서구중심적이긴 하지만, 21세기 현대인들이 처한 현실적 윤리적 이슈들에 민감하게 반응하며 그에 대한 적절한 적용점을 찾으려고 노력한다는 장점이 있다. 밀러의 경우(한국장로교출판사에서 번역출간되었다)에는 아예 그 시리즈 이름이 '교육과 설교를 위한 성경주석' 이라고 말하고 있다. 그 만큼 더 신학도들과 목회자들에게 접근이 용이하도록 저술되었다. 목회자들이나 목회자 후보생들은 위의 세 권 중에 한 권 정도는 읽어보아야 하지 않을까 생각한다.

모쉐 바인펠트(Moshe Weinfeld)**의** ***Deuteronomy 1-11*** (AB, Doubleday).

바인펠트는 *Deuteronomy and Deuteronomic School*(Oxford: Clarendon, 1972)에 의해서 먼저 유명해졌다. 이 책에서 저자는 신명기의 연설의 형태, 조약형태, 제의의 비신화화와 세속화, 그리고 지혜문학과의 관련성을 다루었다. 바인펠트의 신명기 주석의 특징은 다른 많은 유대인학자들의 경우처럼 그 입장이 비교적 온건하다는 점, 그리고 고대근동문헌들과의 연관성과 아울러서 고대랍비 문헌에 대한 풍부한 언급에 있다. 그런데 1991년에 신명기 전반부에 대한 주석이 출판된 이후로 신명기 후반부의 주석이 현재까지 아직 출판되지 않고 있다는 아쉬움이 남는다. 조속한 완간을 기대한다,

제프리 티가이(Jeffrey H. Tigay)의 *Deuteronomy* (Jewish Publication Society).

이 주석은 유대인학자의 저술로서 상대적으로 보수적인 입장을 취하면서 고대근동적 배경과 랍비적 전통을 적절하게 통합시키고 있다는 점에서 바인펠트와 일맥상통하는 면이 있다. 주해부분이 다른 주석들보다 상대적으로 많지 않다는 단점이 있지만, 우리가 알고자 원하는 본문의 내용을 설명해 주고 있으며, 또한 이 주석의 말미에 배치되어 있는, 풍부한 부록들로 우리가 제기할 수 있는 아쉬움은 대부분 상쇄된다.

마지막으로, 우리 학자들의 중요한 신명기관련 저술에는 장일선, 『신명기』 (대한국기독교서회), 왕대일, 『다시 듣는 토라: 설교를 위한 신명기연구』 (한국성서학연구소), 송제근, 『시내산 언약과 모압 언약: 출애굽기 19-24장과 신명기 5-28장 연구』 (솔로몬), 성주진, 『사랑의 마그나 카르타』 (합동신학대학원출판부), 한동구, 『신명기 해석』 (B&A) 등이 있다.

신명기 주해와 관련된 중요저술들

로버트 폴진(Robert Polzin)의 *Moses and the Deuteronomy* (Indiana University)

필자가 기존의 내러톨로지적 토대위에 미하일 바흐친의 대화적 특징(보고하는 연설[reporting speech-narrator]과 보고된 연설[reported speech-Moses]의 구별)을 신명기에 적용하는데 큰 도움을 준 책이다. 이 책의 부제(A Literary Study of the Deuteronomic History)가 보여주듯이 본서는 역사비평적인 입장보다는 문학적 연구에 집중한다. 독자들의 일독을 권한다. 그러나 폴진의 입장에서 본 내러

티브 내에서의 목소리들(voices)의 충돌이나 과도한 갈등의 이론은 수용하기가 어렵다.

데니스 올슨(Dennis T. Olson)의 *Deuteronomy and the Death of Moses* (Fortress).

이 책의 부제(A Theological Reading)가 잘 보여주듯이, 본서는 신명기의 문학적-신학적 읽기의 중요한 예를 보여준다. 저자는 모세의 죽음이라는 순환적인 모티프가 신명기를 읽는 중요한 구조와 주제를 구성한다고 보았다. 본서는 모세의 임박한 죽음과 관련하여, 현재 모압평야에서 야웨와의 언약을 재확증하고 있는, 곧 가나안 땅에 들어갈 이스라엘의 과거, 현재, 그리고 미래에 대한 조망을 제시하고 있다. 올슨은 발견되는 긴장의 요소들을 신학적인 측면에서 완성된 정경의 틀 속에서 해결하고 있다. 신명기를 신학적으로 읽기를 원하는 독자에게 추천한다,

얀-피에르 소네트(Jan-Pierre Sonnet)의 *The Book Within the Book: Writing in Deuteronomy* (Brill).

신명기라는 책 안에서 모세의 설교가 있고 그 속에서 모세는 계속해서 하나님의 말씀을 기록하고 이스라엘에게 미래에도 하나님의 말씀을 기록하여 보존하라고 명령하고 있다. 저자는 신명기 내에 존재하는 구술적 요소와 기록적 요소의 상관관계(즉 신명기 내에 모세의 책이 존재한다)를 다루고 있다. 그와 같은 입장에서 보면, 우리는 모세의 책을 읽는 것이 아니라, 신명기라는 책을 읽고 있는 것이다! 앞서 언급한 폴진의 책과 소네트의 책은 필자가 신명기를 내러톨로지적 입장에서 읽을 수 있는 중요하고 세부적인 이론적 토대를 제공하였다.

인용된 문헌 목록

한글

성기문(2007), '바울의 신명기 해석원리연구-로마서를 중심으로,' 『교회와 문화』 19:5-24.

성기문(2005), '신명기법의 배열과 신학에 관한 연구,' 『교회와 문화』 15:177-190.

성기문(2004a), '주5일근무제와 개혁신앙,' 『한국개혁신학회』 16: 31-63.

성기문(2004b), '레위기 26:1-45에 나타난 회개와 회복 모티프 연구,' 『진리와 학문의 세계』 10: 11-42.

성기문(2003a), 『하나님의 정치와 인간의 정치』(서울: 좋은씨앗).

성기문(2003b), "구약성경은 한국정치에 긍정적인 기여를 할 수 있나?: 지난 20여년간의 보수적 기독교계의 정치활동을 중심으로," 한국개혁신학회』 13: 28-57.

송제근(1998), 『시내산 언약과 모압 언약: 출애굽기 19-24장과 신명기 5-28장 연구』(서울: 솔로몬).

이수만(1999), '신명기 4장 19절의 해석과 번역,' 『성경원문연구』 5 : 44-56.

이형원(1999), 『구약성서해석의 원리와 실제』(서울: 대한기독교서회).

왕대일(1998), 『다시 듣는 토라: 설교를 위한 신명기 연구』(서울: 한국성서학 연구소).

윤용진(1999), 『야웨의 전쟁신학』(서울: 그리심).

영문

Abba, R. 'Priests and Levites in Deuteronomy,' *VT* 27 (1977): 257-67.

Albright, W. F. (1967), *From Stone Age to Christianity: Monotheism and the Historical Process* (second edition; Baltimore: Johns Hopkins).

Avishur, Y. (1980), 'Expressions of the Type *BYN YDYM* in the Bible and Semitic Languages,' *UF* 12: 125-33.

Bailey, W. A. (2005), ' *"You shall not kill" or "You shall not murder"?: The Assault on a Biblical Text* (Collegeville: Liturgical Press).

Bal, M. (1988), *Death & Dissymmetry: The Politics of Coherence in the Book of Judges* (Chicago Studies in the History of Judaism; Chicago: University of Chicago).

Baltzer, K. (1971), *The Covenant Formulary in Old Testament, Jewish and Early Christian Writings* (tran. D. E. Green; Philadelphia: Fortress).

Barker, P. A. (2004), *The Triumph of Grace in Deuteronomy: Faithless Israel, Faithful Yahweh in Deuteronomy* (Carlisle: Paternoster Press).

Barker, P. A. (1998), 'The Theology of Deuteronomy 27,' *TynBul* 49.2: 277-303.

Beckman, G. M. (1996), *Hittite Diplomatic Texts* (ed. Harry A. Hoffner, Jr.; Atlanta: Scholars).

Begg, C. (1979), 'The Significance of the Numeruswechsel in Deuteronomy: The "Prehistory" of the Question,' *ETL* lv/1: 116-124.

Bennett, H. V. (1999), *Social Injustice and Biblical Law: The Case of Widows, Strangers, and Orphans in the Deuteronomic Code* (unpublished Ph. D. dissert., Vanderbilt university).

Beyerlin, W. (1963), 'Gattung und Herkunft des Rahmes im Richterbuch,' in E. Würthwein und O. Kaiser (eds.), *Tradition und Situation: Studien zur alttestamentlichen Prophetie*. Artur Weiser zum 70. Geburtstag am 18. 11. 1963 dargebracht von Kollegen, Freunden und Schülern (Göttingen: Vandenhoeck & Ruprecht): 17-22.

Block, D. I. (2000). *The Gods of the Nations: Studies in Ancient Near Eastern National Theology* (Grand Rapids: Baker).

Bracke, J. M. (1985), 'šûb šebût: A Reappraisal,' *ZAW* 92/2 : 233-244.

Braulik, G. (1978), *Die Mittel deuteronomischer Rhetorik : Erhoben aus Deuteronomium 4,1-40* (Rome: Biblical Institute Press).

Braulik, G. (1994), *The theology of Deuteronomy: Collected essays of Georg Braulik* (trans. U. Lindblad; N. Richland: BIBAL Press).

Braulik, G. (1984), 'Law as Gospel: Justification and Pardon According to the Deuteronomic Torah,' *Int* 38: 5-14.

Braulik, G. (1982), 'Gesetz als Evangelium. Rechtfertigung und Begnadigung nach der deuteronomischen Tora,' *ZThK* 79/2: 127-160.

Braulik, G. (1993), 'The Sequence of the Laws in Deuteronomy 12-26 and in the Decalogue,' in Christensen (1993): 313-335 ['Die Abloge der Gesetz in Deuteronomium 12-26 und der Dekalog,' in N. Lohfink (ed.), *Das Deuteronomium: Entstehung, Gestalt und Botschaft* [Louvain: Louvain University, 1985]: 252-272의 영역이다.]

Brin, G. (1994), *Studies in Biblical Law: From the Hebrew Bible to the Dead Sea Scrolls* (JSOTSS 176; Sheffield: Sheffield Academic Press).

Bruckner, J. K. (2001), *Implied Law in the Abraham Narrative: a Literary and Theological Analysis* (JSOTSS 335; Sheffield: Sheffield Academic Press).

Brueggemann, W. (2001), *Deuteronomy* (Nashville: Abingdon).

Budd, P. J. (1984), *Numbers* (WBC; Waco, TX.: Word Books).

Carmichael, C. (1995), 'Forbidden Mixtures in Deuteronomy XXII 9-11 and Leviticus XIX 19,' *VT* xlv/4: 433-448.

Carmichael, C. (1979), 'A Common Element in Five Supposedly Disparate Laws,' *VT* 29: 129-142.

Carmichael, C. (1974), 'A Time for War and a Time for Peace: The Influence of the Distinction upon some Legal and Literary Material (in Dt.),' *JJS* 25: 50-64.

Chirichigno, G. C. (1993), *Debt-Slavery in Israel and the Ancient Near East* (JSOTSS 141; Sheffield: Sheffield).

Christensen, D. L. (2002), *Deuteronomy 21:10-34:12* (WBC; Nashville: Thomas Nelson Publishers).

Christensen, D. L. (2001), *Deuteronomy 1-21:9: Revised* (WBC; Nashville: Thomas Nelson Publishers).

Christensen, D. L. (ed.) (1993), *A Song of Power and the Power of Song: Essays on the Book of Deuteronomy* (Winona Lake: Eisenbrauns).

Chun, J. J. (2000), *Reading the Golden Calf Episode in Theological and Critical Perspective* (unpublished Ph.D. dissert., University of Bristol).

Clements, R. E. (1998), 'The Book of Deuteronomy,' *The New Interpreter' s Bible: Vol. II* (Nashville: Abingdon): 269-538.

Cogan, M. (1974), *Imperialism and Religion: Assyria, Judah and Israel in the Eighth and Seventh Century B.C.E.* (SBLMS 19; Missoula: Scholars).

Cogan, M. & H. Tadmor(1988), *II Kings* (AB; New York: Doubleday).

Conrad, E. W. (1985), *Fear Not Warrior: A Study of 'al tira' Pericopes in the Hebrew Scriptures* (Brown Judaic Studies 75; Chico: Scholars).

Craigie, P. (1976), *The Book of Deuteronomy* (Grand Rapids: Eerdmans).

Cross, F. M. & D. N. Freedman, "The Blessing of Moses," *JBL* 67 (1948): 191-120.

de Moor, J. C. (1990), *The Rise of Yahwism: The Roots of Israelite Monotheism* (BETL XCI; Leuven: Leuven Univ.).

de Vaux, R. (1961), *Ancient Israel: Its Life and Institutions* (New York: McGraw-Hill).

DeVries, S. (1974), 'The Development of the Deuteronomic Promulgation Formula,' *Bib* 55: 301-316.

Dommershausen, W.(1990), 'יין' *TDOT* vol. 6: 59-64.

Douglas, M. (1978), *Purity and Danger: an Analysis of Concepts of Pollution and Taboo* (London: Routledge).

Doron, P. (1978), 'Motive Clauses in the Laws of Deuteronomy: Their Forms, Functions, and Contents,' *HAR* 2: 62-5.

Driver, S. R. (1902), *A Critical and Exegetical Commentary on Deuteronomy* (제3판, Edinburgh : T. & T. Clark).

Duke, R. K. (1987), 'The Portion of the Levite: Another Reading of Deuteronomy 18:6-8,' *JBL* 106/2: 193-201.

Eissfeldt, O. (1917), *Erstlinge und Zehnten im AT* (BWAT 22; Leipzig: J. C. Hinrichs).

Emerton, J. A. (1962), 'Priests and Levites in Deuteronomy,' *VT* 12: 129-38.

Epsztein, L. (1986), *Social Justice in the Ancient Near East and the People of the Bible* (trans. J. Bowden; London: SCM).

Eskenazi, T. C. (1995), 'Torah as Narrative and Narrative as Torah,' in J. L. Mays, *et al.* (eds.), *Old Testament Interpretation: Past, Present, and Future: Essays in Honour of Gene M. Tucker* (Edinburgh: T & T Clark): 13-30.

Eslinger, L. (1984), 'More Drafting Techniques in Deuteronomic Laws,' *VT* 34: 221-226.

Fensham, F. C. (1962), 'Widow, Orphan, and the Poor in Ancient Near Eastern Legal and Wisdom Literature,' *JNES* 21: 129-39.

Fewell, D. N. (1992), *Reading between texts: Intertextuality and the Hebrew Bible* (Louisville: Westminster/John Knox Press).

Fitzpatrick-McKinley, A. (1999), *The Transformation of Torah from Scribal Advice to Law* (JSOTSS 287; Sheffield: Sheffield Academic Press).

Freedman, D. N. (1980), "The Poetic Structure of the Framework of Deuteronomy 33" in G. Rendsburg *et al.* (eds.), *The Bible World: Essays in Honor of Cyrus H. Gordon* (New York: KTAV): 25-46.

Geller, S. A. (1982), "The Dynamics of Parallel Verse: A Poetic Analysis of Deut 32:6-12," *HTR* 75/1: 35-66.

Gordis, R. (1948), "The Text and Meaning of Deuteronomy 3327," JBL lxvii/1: 69-72.

Gordon, C. H. (1970), " His Name is 'One' ' ' , *JNES* 29/3: 198-99.

Gowan, D. E. (1987), 'Wealth and Poverty in the Old Testament: The Case of the Widow, the Orphan, and the Sojourner,' *Int* 41: 341-53.

Gray, J. (1965), *The Legacy of Canaan: The Ras Shamra Texts and Their Relevance to the Old Testament* (SVT 5; Leiden: Brill).

Gunneweg, A. H. J. (1965), *Leviten und Priester* (Göttingen: Vandenhoeck & Ruprecht).

Halpern, B. (1981), 'The Centralization Formula in Deuteronomy,' *VT* 31: 20-38.

Hamilton, J. M. (1992), *Social Justice and Deuteronomy: The Case of Deuteronomy 15* (SBLDS 136; Atlanta: Scholars).

Hamilton, V. P. (1982), *Handbook on the Pentateuch: Genesis, Exodus,*

Leviticus, Numbers, Deuteronomy (Grand Rapids: Baker).

Harrelson, W. (1980), *The Ten Commandments and Human Rights* (Philadelphia: Fortress).

Hillers, D. (1964), *Treaty Curses and the Old Testament Prophets* (BibOr; Rome: Pontificial Biblical Institute).

Holladay, W. L. (1958), *The Root ŠBH in the Old Testament: With Particular Reference to its Usages in Covenantal Contexts* (Leiden: Brill)

Houston, W. (1993) *Purity and Monotheism: Clean and Unclean Animals in Biblical Law* (JSOTSS 140; Sheffield: Sheffield Academic Press).

Houtman, C. (1984), 'Another Look at Forbidden Mixtures,' *VT* 34: 226-28.

Kallai, Z. (1995), 'Where Did Moses Speak (Deuteronomy I 1-5)?,' *VT* xlv: 188-197.

Kalland, E. S. (1992), 'Deuteronomy,' in F. E. Gaebelein *et al.* (eds.) *Expositor' s Bible Commentary. vol. 3 Deuteronomy - 2 Samuel* (Grand Rapids: Zondervan): 1-235.

Kaufman, S. A. (1978-79), 'The Structure of the Deuteronomic Law,' *Maarav* 1/2: 105-158.

Keerankeri, G. (2003), *The Love Commandment in Mark: An Exegetico-Theological Study of Mk 12,28-34* (Analecta Biblica 150; Rome: Pontificial Biblical Institute).

Kidd, J. E. R. (1999), *Alterity and Identity in Israel: The* גר *in the Old Testament* (BZAW 283; Berlin: de Gruyter).

Kissling, P. J. (1996), *Reliable Characters in the Primary History: Profiles of Moses, Joshua, Elijah and Elisha* (JSOTSS 224; Sheffield: Sheffield).

Kidner, Derek (1967), *Genesis: An Introduction and Commentary* (Tyndale Old Testament Commentaries. London: Tyndale).

Kline, M. G. (1972), *The Structure of Biblical Authority* (Grand Rapids: Eerdmans).

Kline, M. G. (1963), *Treaty of the Great King: The Covenant Structure of Deuteronomy: Studies and Commentary* (Grand Rapids: Eerdmans).

Knapp, D. (1987), *Deuteronomium 4: Literarische Analyse und theologische Interpreation* (Göttingen: Vandenhoeck & Ruprecht).

Knoppers, G. N. (2001), 'Rethinking the Relationship between

Deuteronomy and the Deuteronomistic History: The Case of Kings,' *CBQ* 63/3: 393-415.

Korpel, M. C. A. (1993), 'The Epilogue to the Holiness Code,' in J. de Moor and W. Watson (eds.), *Verse in Ancient Near Eastern Prose*. (AOAT 42; Neukirchen-Vluyn: Neukirchener): 123-150.

Krašovec, J. (1999), *Reward, Punishment, and Forgiveness: The Thinking and Belief' s of Ancient Israel in the Light of Greek and Modern Views*(SVT lxxviii; Leiden: Brill).

Labuschagne, C. J. (1997), 'The Setting of the Song of Moses in Deuteronomy,' in M. Vervenne & J. Lust (eds.), *Deuteronomy and Deuteronomic Literature: FS. C. H. W. Brekelmans* (Leuven: Leuven University Press): 111-129.

Labuschagne, C. J. (1993), 'Divine Speech in Deuteronomy,' in D. L. Christensen (ed.), *A Song of Power and the Power of Song: Essays on the Book of Deuteronomy* (Winona Lake: Eisenbrauns): 375-393.

Labuschagne, C. J. (1992), '"You Shall Not Boil a Kid in Its Mother' s Milk": A New Proposal for the Origin of the Prohibition,' *SVT* xlix: 6-17.

Labuschagne, C. J. (1985), 'The Literary and Theological Function of Divine Speech in the Pentateuch," in J. A. Emerton (ed.), *Congress Volume: Salamanca, 1983* (VTS 36; Leiden: Brill): 154-173.

Lasserre, Guy (1994), *Synopse des lois du Pentateuque* (SVT 59; Leiden: Brill).

Lee, W. W. (2000), 'The Transition from the Old Generation to the New Generation in the Book of Numbers: A Response to D. Olson,' in W. Kim, D. Ellens, M. Floyd, & M. A. Sweeney (eds.), *Reading the Hebrew Bible for a New Millennium vol. 2: Exegetical and Theological Studies* (Harrisburg: Trinity International Press): 201-220.

Lemche, N. P. (1976), 'The Manumission of Slaves - the Fallow Year - the Sabbatical Year - the Jobel Year,' *VT* 26: 38-59.

Lenchak, T. A. (1993), *"Choose Life!" A Rhetorical-Critical Investigation of Deuteronomy 28, 69-30, 20* (AnBib 129; Rome: Pontificio Istituto Biblico).

Levenson, J. D. (1993), *The Death and Resurrection of the Beloved Son: the*

Transformation of Child Sacrifice in Judaism and Christianity (New Haven: Yale University Press).

Levenson, J. D. (1978), 'Who Insert the Book of the Torah,' *HTR* 68: 203-233.

Lewy, I. (1962), 'The Puzzle of DT. XXVII: Blessings Announced, But Curses Noted,' *VT*: 207-11.

Lindars, B. (1968), 'Torah in Deuteronomy,' in P. R. Ackroyd & B. Lindars (eds.), *Words and Meanings: Essays Presented to David Winton Thomas* (Cambridge: Cambridge University Press): 117-36..

Lohfink, N. (1996), 'The Laws of Deuteronomy: a utopian project for a world without any poor,' *Scripture Bulletin* 26/1: 2-19.

Lohfink, N. (1994), *Theology of the Pentateuch: Themes of the Priestly Narrative and Deuteronomy* (trans. L. M. Maloney; Edinburgh: T & T Clark).

Lohfink, N. (1993), 'Distribution of the Functions of Power: The Laws Concerning Public Offices in Deuteronomy 16:18-18:22,' in Christensen (1993): 336-352.

Lohfink, N. (1991), 'Poverty in the Laws of the Ancient Near East and of the Bible,' *Theological Studies* 52: 34-50.

Lohfink, N. (1984), 'Zur deuteronomischen Zentralisationsformel,' *Bib* 65: 297-329

Lohfink, N. (1963), *Das Hauptgebot: Eine Untersuchung literarischer Einleitungsfragen zu Dtn 5-11* (AnBib 20; Rome: Pontificial Biblical Institute).

Lohfink, N. (1962), 'Der Bundesschluβ im Land Moab: Redaktionsgeschichtliche zu Dt 28,69-32,47,' *BZ* 6: 32-56.

Lundbom, J. R. (1996), 'The Inclusio and Other Framing Devices in Deuteronomy I-XXVIII,' *VT* xlvi/3: 296-315.

Marguerat, D. & Y. Bourquin (1999), *How to Read Bible Stories: an Introduction to Narrative Criticism* (London: SCM).

Martin, W. J. (1969), '"Dischronologised" Narrative in the Old Testament,' *SVT* 17: 179-86.

McBride, S. D. (1987), 'Polity of the Covenant People,' *Int* 41: 229-44.

McCarthy, D. J. (1981), *Treaty and Covenant: a Study in Form in the Ancient Oriental Documents and in the Old Testament* (AnBib 21a; new ed. completely rewritten; Rome: Biblical Institute).

McConville, J. G. (2002), *Deuteronomy* (Apollos Old Testament Commentary; Leicester: IVP).

McConville, J. G. (1993), *Grace in the End: A Study in Deuteronomic Theology.* (Grand Rapids: Zondervan).

McConville, J. G. (1984), *Law and Theology in Deuteronomy* (JSOTSS 33; Sheffield: JSOT).

McConville, J. G. & J. G. Millar, (1994), *Time and Place in Deuteronomy* (JSOTSS 179; Sheffield: Sheffield).

McDonald, N. (2003), *Deuteronomy and the Meaning of 'Monotheism'* (FAT 2/1; Tübingen: J. C. B. Mohr).

McKay, J. W. (1973), *Religion in Judah Under the Assyrians, 732-609 B.C.* (SBT 26; London: SCM).

Mattingly, K. E. K. (1997), *The Laying of Hands on Joshua: An Exegetical Study of Numbers 27:12-23 and Deuteronomy 34:9* (unpublished. Ph.D. dissert., Andrews University).

Mayes, A. D. H. (1981), 'Deuteronomy 4 and the Literary Criticism of Deuteronomy,' *JBL* 100: 23-51.

Mayes, A. D. H. (1979), *Deuteronomy* (Grand Rapids: Eerdmans).

Mendenhall, G. E. (1990), 'The Suzerainty Treaty Structure: Thirty Years Later,' in E. B. Firmage, Bernard G. Weiss, & John W. Welch (eds.), *Religion and Law: Biblical-Judaic and Islamic Perspectives* (Winona Lake: Eisenbrauns): 85-100.

Mendenhall, G. E. (1975), 'Samuel' s Broken Rib: Deuteronomy 32,' in J. W. Flanagan & A. W. Robinson (eds.), *No Famine in the Land: Studies in honor of J. L. McKenzie* (Missoula: Scholars): 63-74.

Mendenhall, G. E. (1954), 'Covenantal Forms in Israelite Tradition,' *BA* xvii/3: 50-76.

Merendino, R. P. (1969), *Das deuteronomische Gesetz: ein literarkritische, gattungs- und überlieferungsgeschichtliche Untersuchung zu Dt 12-26* (BBB 31; Bonn: Peter Hanstein).

Merrill, E. H. (1994), *Deuteronomy* (NAC; Nashville: Broadman & Holman Publishers).

Milgrom, J. (1990), *Numbers* (JPS Torah Commentary; Philadelphia: Jewish Publication Society).

Milgrom, J. (1985), 'You Shall Not Boil a Kid in Its Mother' s Milk,' *Bible Review* 1/3: 48-55.

Millard, A. R.(1980), 'A Wandering Aramean,' *JNES* 39: 153-155.

Miller, P. D.(2000), *Israelite Religion and Biblical Theology: Collected Essays* (JSOTSS 267; Sheffield: Sheffield Academic Press).

Miller, P. D. (1990), *Deuteronomy* (Interpretation: Louisville: John Knox Press).

Mittmann, S. (1975), *Deuterominum 1,1-6,3 literarkritisch und traditionsgeschichtlich untersuch.* (BZAW 139; Berlin: de Gruyter).

Morrow, W. S. (1995), *Scribing the Center: Organization and Redaction in Deuteronomy 14:1-17:13* (SBLMS 49; Atlanta: Scholars Press).

Nelson, R. D. (2002), *Deuteronomy: A Commentary* (OTL; Louisville: Westminster/John Knox).

Neufeld, E. (1944), *Ancient Hebrew Marriage Laws with Special Reference to General Semitic Laws and Customs* (London: Longmans, Green and Co.).

Niehaus, J. (1992), 'The Central Sanctuary: Where and When?' , *TynB* 43: 3-30.

Noth, M. (1984), *The Laws in the Pentateuch and Other Studies* (trans. D. R. Ap-Thomas; London: SCM).

Oded, B. (1995), 'Observations on the Israelite/Judaean Exiles in Mesopotamia during the Eighth-Sixth Centuries BCE,' in K. Van Lerberghe & A. Schoors (eds.), *Immigration and Emigration Within the Ancient Near East* (FS. E. Lipinski; Orientalia Lovaniensia Analecta 65; Leuven: Uitgevereij Peeters en Department Orintalistiek): 205-212.

Olson, D. T. (1994), *Deuteronomy and the Death of Moses: A Theological Reading* (Minneapolis: Fortress).

Olson, D. T. (1985), *Death of the Old and Birth of the New: The Framework of the Book of Numbers and the Pentateuch* (Chico:

Scholars).

Östereicher, Th. (1924), *Das deuteronomische Grundgesetz* (Güntersloh: Bertelsmann).

Otto, E. (1995), 'Gesetzesfortschreibung und Pentateuchredaktion,' *ZAW* 107/3: 373-392.

Ottoson, M. (1988), 'Eden and the Land of Promise,' in J. A. Emerton (ed.), *Congress volume: Jerusalem, 1986* (SVT 40; Leiden: Brill): 177-88.

Peckham, B. (1983), 'The Composition of Deuteronomy 5-11,' in C. L. Meyers & M. O' Connor (eds.), *The Word of Yahweh Shall Go Forth: Essays in Honor of D. N. Freedman in Celebration of His Sixtieth Birthday* (Winona Lake: Eisenbrauns): 217-40.

Perlitt, L. (1990), "Evangelium' und Gesetz im Deuteronomium,' in T. Veijola (ed.), *The Law in the Bible and in its Environment* (Göttingen: Vandenhoeck & Ruprecht): 21-38.

Petschow, H. (1968), 'Zur "Systematik" in den Gesetzen von Eschunna,' *Symbolae juridicae et historicae M. David dedicatae, vol. 2* (Leiden: Brill): 131-43.

Petschow, H. (1965), 'Zur Systematik und Gesetzestechnik im Codex Hammurabi,' *ZA* 57: 146-72.

Phillips, A. (1973), *Deuteronomy* (Cambridge: Cambridge University).

Pleins, J. D. (1992), 'Poor, Poverty,' in *ABD* vol. 5: 402-414.

Polzin, R. (1980), *Moses and Deuteronomist: A Literary Study of the Deuteronomic History: Part One: Deuteronomy, Joshua, and Judges* (New York: The Seabury).

Propp, W. H. (1987), *Water in the Wilderness: A Biblical Motif and Its Mythological Background* (HSM 40; Atlanta: Scholars).

Richter, S. L. (2002), *The Deuteronomistic History and the Name Theology: l^{e}šakkēn šemô šām in the Bible and the Ancient Near East* (BZAW 318; Berlin: de Gruyter).

Ridderbos, J. (1984), *Deuteronomy* (trans. Ed. M. van der Maas; Bible Student' s Commentary; Grand Rapids: Zondervan).

Rimmon-Kenan, S. (1983), *Narrative Fiction: Contemporary Poetics* (London & New York: Routledge).

Rofé, A. (2002), *Deuteronomy: Issues and Interpretation* (Old Testament Studies; Edinburgh: T & T Clark).

Rofé, A. (1990), 'The Tenth Commandment in the Light of Four Deuteronomic Laws,' in B.-Z. Segal & G. Levi (eds.), *The Ten Commandments in History and Tradition* (Jerusalem: Magnes): 45-65.

Ruppert, L. (1997), 'The Foreigner and Association with Foreigners in the Old and New Testaments,' in B. J. Bergfalk & P. E. Koptak (eds.), *To Hear and Obey: Essays in Honor of F. C. Holmgren* (trans. B. I. Jenkins; Chicago: Covenant Publications): 151-163.

Sailhammer, J. H. (1992), *The Pentateuch as Narrative: a biblical-theological Commentary* (Grand Rapids: Zondervan).

Sanders, P. (1996), *The Provenance of Deuteronomy 32* (OTS 37; Leiden: Brill).

Sarna, N. M. (1991), *Exodus* (JPS Torah Commentary; Philadelphia: Jewish Publication Society).

Savran, G. W.(1988), *Telling and Retelling: Quotation in Biblical Narrative* (Bloomington: Indiana University Press).

Seitz, G. (1971), *Redaktionsgeschichtliche Studien zum Deuteronomium* (BWANT 93; Stuttgart: Kohlhammer).

Slater, S. (1991), *"I Have Set the Land before You": a Study of the Rhetoric of Deuteronomy 1-3* (unpub. Ph.D. dissert.; McGill University).

Smith, D. L. (1989), *The Religion of the Landless: The Social Context of the Babylonian Exile* (Bloomington: Meyer-Stone Books).

Song, T. G. (1992), *Sinai Covenant and Moab Covenant: An Exegetical Study of the Covenants in Exodus 19:1-24:11 and Deuteronomy 4:45-28:69* (unpublished Ph.D. dissertation, CNAA).

Sonnet, J-P. (1997), *The Book within the Book: Writing in Deuteronomy* (BIS 14; Leiden: Brill).

Sternberg, M. (1985), *The Poetics of Biblical Narrative : Ideological Literature and the Drama of Reading* (Bloomington: Indiana University Press).

Swenson-Mendez, K. M. (2001), *The Relationship of Judah and Joseph in Genesis 49* (unpublished Ph.D. dissert., Boston University).

Thompson, J. A. (1974), *Deuteronomy* (TCOT; Leicester: IVP).

Tigay, J. H. (1996), *Deuteronomy* (JPS; Philadelphia: Jewish Publication Society).

Tolmie, D. F. (1999), *Narratology and Biblical Narratives: A Practical Guide* (San Francisco: International Scholars Publication).

Tsevat, M. (1958), 'Alalakhiana,' *HUCA* xxix: 109-134.

van Houten, C. (1991), *The Alien in Israelite Law* (JSOTSS 107; Sheffield: JSOT).

Vanoni, G. (1981), 'Der Geist und der Buchstabe: Uberlegungen zum Verhaltnis der Testamente und Beobachtungen zu Dtn 30,1-10,' BN 14:65-98.

von Rad, G. (1966), *Deuteronomy* (trans. Dorothea Barton; OTL; London: SCM).

von Rad, G. (1953), *Studies in Deuteronomy* (trans. D. Stalker; London: SCM).

Watts, J. W.(1999), *Reading Law: the Rhetorical Shaping of the Pentateuch* (Sheffield: Sheffield).

Watts, J. W.(1998), 'The Legal Characterization of Moses in the Rhetoric of the Pentateuch,' *JBL* 117: 415-26.

Watts, J. W.(1996), 'The Legal Characterization of God in the Pentateuch,' *HUCA* 67: 1-14.

Watts, J. W.(1995), 'Public Readings and Pentateuchal Law,' *VT* 45: 548-57.

Watts, J. W.(1992), *Psalm and Story: Inset Hymns in Hebrew Narrative* (JSOTSS 139; Sheffield: Sheffield).

Weinfeld, M. (1995), *Social Justice in Ancient Israel and in the Ancient Near East* (Minneapolis: Fortress).

Weinfeld, M. (1991), *Deuteronomy 1-11* (AB; New York: Doubleday).

Weinfeld, M. (1972), *Deuteronomy and Deuteronomic School* (Oxford: Clarendon).

Wenham, G. J. (1979), 'The Relationship of Marriage Reconsidered,' *JJS* 30: 36-40.

Wenham, G. J. (1972), '"B^{e}tûlāh" a girl of marriageable age,' *VT* 22/3: 326-348.

Wenham, G. J. (1971), 'Deuteronomy and the Central Sanctuary,' *TynB* 22: 103-118.

Wenham, G. J. & J. G. McConville(1980), 'Drafting Techniques in Some Deuteronomic Laws,' *VT* 30: 248-252.

Westbrook, R. (1995), 'Riddles in Deuteronomic Law,' in G. Braulik (ed.), *Bundesdokument und Gesetz: Studien zum Deuteronomium* (Freiburg: Herder): 159-74.

Wijngaards, J. N. M. (1969), *The Dramatization of Savific History in the Deuteronomic Schools* (Oudtestamentische Studin 16; Leiden: Brill).

Willis, T. M. (2001), *The Elders of the City: A Study of the Elders-Laws in Deuteronomy* (SBLMS 55; Atlanta: SBL).

Wilson, I. (1995), *Out of the Midst of the Fire: Divine Presence in Deuteronomy* (SBLDS 151; Atlanta: Scholars).

Wiseman, D. J. (1972), 'Flying Serpents?' *TynBul* 23: 108-10.

Wright, G. E. (1962), 'The Lawsuit of God: A Form-Critical Study of Deuteronomy 32,' in B. W. Anderson & W. Harrelson (eds.), *Israel's Prophetic Heritage: FS. J. Muilenburg* (London: SCM): 26-67.

Wright, G. E. (1954), 'The Levites in Deuteronomy,' *VT* 4: 325 30.

Yu, S. Y. (1998), *Tithes and Firstlings in Deuteronomy* (unpublished Ph.D dissert., Union Theological Seminary in Virginia).